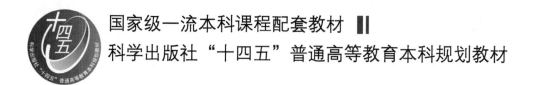

国家级一流本科课程配套教材

科学出版社"十四五"普通高等教育本科规划教材

物流系统建模与仿真

MODELING AND SIMULATION OF LOGISTIC SYSTEMS （第三版）

主　编　李文锋　张　煜

副主编　郭文静　贺利军　鄂晓征

科学出版社

北　京

内 容 简 介

本书内容包括物流系统概述、物流系统建模方法、物流系统仿真技术、仿真输入与输出数据分析、物流系统仿真软件、排队系统建模与仿真、库存系统建模与仿真、车间物流系统建模与仿真、物流中心业务流程建模与仿真、供应链系统建模与仿真、港口集装箱堆场场桥作业调度的建模与仿真、汽车滚装码头堆场作业系统建模与仿真、多式联运业务流程建模与仿真等。本书将系统建模与仿真理论应用于多场景物流系统分析,从理论、方法、软件工具和典型案例方面描述了物流系统的建模思路与步骤。

本书可作为物流类及相关专业本科生和研究生学习物流系统建模与仿真技术的教材或参考书,也可作为物流领域科技工作者的参考书。

图书在版编目(CIP)数据

物流系统建模与仿真/李文锋,张煜主编. —3 版. —北京:科学出版社,2024.1

国家级一流本科课程配套教材 科学出版社"十四五"普通高等教育本科规划教材

ISBN 978-7-03-075553-7

Ⅰ.①物… Ⅱ.①李… ②张… Ⅲ.①物流-系统建模-高等学校-教材 ②物流-系统仿真-高等学校-教材 Ⅳ.①F253.9

中国国家版本馆 CIP 数据核字(2023)第 086194 号

责任编辑:方小丽/责任校对:贾娜娜
责任印制:赵 博/封面设计:楠竹设计

科 学 出 版 社 出版
北京东黄城根北街 16 号
邮政编码:100717
http://www.sciencep.com

北京华宇信诺印刷有限公司印刷
科学出版社发行 各地新华书店经销

*

2010 年 12 月第 一 版 开本:787×1092 1/16
2017 年 4 月第 二 版 印张:21
2024 年 1 月第 三 版 2024 年11月第十八次印刷
字数:498 000

定价:48.00 元

(如有印装质量问题,我社负责调换)

第三版前言

党的二十大报告指出："教育、科技、人才是全面建设社会主义现代化国家的基础性、战略性支撑。必须坚持科技是第一生产力、人才是第一资源、创新是第一动力，深入实施科教兴国战略、人才强国战略、创新驱动发展战略，开辟发展新领域新赛道，不断塑造发展新动能新优势"。

作为现代服务业和流通体系的重要组成，在物联网和人工智能等新兴信息技术的推动下，现代物流正朝着智慧物流方向发展，成为"提升产业链供应链韧性和安全水平"，"推动现代服务业同先进制造业、现代农业深度融合"，以及"降低物流成本"的关键途径。在此背景下，物流系统的建模与仿真在学术和产业界受到更多的关注和重视，被视为从事物流研究、系统开发与运维的重要理论、方法和工具。为此，本书编者在党的二十大报告精神领悟基础上，以智慧物流创新发展为牵引，以"两性一度"人才培养为目的，以国家级一流本科课程建设为依托，在《物流系统建模与仿真》（第二版）的基础上进行重新梳理和修订，力求体现当今数字化技术发展趋势和现代物流系统特征，形成《物流系统建模与仿真》（第三版），有效推进数字教育、科技创新、人才培养的融合。

第一，《物流系统建模与仿真》（第三版）的目标和前两版是一致的，主要提供物流复杂系统的建模与仿真方法，力图使读者能够在建模与仿真理论学习的基础上，结合实例，加深对建模与仿真的理解，提高基于仿真的逻辑思维能力与解决物流工程实际问题的能力。第二，基于智慧物流背景下建模与仿真技术及软件快速更替升级的现实，对前两版内容进行了较多的修订和更新，但仍然保持前两版的总体结构。第三，数字化技术正在深刻改变教学方式和教学资源呈现形式，《物流系统建模与仿真》（第三版）力图方便引导读者进行线上线下教学和学习。具体修订工作如下。

第1～4章重点对建模与仿真基础知识点进行梳理与递进介绍，对配置的案例及数字资源进行优化。第5章更新 AnyLogic 等软件的功能介绍，增添 Plant Simulation 仿真软件的介绍。第6章针对排队系统的普适性，增添导入案例及综合案例。第7章、第9～12章结合新版 AnyLogic 软件功能，更新案例及其建模与仿真过程。考虑到制造与物流的密切关系，第8章替换为车间物流系统建模与仿真，从物流的视角去看待车间生产组织。结合当前多式联运的发展趋势和需求，第13章更换为多式联运业务流程建模与仿真。全书更注重通过物流系统案例介绍建模与仿真方法，力图涉及物流与供应链全环节，物流案例由浅入深。

　　《物流系统建模与仿真》（第三版）的编写工作由武汉理工大学李文锋、张煜、郭文静、贺利军、鄂晓征执笔完成，其中，李文锋负责全书的内容构架与统稿，张煜负责第1～4章的修订，郭文静负责第13章的编写，贺利军负责第8章的编写，鄂晓征参与了第5章的修订及全书其他章节的整理工作。武汉理工大学博士研究生李国森，硕士研究生吴紫藤、周则成、范慧娴、叶汇帆等也参与了全书其他章节的部分修改和更新工作。

　　我们竭尽所能使《物流系统建模与仿真》（第三版）能满足广大物流类相关专业的学生和专业人士对物流系统建模与仿真学习及研究的需求，跟上时代发展的步伐。由于编者水平所限，难免以偏概全，存在不足和疏漏之处。在此恳请广大读者和同仁不吝赐教、批评指正。

　　本书自2010年出版第一版，2017年出版第二版，得到了广大读者的关注和热情鼓励。一些同行通过邮件或者出版社转达的方式，给我们提出了许多宝贵的意见和建议。在此，谨对所有关爱本书的读者致以最诚挚的谢意！本书是国家级一流本科课程配套教材，并获批科学出版社"十四五"普通高等教育本科规划教材。在《物流系统建模与仿真》（第三版）的修订工作中，科学出版社给予了大力协助和全力支持。在此，一并表示衷心感谢！

编　者

2023年10月于武汉

第二版前言

本书自 2010 年出版第一版后，得到广大读者的热情鼓励和帮助，在对本书充分肯定的基础上，也提出了许多宝贵的意见。在此，谨对所有关爱本书的读者致以最诚挚的谢意。

《物流系统建模与仿真》（第二版）的目标和第一版是一致的，主要提供物流领域的建模与仿真方法，力图使读者能够在建模与仿真理论学习的基础上，结合实例，促进对建模与仿真的直观理解，提高逻辑思维能力和解决物流工程实践问题的能力。根据多年来的教学与科研经验，结合来自企业一线的经验和工程实践需求，以及物流领域快速发展的现状，对本书第一版进行了大量修订，但仍然保持了第一版的结构。具体修订工作如下。

按照物流发展的现状，对第 1 章物流系统概述中的某些概念进行了修改。根据物流系统建模方法的发展现状，第 2 章增加了基于事件关系图的建模方法，重写了基于 Petri 网的建模方法和基于多 Agent 系统的建模方法，提供了许多相关案例，便于读者了解以上理论的最新发展动态，以及进一步理解和应用相关建模方法理论。针对物流系统工程实践中的决策优化问题，第 3 章增添了仿真优化技术。第 4 章添加了随机数发生器的理论知识，同时考虑到课堂上授课对案例讲解的时间限制，全面修订和添加了大量案例，对应仿真输入和输出数据分析的各知识点。第 5 章增添了 eM-Plant 仿真软件的介绍。第 6 章重写了排队系统概述，增添了多服务台排队系统的理论和案例。第 8 章删除了原有的 8.5 节和 8.6 节，添加了基于 FlexSim 的物流仓储系统建模与仿真，详细介绍了物流企业是如何解决这类实践工程问题的。相应地，添加了第 13 章，即邮政快递系统建模与仿真优化，以便于读者对仿真优化技术在物流领域的应用有直观的认识和具体的掌握。

本次编写工作由武汉理工大学李文锋教授和张煜教授执笔完成。其中，张煜教授主要负责第 2~5 章、第 12 章、第 13 章等的编写。武汉理工大学硕士研究生范媛、程昭、牛文雨、裴发红、徐进、刘正虎等也参加了新版的部分审核工作。此外，北京起重运输机械设计研究院魏兰及其同事也对本书提供了大量帮助和指导。

由于作者水平所限，第二版无法完全涉猎物流系统所有领域的建模与仿真，也难免存在不足和疏漏之处，再次恳请读者和同仁不吝赐教、批评指正。

编　者

2017 年 1 月于武汉

第一版前言

现代经济的发展水平很大程度上取决于物流的水平。现代物流系统在实现实物流动过程的时间、空间和属性变换的同时，需要最大限度地满足用户需求、提升价值空间和降低成本。伴随中国经济的发展及全球经济一体化的进程，物流已成为制造业乃至整个工业的第三利润源泉和竞争力的基础支撑。随着物流业务的外包，物流服务专业化得以快速发展，物流业已成为服务业的重要组成部分。第三方物流服务已成为物流服务业的重要形态。

物流外包不是甩包袱，而是通过专业化服务来降低成本，通过整合资源来提升个性化服务。对于物流企业而言，高质量的物流服务则是其利润的保障，直接或间接地影响着企业的市场份额、客户满意度和忠诚度。在物流服务全球化、网络化和供应链集成化的发展背景下，物流服务活动规模越来越大，结构层次越来越复杂，使得物流系统处在一个不确定的环境中，受多种条件约束和随机因素的影响，具有多目标、多因素、多层次的特点，是以离散事件系统为主的复杂混合系统。

自 20 世纪 40 年代以来，系统仿真与优化一直是计算机应用技术的活跃分支并得到飞速的发展，已成为复杂系统辅助设计与分析的重要工具，是科学研究中除理论研究和科学实验外的第三种重要方法。而作为一类典型的多体动态复杂系统，物流系统的仿真与优化被认为是现代物流系统分析与规划的重要手段之一，得到了普遍关注和重视。掌握物流系统的建模与仿真技术，对于设计和规划一项恰当的物流服务具有重要作用。

目前，随着物流理念逐步为人们所接受，物流活动正呈现诱人的价值空间，不断有和物流系统建模、仿真与优化相关的书籍和软件推出。但是紧密结合物流系统的组成元素、特点和功能需求，以及物流一体化服务的发展趋势，从系统复杂性和工程实用性角度，运用面向对象和计算智能等方法，展开物流系统仿真与优化研究的文献并不多。

本书围绕物流系统特征描述了系统的建模与仿真方法，试图从事件、活动、功能要素、系统角度归纳出物流系统的建模过程和仿真的框架及方法，并通过实例结合 AnyLogic 等仿真软件进行展示和论述。全书共分 12 章。

第 1 章对系统的基本概念与思想进行了叙述，介绍了系统的构成要素及系统的分类，分析了物流系统的功能要素、基本活动、典型事件及其相互关系，以此作为物流系统建模与仿真的依据与基础。

第 2 章从物流系统的建模原则和步骤入手，介绍了物流系统常见的建模方法。包括实体流图建模方法、活动周期图建模方法、基于 Petri 网的建模方法以及基于系统动力学的建模方法等，并给出了建模实例及其分析。

第 3 章介绍了物流系统仿真的基础知识，包括物流系统仿真的概念、特点。介绍了物流系统仿真的步骤、策略以及仿真可视化技术。

第 4 章介绍了正确收集和处理数据的方法，包括如何对收集的数据进行分析、产生随机数序列的方法，以及仿真输出的数据分析方法。

第 5 章概要介绍了当前市场上流行的物流系统仿真软件。

第 6 章介绍了建模与仿真中经典排队问题的基本概念和主要评价指标，通过单线系统和多线系统两个实例进行论述。

第 7 章对物流系统建模与仿真中经典库存系统的基本概念进行描述，并对库存系统常用控制策略进行了论述，从建模与仿真的角度分析了库存系统包含的基本要素和主要活动、进程。

第 8 章介绍了立体仓库系统建模与仿真的一般思路及方法。

第 9 章以物流中心为例，介绍了业务流程的概念、分类、特点和功能等基本概念，归纳总结出了业务流程分析、建模和仿真方法。

第 10 章从供应链系统概述及供应链结构模型与特点入手，对供应链系统进行描述，并介绍了供应链系统建模的原则和考虑因素。

第 11 章介绍了港口集装箱物流系统的基本知识，以堆场场桥作业调度为例，结合 AnyLogic 软件进行了细致的建模与仿真。

第 12 章针对汽车滚装码头的作业特点和堆场调度的需求，描述了一个汽车滚装码头堆场的智能调度决策系统仿真实例。

在撰写本书过程中，李文锋教授、袁兵副教授、张煜副教授、博士研究生毕娅以及硕士研究生吴薇、陈欢、钟叶、杨开宇、曹玉莲、梁晓磊、林红、张蕾、高海耀、匡家喜、吕媛媛等付出了大量的劳动，贡献了他们的智慧。在撰写本书过程中，作者查阅了大量国内外物流系统建模与仿真相关的参考文献，进行了资料的归纳整理，并对包括港口在内的物流企业展开了多轮细致的调研，结合实际案例为本书提供了多个建模与仿真实例。在规划和撰写本书的过程中，作者先后召开了多次会议进行交流和研讨，对内容进行斟酌增删。多次的锤炼和修订保证了本书的特色和新颖性，突出了可读性、可操作性和实用性。

尽管一直在追求物流系统建模与仿真技术的先进性和实用性，并力图做到全书的内容全面完整，以及切合本科教学特点。但是由于作者水平有限，加之物流系统的理念在不断更新，系统建模与仿真方法也在不断发展，书中内容难免有失偏颇。恳请使用本书的各位读者，及时将意见反馈给我们，以便我们及时完善、修订和改正。如果本书能对你的工作和研究有所启发或帮助，起到抛砖引玉的作用，我们将倍感欣慰和荣幸。

在本书的编写过程中，科学出版社给予了大力支持，在此表示衷心的感谢。

作　者

2010 年 5 月于武汉

目 录

第1章

物流系统概述

> **本章学习目的与要求**

物流系统是复杂系统。分析物流系统的构成要素以及它们之间的关系与相互影响，是仿真活动的首要任务。通过本章学习，要求理解系统的构成要素和离散系统的特征；熟悉物流系统的构成要素以及它们之间的关系；掌握物流系统的实体、属性、事件和活动之间的区别与联系。对于系统的分析，要密切关注仿真目标，抓住主要矛盾，解决关键问题。

1.1 系统的基本概念与思想

1.1.1 系统及其特性

对于系统，著名学者钱学森是这样表述的：系统是极其复杂的研究对象，是由相互作用和相互依赖的若干组成部分结合而成的，具有特定功能的有机整体，而且这个整体又是它所从属的更大的系统的组成部分。系统是实体的集合，它们为实现某一逻辑目标而动作和相互作用。在实际应用中，系统的含义取决于特定研究的目标。如果研究银行存取款，系统由银行出纳员、顾客等部分组成；如果研究银行信贷，还需要进一步扩大系统，如大堂经理、业务经理等。任何一个系统的研究都离不开系统状态变量的描述。系统状态变量用于描述特定时刻的系统状态，如银行出纳员的忙闲、顾客排队长度等。

物流系统作为一个完整的系统，具有一般系统的特性，包括整体性、相关性、目的性和环境适应性。同时物流系统作为整个社会系统的一个组成部分，与其他子系统之间不是孤立的，它们相互作用并相互依赖，且具有与其他子系统相区分的特性。因此，研究物流系统时需要兼顾其一般特性以及区别于其他子系统的特性。

系统是由多个相互依赖、相互作用的要素按某种规律组合起来并且实现特定功能的有机整体。一个系统可以由若干子系统构成。系统有如下特性。

（1）系统的整体性。系统由两个或两个以上要素（或子系统）构成，各要素（或子系统）具有一定的独立性，但它们又相互联系构成一个有机整体。

（2）系统的相关性。要使一个系统能够实现它的功能，各要素（或子系统）必然是相互关联和相互作用的。这表现在某个要素（或子系统）接收输入而产生输出，而这个要素（或子系统）的输出又往往成为另一个子系统的输入。系统的相关性表现为各要素（或子系统）之间产生一定的物质流动、信息流动和信息反馈关系。

（3）系统的目的性。系统以追求有序稳定结构为目标的特性即系统的目的性。系统目的性是系统自身存在的需要。如果系统不具备有序稳定结构，就不具备保持自身的能力，就会在外力和内力的影响下分解、崩溃。从另一个角度看，设计和运行一个系统也是为了一定的目的，即为了实现特定的功能和最优化。

（4）系统的环境适应性。任何系统都有一定的边界和环境，它与周围的环境产生一定的联系和相互作用，从环境接收各种影响（包括正常的输入和随机干扰），经过系统的转换，产生一定的输出，从而对环境产生一定的作用。环境及其影响是经常变化的，为了使系统达到最优化，必须对系统进行调节，使之适应环境的变化。

1.1.2　系统的构成要素

系统是相对于环境而言的，环境向系统提供资源、能量、信息等，称为输入。系统应用自身所具有的功能，对输入的元素进行转换处理，形成有用产品，再输出到环境供其使用。因此，输入、转换、输出是系统的三要素。另外，由于环境的影响，系统的输出结果可能偏离预期目标，因此系统还具有将输出的信息反馈给输入的功能。系统的一般模式如图 1-1 所示。

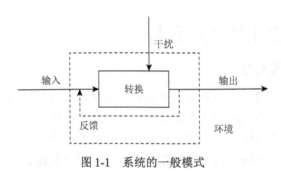

图 1-1　系统的一般模式

按照一般系统的运作模式，在系统运行过程中，或当系统循环周期结束时，系统会反馈环境的信息，为完善原系统提供改进信息，使下一次系统运行得到改进。如此循环往复，便可实现系统的有序、良性循环。

1.1.3　系统的分类

系统的分类方法很多，按照不同的分类方法可以得到各种类型的系统。从系统仿真研究需求的角度出发，系统可分为连续系统和离散系统、确定系统和随机系统、线性系统和非线性系统等。

从仿真实现的角度出发，按系统中起主导作用的状态变量的变化是否连续，系统可分为连续系统和离散系统。接下来着重介绍连续系统和离散系统。

1. 连续系统

连续系统是指系统的状态变量随时间变化而发生连续变化。例如，车辆行驶系统就是一个连续系统，它的位置、速度等状态变量都随时间的变化而变化。这类系统的动态特性可以用微分方程或一组状态方程来描述，也可以用一组差分方程或一组离散状态方程来描述。究竟采用哪一种描述方式，这取决于研究者是对系统状态随时间连续变化的整个过程感兴趣，还是仅对某些时间点感兴趣，或者所能得到的数据资料仅限于某些时间点。例如，一些社会经济系统中所能得到的数据往往只能以月、季度，甚至以年为单位，尽管这类系统实际的状态变化是连续的，也只能用差分方程和离散状态方程来描述。

不论系统是用微分方程还是用差分方程来描述，只要实际状态变化是连续的，都应该归为连续系统。有时为了区别，用差分方程描述的系统通常称为采样系统。

2. 离散系统

离散系统是指系统的状态变量随时间呈离散状态变化。例如，银行存取款系统中的顾客数是描述该系统的一个状态变量，该状态变量的改变发生在顾客进入或离开银行的瞬时时刻。这类系统中引起状态变化的原因是事件，通常状态变化与事件的发生是一一对应的。描述一个离散事件系统需要 7 个基本要素：实体（entity）、属性（attribute）、状态（state）、事件（event）、活动（activity）、进程（process）、队列（queue）。下面分别进行简单介绍。

（1）实体。构成系统的各种成分称为实体。实体可分为临时实体和永久实体两类。在系统中只存在一段时间的实体称为临时实体，这类实体在系统仿真过程中的某一时刻出现，在仿真结束前从系统中消失，实体的生命不会贯穿整个仿真过程。永久驻留在系统中的实体称为永久实体，只要系统处于活动状态，这些实体就存在。临时实体常常具有主动性，又称为主动成分；永久实体往往是被动的，又称为被动成分。例如，单机器加工系统中，工件是临时实体（主动成分），机器是永久实体（被动成分）。临时实体按一定规律出现在仿真系统中，引起永久实体状态的变化，又在永久实体作用下离开系统，整个系统呈现出动态变化的过程。

（2）属性。实体的状态由它的属性的集合来描述，属性用来反映实体的某些性质。例如，单机器加工系统中，工件是一个实体，它的属性有设计材质、形状、颜色、到达时间、加工时间、离开时间等，在仿真建模中只需要使用与研究目的相关的一部分属性。

（3）状态。在某一确定时刻，系统的状态是系统中所有实体的属性的集合。

（4）事件。事件是引起系统状态发生变化的行为，它是在某一时间点上的瞬间行为，离散事件系统可以看作由事件驱动。在上例中，可以定义"工件到达"为一类事件，由于工件的到达，系统状态中机器的状态可能由"闲"变为"忙"，或者队列状态（排队工件数量）发生变化。工件加工完毕后离开系统的行为也可以定义为一类事件——"工件离开"，此事件可能使机器的状态由"忙"变为"闲"，同时生产线上现有工件数量减一。

（5）活动。实体在两个事件之间保持某一状态的持续过程称为活动，活动的开始与结束都是由事件引起的。在上例中，工件开始加工到该工件加工完毕后离开生产线可视为一个"工序加工"活动，在此过程中机器处于"忙"状态。

（6）进程。有序的事件与活动组成的过程称为进程。进程描述了其中的事件、活动的逻辑关系和时序关系。例如，一种物品进入仓库，经过在货位的存储，直到从仓库中出库，物品经历了一个"入出库"进程。

事件、活动、进程三个概念之间的关系如图 1-2 所示。可以看出，事件是发生在某一时刻的行为，而活动和进程则是发生在某个时间段的过程。

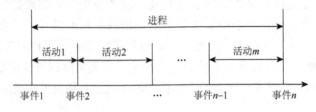

图 1-2　事件、活动与进程的关系

（7）队列。队列就是处于等待状态的实体序列，一般按照新到的实体排在队尾的次序组成队列。在离散事件系统建模中，队列可以作为一种状态或者特殊实体。

1.2　物流系统基础

1.2.1　物流系统的基本概念

从物流系统的定义、物流系统的目标来分析物流系统的基本概念。

1. 物流系统的定义

学术界对物流系统的定义目前并无统一定论，本书介绍其中两种定义。

（1）物流系统（logistics system）广义上是由两个或两个以上的物流功能单元构成的，以完成物流服务为目的的有机集合体。这一定义高度概括了物流系统的构成要素及系统目标。

（2）物流系统是指在一定的时间和空间里，物流活动所需的机械、设备、工具、节点和线路等物质资料要素相互联系和相互制约，并使物流系统总体功能合理化的有机整体。该定义基于系统的含义，将系统的内涵本质应用于物流领域，对物流系统的硬件要素及要素之间的关系进行更加明确的说明。

2. 物流系统的目标

根据物流系统的定义，物流系统具有使物流系统总体合理化的功能目标，具体来说体现在优质服务（quality service）、迅速及时（high speed）、节约空间（space saving）、规模适当（scale optimization）、控制库存（stock control）等五个方面，即 5S 目标，如图 1-3 所示。

（1）优质服务。为客户提供可靠的服务，服务的可靠性包括服务能力强、无货差货损且服务费用合理。

（2）迅速及时。满足服务时间符合时间窗口的要求，按客户指定的时间和地点迅速送达。

（3）节约空间。通过合理应用物流设施和机械，充分利用平面和立体空间，节约空间资源。

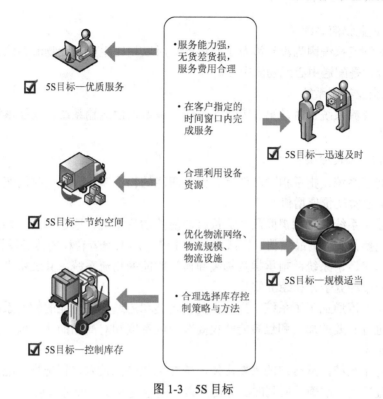

图 1-3　5S 目标

（4）规模适当。通过对物流网络的合理规划、物流规模的合理设计、物流设施的合理布局，使物流网络满足物流系统运作需求。

（5）控制库存。运用合理的库存控制策略与方法，有效控制库存量。

1.2.2　物流系统的分类

1. 按照物流业务性质分类

按照物流业务性质，物流系统可分为社会物流系统和企业物流系统。社会物流系统又称为大物流系统，包括石油、天然气、粮食的储运系统，港口的储运系统，以及车站物资的调运系统等。企业物流系统可细分为生产企业物流系统、商业企业物流系统和物流企业物流系统。

1）生产企业物流系统

生产企业物流系统一般由以下四个方面组成。

（1）供应物流，包括原材料等一切生产要素的采购、进货、运输、仓储、库存管理和用料管理。

（2）生产物流，包括生产计划和控制、厂内运输（搬运）、在制品仓储与管理等活动。

（3）销售物流，包括产成品的库存管理、仓储、配送、运输、订货处理与客户联系等活动。

（4）回收、废弃物流，包括废弃物资、边角余料等的回收利用，企业排放的无用物的运输、装卸和处理。

2）商业企业物流系统

商业企业物流系统因为没有涉及生产环节，所以相比生产企业物流系统更简单。它最重要的部分就是配送中心或物流中心。

3）物流企业物流系统

物流企业物流系统也就是第三方物流系统，基本上由运输系统、仓储系统、信息系统等部分组成。

2. 按照物流功能分类

（1）仓储子系统，指承担商品储运、保管职能的物流系统，通过时间变换帮助商品实现其价值甚至实现价值增值。

（2）运输子系统，指承担商品物流位移职能的物流系统，通过空间变换帮助商品完成市场价值交换并实现商品增值，完成商品由生产者向消费者转移的传递过程。

（3）装卸搬运子系统，指承担货物装卸搬运职能的物流系统，其装备水平与工作效率影响企业的市场竞争力和经济效益。

（4）包装及流通加工子系统，指承担货物包装和流通加工职能的物流系统。在物流领域对商品进行必要的加工和包装能够提高客户满意度和对商品的认可度，在一定程度上起到促销作用。

（5）配送子系统，从客户的需要出发，依托现代信息技术，把选货、配货和送货结合起来，通过迅速、准确、周到的服务提高客户满意度并实现业务增值。

（6）信息处理子系统，是整个物流系统的神经中枢和指挥中心，是提高整个物流系统运行效率的基础条件，也是各子系统之间衔接和配合的桥梁与纽带，是整合各种物流资源的关键所在。

1.2.3 物流系统的特征

物流系统首先具有一般系统的共同特性，即整体性、相关性、目的性和环境适应性。其中，整体性是指各要素结合在一起表现出来的整体功能要大于各要素功能的简单叠加；相关性是指系统的各要素存在一定的内在联系；目的性是指系统具有将各要素集合在一起的共同目的；环境适应性是指系统与环境相互依存，系统必须适应环境的变化。同时，物流系统具有不同于其他系统的特殊性能，具体表现在以下五个方面。

（1）物流系统是一个人-机系统。物流系统是由人和形成劳动手段的设备工具所组成的。它表现为物流劳动者运用运输设备、装卸搬运机械、仓库、港口、车站等设施，作用于物资的一系列生产活动。在这一系列生产活动中，人是系统的主体。因此，在研究物流系统的各方面问题时，应把人和物有机地结合起来，作为不可分割的整体，加以考察和分析，并且始终把发挥人的主观能动作用放在首位。

（2）物流系统是一个大跨度系统。物流系统涉及面广、范围大，既有企业内部物流、企业间物流，又有城市物流、社会物流，同时包括国际物流。物流系统的大跨度反映在两个方面：一是地域跨度人；二是时间跨度大。在现代经济社会中，企业间物流经常会跨越不同地域，国际物流的地域跨度更大；通常采取存储的方式解决产需之间的时间矛盾，时间跨度往往也很大。大跨度系统带来的主要问题是管理难度较大，对信息的依赖程度较高。

（3）物流系统是一个多层次的可分系统。作为物流系统，无论其规模多么庞大，都可以分解成若干相互联系的子系统，这些子系统的数量和层次的级数是随着人们对物流的认识与研究的深入而不断扩充的。系统与子系统之间、子系统与子系统之间存在着时间和空间上以及资源利用方面的联系，也存在着目标、费用以及运行结果等方面的联系。

（4）物流系统是一个多目标系统。物流系统要素间有着非常强的背反现象，常称为效益背反现象，在处理时稍有不慎就会出现系统总体恶化的结果。通常希望物流数量越大越好，物流时间越短越好，服务质量越高越好，物流成本越低越好。当然，要同时满足上述所有要求是很难办到的。例如，在仓储子系统中，站在保证供应、方便生产的角度，人们希望存储物资的数量大、品种多；站在加速资金周转、减少资金占用的角度，人们则希望减少库存。又如，在运输子系统中，最快的运输方式为航空运输，但运输成本高，即时间效用虽好，但经济效益不一定最佳。因此，在处理物流系统中的问题时，必须要运用系统工程的思想和方法，否则往往会顾此失彼，得不偿失。

（5）物流系统是一个动态的复杂系统。一般的物流系统总是联结多个生产企业和用户。随需求、供应、渠道、价格的变化，系统内的要素及系统的运行经常发生变化，这些变化都随时随地影响着物流。物流系统是一个具有满足社会需求能力的动态系统，为适应经常变化的社会需要及环境，人们必须经常对物流系统的各要素不断地修改、完善，这就要求物流系统有足够的灵活性。另外，物流系统是一个非常复杂的系统，一方面，物流系统的对象和基础设施异常复杂，同时，物流系统的运行必须依托大量的基础设施和物流设备，而且种类各异、纷繁复杂；另一方面，物流系统的各子系统间存在普遍的复杂联系，各要素间的关系也较为复杂，同时，物流系统受到环境条件的约束，而且这些约束条件多变、随机性强。

正是由于物流系统是一个动态的复杂系统，通常很难用一个简单模型或方法来进行研究和分析，往往需要采用定性与定量相结合的方法或采用计算机仿真的方法来进行处理。近年来，物流系统的仿真研究引起了业界的广泛关注，并出现了很多性能优越的物流系统仿真（logistics system simulation）软件，如 FlexSim、Witness、Arena、Extend、AnyLogic、Plant Simulation 等，这为研究和分析物流系统提供了较好的技术手段。

在对物流活动进行研究时，应充分考虑物流系统的各种特征，并根据这些特征进行物流系统的分析和设计，制订科学、合理的实施方案。只有这样才能建立一个低成本、高效益的物流系统，并使系统的整体效益达到最优。

■ 1.3 物流系统的结构

物流系统由不同的要素组成，按照不同的标准可将这些基本要素进行划分，如按资源类型可分为人的要素、财的要素、物的要素、管理技术和信息资源要素等，按功能可分为仓储要素、运输要素、包装要素、装卸搬运要素、流通加工要素、配送和物流信息处理要素，具体分类如表 1-1 所示。其中按功能划分要素的方式更便于在物流系统建模时将系统的功能与结构联系起来。

表 1-1   物流系统要素的分类及其组成

要素类型	要素组成
资源要素	人、财、物、管理技术和信息资源等
功能要素	仓储、运输、包装、装卸搬运、流通加工、配送和物流信息处理
流动要素	流体、载体、流向、流量、流程、流速
支撑要素	体制和制度、法律和规章、物流标准化体系
物资基础要素	物流基础设施、物流系统装备

纵观整个物流系统，其中的功能要素是由一系列被事件驱动的活动组成的，而这些活动与事件的有序发生使物流系统的要素有机联系起来，如图 1-4 所示。例如，"配送"这一功能要素是由"配货"与"送货"等活动构成的，而"配货"活动又是由"配货开始"这一事件驱动的。同时，"配送"要素所涉及的"配货"与"送货"等活动又与"加工"和"运输方式选择"等活动相关联，即"配送"要素与"流通加工"和"运输"等功能要素相关联。因此，本节根据不同的功能要素对物流系统的构成进行描述。

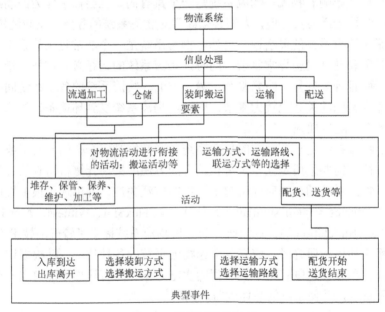

图 1-4   物流系统的构成

1.3.1   物流系统的功能要素

物流系统的功能要素是指形成物流系统所具有的基本能力的那些功能环节，包括仓储、运输、包装、装卸搬运、流通加工、配送、物流信息处理等。在这些功能要素中，运输及仓储分别解决了货物供给者与需要者之间场所和时间的分离问题，分别是物流创造场所效用和时间效用的主要功能要素，因此在物流系统中处于主要功能要素的地位。

（1）仓储功能要素。仓储功能要素包括堆存、保管、保养、维护等活动。对仓储保管活动的管理，要求正确确定库存数量，明确仓储以流通为主还是以储备为主，合理确定仓储保管制度和流程，对库存物品采取有区别的管理方式，力求提高仓储管理水平和保管效率，降低损耗，加速物资和资金的周转。

（2）运输功能要素。运输功能要素包括供应及销售物流中的车、船、飞机等运输方式，以及生产物流中的管道、传输带等输送方式。对运输活动的管理，要求选择技术经济最好的运输方式及联运方式，通过合理确定运输路线，满足迅速、准时、价廉的要求。

（3）包装功能要素。包装功能要素包括产品的出厂包装，生产过程中在制品、半成品包装，以及物流过程中换装、分装、再包装等活动。对包装活动的管理，根据物流方式和销售要求来确定，以商业包装为主还是以工业包装为主，要全面考虑包装对产品的保护作用、促进销售作用、提高装运率的作用、包拆装的便利性以及废包装的回收处理等因素。

（4）装卸搬运功能要素。装卸搬运功能要素包括对输送、保管、包装、流通加工等物流活动进行衔接的活动，以及在保管等活动中为检验、维护、保养所进行的装卸搬运活动。在全物流活动中，装卸搬运活动频繁发生，因此它是产品损坏的重要原因。对装卸搬运活动的管理，主要是确定最恰当的装卸方式，力求减少装卸搬运次数，合理配置装卸搬运机具，做到节能、省力、减少损失、加快速度，以便获得较好的经济效益。

（5）流通加工功能要素。流通加工功能要素是指物品在生产地到使用地的过程中，根据需要施加包装、分割、计量、分拣、刷标志、拴标签、组装等简单作业的总称。流通加工是在物品进入流通领域后，为了提高物流速度和物品利用率，按客户要求进行的加工活动，即在物品从生产者向消费者流动的过程中，为了促进销售、维护商品质量和提高物流效率，需要对物品进行一定程度的流通加工。

（6）配送功能要素。配送功能要素是物流进入最终阶段，以配货、送货形式最终完成社会物流并最终实现资源配送的活动。配送作为一种现代流通方式，是集流通加工、社会集中库存、分拣、装卸搬运、运输于一身的综合化物流服务活动，是现代物流最重要的特征之一。

（7）物流信息处理功能要素。物流信息处理功能要素对物流系统起着融会贯通的作用，通过信息的指导，才能保证物流系统各项活动灵活运转。

1.3.2　物流系统的实体与属性

物流系统的实体是指构成物流系统并维持正常的物流活动的各种有形物体，包括生产商（暂不考虑厂内物流）、经销商、消费者以及连接这些环节必不可少的交通运输设备、仓储设备、搬运设备、通信设备及设施等；其属性是指物流系统中能反映物流实体某些方面的一种统称。通常，实体表示为对象，属性则表示为对象的特性。物流系统中的这些实体都有各自的属性特征，生产商的属性为生产能力、生产量等，经销商的属性为进货量、销售量、进货周期等，仓储设备的属性为容量、堆垛高度、自动化程度等，搬运设备的属性为作业效率、机械数量、机械利用率等，依次类推。

以港口系统和库存系统为例，表 1-2 列举了典型物流系统的部分实体与相关属性。

表 1-2   典型物流系统的部分实体与相关属性

系统	实体	属性
港口系统	码头	码头号
	泊位	泊位号
	起重机	起重机号、起重量
	船	船舶号
库存系统	库房	库房号、库房容量
	管理员	管理员号
	物品	物品号

1.3.3   物流系统的事件与活动

1. 物流系统的事件

事件是指引起系统状态变化的行为，它是系统状态变化的主要驱动力。在物流系统中，一个事件是指能引起某个功能要素的对象在某个时刻的状态发生改变的行为。例如，仓储系统中货物到达称为一个事件。物流系统中事件的特点主要表现在以下两个方面：①它是某一时刻发生的行为；②它的发生能使整个物流系统的作业发生变化。

2. 物流系统的活动

物流系统的活动是指实体在两个物流事件之间保持某一状态的持续过程。

物流系统的功能要素是由一系列有序活动组成的有规则的集合。事件是系统状态转变的起因，活动则是系统状态转移的标志。在物流系统中，这种由事件引起的系统状态变化很常见。例如，对于仓储物品到达这一事件，由于该事件的发生，仓储系统的货位可能会从"空闲"变为"非空闲"。从物品到达直至这一物品从该货位取出，物品都是在货位中存储的状态，也可以说是处于存储活动中。存储活动的开始或结束标志着物品的到达和离去，也标志着货位的"空闲"与"非空闲"的转变。

3. 以仓储、运输、配送为例，对其过程中的典型事件进行描述

1）仓储过程的事件与活动

首先，在整个仓储过程中，"入库到达"事件是整个过程发生的驱动力。在该事件的驱动下，仓库中的库存状态、库存数量和库存物品种类等一些行为和属性都会发生改变。然后，"客户需求到达"事件发生，也会使仓库中的一些实体的状态和属性发生改变，同时仓库中其他活动也会发生，如分拣理货、配货作业、对货物的再包装、拆箱拼箱等服务活动。最后，"出库离开"事件发生，再次导致仓库中的库存状态、库存数量等发生改变，如图 1-5 所示。

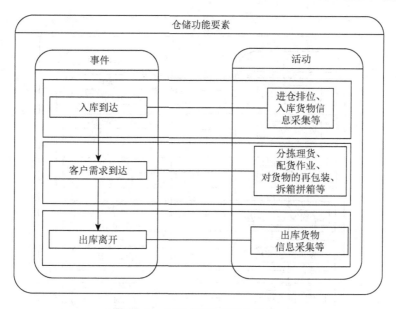

图 1-5 仓储过程的事件与活动

2）运输过程的事件与活动

运输过程一般包含三部分，即发送货物、物流运输和接收货物。这三部分通过事件或活动相互作用和相互联系。以运输过程的一条业务主线为例，描述其事件和活动。在发送货物阶段，首先，"客户订单到达"事件的发生标志着订单处理活动的开始，同时，它表示整个运输功能的前期工作的开始。然后，进入指定运送计划活动的执行阶段，此时系统会根据发生的事件开始进行不同的活动。如果"运送计划到达"事件发生，则会进行物流运输阶段的调配计划车辆活动；如果"发货命令到达"事件发生，则会进行分拣发货活动。最后，随着"接收命令到达"事件发生，进行检查确认货物活动。在检查确认货物结束后，接收货物活动则会开始进行，接收货物的结束则标志着整个运输过程的结束。

图 1-6 详细地描述了运输过程涉及的事件与活动。

3）配送过程的事件与活动

根据前面介绍的配送过程的基本活动，系统接到用户的配送指令，标志着配送中心或其他物流据点的配送计划制订与下达活动的开始。第一，根据用户配送指令中的货物品种和数量要求，进行集货活动；第二，根据货物时间要求进行存储方式的选择和货物的存储；第三，根据货物包装、数量、品种、运输方式等要求，进行分拣、配货和配装活动；第四，随着运输路线的确定，进行配送运输活动；第五，根据客户反馈意见进行送达服务活动。配送过程的事件与活动如图 1-7 所示。

借鉴面向对象（object-oriented，OO）的思想对物流系统中的事件进行分析，不仅有利于对物流系统中的对象、对象的结构以及其属性和活动进行研究，而且可以使物流系统各功能要素的主要流程和系统的整体体系结构更加清晰，使物流系统及其仿真中的数据和数据流更容易把握，也便于通过仿真对物流系统进行统计和分析。

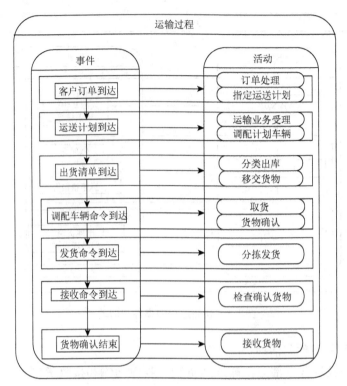

图 1-6　运输过程的事件与活动

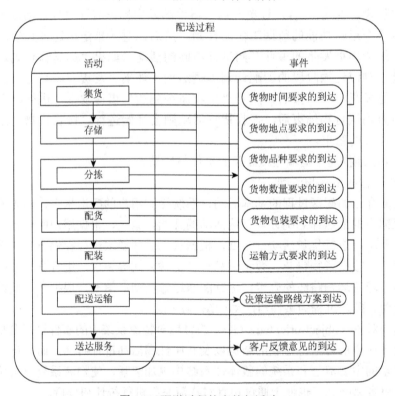

图 1-7　配送过程的事件与活动

1.4　物流系统分析与评价

1.4.1　物流系统分析

1. 物流系统分析的概念

物流系统分析（logistics system analysis）是指在特定时间和空间环境中，将物流活动所涉及的事物和过程作为一个有机的整体，应用系统的观点、理论和方法，研究分析其方案的可行性、成本、资源利用率和敏捷性，评估实施的效果与经济效益，为系统方案的制订、改进和正确决策提供依据。

2. 物流系统分析的要素

物流系统分析包括六大要素：目标、可行方案、费用和效益、模型、评价基准及结论。

（1）目标是决策的出发点。系统的目标就是对系统的要求，希望系统所达到的效果。为了正确获得确定最优化物流系统所需的各种有关信息，物流系统分析人员的首要任务就是要充分了解建立物流系统的目的和要求，明确存在的问题，确定系统的目标。

（2）可行方案就是实现系统目标的途径和手段。一般情况下，为实现某个目标总有几种可采取的方案。由于技术手段的不同，这些方案各有利弊。要对这些方案进行分析比较，选择一种最合理的系统设计方案。

（3）费用和效益是分析及比较方案的重要指标。费用就是方案实施过程中产生的费用，效益是方案实施后所获得的成效。一般费用和效益都可以折合成货币形式来比较，通常来说效益大于费用的方案可取；反之，则不可取。

（4）模型是对实体物流系统的抽象描述，是方案的表达形式。它可以将复杂的问题简化为易处理的形式。通过对不同方案下所建立的模型进行分析、模拟，可以获得各方案的费用、效益及性能等信息，有利于方案的分析和比较。

（5）评价基准是物流系统分析中确定各方案优先顺序的标准。通过评价基准对各方案进行综合评价，确定各方案的优先顺序。常见的评价基准由一组评价指标构成，不同的系统有不同的评价指标，所以必须建立恰当的评价指标。

（6）结论是物流系统分析的结果，一般以报告、建议或者意见的形式表示。结论是辅助决策者进行决策的重要依据，所以要求简洁明了、易于理解。

上述要素可以组成系统分析要素结构图，如图 1-8 所示。

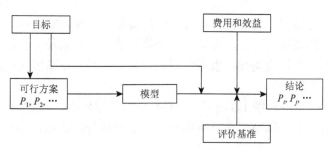

图 1-8　系统分析要素结构图

由图 1-8 可以看出，系统分析在明确系统目标的前提下进行。为了实现系统目标，首先，需要研究得到各种可行方案，在此基础上建立模型，并借助模型对各方案进行费用和效益分析；然后，依据评价基准对可行方案进行综合评价，以确定方案的优先顺序；最后，向决策者提供系统分析的结论，以辅助决策者进行科学决策。

3. 物流系统分析的步骤

物流系统分析的具体步骤包括限定问题、确定目标、调查研究和收集数据、提出备选方案和评价标准、建立模型、备选方案评估，以及提交最可行方案。

（1）限定问题。限定问题是指要明确问题的本质或特性、问题存在范围和影响程度、问题产生的时间和环境、问题的症状和原因等。在分析绝大多数物流系统时，绘制物流实体从起点到终点流动的示意图是一个很好的分析起点。

（2）确定目标。系统分析目标应该根据客户的要求和对需要解决问题的理解加以确定，如有可能，应尽量通过指标表示，以便进行定量分析。对不能定量描述的目标，应尽量用文字说明清楚，以便进行定性分析和评价系统分析的成效。

（3）调查研究和收集数据。调查研究和收集数据应该围绕问题起因进行，一方面要验证在限定问题阶段形成的假设，另一方面要探讨产生问题的根本原因，为下一步提出解决问题的备选方案做准备。

（4）提出备选方案和评价标准。通过深入调查研究，确定真正有待解决的问题，明确产生问题的主要原因，在此基础上就可以有针对性地提出解决问题的备选方案。一般应提出两个及两个以上备选方案，以便进一步评估和筛选。为了对备选方案进行评估，要根据问题的性质和客户具备的条件，提出约束条件或评价标准，供下一步使用。

（5）建立模型。模型是现实系统的抽象描述，由一些与分析问题有关的主要因素构成，并标明这些因素之间的关系。通过模型可以确认影响系统功能和目标的主要因素，分析影响程度，确认这些因素的关联程度，并得到总目标和分目标的达成途径及其约束条件等。凭借模型，可以对不同的备选方案进行分析、计算和模拟，从而获得各备选方案的费用和效益等数据，为选择最可行方案提供依据。

（6）备选方案评估。根据上述约束条件或评价标准，对解决问题的备选方案进行评估，评估应该是综合性的，既要考虑技术因素，又要考虑社会经济等因素，评估小组应该有一定代表性，除了咨询项目组成员，也要吸收客户组织的代表。根据评估结果确定最可行方案。

（7）提交最可行方案。最可行方案并不一定是最佳方案，它是在约束条件之内，根据评价标准筛选出的最切实可行的方案。如果客户满意，则系统分析实现目标。如果客户不满意，则要与客户协商调整约束条件或评价标准，甚至重新限定问题，开始新一轮系统分析，直到客户满意。

系统分析步骤结构图如图 1-9 所示。在系统分析的过程中，一次分析就得出最优结论的可能性很小。有时有些环节需要反复进行，对系统进行多次修正，甚至返回限定问题的开始环节。

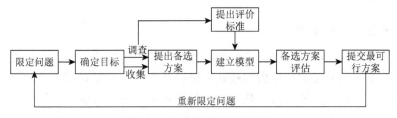

图1-9 系统分析步骤结构图

4. 物流系统分析方法概述

物流系统分析方法及工具较多，归纳起来如下。

（1）数学规划法（运筹学方法）。这是一种对系统进行统筹规划以寻求最优方案的数学方法。其具体理论和方法包括线性规划法、动态规划法、整数规划法、排队论（queuing theory）和库存论等。这些理论与方法都已成功应用于解决物流系统中物流设施选址、物流作业资源配置、货物配载、物料存储时间和数量确定等问题。

（2）统筹法（网络技术法）。统筹法是指运用网络来统筹安排、合理规划系统的各环节。它用网络图来描述活动流程的路线，把事件作为节点，在保证关键路线的前提下安排其他活动，调整相互关系，以保证按期完成整个计划。该方法可用于物流作业的合理安排。

（3）系统优化方法。系统优化方法是指在一定的约束条件下，求出使目标函数最优的解。物流系统包括许多参数，这些参数相互制约、互为条件，同时受环境的影响。系统优化方法就是根据系统的目标和约束，确定参数值，以使系统达到最优状态。

（4）系统仿真法。系统仿真法就是根据系统分析的目的，在分析系统各要素性质及其相互关系的基础上，建立能描述系统结构或行为过程的、具有一定逻辑关系或数量关系的仿真模型，据此进行计算机模拟实验或定量分析。

在目前的物流系统分析应用中，建模和仿真成为最热门的话题，本书将在其他章节对物流系统建模方法、物流系统仿真技术等进行详细介绍。

1.4.2 物流系统评价

物流系统评价是系统分析中复杂而又重要的一个环节，它利用相关模型和各种工具，依据系统的环境、状态和目标等各种参数与数据，对系统进行评估。系统评价是系统决策的前提条件，是方案优劣和决策的基础，其质量影响着系统决策的水平。

1. 物流系统评价的概念

物流系统评价就是根据系统确定的目标，在系统调查和系统可行性分析的基础上，从技术、经济、环境和社会等方面，就各方案能够满足需要的程度与为之消耗和占用的各种资源进行评审，并选择出技术上先进、经济上合理、实施上可行的最优或最满意方案。

物流系统评价是多环节的评价，它不仅在选择实施之前对物流系统进行评价，而且对实施过程中的方案进行跟踪评价，对实施后的物流系统进行回顾评价，对已投入运行的物流系统进行现状评估。

2．物流系统评价的步骤

系统评价的质量影响着系统决策的正确性。系统评价的原则包括客观性、整体性、可比性和可操作性以及在定性分析的基础上坚持量化等。依据这些基本原则，按照系统评价的步骤进行有效的系统分析，是系统评价的重要保证。物流系统评价的一般步骤如图 1-10 所示。

图 1-10　物流系统评价的一般步骤

3．物流系统评价指标体系

物流系统评价指标体系通常包括以下指标。

（1）政策性指标，包括政府的方针、政策、法令、规划、标准等，这对物流系统的发展和规划有重要影响。

（2）技术性指标，通常包括物流系统的可靠性、安全性、快捷性以及设施/设备的技术性能指标等。

（3）经济性指标，包括物流系统的成本、实施后可以获得的利润、消耗的费用以及系统的生命周期等。

（4）社会性指标，包括物流系统对国民经济大系统的影响，对地方经济、就业、环境污染、交通状况等方面的影响。

（5）资源性指标，包括物流系统的建设对物资、人力、能源、土地资源等方面的影响。

（6）时间性指标，包括系统实施的进度、物流系统运行时间要求等方面的影响。

其中，技术性指标和经济性指标是相对容易量化的指标，通常在物流系统的建模与仿真中作为模型的评价依据，如模型的功能完善性、设备的利用率、仿真得到的成本与利润等。

4．物流系统评价方法概述

1）专家评价法

专家评价法是较早出现且应用较广的一种评价方法。它是在定量和定性分析的基础上，以打分等方式进行定量评价，结果具有数理统计特性。其最大的优点在于能够在缺乏足够统计数据和原始资料的情况下进行定量估计。专家评价法的主要步骤如下：首先，根据评价对象的具体情况选定评价指标，对每个评价指标均定出评价等级，每个评价等级的标准用分值表示；然后，以此为基准，由专家对评价对象进行分析和评价，确定各评价指标的分值，采用加法评分法、乘法评分法或加乘评分法求出各评价对象的总分值，从而得到评价结果。

专家评价法的准确程度主要取决于专家的阅历以及知识的广度和深度。要求参加评价的专家对评价的系统具有较高的学术水平和丰富的实践经验。总的来说，专家评价法具有使用简单、直观性强的特点，但其理论性和系统性尚有欠缺，有时难以保证评价结果的客观性和准确性。

2）成本效益法

成本效益法是将不同方案的成本和效益进行比较排序的方法。成本反映的是改进系统或者建立新系统所需要的投资耗费；效益反映的是改进后的系统或新系统投入使用后将会获得的经济效益与社会效益。成本和效益是系统评价中最基本、最重要的指标。

采用成本效益法的主要困难在于如何正确地测定系统方案的效益，如何估计长期投资和效益的社会折现率。成本效益法要求将系统的投入和产出结果用货币来衡量，因此一般适合于经济效益的评估。很多物流系统项目不仅具有巨大的经济效益，而且具有明显的社会效益。因此，"效益"的概念也包括社会效果，这些社会效果不一定都能换算成货币。这时，可用效用（或者有效度，effectiveness）来表示货币以外的数量尺度，代替效益，进行成本-效用分析。

3）关联矩阵法

关联矩阵法是从多个因素出发综合评定多目标系统方案优劣程度的方法，是一种定量与定性相结合的评价方法，它用矩阵形式来表示各方案有关评价指标的评价值，计算各方案评价值的加权和，再通过分析比较，确定评价值加权和最大的方案即为最优方案。

4）层次分析法

层次分析法（analytic hierarchy process，AHP）是对一些较为复杂、较为模糊的问题进行决策的简易方法，特别适用于那些难以完全定量分析的问题。它将与决策有关的元素分解成目标、准则、方案等层次，在此基础之上进行定性和定量分析。层次分析法的特点是在对复杂决策问题的本质、影响因素及其内在关系等进行深入分析的基础上，利用较少的定量信息使决策的思维过程数学化，从而为多目标、多准则或无结构特性的复杂决策问题提供简便的决策方法。

5）仿真评价法

仿真评价法是随着系统仿真研究的发展逐渐兴起的一种评价方法，即以评价对象为原型建立仿真模型，根据仿真结果对评价对象的表现进行相关指标的考核，得到评价结果。仿真评价法适用于结构明确、易建模且系统运行周期长的评价对象。仿真评价法可缩短评价周期，以较高的效率得到评价结果。但仿真评价法所得评价结果的可靠性高度依赖于仿真模型与评价对象的相似度，因此在选用时应慎重考虑。

【综合案例】COVID-19 病毒的全球大流行给世界各国经济和生活带来了灾难性的冲击，给物流业也带来了巨大的影响。人们对病毒的传播与扩散非常关注，掌握了其传播与扩散机制，就掌握了防控的钥匙。图 1-11 是在 AnyLogic 软件中基于系统动力学方法构建的 COVID-19 病毒传播模型。其中，总人口＝5000，初始感染者＝1，初始接触人数＝10，传染概率＝0.5～10，疾病周期＝10。

请读者从系统角度，分析该人群社会系统中的实体、属性、事件和活动，思考开展传染病毒传播仿真分析的关键问题。通过查阅资料，了解有哪些建模与仿真方法可以用于这类问题的分析。

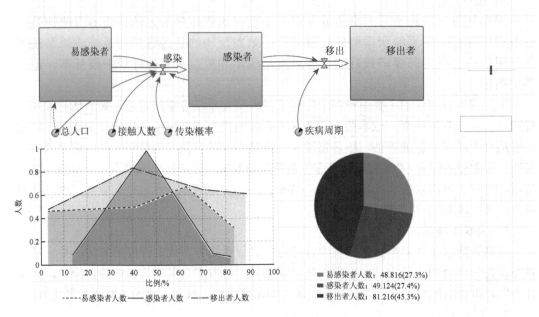

图 1-11   COVID-19 病毒传播模型仿真分析

■ 本章小结

本章首先对系统的基本概念与思想进行了叙述，并介绍了系统的构成要素及系统的分类。同时，本章以兼顾物流系统一般特性与特殊特性为原则，对物流系统理论基础进行了阐述，分别对物流系统的基本概念、分类、特征进行了描述，在此基础上分析了物流系统的功能要素、基本活动、典型事件及其相互关系，以此作为物流系统建模与仿真的依据和基础，并简述了对物流系统进行分析与评价的方法。

➢习题

1. 如何理解系统的概念和特性？系统如何分类？
2. 物流系统如何分类？物流系统的特征包括哪些方面？
3. 物流系统的基本结构是什么？
4. 简要描述物流系统分析的步骤及方法。
5. 举例说明物流系统中的实体、属性、事件和活动在系统仿真中的作用。
6. 以物流系统中的某一过程为例，描述其中涉及的实体、属性、事件及活动，以及它们之间的关系。

第2章

物流系统建模方法

> ## 本章学习目的与要求

　　物流系统建模是将现实系统映射为仿真模型的过程。通过本章学习，要求了解物流系统建模的基本原则、建模步骤和常见建模方法，掌握 Petri 网、事件关系图和多智能体系统（multi-Agent system，MAS）的建模方法，熟悉实体流图、活动周期图、系统动力学、面向对象等其他建模方法。在实际建模过程中，坚持理论与实践的紧密结合，将物流系统实际作业中的逻辑关系进行提炼，能够提升学生的逻辑思维能力，传承大国工匠的"螺丝钉"钻研精神。

　　【导入案例】智能闸口具有人脸识别、人体测温、车牌识别、箱号识别、车架识别、轮毂识别等功能，广泛用于收费卡口、边境通道、特殊场所安检通道、码头及其他海关监管场所的物流通道等，可以实现无接触的车辆计重、计费和放行，在社会领域发挥着重要作用。假设某高速公路某智能闸口部分相邻车辆到达间隔时间依次为 7s、16s、13s、13s、15s、14s、12s、16s，对应车辆的闸口服务时间依次为 18s、7s、5s、6s、13s、15s、7s、10s。如果仿真时间设置为 60s，试着手工推演和计算该闸口的车辆平均排队长度、闸口平均利用率、闸口的车辆平均排队时间，并讨论物流系统的建模步骤。

■ 2.1　物流系统建模的原则

　　物流系统是一个复杂的离散事件动态系统，具有随机性、非线性、复杂性、适应性、多样性、离散性和动态性等特点。物流系统的复杂性决定了物流系统模型建立的复杂性。建立一个简明、适用的物流系统模型，将为物流系统的分析、评价和决策提供可靠的依据。一般而言，建立系统模型要满足现实性、简明性、标准化三个最基本的要求。

　　（1）现实性是指系统模型要在一定程度上较好地反映系统的客观实际，反映系统本质特征及其关系，去掉非本质的东西。

　　（2）简明性是指在满足现实性要求的基础上，应尽量使系统模型简单明了，以节约建模的费用和时间。如果一个简单的模型能解决问题，就不要去建立一个复杂的模型，因为建立一个复杂的模型并求解需要付出很高的代价。

（3）标准化是指如果已有某种标准化模型可供借鉴，则应尽量采用标准化模型，或者对标准化模型加以修改，使之适合现实系统。

然而，上述三个要求通常会相互抵触，容易顾此失彼。例如，如果模型复杂，则现实性很强，但建模和求解都相当困难，也很难满足标准化的要求。一般的处理原则如下：在现实性的基础上，达到简明性，再尽可能满足标准化要求。

根据系统建模的这三个基本要求，建立物流系统模型时，必须遵循以下基本原则。

（1）准确性。模型必须反映现实系统的本质规律。模型中包含各种变量、数据、公式和图表，模型一旦确定，就必须根据这些数据、公式和图表求解及研究模型。因此，数据必须可靠，公式和图表必须正确，有科学依据，遵循科学规律和经济规律。

（2）现实性。模型既然是现实系统的替代物，就必须能反映现实系统的本质，而且必须具有一定的精确度。如果一个模型不能在本质上反映现实系统，或者在某些关键部分缺乏一定的精确度，就存在潜在的危险。

（3）简明性。模型的表达方式应明确、简单、抓住本质。一个现实系统可能是相当复杂的，如果模型也很复杂，则构造和求解模型的费用太大，甚至由于因素太多，模型难以控制和操纵，从而失去建模的意义。

（4）规范性。模型必须使用方便，因此要努力使模型标准化、规范化，尽量采用已有的模型。在建立一个现实系统的模型时，如果已经有人建立过类似的模型，甚至已经有了标准化模型，则应该尽量利用现有模型，这样既可以节省时间和精力，又可以节约建模费用。

（5）渐进性。人对系统的认识有一个由浅入深的过程，因此建模不能一蹴而就。开始建模时，可以设计得粗糙一些，参数和变量不宜太多，但是要注意灵敏性问题，即关注哪些参数或变量的改变对模型影响特别明显；逐步加入有关细节，逐渐增加参数和变量，直至达到一定的精度。

■ 2.2 物流系统建模的步骤

物流系统模型是对物流系统的特征要素及其相互关系和变化趋势的一种抽象描述。物流系统模型反映了物流系统的一些本质特征，用于描述物流系统要素之间的相互关系、系统与环境的相互作用等。建立物流系统模型以后，就可以通过模型来代替系统进行实验，用以解决物流系统实际运作中的某些问题，指导生产管理。

不同条件下的建模方法虽然不同，但是建模的全过程始终离不开了解现实系统、掌握真实情况、抓住主要因素、弄清变量关系、构建模型、反馈使用效果、不断改进以逐渐向实际接近。如图 2-1 所示，物流系统建模的步骤可以归纳如下。

1. 根据物流系统的目的和实际情况，提出建立模型的目的

建立模型必须目的明确，要明确回答"为什么建立模型？"等一类问题。在物流各环节中，每个了系统有着不同的模型要求。例如，对运输问题进行建模，其目的可以是降低运输成本；对库存问题进行建模，其目的是保证生产的连续性，且使库存成本最小；对配送中心系统进行建模，其目的是提供更好、更快、更节约成本的配送服务。

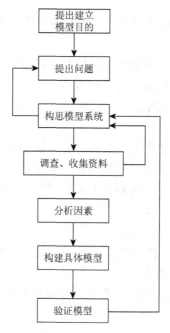

图 2-1　物流系统建模步骤

2. 根据建立模型的目的，提出要解决的具体问题

在明确模型的目的之后，要将其具体化。提出问题实质上就是对系统中影响模型目的的各种要素进行详细分析的过程。例如，配送中心要提供更好、更快、更节约成本的服务，就必须分析订单接收、订单处理、货物装卸、车辆调度等过程的详细信息，从而提出需解决的问题。

3. 根据所提出的问题，构思模型系统

根据所提出的问题和建模的目的，构思所要建立的模型的类型及其关系。例如，配送中心系统建模时，需要建立订单处理模型和车辆调度模型。

模型的构思与问题的提出是一个反复修正的过程，问题的提出是构思模型系统的基础，构思的模型系统又可补充问题的提出，这样多次反馈，使问题更加全面、模型结构更加合理。

4. 在构思模型系统的基础上，进行实际调查，收集资料

通过实际调查，明确清晰地了解系统的规模、目的和范围以及判定准则，确定系统的输出、输入（影响因子和决策变量）及其表达形式。收集真实可靠的资料、掌握系统全面的资料，对资料进行分类，概括本质内涵，分清主次变量，把已研究过或成熟的经验知识或实例挑选为基本资料，供新模型选择和借鉴，将本质因素的数量关系尽可能地用数学语言来表达。在这一步要确保信息资料的正确性和有效性，反映系统的真实情况。

5. 分析物流系统中各因素之间关系

分清系统本质因素之间的关系，列出必要的表格，绘制图形和曲线等。在因素多的情况下，要根据物流系统研究的目的，对其进行取舍，这需要建模人员具有丰富的经验。

除了确定各因素之间的关系，还要分析因素的变动对物流系统目的实现的影响。

6. 构建具体模型

在充分掌握资料的基础上，根据模型系统和系统特征的服务对象，构造一个能代表所研究系统的数量变换的数学模型。这个模型可能是初步、简单的，但必须能对观测结果进行合理的解释，尽管这种解释是受某些假设条件约束的。

7. 验证模型的正确性

模型的正确性一般通过实验来进行验证。验证模型是否在要求的精度范围内正确地反映了所研究的问题，必要时要进行反复修正。如果模型不能在一定精度的约束下反映物流系统的问题，则要找出原因，并根据原因对模型的结构进行调整或增加一些变量，改变变量性质或变量间的关系以及约束条件等，使模型进一步符合实际，满足在可信度范围内可解、易解的要求后投入使用。

对模型的要求如下：首先，模型能反映系统在某个方面的基本属性，抓住主要因素；然后，模型简洁，适当处置次要因素，使模型易于理解、易于分析计算，能够用简单数学方式描述时绝不把它复杂化；最后，模型与其他模型易于衔接，模型的详细程度与数据来源、数据精度能够匹配。

■ 2.3　物流系统建模方法概论

物流系统研究的目的是对物流系统进行规划、管理和控制，以及寻求降低物流成本、改进服务和提高物流效益的途径，如库存水平（重新订货点、安全库存量等）的确定、运输或搬运路径的选择、自动导引小车的运行轨道和作业控制、自动分拣机的运行、配送中心经营管理的决策支持、制造模式（推、拉、即时）的选择、配送中心及仓库的选址等。因此，必须应用现代科学理论和方法来进行物流系统建模。总的来说，物流系统的建模方法可以归纳为以下三大类。

（1）最优化方法。最优化方法应用线性规划、整数规划和非线性规划等最优化理论和方法来描述物流系统中物料存储的时间与数量关系的数学表达式，并通过求解该数学表达式获得最优方案。物流系统庞大而复杂，建立整个系统的最优化模型通常比较困难，而且计算机求解大型优化问题的时间和费用太多，因此，最优化方法一般应用于物流系统的局部优化，并结合其他方法来获得物流系统的次优解。

（2）启发式方法。启发式方法应用一些经验法则来降低优化模型的精确度，并通过模仿人的跟踪校正过程求取物流系统的满意解。其缺点是难以知道何时求得好的启发式解。

（3）系统仿真方法。系统仿真方法利用数学公式、逻辑表达式、图表、坐标等抽象概念来表示实际物流系统的内部状态和输入-输出关系，以便通过计算机对模型进行实验，并通过实验获得改善物流系统或设计新的物流系统所需的信息。因此，系统仿真的实质就是对实际观测数据所建立的一种动态模型，既反映了系统的物理特征和逻辑特征，又表达了系统的静态性质和动态性质，有利于对系统进行分析。

由于物流系统是一个复杂的离散事件动态系统，具有随机性、非线性、复杂性、适应性、多样性、离散性和动态性等特点，难以应用传统的最优化和启发式方法对物流系统建模，系统仿真方法更能体现这种复杂的离散事件系统的性能。因此，系统仿真方法是分析、设计和优化复杂物流系统的有力工具，本章所介绍的建模方法就是针对系统仿真方法建立的。

任何系统仿真方法都必须提供一种描述模型行为的手段和方法，即建模结构。建模结构反映了系统仿真方法组织状态转移过程中执行的动作或操作的方式。不同的系统仿真方法具有其特有的建模结构，但是均要求将整个系统的操作或动作划分成基本构建块。根据建模机理，目前离散事件系统仿真的建模结构主要可以分为以下五类。

（1）事件建模，即事件调度（event scheduling，ES）建模方法，其基本构建块是事件子程序，首先确定引起系统状态发生改变的事件，然后把事件改变系统状态的过程封装在一个代码块中，即事件子程序。事件子程序包括：①与系统状态改变有关的所有要执行的动作，所有条件测试均在相应的子程序内完成；②系统状态改变所需资源的测试；③事件发生所释放的资源，等等。

（2）活动建模，即活动扫描（activity scanning，AS）建模方法，其基本构建块是活动，确定系统要执行的活动，描述系统由于状态改变而执行的动作，包括：①条件，即执行活动所必须满足的条件；②活动，即描述活动所执行的操作集合，这些操作仅当条件满足时才能执行。

（3）过程/进程建模，即过程交互（process interaction，PI）建模方法，其基本构建块是过程，其基本思想如下：模型应该描述一个实体在整个生命周期中所经历的各个阶段，以及每个阶段所要执行的动作，每个过程都是一个单独的代码块，并与其他过程进行交互。交互由控制结构来控制，在仿真中每个实体按自己的过程描述相继通过各个阶段；直到由于某些原因而被停止，从而产生一定的延迟；此时，控制转移至其他过程，一旦满足某些条件，延迟被解除，控制重新返回该过程，实体继续向前移动。因此，过程必须详细描述其阻塞点和重新激活点，以便能够正确地控制过程之间的交互。

（4）对象建模，即面向对象的建模方法（object-oriented modeling，OOM），其基本构建块是代表系统中实体的对象，对象封装了实体的属性、特征、事件和行为，是现实世界中真实对象的一种计算机抽象。面向对象的建模方法为离散事件系统仿真提供了一种新的建模途径，使建模人员能够以应用领域熟悉的、直观的对象概念来建立仿真模型，建模观点与人们认识现实世界的思维方式一致。传统的系统仿真方法利用事件、活动或过程的概念建立模型，面向对象的建模方法则通过构成系统的对象来建立模型，在结构上对象的抽象层次更高，在概念上对象更接近现实世界，而且对象具有模块性、封装性、局部性和可重用性等显著特点。因此，与传统的系统仿真方法相比，面向对象的建模方法具有更大的灵活性、更强的建模能力，而且所构造的模型更容易理解、交流，更便于修改、扩充和维护。

（5）Agent 建模，即基于 Agent（Agent based，AB）的建模方法。在这种建模结构中，模型的基本构成元素是 Agent。Agent 可以理解为具有完整计算能力的智能主体，它具有认知、推理、决策、规划、通信以及协作等行为能力和特征，是有别于对象的一种更高层次的建模概念。在基于 Agent 的建模方法中，建模人员以赋予知识和技能的形式来赋予 Agent 一定的行为特征和智能，并以 Agent 组织的形式来构筑模型；通过 Agent 之间自主的交互、协作行为来模拟现实系统的行为。

【例 2-1】　考虑顾客在银行出纳台窗口接受出纳员服务的银行系统。分别用事件、活动、进程等建模结构建立模型，如图 2-2 和图 2-3 所示。

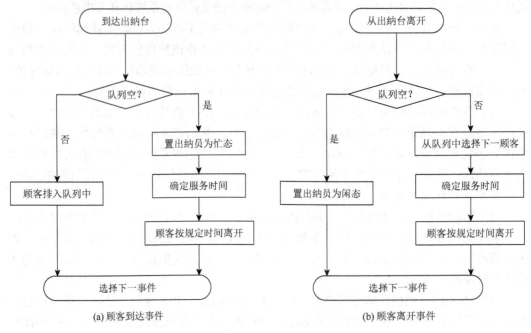

(a) 顾客到达事件　　　　　　　　　(b) 顾客离开事件

图 2-2　事件建模

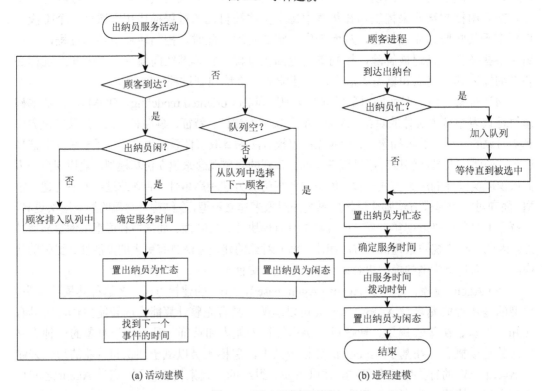

(a) 活动建模　　　　　　　　　(b) 进程建模

图 2-3　活动和进程建模

2.4　实体流图建模方法

实体流图（entity flow chart，EFC）建模方法是采用与计算机程序流程图类似的图示符号和原理，建立描述临时实体产生、在系统中流动、接受永久实体服务和消亡等过程的流程图。实体流图可以表示事件、状态变化以及实体之间相互作用的逻辑关系。所建立的实体流图模型易于转换为面向事件的仿真模型。

实体流图建模方法常用的图示符号包括菱形框（表示判断）、矩形框（表示事件、状态、活动等中间过程）、圆端矩形框（表示开始和结束）以及有向弧（表示逻辑关系）等。

2.4.1　实体流图法建模思路

采用实体流图法建模时，可以按照以下思路进行。

（1）辨识组成系统的实体和属性。在实体流图法中，队列是一种特殊的实体。

（2）分析各种实体的状态和活动及其之间的相互作用。队列实体的状态是队列的长度。

（3）考察哪些事情导致活动的开始或结束，或者可以作为活动开始或结束的标志，以确定引起实体状态变化的事件，并合并条件事件。

（4）分析各个事件发生时实体状态的变化规律。

（5）在一定的服务流程下，分析与队列实体有关的特殊操作（如换队等）。

（6）通过以上分析，以临时实体的活动为主线，用约定的图示符号画出被仿真系统的实体流程图。

（7）给出模型参数的取值、参变量的计算方法及属性描述变量的取值方法。属性描述变量，如顾客到达间隔时间、服务时间等，可以取一组固定值，可以由某个计算公式取值，还可以是一个随机变量。当属性描述变量是随机变量时，应给出其分布函数。

（8）给出队列的排队规则。当存在多个队列时，还应给出其服务规则，包括队列的优先次序和换队规则等。

2.4.2　实体流图法建模实例

下面通过两个例子具体介绍实体流图建模方法。例 2-2 是一个单服务台单队列排队服务系统——理发店服务系统，其中，顾客和理发员分别具备离散事件系统中临时实体和永久实体的基本行为，两者的关系代表了永久实体和临时实体之间典型的服务与被服务关系。例 2-3 则出现了两类顾客相互竞争资源，从而使得实体流图法建模时有些"力不从心"。

【例 2-2】　理发店服务系统。

设理发店只有一个理发员。顾客来到理发店后，如果有人正在理发，就坐在一旁等候。理发员按照先到先服务的原则为每一位顾客服务，而且只要有顾客就不停歇。建模的目的是在假定顾客到达间隔时间和理发员为每位顾客理发所需的服务时间服从一定概率分布的情况下，考察理发员的忙闲情况。

对该系统的详细分析如下。

（1）实体。临时实体：顾客。永久实体：理发员。特殊实体：顾客队列。

（2）状态。理发员："忙"和"闲"。顾客：等待服务和接受服务。顾客队列：其状态用排队长度来标识。

（3）活动。存在排队和服务两个活动。

（4）事件。存在顾客到达、顾客结束排队（条件事件）以及顾客服务完毕并离去三个事件。

图 2-4 描述了实体流图法建模的一般原则：如果事件 A 导致条件 1 成立（此时为状态），而条件 1（状态）又导致事件 B 发生，则事件 B 并入事件 A。

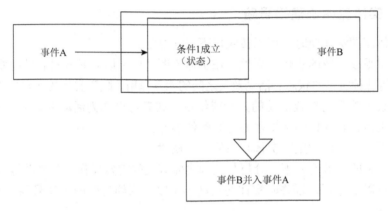

图 2-4　事件并入原则

"顾客到达"事件或"顾客结束排队"事件可以导致"服务"活动的开始，而"顾客服务完毕并离去"事件可以导致"服务"活动的结束。其中，"顾客结束排队"事件（事件 B）以理发员状态是"闲"（状态）为前提，因此是条件事件；队列为"非零"状态时理发员状态为"闲"（状态）是由"顾客服务完毕并离去"事件（事件 A）导致的，因此将"顾客结束排队"事件（事件 B）并入"顾客服务完毕并离去"事件（事件 A），不予单独考虑。

（5）排队规则。先到先服务，即新来的顾客排在队尾，理发员先为排在队首的顾客服务。

在该系统中，三类实体的活动及状态之间存在的逻辑联系如下：①某一顾客到达时，如果理发员处于"忙"状态，则该顾客进入"等待服务"状态，否则进入"接受服务"状态；②理发员完成对某一顾客的服务时，如果队列处于"非零"状态，则立即开始"服务"活动，否则进入"闲"状态。

通过上述分析，以临时实体顾客的流动为主线，可以画出该系统的实体流图，如图 2-5 所示。需要给出的模型属性变量包括顾客到达间隔时间（随机变量）、理发员为每位顾客理发所需的服务时间（随机变量）等，它们的值可以从不同的分布函数中抽取。

需要指出的是，实体流图是为描述实体流动及其相互间的逻辑关系而绘制的，与计算机程序流程图不同，与编程实现的要求还有较大距离。

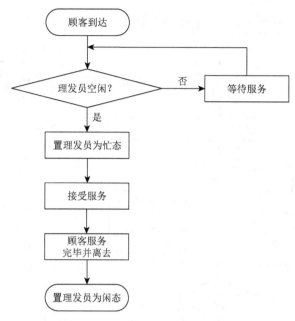

图 2-5　理发店服务系统实体流图

【例 2-3】　售票窗口服务系统。

某剧院雇用一名售票员同时负责剧票的窗口销售和对电话问讯者的咨询服务。窗口服务比电话服务具有更高的优先级。问讯者打来的电话由电话系统存储以后，按先到先服务的原则逐一答复。建模的目的是研究售票员的忙闲率。

对该系统的详细分析如下。

（1）实体。永久实体：售票员。临时实体：窗口购票者和电话问讯者。特殊实体：购票队列和问讯队列。

（2）状态。售票员：空闲、售票和接电话。窗口购票者：等待和服务。电话问讯者：等待和服务。队列：其状态用排队长度来标识。

（3）活动。售票员：窗口售票和电话服务。窗口购票者：排队和服务。电话问讯者：排队和服务。

（4）事件。窗口购票者：到达、结束排队（开始服务）、服务完毕并离去。电话问讯者：到达、结束排队（开始服务）、服务完毕并离去。

（5）排队和服务规则。排队规则：先到先服务。服务规则：窗口购票者和电话问讯者分别排队，优先进行售票服务。

以临时实体窗口购票者和电话问讯者的流动为主线，可以画出该系统的实体流图，如图 2-6 所示。需要给出的模型属性变量包括窗口购票者到达间隔时间、电话问讯者到达间隔时间、售票服务时间和接电话服务时间等，它们均为随机变量，其值可以从不同的分布函数中抽取。

与例 2-2 的主要区别在于，例 2-3 存在两条服务途径，因此可以同时存在两个队列，但是顾客不能换队。

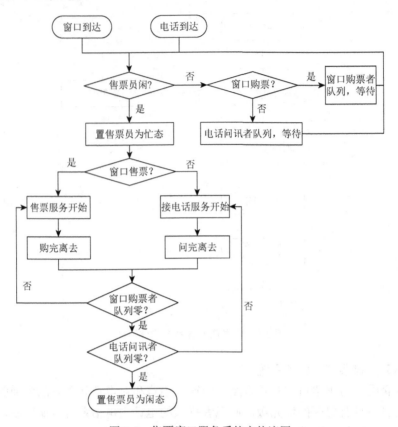

图 2-6   售票窗口服务系统实体流图

另外，在图 2-6 中存在两处与服务规则相关的判断和特殊操作。当电话问讯者和窗口购票者同时到达而售票员处于"空闲"状态时，前者加入电话问讯者队列，后者接受服务；当服务完毕而窗口购票者队列和电话问讯者队列均"非零"时，优先为窗口购票者服务。

需要说明的是，例 2-3 的系统存在两类临时实体同时流动，因此可能出现资源冲突。对于这类问题，2.5 节的活动周期图建模方法有独到之处。

■ 2.5   活动周期图建模方法

由 2.4 节关于实体流图的介绍，可以看到这样一种现象：实体的行为模式在有限的情况之间周而复始地变化，表现出一定的生命周期形式。在例 2-2 中，永久实体理发员的状态在"闲"和"忙"之间不断变化，而"忙"状态意味着理发员与顾客正在协同完成"服务"活动。顾客是临时实体，尽管单个顾客实体仅在系统中停留一段时间，但是顾客实体的群体行为在"到达"、"等待"、"服务"和"离去"之间周而复始地变化，从而产生周而复始的行为模式。活动周期图（activity cycle diagram，ACD）建模方法正是基于这种思想而逐步形成的一种离散事件建模方法。

活动周期图以直观的方式显示了实体的状态变化历程和各实体之间的交互作用关系，便于理解和分析。活动周期图可以充分反映各类实体的行为模式，并将系统状态变化以个体状态变化集合的方式表示出来，因此，可以更好地表达众多实体的并发活动和实体之间的协同。不过，活动周期图仅描述系统的稳态，而没有表示系统的瞬态，即活动的开始和结束事件。

2.5.1 活动周期图法建模思路

活动周期图建模方法将实体的状态分为两种：静寂（dead）和激活（active），分别用图 2-7 所示的图示符号表示。状态之间用有向弧相连，不同实体用不同的线型，表示各种实体的状态变化历程。激活状态通常是实体的活动，模型中活动的忙期可以采用随机抽样等方法事先确定。相反，静寂状态通常表示无活动发生，是实体等待参加某个活动时的状态，其持续时间在模型中无法事先确定，取决于有关活动的发生时刻和忙期。每一类实体的生命周期均由一系列状态组成。随着时间的推移和实体之间的相互作用，各实体从一种状态变化到另一种状态，从而形成一个动态变化过程。

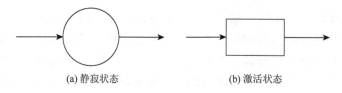

(a) 静寂状态   (b) 激活状态

图 2-7 活动周期图基本图示符号

活动周期图的建模过程如下。

（1）辨识组成系统的实体及其属性。辨识组成系统的永久实体和临时实体，队列不作为实体考虑。

（2）分别画出各实体的活动周期图。实体活动周期图的绘制要以实际过程为依据，队列作为排队等待状态来处理。在实体流图中看作事件的某些操作或行为在活动周期图中要拓展为活动来处理。活动周期图服从以下两个原则。

①交替原则。静寂状态和激活状态必须交替出现。如果现实系统中某一活动完成后，其后续活动立即开始，则后续活动称为直联活动。为了使直联活动与其前置活动的连接仍然符合交替原则，规定在这两个活动之间存在一个虚拟的队列。

②闭合原则。每类实体的活动周期图都必须是闭合的。其中，临时实体的活动周期图表示一个或几个实体从产生到消失的循环过程，永久实体的活动周期图则表示一个或几个实体被占用和释放的循环往复过程。

（3）将各实体的活动周期图连接成系统活动周期图。以各实体之间的协同活动为纽带，将各实体的活动周期图合并在一起。

（4）增添必要的虚拟实体。在活动周期图中，当一个活动的所有前置静寂状态均取非零值（队列不为空）时，该活动才有可能发生。利用这个特性，可以增添某些必要的虚拟实体，并假定它们与另外的实体协同完成某项活动。通过这种方法，可以为实体活动的发生增加某种附加条件，从而实现"隔时发生"的建模效果。

（5）标明活动发生的约束条件和占用资源的数量。包括：①活动是否可以发生的判断条件，这些条件应是用活动周期图图示符号无法或不便表达的；②永久实体在参加一次协同活动时被占用和活动完成时被释放的数量。活动发生的条件一般为某种表达式，标在活动框的旁边。协同活动发生时占用/释放永久实体（资源）的数量标在相应有向弧的旁边（带有"+""−"符号），数量为 1 时不标。

（6）给出模型参数的取值、参变量的计算方法及属性描述变量的取值方法，并给出排队规则和服务规则。

2.5.2　活动周期图法建模实例

下面通过两个例子具体介绍活动周期图建模方法。例 2-4 比例 2-2 的单服务台单队列排队服务系统复杂一些，工人有休息饮茶的权利，因此需要引入虚拟实体"权利"。例 2-5 使用活动周期图法对例 2-3 建模，较之实体流图法，活动周期图法在处理资源竞争（冲突）时具有方便、直观的特点。

【例 2-4】　机床加工系统。

考虑一个简单的加工车间。车间内有数台自动机床，由一名工人负责看管。工人的任务如下：①如果机床的刀具完好，则为机床安装工件，然后按下运行按钮；②如果机床的刀具损坏，则先要重装刀具，然后完成任务①。只有机床完成一次自动加工工序，并停止运行后，工人才能执行上述两项任务。假定每台机床均可加工各种工件，并且不会发生工件短缺的现象。建模的目的是研究工人的忙闲率。

显然，建模时需要考虑两类实体，即工人和机床。

（1）工人。工人的主要活动为"安装工件"（RESET）和"安装刀具"（RETOOL）。另外，也可能由于在一定的时间内离开去干一些其他事情（如饮水）而暂时无法看管机床。为了处理这种情况，可以增加活动"其他"（AWAY），该活动的忙期可以按照某种规律事先确定。上述三种活动均为激活状态。

当工人不处于三种激活状态时，就处于静寂状态"等待"（WAITING），该状态的持续时间可能较长，也可能较短，取决于激活状态的情况。

工人的活动周期图如图 2-8 所示。

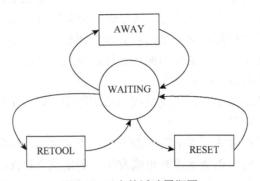

图 2-8　工人的活动周期图

（2）机床。机床有两种活动："安装刀具"（RETOOL）和"安装工件"（RESET），是与工人协同完成的活动。机床有三种状态："预备"（READY）、"停机"（STOPPED）和"完毕"（OK）。

机床的活动周期图如图 2-9 所示。激活状态之间均由静寂状态相隔，符合交替原则。虽然"预备"和"停机"两种静寂状态在实际工作过程中可能非常短暂，但是这两种状态的引入既符合交替原则，又便于研究的深化。例如，可以很方便地将模型扩充到两个工人的情景：一个负责所有机床的刀具安装；另一个负责工件安装。

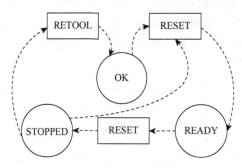

图 2-9　机床的活动周期图

合并工人和机床的活动周期图，可以得到机床加工系统的活动周期图，如图 2-10 所示。由图 2-10 可知，工人和机床的活动周期图是通过"安装工件"和"安装刀具"两个协同活动相互联系的。每个静寂状态对应唯一的实体，如只有工人才有"等待"状态，只有机床才有"预备"、"停机"和"完毕"状态。

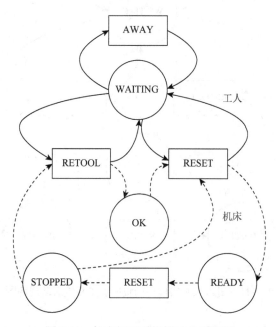

图 2-10　机床加工系统的活动周期图

　　图 2-10 并不是一个完善的活动周期图模型，图中的工人只要不从事"安装工件"和"安装刀具"的活动，即处于"等待"状态，就可以从事"其他"活动，如"饮茶"（TEA），因为"等待"是"其他"活动的唯一前置状态。假如限定工人每隔 2h 才能休息 10min 饮茶，那么如何在活动周期图中加以表示呢？

　　解决方法是引入虚拟实体——工人休息饮茶的权利（简称权利）。权利实体协同工人实体完成"饮茶"活动，其生命周期中要完成"计时"（RECORD）活动。为了满足交替原则，还增加了两种状态："有权"（YES）和"无权"（NO），如图 2-11 所示。这样，当权利实体停留在"有权"状态时，处于"等待"状态的工人实体方可进行 10min 的"饮茶"活动。"饮茶"活动后，权利实体进入"无权"状态，并开始"计时"活动。当计时2h 后，又进入"有权"状态。可见，虚拟实体——权利的引入，满足了每隔一段时间方可进入某个活动的建模需求。

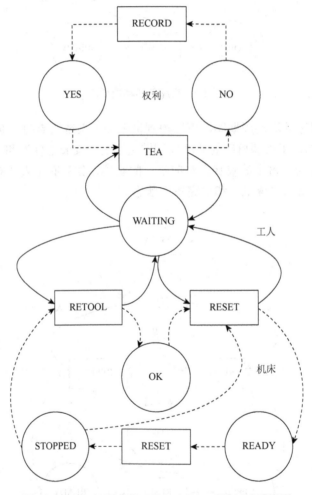

图 2-11　引入权利实体后的机床加工系统活动周期图

　　"机床数量"应该作为模型参数加以考虑。每台机床"累计加工的工件数量"作为模型的参变量，用以判断当机床处于"停机"状态而工人处于"等待"状态时，机床是否需要重换刀具，从而决定进入"安装刀具"活动还是"安装工件"活动。属性变量包括"加工时间"、"安装刀具时间"和"安装工件时间"（随机变量），以及"饮茶时间"（10min）和"轮休时间"（2h）。在服务规则中应该明确规定，当工人处于"等待"状态时，先饮茶休息还是先工作（假定机床处于"停机"状态且权利处于"有权"状态），这里的工作是指"安装刀具"或者"安装工件"中的一种，其选择取决于模型参数的值，如前面的"累计加工的工件数量"。当然，也可以采用引入虚拟实体的方法进行处理。

需要说明的是，活动周期图中允许进行分支处理，即从同一活动（或静寂）状态引出多个供选择的后续静寂（或活动）状态，以表示实体行为模式中存在的多种可能性。此时，分支状态（这里是"停机"状态）需要一个判断变量，根据该判断变量的取值情况，可以确定实体的走向。

【例 2-5】　售票窗口服务系统。

与例 2-3 相同，该系统存在三类实体，即售票员、窗口购票者和电话问讯者。

（1）售票员。售票员有两种激活状态："窗口服务"（WINDOW SERVICE）和"电话服务"（TALK SERVICE）。当售票员不处于这两种状态时，就处于一种静寂状态——"空闲"（IDLE）。因此，售票员的活动周期图如图 2-12 所示。有时，空闲状态的持续时间很短。

（2）窗口购票者。窗口购票者有一个激活状态"窗口服务"（WINDOW SERVICE，与售票员协同完成）和一个静寂状态"排队等候"（QUEUE）。窗口购票者离去事件已经隐含在"窗口服务"活动中，但是，窗口购票者到达事件如何在活动周期图中体现出来呢？

窗口购票者接受售票员服务后即从系统中消失，这里假想他进入了系统外部，即进入"外部"（OUTSIDE）状态。根据交替原则，该状态是静寂状态。新的窗口购票者是从系统"外部"到达窗口排队并接受服务的。根据交替原则和封闭原则，"外部"与"排队等候"状态之间应该存在一个激活状态"到达"（ARRIVAL）。为了理解"到达"活动的含义，想象窗口购票者是乘坐同一交通工具从系统"外部"抵达窗口队列的，该交通工具一次只能容纳一名窗口

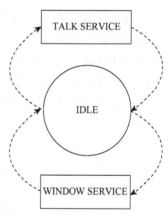

图 2-12　售票员的活动周期图

购票者（约束）；其往返一趟的时间是一个随机变量，服从某个概率分布，该随机变量的作用相当于顾客到达间隔时间。因此，实体流图中的"到达"事件对应于活动周期图中"到达"活动的结束事件，这从一个侧面反映了两种建模方法的区别。窗口购票者的活动周期图如图 2-13 所示。图中，"到达"活动上方的约束条件 CUSTOMER = 0，这表明前一顾客"到达"活动完成后，下一顾客才能开始到达。

上面是对"到达"活动的一种处理方法，该方法将"到达"看作一种由顾客单独完成的活动，其忙期是表征顾客到达间隔时间的随机变量（或时间表）。另一种处理方法是引入一个虚拟实体——门，代替给活动施加的约束条件 CUSTOMER = 0，如图 2-14 所示。

因此，"到达"活动就变成了由顾客和门协同完成的一种活动：只有当门处于"打开"（OPEN）状态时，"外部"的顾客才能进行"到达"活动；当"到达"活动结束时，会触发虚拟实体"门"处于"关闭"（CLOSE）状态；"计时"活动的忙期就是顾客到达间隔时间。

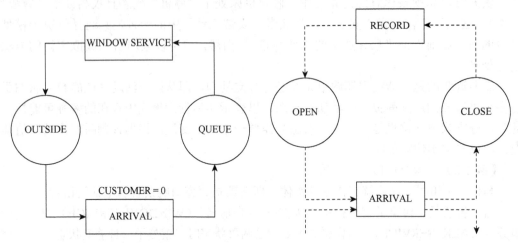

图 2-13　窗口购票者的活动周期图　　　　图 2-14　引入虚拟实体后的"到达"活动

（3）电话问讯者。电话问讯者的活动周期图与窗口购票者相似，如图 2-15 所示。电话问讯者有两个激活状态："电话服务"（TALK SERVICE，与售票员协同完成）和"打电话"（CALL），分别对应"窗口服务"和"到达"。电话问讯者的静寂状态也有两个："等回话"（WAIT）和"局外"（ELSEWHERE），分别对应"排队等候"和"外部"。其中，"局外"和"外部"均表示系统的环境，称为源状态。

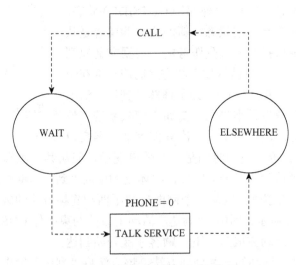

图 2-15　电话问讯者的活动周期图

通过"窗口服务"和"电话服务"两个协同活动，可以将图 2-12、图 2-13 和图 2-15 组合成售票窗口服务系统的活动周期图,如图 2-16 所示。与该系统的实体流图(图 2-6)相比,活动周期图在描述两类以上临时实体资源竞争问题时具有更加简练和清晰的特点。

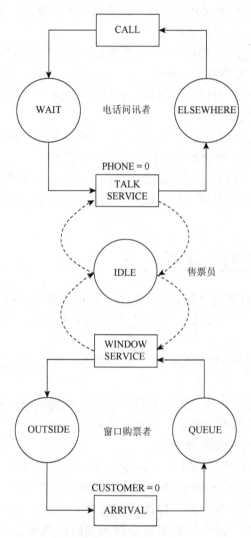

图 2-16 售票窗口服务系统的活动周期图

模型的描述变量和排队、服务规则参见例 2-3。

2.5.3 实体流图与活动周期图的比较

对实体流图和活动周期图之间的区别及各自特点简要分析如下。

（1）实体流图是以临时实体在系统中的流动过程为主线建立的模型,永久实体浓缩于表示状态和事件的图示符号中,队列作为一种特殊的实体。由于三类实体的描述相互交织,各类临时实体和永久实体没有单独的图示。活动周期图则是基于各类临时实体和永久实体的行为模式,两类实体均具有单独的图示,因而队列成为实体生命周期中的一种状态。

（2）在活动周期图中，各类实体的图示是"环形"循环图，整个系统的活动周期图由多个环套在一起组成；实体流图则是带有小循环的"树形"流程图。

（3）事件是实体流图的重要组成部分，在实体流图中有显式表达；在活动周期图中，事件蕴含在活动之中，没有显式表达。

（4）状态判断框在实体流图中的作用非常重要。活动周期图则将实体流图中需判断的状态用"空闲""等待"等静寂状态表示，实体是否处于该状态的判断则无须标在图中，因为它已经升华为模型运行时的一般规则。实际上，根据活动周期图交替原则，每个静寂状态都有"条件"的底蕴。

（5）活动周期图更易于用面向对象的技术实现，软件上也更易于实现仿真程序的自动生成。此外，活动周期图表示冲突和并发现象更方便、直观。

（6）尽管实体流图不像活动周期图那样规范，但是如果不考虑模型的运行问题，实体流图比活动周期图的使用范围更广。此外，实体流图可以对队列的排队规则和服务规则进行较详细的描述。

■ 2.6　基于 Petri 网的建模方法

如果对活动周期图建模方法进行以下修改，则可以得到一种新的建模思想，应用集合论的语言加以描述后，就可以建立规范的基于佩特里（Petri）网（又称有向网）的建模方法。

（1）取消临时实体活动周期图中的"源"状态，即不再考虑临时实体的生命周期循环。

（2）将活动看作"开始事件 + 状态 + 结束事件"，从而使建模元素变为"事件"和"状态"，后者包括活动周期图中的激活状态和静寂状态。

（3）不强调实体模型之间的独立性。

Petri 网是德国卡尔·亚当·佩特里（Carl Adam Petri）在其博士学位论文 *Communication with Automata* 中首次提出的一种网状结构的信息流模型。它具有并行、不确定性、异步和分布等的描述与分析能力，是一种适合并发、异步、分布式系统描述与分析的图形工具。作为图形工具，它具有类似流程框图和网图的可视描述功能，还可以通过令牌（token）的流动模拟系统的动态和活动行为，是一种图形化的研究离散事件动态系统的建模工具。

目前，一些高级 Petri 网模型得以发展，并用来解决经典 Petri 网模型存在的问题，如模型容易变得很庞大、模型不能反映时间方面的内容、不支持构造大规模模型。代表性的高级 Petri 网模型主要有着色 Petri 网模型（color Petri net model）、抑止弧 Petri 网模型（inhibitor arcs Petri net model）、高级 Petri 网（high-level Petri net）、时间/时延 Petri 网（time/timed Petri net）、随机 Petri 网（stochastic Petri net）、对象 Petri net（object Petri net）、时序 Petri 网（temporal Petri net）、被控 Petri 网（controlled Petri net）、混合 Petri 网（hybrid Petri net）。其中，令牌着色表示对象的具体特征，如一个令牌代表一个工人（张三，28 岁，经验 3 级）；每个令牌拥有一个时间戳，变迁（transit）决定

生产的令牌的延迟；层次化用于构造一个复杂性与数据流图相当的 Petri 网的机制；对象是由库所（place 或 site）、变迁和子网构成的网络；时序是用于增加时序逻辑的定义，更好地描述行为过程。Petri 网模型的分析技术主要涉及代数分析法、图分析法、归纳分析法等。

2.6.1　Petri 网的定义及其图示方法

任何系统均由两类元素构成，即表示状态的元素和表示状态变化的元素。在 Petri 网中，前者用库所表示，后者用变迁表示。变迁的作用是改变状态，如离散事件系统中的事件；库所的作用是决定变迁能否发生，如离散事件系统中的状态、活动。库所和变迁之间的相互依赖关系用有向弧表示出来，就构成了一个 Petri 网。

【定义 2-1】　三元组 $N = (P, T; F)$ 称为 Petri 网的充要条件如下：

（1）$P \bigcup T \neq \varnothing$；

（2）$P \bigcap T = \varnothing$；

（3）$F \subseteq P \times T \bigcup T \times P$；

（4）$\mathrm{dom}(F) \bigcup \mathrm{cod}(F) = P \bigcup T$。

其中，$P = \{P_1, P_2, \cdots, P_n\}$ 是 N 的有穷库所集合；$T = \{T_1, T_2, \cdots, T_m\}$ 是 N 的有穷变迁集合；F 是由 N 中的一个 P 元素和一个 T 元素组成的有序偶的集合，称为 N 的流关系；$\mathrm{dom}(F) = \{x \mid \exists y : (x, y) \in F\}$ 是 F 所含序偶的第一个元素的集合；$\mathrm{cod}(F) = \{y \mid \exists x : (x, y) \in F\}$ 是 F 所含序偶的第二个元素的集合；$\times$ 表示集合的直积（笛卡儿积）。

在上述充要条件中：条件（1）和（2）表明，Petri 网由 P 和 T 两类元素构成；条件（3）表明，F 是由一个 P 元素和一个 T 元素组成的有序偶的集合；条件（4）表明，N 不能有孤立元素，从而 P、T 和 F 均不能为空集。$X = P \bigcup T$ 称为 N 的元素集。

【定义 2-2】　元素的输入和输入集。

设 $x \in X$ 为 Petri 网 $N = (P, T; F)$ 的一个元素，令

$$*x = \{y \mid (y, x) \in F\}, \quad x* = \{y \mid (x, y) \in F\}$$

则称 $*x$ 为 x 的输入集或前集；$x*$ 为 x 的输出集或后集。

Petri 网的标准图示符号表示如下：圆圈表示库所，方框或竖线表示变迁，从 x 到 y 的有向弧表示有序偶 (x, y)。如果 (x, y) 是从 x 到 y 的有向弧，就称 x 是 y 的输入，y 是 x 的输出。

根据上述定义，可以绘制与图 2-16 所示的售票窗口服务系统活动周期图模型等效的 Petri 网模型，如图 2-17 所示，图中各库所和变迁的意义如下。

（1）库所集。其中，a 为窗口购票者等待；b 为售票员为窗口购票者售票；c 为购完票的顾客；d 为售票员空闲；e 为电话问讯者等待；f 为售票员为电话问讯者提供咨询；g 为问讯完的顾客。

（2）变迁集。其中，1 为窗口购票者到达；2 为开始购票；3 为购票完毕；4 为窗口购票者离去；5 为问讯电话打入；6 为开始电话问讯；7 为电话问讯完毕；8 为电话问讯者离去。

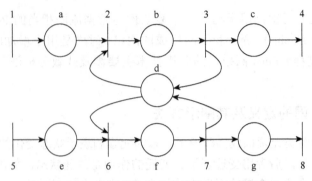

图 2-17　售票窗口服务系统的 Petri 网模型

表 2-1 列出了有关库所和变迁的若干可能解释，以使 Petri 网与实际应用相联系。

表 2-1　库所和变迁的若干可能解释

库所	变迁	库所	变迁
状态	变化	角色	活动
条件	事件（信息变化）	化学物质	化学反应
语言	翻译器	国家	边界
结构	构造	语用状态	语用变换
逻辑语句	演绎、证明、依赖	条件	事实
信息站	信息传递器	数据表示功能单元	数据处理功能单元
生产资料	生产活动		

2.6.2　Petri 网系统

Petri 网是系统静态结构的基本描述，要模拟系统的动态行为，需要定义 Petri 网系统。在定义 Petri 网系统之前，先定义容量、标识和权函数。

【定义 2-3】　容量、标识和权函数。

设 $N = (P, T; F)$ 是有向图，则有以下定义。

（1）映射 K：$P \to N^+ \cup \{\omega\}$ 称为 N 上的一个容量函数，即库所 P 中所容纳的资源/产品数量，其中，$N^+ = \{1, 2, 3, \cdots\}$。$K(P) = \omega$ 表示 P 的容量为无穷，一般不标注；$K(P) = \{k(p_1), k(p_2), \cdots, k(p_n)\}$。

（2）若 K 是 N 上的容量函数，映射 M：$P \to N^+ \cup \{0\}$ 称为 N 的一个标识的充要条件是：$p \in P$ 均满足 $M(p) \leqslant K(p)$。标识为库所中实际资源/产品数量。

（3）映射 W：$F \to N^+$ 称为 N 的权函数。W 在弧 (x, y) 上的值用 $W(x, y)$ 表示，表示变迁对资源的消耗量或者产品的生产量。

容量 K、标识 M 和权 W 也是系统静态结构描述的一部分，可以在图形上表示出来。

（1）容量 $K(p)$ 表示库所 p 中允许存放资源/产品的最大数量，其值标注在表示库所的圆圈旁边；不标明时，其容量值为无穷大。

（2）标识 $M(p)$ 表示库所 p 中当前的实际资源/产品数量，同一库所中的资源看作完全等价的个体，均用黑点表示；黑点称为令牌，各库所中的黑点数就是标识。

（3）权 $W(x, y)$ 表示变迁发生时消耗或产出的令牌数，其值标注在弧 (x, y) 上；不标明时，权值为 1。

【例 2-6】　工业生产线 Petri 网模型。

某条工业生产线需要完成两项工业操作，这些操作分别用变迁 t_1 和变迁 t_2 表示。变迁 t_1 将传入生产线的半成品 p_1 和部件 p_2 用两个螺钉 p_3 固定在一起，变成半成品 p_4。变迁 t_2 再将半成品 p_4 和部件 p_5 用三个螺钉 p_3 固定在一起，得到成品 p_6。完成操作 t_1 和 t_2 时都需要用到工具 p_7。假定由于存放空间的限制，部件 p_2 和 p_5 均不能超过 100 件，停放在生产线上的半成品 p_4 不能超过 5 件，螺钉 p_3 不能超过 1000 件。该生产线的生产过程可以用图 2-18 所示的 Petri 网表示。

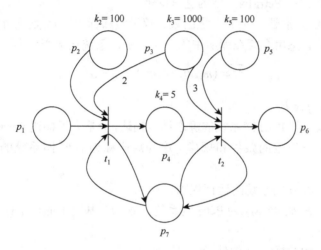

图 2-18　工业生产线 Petri 网模型

通常，一个 Petri 网的结构可以用关联矩阵 $C = [c_{ij}]_{m \times n}$ 表示。其中，$m = \| P \|$，$n = \| T \|$，并且

$$c_{ij} = \begin{cases} 1, & p_i \in t_j * - *t_j \\ -1, & p_i \in *t_j - t_j * \\ 0, & \text{其他} \end{cases}$$

对于图 2-19 中的 Petri 网——N1 网，其关联矩阵为

$$C = \begin{bmatrix} -1 & 1 & 0 & 0 & 0 \\ -1 & 0 & 0 & 1 & 0 \\ 1 & -1 & 0 & 0 & 0 \\ 1 & 0 & -1 & 0 & 1 \\ 0 & 0 & 1 & -1 & -1 \end{bmatrix}$$

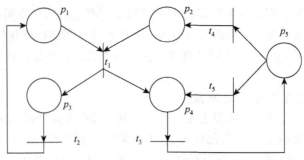

图 2-19　N1 网

【定义 2-4】　Petri 网系统。

六元组 $\sum = (P, T; F, K, W; M_0)$ 称为一个 Petri 网系统，当且仅当：

（1）$N = (P, T; F)$ 是 Petri 网，称为 $\sum$ 的基网；

（2）K、W、M 分别是 N 上的容量函数、权函数和标识；M_0 是 $\sum$ 的初始标识。

Petri 网系统的状态用令牌在库所中的分布表示，系统状态变量为

$$\overline{M} = (m_1, m_2, \cdots, m_n), \quad n = |P|$$

其中，$m_i = M(P_i)$，$p_i \in P$。

根据定义可以得到 Petri 网系统的静态结构描述，但是为了描述 Petri 网系统的动态行为，还必须给出变迁发生的条件和规律，这些规律称为 Petri 网系统的运行规则，由定义 2-5 给出。

【定义 2-5】　Petri 网系统的运行规则。

设 $\sum = (P, T; F, K, W; M_0)$ 为 Petri 网系统，M 为其基网上的一个标识，则 Petri 网系统的运行规则如下：

（1）若 $t \in T$，$*t \bigcup t*$ 称为 t 的外延；

（2）t 在 M 有发生权的条件是

$$\forall p \in P, p \in {}^*t \Rightarrow M(p) \geqslant W(t, p) \wedge p \in t^* \Rightarrow M(p) + W(t, p) \leqslant K(p)$$

称 M 授权 t 发生，记为 $M[t >$。

（3）若 t 在 M 有发生权，则 t 可以发生。发生的结果就是将 M 变成后继标识 M'，记为 $M[t > M'$。对于 $\forall p \in P$，有

$$M'(p) = \begin{cases} M(p) - W(p, t), & p \in {}^*t - t^* \\ M(p) + W(t, p), & p \in t^* - {}^*t \\ M(p) - W(p, t) + W(t, p), & p \in {}^*t \bigcap t^* \\ M(p), & p \in {}^*t \bigcup t^* \end{cases}$$

定义 2-5 中变迁发生的条件和规则可以解释如下。

（1）一个变迁被授权发生，当且仅当该变迁的每一个输入库所中的令牌数大于或等于输入弧的权值，并且该变迁的输出库所中已有的令牌数与输出弧的权值之和小于输出库所的容量。简单而言，就是"前面够用，后面够放"。

（2）变迁发生（点火）的充要条件是该变迁是授权的。

（3）变迁发生时，从该变迁的输入库所中移出与输入弧权值相等的令牌数，在该变迁的输出库所中产生与输出弧权值相等的令牌数。

在图 2-19 的 N1 网中，分别在 p_1、p_2 库所中各添加一个令牌，各边的权值为 1，则形成图 2-20 所示的 Petri 网——PN1 网。PN1 网的初始标识 $M_0 = (1,1,0,0,0)$。由于变迁 t_1 可以使能（记为 $M_0[t_1 >$ ），引发后得到的后继标识为 $M_1 = (0,0,1,1,0)$（记为 $M_0[t_1 > M_1$ ）。

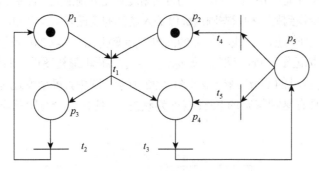

图 2-20　PN1 网

【定义 2-6】 设 Petri 网存在 $M_1, M_2, \cdots, M_k$，使得 $\forall 1 \leq i \leq k, \exists t_i \in T : M_i[t_i > M_{i+1}$，则称变迁序列 $\sigma = t_1, t_2, \cdots, t_k$ 在 M_1 下是使能的，M_{k+1} 从 M_1 是可达的，记为 $M_1[\sigma > M_{k+1}$。

利用可达性，能够得出可达树（reachability tree），以描述 Petri 网的可达标识集。可达树与 Petri 网的初始标识有关，也与 Petri 网的结构相关，一般来刻画系统的有界性（boundness）、安全性（safeness）、守恒性（conservativeness）、可达性（reachability）、覆盖性（coverability）、死锁（deadlock）和活性（liveness）等。

【例 2-7】 Petri 网的可达树示例。

图 2-21 所示 Petri 网的初始标识为 $M_0 = (1,0,0,1,1,0,0)$，变迁 t_1 和 t_3 都可使能。如果变迁 t_1 发生，依次得后继标识 $M_0[t_1 > M_1 = (0,1,0,0,1,0,0)$，$M_1[t_2 > M_2 = (0,0,1,1,1,0,0)$，$M_2[t_3 > M_3 = (0,0,1,0,0,1,0)$，$M_3[t_4 > M_4 = (0,0,1,1,0,0,1)$。同样，如果变迁 t_3 发生，依次得后继标识 $M_0[t_3 > M_1 = (1,0,0,0,0,1,0)$，$M_1[t_4 > M_2 = (1,0,0,1,0,0,1)$，$M_2[t_1 > M_3 = (0,1,0,0,0,0,1)$，$M_3[t_2 > M_4 = (0,0,1,1,0,0,1)$。

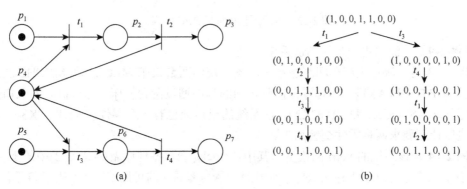

图 2-21　Petri 网的可达树

2.6.3　基于 Petri 网的建模实例

【例 2-8】　有限状态机——自动面包售货机。

某自动面包售货机可以接收面值为 0.5 元和 1.0 元的硬币，销售价格为 1.5 元和 2.0 元的面包，最大硬币存储量为 2.0 元。

五种存储量状态 0 元、0.5 元、1.0 元、1.5 元和 2.0 元分别由五个库所 p_1、p_2、p_3、p_4 和 p_5 表示，从一种状态变换到另一种状态则由标以输入条件的变迁表示，例如，"投 0.5 元"为变迁 t_1，"投 1.0 元"为变迁 t_2；"取 1.5 元的面包"为变迁 t_3，"取 2.0 元的面包"为变迁 t_4。以库所 p_1 中放一个标记作为 Petri 网的初始标识，表示售货机最初硬币存储量为 0 元。

该自动面包售货机的 Petri 网模型如图 2-22 所示。图中，每个变迁都正好有一个输入弧和一个输出弧，具有这种状态的 Petri 网称为状态机。任何一个有限状态机均可以用 Petri 网来模拟。

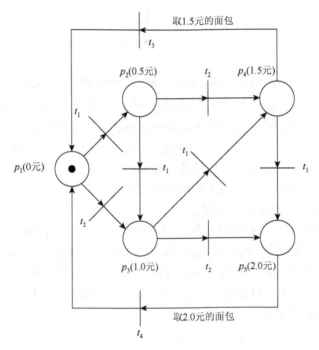

图 2-22　自动面包售货机 Petri 网模型

【例 2-9】　流水生产车间制造系统。

图 2-23 是某流水生产车间制造系统，该系统由两台机床 MECH1 和 MECH2 加工两种零件 PART1 和 PART2。所有零件按照相同的顺序通过两台机床。每台机床的入口处有一个零件库（STOCK1 和 STOCK2），在系统的出口处也有一个零件库（STOCK3），系统作业进度计划要求两种零件交替加工。

图 2-24 是该系统的 Petri 网模型。其中，$stock_{ik}$ 表示零件库 $k(k = 1, 2, 3)$ 中的零件 i；$part_{ij}$ 表示机床 j 上的零件 i；$mech_{ij}$ 表示机床 j 服务零件 i 的可用状态；t_{ij} 表示将零件 i 装到机床 j 上；t'_{ij} 表示将零件 i 从机床 j 上卸下。

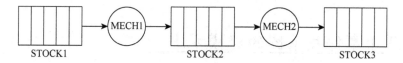

图 2-23　流水生产车间制造系统示意图

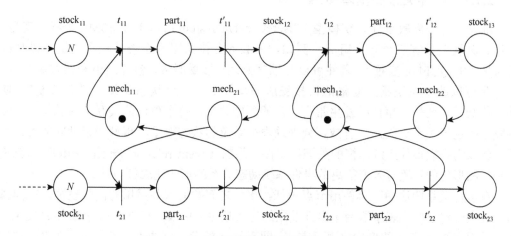

图 2-24　流水生产车间制造系统的 Petri 网模型

图 2-24 所示的 Petri 网模型清楚地表示了运行顺序 $t_{11} \rightarrow t'_{11} \rightarrow t_{12} \rightarrow t'_{12}$ 和 $t_{21} \rightarrow t'_{21} \rightarrow t_{22} \rightarrow t'_{22}$ 的并行性，以及共享资源（机床 MECH1 和 MECH2）的管理。

2.6.4　Petri 网的特点

Petri 网的主要特点表现在以下方面。

（1）形式化语义。基于 Petri 网描述的过程或系统具有清楚准确的定义。Petri 网有严格的数学基础，因此借助数学方法开发的 Petri 网分析方法既可用于静态结构的分析，又可用于动态行为的分析。将 Petri 网模型与相应语义结合，就能清晰地描述一个具体的业务流程。

（2）直观的图形化表示。Petri 网是一种可图形化的语言，有利于与最终用户的交流，因此 Petri 网易学习和理解。

（3）表达能力强。Petri 网具有极强的描述能力，可以方便地表示建模系统中的并发、异步、冲突、共享等关系，通过对系统状态与事件的显式描述，提高使用者对模型的理解与分析能力。

（4）可执行性强。Petri 网具有较强的可执行性，通过变迁的引发和令牌的流动模拟系统的动态行为。

（5）丰富的分析方法。Petri 网有大量的分析方法，可分析系统中的变量、活性、有界性、安全性等，可以评价不同的设计。

物流系统中许多活动都是一些业务任务依次执行而完成的，在这些任务的执行过程中存在资源的占用，且资源占用情况往往成为系统分析的主要对象，因此 Petri 网非常适用于物流系统的动态行为建模。

■ 2.7 基于事件关系图的建模方法

2.7.1 事件关系图基本概念

通常，一个离散事件系统模型（discrete event system model，DESM）由状态变量、事件、关联关系等三个元素组成。例如，单服务台排队服务系统，状态变量可以是排队长度（用 QUEUE 表征），事件可以是顾客到达、接受服务、服务结束和顾客离开等，事件是可以改变系统状态变量的，接受服务事件必然改变状态变量"排队长度"，使其数值减一。此外，事件的发生带有一定的顺序关系，每个事件的关联关系就是一个顺序发生的逻辑关系。因此，有效、合理地表征系统的状态变量、事件和事件间的关联关系，就成为离散事件系统建模的关键。事件关系图（event relation graph，ERG）法就是一种用图形化的手段有效表征离散事件系统动态关系的形式化表征方法。

在事件关系图法中，事件用节点表征，事件之间的关联关系用有向弧表征，有向弧用于连接一对事件，表示这两个事件发生的先后顺序。例如，事件 A 先于事件 B 发生，可以采用图 2-25 所示的形式化表示方式，即事件 A 的发生可能引起事件 B 的发生，这种事件关联关系采用一个由事件 A 指向事件 B 的有向弧来表征。

在图 2-25 中，事件 B 的发生既需要事件 A 的发生，有时也需要满足一定的条件，例如，单服务台排队服务系统中的服务事件（事件 B）发生，就需要顾客到达事件（事件 A）发生，并且满足服务台闲置的条件。此外，事件 B 一定是滞后于事件 A 的，还需要一个时延 t 来刻画事件 A 与事件 B 之间的先后调度关系。因此，有向弧可以扩展为带有时延 t 和条件(i)的边，如图 2-26 所示。在图 2-26 中，当事件 A 发生且条件(i)为真时，在时延 t 之后，调度事件 B。

图 2-25 事件的关联关系   图 2-26 有向弧的扩展

在图 2-26 中，任何事件的发生可能会改变系统的状态变量。对应图 2-26 中事件 A 和事件 B 的描述，可知事件 A 发生，会改变状态变量 QUEUE，使 QUEUE ＋ 1；事件 B 发生，将会使 QUEUE－1。事件发生所引起的状态变量改变可以在事件节点下方用数学方式表征，如图 2-27 所示。

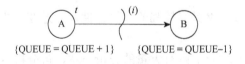

{QUEUE = QUEUE + 1}   {QUEUE = QUEUE−1}

图 2-27 状态变量

【例 2-10】 洗车系统。

A、B、C 分别表示车辆到达事件、开始洗车事件、车辆离开事件。S 和 Q 为状态变量，分别表示洗车设备状态（1 表示闲置，0 表示占用）、洗车排队长度。

在图 2-28 中，第一个节点 RUN 用于初始化，设置 $S=1$，表示当前洗车设备状态为闲置；第二个节点 A 表示车辆到达事件，并令当前洗车排队长度 Q 加一；事件 A 上的闭环有向弧表示车辆按照时延 t_a 到达系统；当事件 A 发生，且洗车设备状态闲置（$S>0$）时，开始洗车事件 B 发生，并改变洗车设备状态为占用（$S=0$），令当前洗车排队长度 Q 减一；当事件 B 发生，并经历时延 t_s 的洗车服务之后，车辆离开事件 C 发生，释放当前洗车设备，令其状态为闲置，即 $S=1$；事件 C 发生，且当前洗车排队长度大于 0（$Q>0$），触发事件 B，提供洗车服务，并更改系统状态变量 S 和 Q。

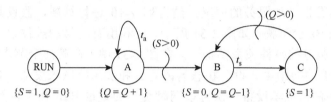

图 2-28　洗车系统的事件关系图模型

2.7.2　事件关系图基本扩展

1. 自调度事件的事件关系图描述

在图 2-28 中，存在闭环的有向弧。这是一类自调度事件有向弧，表示当前事件发生的同时，又触发当前事件，一般用于表述仿真中的临时实体按照某个间隔时间到达系统。如图 2-29 所示，事件 A 表示车辆到达事件，每经过时延 t_a，将会自调度事件 A。该自调度事件可以模拟仿真中顾客流的生成。

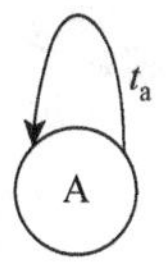

2. 等同并行机操作的事件关系图描述

在某些生产物流的制造环节经常存在多个并行机为工件进行机加工处理的场景，这些并行机的性能完全一致，称为等同并行机（identical parallel machine）。通过状态变量的定义，实现不同机器（都属于等同并行机集合）的占用，而不需要用多个状态变量表征这些等同并行机，才可有效构建事件关系图模型。

图 2-29　自调度事件建模

继续结合例 2-10 进行扩展，假设存在 S 个等同并行机为车辆提供洗车服务，构建的事件关系图模型如图 2-30 所示。在 RUN 中输入等同并行机数量 S；当车辆到达事件 A 发生时，将当前洗车排队长度加一（$Q=Q+1$），并经时延 t_a 之后再次自调度事件 A（用于产生洗车车辆临时实体到达系统的顾客流）；此外，事件 A 触发后，要判断是否有闲置洗车设备，如果有闲置洗车设备（$S>0$），则触发开始洗车事件 B，将当前闲置洗车设备数量减一（$S=S-1$），以及将当前洗车排队长度减一（$Q=Q-1$）。

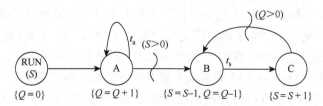

图 2-30　等同并行机操作的事件关系图建模

3. 批处理服务的事件关系图描述

在物流领域，存在大量批处理（batch processing）加工的场景。此处，批处理是指设备每次同时处理一批工件，如果工件数量达不到批处理数量要求，设备就等待，直到工件数量达到批处理数量要求，才加工该批工件。例如，在物流仓储中，某些堆码机器人一次可拾取三个箱型货物进行码垛，如果当前缓冲区的箱型货物达不到三个，则该堆码机器人不会处理该缓冲区的箱型货物，直到缓冲区箱型货物数量达到三个，才会一次拾取三个箱型货物进行码垛。

对于这类具有批处理服务的情况，结合例 2-10 进行扩展，假设某台洗车设备一次可以同时清洗 Ba 台车辆，如图 2-31 所示，可利用有向弧的条件设定和状态变量更新，实现批处理服务的事件关系图描述。在图 2-31 中，在第一个节点 RUN 中进行洗车设备状态 $S=1$ 的初始化（设备状态为闲置）和洗车排队长度 $Q=0$ 的初始化（排队长度为0），并输入洗车设备一次可以同时洗车的数量 Ba；在车辆到达事件 A 触发后，开始洗车事件 B 可否发生取决于洗车设备是否闲置（$S>0$），以及当前洗车排队长度 Q 是否达到洗车设备批处理的数量要求（$Q \geqslant$ Ba）；如果开始洗车事件 B 发生，洗车设备必然被占用（$S=0$），并同时为 Ba 台车辆提供洗车服务，洗车排队长度 Q 减少 Ba（$Q=Q$–Ba）。

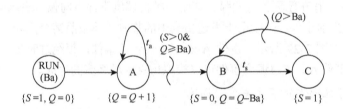

图 2-31　批处理服务的事件关系图建模

4. 返工/返修的事件关系图描述

在生产物流中，制造产品经过检验，会存在一定比例的不合格产品，一般通过回收物流（returned logistics）或逆向物流（reverse logistics）实现不合格产品的返工、返修、退货等。此处，不合格产品的返工、返修等的建模就成为物流系统建模与仿真中不可或缺的环节。返工与返修有一定区别，前者通过消除不合格要素使不合格品成为合格品，后者通过修理使不合格品达到使用要求，显然返修后的产品仍然属于不合格品范畴。

结合例 2-10，添加返工/返修事件 R，如图 2-32 所示。在第一个节点 RUN 中进行洗车设备状态 S 和洗车排队长度 Q 的初始化，并输入产品不合格的概率值 P；当车辆离开事件 C 触发时，如果被洗完的车辆不满足客户要求（RND$<P$，RND 用于生成一个[0, 1]的随机数），则时延 t_r 之后将触发返工/返修事件 R，意味着不满足客户要求的被洗完车辆将再次加入排队队列（$Q=Q+1$）等候洗车设备闲置后提供洗车服务。需要注意，图 2-32 中存在 A、R、C 等多个事件同时并发调度事件 B 的可能，需要确定一定的机制解决这种并发冲突，如优先权排序。

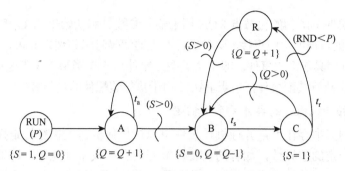

图 2-32　返工/返修的事件关系图建模

5. 有限排队容量的事件关系图描述

物流排队系统中，最大排队长度往往是确定的，它受排队区域或缓冲区容量的限制，需要在事件关系图建模中考虑这类有限排队容量（limited waiting space）的模型构建。

图 2-33 是在图 2-28 的基础上扩展而来的，添加了排队事件 D，并在节点 RUN 中定义了输入参数 Cap，用于表征排队容量；车辆到达事件 A 触发后，如果当前洗车排队长度 Q 小于排队容量 Cap（$Q<$Cap），则触发事件 D，进行排队。

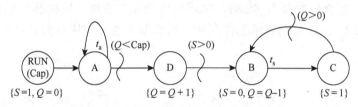

图 2-33　有限排队容量的事件关系图建模

6. 装配操作的事件关系图描述

在生产物流中，线上存在大量装配操作，如汽车生产线上的装配。图 2-34 给出了装配操作的事件关系图模型，某台机器执行装配作业，将 1 个零件与 P 个其他类型零件装配在一起。其中，$Q[1]$、$Q[2]$、$Q[3]$ 等状态变量分别表示零件类型 1、零件类型 2、装配件排队长度，状态变量 S 表示执行装配事件 O_3 的机器的状态（只有一台，初始状态可得且闲置），

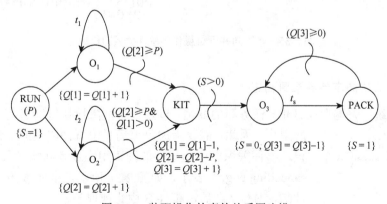

图 2-34　装配操作的事件关系图建模

t_s 表示机器的装配时间，初始化节点 RUN 用于输入参数 P 和初始化 S，O_1 和 O_2 是零件类型 1 和零件类型 2 的自调度生成事件，两种零件产生的间隔时间分别为 t_1 和 t_2，这两种零件在节点 KIT 上执行用具包形成事件，即 1 个类型 1 零件与 P 个类型 2 零件组成 1 个用具包，用于在节点 O_3 上执行装配事件，节点 PACK 用于执行装配件的包装事件。

7. 非等同并行机操作的事件关系图描述

现实生产物流中存在大量并行机，工件可以在任何机器上执行特定操作。由于并行机的性能存在一定的差异性，如有的设备性能好而有的设备性能差，即非等同并行机操作，优先选择性能好的机器进行加工，这与等同并行机操作的事件关系图建模是有所区别的。

假设存在两台新旧不一的机器，工件优先在新设备上进行加工，只有新设备当前占用，才在旧设备上进行加工。图 2-35 给出了非等同并行机操作的事件关系图模型，新设备和旧设备的状态分别用 $S[0]$ 和 $S[1]$ 表示，节点 RUN 初始化新旧机器状态是闲置（$S[0] = 1$，$S[1] = 1$）。节点 Arrive 是工件经时延 t_a 生成的自调度事件。节点 Check 是判定事件，如果新机器状态为闲置（$S[0] > 0$），就会触发节点 Start0，执行新机器加工事件，新机器加工时间为 $t_s[0]$；如果新机器状态为被占用（$S[0] \leq 0$）且旧机器状态为闲置（$S[1] > 0$），就会触发节点 Start1，执行旧机器加工事件，旧机器加工时间为 $t_s[1]$。节点 Leave0 和 Leave1 分别表示工件在新、旧机器上加工完毕并离开系统的事件。

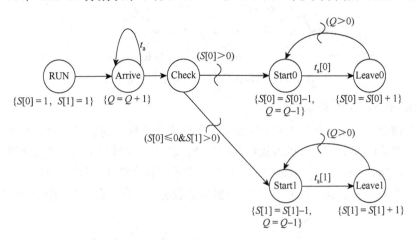

图 2-35　非等同并行机操作的事件关系图模型

8. 事件取消的事件关系图描述

物流系统中普遍存在订单、任务等的取消，以及设备故障检修等所引起的当前任务

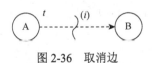

图 2-36　取消边

的中止。因此，需要考虑以上场景中事件取消的事件关系图建模，事件关系图中的事件取消采用虚线有向弧（又称取消边，cancelling edge）表示，如图 2-36 所示，事件 A 发生且满足条件 (i)、时延 t 之后，事件 B 中止或取消。

此处，仍以例 2-10 为例，加入洗车系统运营时间的限制，如图 2-37 所示，在节点

RUN 中输入参数 t_c，若该洗车系统的仿真钟 CLK（仿真软件提供）的仿真时间达到 t_c，则通过触发节点 Close，利用取消边来关闭节点 A，不再允许新的车辆进入洗车系统。

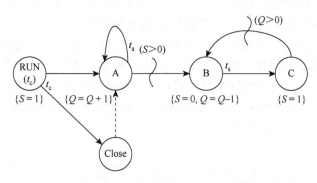

图 2-37 事件取消的事件关系图建模

9. 事件间参数传递的事件关系图描述

物流系统中，一个事件触发另一个事件，有时也需要传递信息给另一个事件。例如，库存系统缺货事件 A 发生，必然触发补货事件 B，并传递补货量的信息 k 给 B 事件，实现 j 的赋值（$j=k$），如图 2-38 所示。

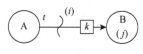

图 2-38 参数传递

图 2-39 为事件间参数传递的事件关系图模型，在节点 RUN 输入设备数量 N，并初始化这 N 台设备状态（默认为闲置）；节点 Arrive 为自调度事件，每隔时延 t_a，触发一个工件到达系统的事件（Arrive 事件），并更新状态变量 Q（排队长度）。节点 Arrive 触发后，会触发节点 Check，并传递参数 1 给节点 Check 事件（$m=1$）。节点 Check 也为自调度事件，如果 $S[m]>0$（机器 m 闲置），就传递当前参数 m 给 Start 事件并触发 Start 事件（机器 m 执行工件的加工处理）；如果 $S[m]\leq 0$（机器 m 被占用）和 $m<N-1$（还有其他机器没有遍历），就传递参数 $m+1$ 给 Check 事件（$m=m+1$）并调度 Check 事件自身。节点 Start 触发后，会更新状态变量 Q 和 $S[m]$（机器 m 状态更改为被占用，用 0 表示），在时延 $t_s[m]$ 之后，将触发节点 Leave（工件离开机器 m 事件）；节点 Leave 触发，将根据节点 Start 传递的参数 m，更新状态变量 $S[m]$（机器 m 状态更改为闲置，用 1 表示）；如果节点 Leave 触发后，当前排队长度非空（$Q>0$），将触发节点 Start，并传递参数 m 给节点 Start，执行队列当前工件在机器 m 上的加工作业（因为机器 m 在节点 Leave 上刚被释放）。

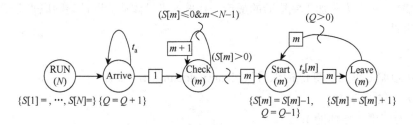

图 2-39 事件间参数传递的事件关系图建模

2.7.3 事件关系图法的建模实例

半导体制造车间中的加工单元能够对不同类型工件进行加工处理操作，如图 2-40 所示，装有玻璃半导体的盒子进入系统排队；如果加工单元单一端口处的缓冲区可得，装有玻璃半导体的盒子进入单一端口缓冲区排队等待；单一端口处的机器人将端口缓冲区的盒子内的玻璃半导体（片状）依次取出并放置在输送带上，输送带两侧的加工设备（图 2-40 未画出）会对玻璃半导体进行流水线的作业操作；玻璃半导体在输送带上传送一周后又会回到加工单元的单一端口处，机器人将加工完毕的玻璃半导体依次装回原来的盒子；盒子装满后，就会离开系统。

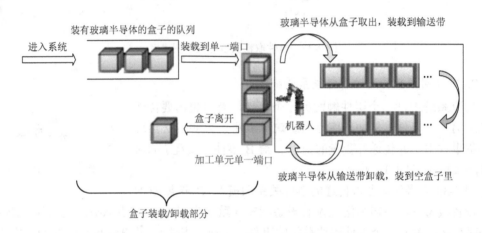

图 2-40　半导体制造车间中具有单一端口的加工单元

在图 2-40 中，盒子中的玻璃半导体需要依次放置到输送带上流水加工，还要依次放回原来的盒子。图 2-41 给出了图 2-40 单一端口加工单元的事件关系图模型，排队遵循先到先服务规则。模型中的事件、参数、状态变量等的描述如下。

1. 事件

（1）Queue 为装有玻璃半导体的盒子到达该加工单元的事件。

（2）X2PU 为装有玻璃半导体的盒子移到加工单元单一端口缓冲区的事件。

（3）FGL 为机器人将端口缓冲区盒子中的第一片玻璃半导体装载到输送带的事件。

（4）LGL 为机器人将端口缓冲区盒子中的最后一片玻璃半导体装载到输送带的事件。

（5）FGU 为机器人将加工完毕后的第一片玻璃半导体从输送带装回原来盒子的事件。

（6）CD 为机器人将加工完毕后的最后一片玻璃半导体从输送带装回原来盒子且盒子离开系统的事件。

2. 参数

（1）u 为加工单元的身份标识号（identity document，ID）。

（2）p 为盒子的 ID。

（3）j 为玻璃半导体的 ID。

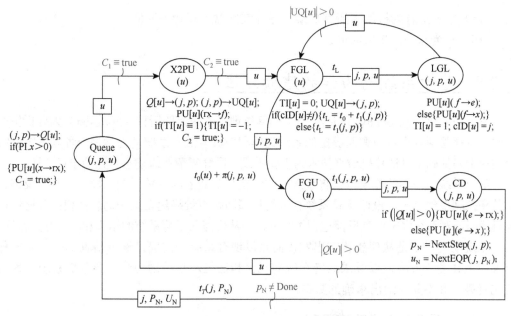

图 2-41　单一端口加工单元的事件关系图模型

3. 状态变量

（1）$Q[u]$ 为盒子进入加工单元系统的排队长度。$(j,p) \to Q[u]$ 和 $Q[u] \to (j,p)$ 分别表示装有玻璃半导体 j 的盒子 p 加入系统队列和从系统队列中取出。

（2）$UQ[u]$ 为盒子在端口缓冲区的排队长度。$(j,p) \to UQ[u]$ 和 $UQ[u] \to (j,p)$ 分别表示装有玻璃半导体 j 的盒子 p 加入端口缓冲区队列和从端口缓冲区队列中取出。

（3）$|Q[u]|$ 为在加工单元系统前排队等待的盒子数量。

（4）$|UQ[u]|$ 为在端口缓冲区排队等待的盒子数量。

（5）$TI[u]$ 为机器人状态，为 1，表示闲置；为 0，表示被占用；为 −1，表示闲置但被预订。

（6）$PU[u]$ 为单一端口状态，$PU[u].x$ 表示空端口；$PU[u].rx$ 表示空端口但被预定；$PU[u].f$ 表示一个盒子占用端口，该盒子内的玻璃半导体正由机器人装载到输送带；$PU[u].e$ 表示一个盒子占用端口，机器人正将输送带上加工完毕的玻璃半导体装回该盒子；$PU[u](rx \to f)$ 表示端口状态由 rx 转化为 f，其他依次类推。

（7）$cID[u]$ 为最近被处理的玻璃半导体 ID。

（8）$PI.x$ 为端口缓冲区里空闲位置的数量。

（9）C_1 为端口缓冲区状态，为 true，表示有空闲位置；为 false，表示没有空闲位置。

（10）C_2 为机器人状态，为 true，表示机器人闲置；为 false，表示机器人被占用。

（11）π 为第一片玻璃半导体在输送带上加工花费的时间。

（12）NextStep 为给盒子和玻璃半导体确定下一个加工工序的函数。

（13）NextEQP 为给盒子和玻璃半导体确定下一个加工工序对应的加工单元的函数。

（14）t_0 为机器的准备时间，$t_1(j,p)$ 为机器将所有玻璃半导体从盒子中取出来花费的时间。

（15）$t_1(j,p,u)$ 为机器将所有玻璃半导体装回盒子花费的时间。

（16）t_T 为盒子的运输时间。

2.8 基于系统动力学的建模方法

系统动力学（system dynamics）是美国麻省理工学院福瑞斯特（Forrester）为分析生产管理中库存管理等企业问题而提出的系统建模和仿真方法。系统动力学是一种以系统反馈控制理论为基础，以计算机仿真技术为主要手段，研究复杂系统动态行为的定量方法。

基于系统动力学的建模方法将系统建成结构与功能的因果关系图示模型，利用反馈、调节和控制原理进一步设计反映系统行为的反馈回路，最终建立系统动态模型；并通过计算机模拟，对系统内部信息反馈过程进行分析，从而深入了解系统的结构和动态行为特性。

系统动力学不是从理想状态出发，而是以现有系统为前提，通过仿真实验，从多种方案中选择理想方案，以寻求改善系统的机会和途径。系统动力学主要分析系统行为的变化趋势，并不关注给出精确的数据。

2.8.1 系统动力学建模基础

系统动力学是从分析系统的因果反馈结构（简称反馈结构）开始的。反馈结构是指两个或两个以上具有因果关系的变量，以因果关系彼此连接，从而形成闭合的结构。系统的反馈结构可以描述一个或多个反馈回路变量之间的作用或被作用关系，从而揭示系统内部信息流向和反馈过程。一个复杂系统的反馈结构通常包含多种正反馈回路和负反馈回路。描述动态系统的反馈结构需要借助系统动力学提供的各种图示工具，主要有因果关系图、系统框图和流图等。

应用系统动力学的思想对物流系统建模需要了解以下基本概念。

1. 因果关系

根据影响作用的性质，因果关系可以分为两类，即正因果关系和负因果关系。

A 变量增加，B 变量也随之增加，即 A 变量和 B 变量的变化方向一致，这种因果关系称为正因果关系，用符号"+"表示。A 变量增加，B 变量随之减少，即 A 变量和 B 变量的变化方向相反，这种因果关系称为负因果关系，用符号"−"表示。在建模的分析阶段，通常以因果关系图来表示各种变量之间的相互影响关系。

2. 流位

流位是系统内部状态的描述，是系统内部的定量指标（也称积累量），其值是前次的积累与输入流和输出流之差的和。假定观测的间隔时间为 D_T，流位变量的流入速度为 R_1，流位变量的流出速度为 R_2，前次的液面值为 L_0，则现在的液面值 L 为

$$L = L_0 + D_T \cdot (R_1 - R_2)$$

流位的状态受控于其流入速度和流出速度，以及间隔时间。流位有以下三种类型。

（1）自平衡型流位，即其流出速度仅与流位和间隔时间有关。

（2）非平衡型流位，即其流出速度由流位以外的因素决定。

（3）途中有延迟的流位，即其流入速度与流出速度相等，流位等于间隔时间乘以流速。

3. 流率

流位描述了系统中实体的状态，流率则描述了单位时间内流位的变化率，是控制流量的变量。随着系统状态的变化，系统的流率和各流位发生改变。在不同的状态下，流率方程的确定也有所不同，要视具体情况而定。例如，非平衡型流位的流出速度应由外部干扰因素来确定；系统内部流位信息确定的流出速度应由系统内其他流位来确定；在自平衡型流位中，若流入速度发生变化，则其流出速度的变化取决于该流率的固有延迟特性。

4. 流

流是系统中的活动对象，系统动力学模型就是通过控制流的状态来实现对系统模式的控制。因此，除了要注意流的独立性，还要明确流的种类。流大致分为物流、订货流、资金流和信息流等。前三种流是系统活动过程中产生的实体，属于被控对象，与系统管理控制无直接关系。信息流是直接关系系统管理控制的流，是一种对决策产生很大影响的流。在信息的流动中，要注意信息流的延迟现象、信息的噪声及信息的放大和失真现象，否则，会使得系统稳定性变差，甚至失控，从而影响决策的质量。

5. 决策机构

决策机构是指根据流位传来的信息所决定的决策函数（流率）的子构造，也称为决策。修改模型的决策机构，就可以构造不同的决策方案。决策机构一旦被量化，就可以借助计算机进行仿真。例如，人口总数的控制可以通过控制人口出生率来实现，由影响人口出生率的各种信息所确定的出生率就是人口控制系统的决策函数或控制策略。

6. 系统流图

通过不同的流图符号，将系统要素的特征以及属性和动态变化特性用流、流位和流率等元素表示出来，从而从定性与定量两个方面来直观地反映系统的内部结构与关系。

2.8.2　基于系统动力学的建模步骤

基于系统动力学建模的具体步骤如下。

（1）确定系统建模的目标。例如，建立库存控制模型时，以分析研究库存控制系统的结构为建模目标，进一步分析影响库存水平和供货水平的主要因素，找出其中最有影响力的因素，为库存控制提供决策依据。

（2）分析系统结构与内部关系。深入分析系统的结构与层次，划分系统的层次与模块，并分别确定各层次、模块以及整体的因果反馈机制，以因果关系图表示出分析的结果。

（3）分析系统的动态行为。确定流位变量、流率变量，其中，流位变量包括流的积累、输入流、输出流，将分析结果用流图描述出来。

（4）建立该系统基于系统动力学的数学模型。除了将系统的内部结构与要素间相互关系用因果关系图与流图描述出来，还需要建立数学模型来定量分析系统的动态变化，数学模型中一般包括流位方程、流率方程和辅助方程等。

（5）建立和运行仿真模型。在以上分析和数学建模的基础上，将理论模型反映到具体的仿真模型中，运行仿真模型，找出模型的缺陷与不足，进行修改，并根据仿真结果对模型的结构、参数进行调整，直到得出满意的结果。

（6）分析结果，评价系统。根据仿真结果进行策略分析，讨论其对实际应用的指导作用，并对其应用效果进行评价。

由于基于系统动力学的建模方法侧重于对系统的定性分析，其得到的模型可能与实际情况相差较大，对系统的定量分析精确程度不高，需要进行多次的仿真与修正才能有所改善。

2.8.3　基于系统动力学的建模实例

图 2-42 和图 2-43 为供应商管理库存系统库存模型的因果关系图及流图。图 2-42 中给出了包含 8 条因果链的回路。其中，箭头将相互关联的量联系起来，"+" 和 "–" 符号分别表示相联系的两个量之间是正因果关系和负因果关系。图 2-42 的右侧描述了 "库存差=期望库存–分销商库存" 的因果关系。图 2-43 中，供应商库存、第三方物流企业库存和分销商库存属于状态变量；订货速率、供货速率、收货速率和销售速率反映了各环节中输入和输出之间的关系，它们属于速率变量；库存差是为了获得订货速率而出现的，它对速率方程的建立起辅助作用，是辅助变量。

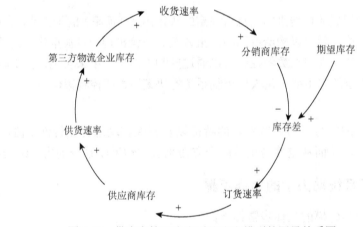

图 2-42　供应商管理库存系统库存模型的因果关系图

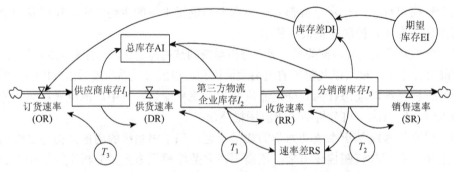

图 2-43　供应商管理库存系统库存模型的流图

2.9　面向对象的建模方法

应用软件工程中的面向对象技术，形成了面向对象的建模方法。面向对象的建模方法是一种框架化、层次化和模块化的建模方法，可以提高模型的封装性、灵活性、重用性、可扩展性和可维护性，因而在物流系统建模领域得到了广泛的重视和应用。

2.9.1　面向对象的概念

1. 面向对象的基本概念

1）对象

对象（object）的含义广泛，客观世界中任何事物在一定的前提下均可以成为认识的对象。物流系统中的对象通常就是其中的各种实体。例如，柔性制造系统中的实体，如工件、各种机床、刀具、托盘、自动导引小车、机器人、立体仓库、堆垛机，甚至路径等，均可以成为建模的对象。

描述一个对象必须包括三方面的内容，即对象的属性、对象的行为和对象之间的相互作用关系。其中，对象的属性和对象的行为是相互影响的，对象的属性界定了对象的可能行为，对象的行为可能改变对象自身的属性状态；对象之间的相互作用关系反映了对象与其所处环境之间的相互影响关系。

2）面向对象

面向对象是一种认识、描述和模拟系统的方法。面向对象将系统视为由不同的对象构成，每个对象均具有自己的内部状态和行为特性，不同对象之间的相互联系和相互作用构成了完整的系统；面向对象从结构组织方面来描述系统，其基本着眼点是构成系统的基本元素——对象；面向对象在计算机上模拟系统，其实现是将客观对象抽象为概念对象，然后转换成相应的计算机对象。

3）消息

消息（message）是描述对象之间相互作用的一种方式。在面向对象的建模方法中，对象之间的相互作用是通过在对象之间收发消息来实现的。当一个消息发送给某个对象时，该消息包含了要求接收消息的对象需要执行的某些活动的信息；接收消息的对象对消息加以解释后予以响应。面向对象程序的执行就是通过在对象之间的消息传递来实现的。

4）类

类（class）是一组相似对象的集合，描述了该组对象的共同行为和属性。对象实际上是在面向对象程序执行过程中由其所属的类动态生成的。一个类可以生成多个对象，所生成的对象可以具有不同的内部状态。

2. 面向对象的基本特征

类、对象和消息设计范式有效地实现了面向对象的四大基本特征，即封装性、继承性、多态性和动态联编。

1）封装性

封装性（encapsulation）即将对象的数据和操作组合并封装起来，设置其访问权限，从而将系统变化的影响限制在对象内部。

2）继承性

继承性（inheritance）即子类不但可以继承其父类的全部描述，包括属性和行为，从而实现父类和子类之间的数据和方法共享，而且可以在父类的基础上定义新的属性和行为。

利用继承机制，可以在系统中方便地引入新的数据结构、语义和模块，使之成为开放系统，从而扩展其建模能力。

3）多态性

收到消息后，对象予以响应。不同对象收到同一消息可能产生完全不同的结果，这种现象称为多态性（polymorphism）。应用多态性，用户可以将一个通用的消息发送给多个对象，每个对象根据自身情况决定是否响应和如何响应。

4）动态联编

在面向对象程序设计语言中，消息的传送通过过程调用的方式来实现。联编是指将过程调用和响应调用的执行码结合在一起的过程。如果该过程发生在编译时，则称为静态联编；如果该过程发生在运行时，则称为动态联编（dynamic binding）。通常，面向对象的建模方法采用动态联编的方式，因为多态性使得程序难以静态确定执行码，只能在运行时根据条件动态地确定。

2.9.2 面向对象的建模方法分类

面向对象的建模方法采用功能模型、对象模型和动态模型来建立系统模型。在实际应用中，根据抽象方向可以将面向对象的建模方法分为三类，即自底向上方法、自顶向下方法和混合方法。自底向上方法通过用户需求文档中的每个句子来建立对象模型或动态模型，其优点是具有可追踪性；自顶向下方法通过判断从问题领域中选择的重要信息，抽象出需求模型，然后加以细化，最后得到详细的系统模型。在实际应用中，往往将上述两种方法结合使用，即混合方法。目前常用的面向对象的建模方法如下。

1. 面向对象分析/设计技术

面向对象分析/设计（object-oriented analysis/object-oriented design，OOA/OOD）技术是将对象和面向对象的概念应用于系统分析，通常包括以下步骤。

（1）识别对象。辨别问题空间所包含的客观对象，并根据研究目的对其加以抽象和表示。

（2）识别结构。结构是指对象之间的组织方式，用于反映问题空间中复杂事物之间的关系。对象结构主要有两种：①分类结构，用于描述事物类别之间的继承关系；②部分整体结构，用于描述事物的部分与整体之间的组合关系。

（3）识别主题。主题是一种关于模型的抽象机制，给出了系统分析结果的概貌，以利于理解对象与结构之间的关联关系。

（4）定义属性。属性是数据元素，记录对象的状态信息，为对象和结构提供更丰富的细节。

（5）定义方法。通常情况下，首先定义每种对象和分类结构应有的行为；其次定义对象实例之间必要的通信，即定义实例之间的消息关联。

面向对象设计是把系统所要求解的问题分解为对象和对象之间传递的消息的过程。从面向对象分析到面向对象设计是一个逐渐扩充模型的过程，面向对象分析主要描述问题域和系统任务，面向对象设计主要增加各种实现软件系统所必需的成分。也就是说，面向对象分析得到的是对象及其相互关系，面向对象设计解决这些对象及其相互关系的实现问题。

面向对象设计可以划分为两个阶段。

（1）概要设计，其主要任务是定义系统如何工作，包括对象行为及其交互作用的细化、类的认定及对重用的支持。

（2）详细设计，其任务是为实现做好准备。

2. 对象建模技术

对象建模技术（object modeling technique，OMT）包含整套面向对象的概念和独立于语言的图示符号，可以用于分析问题需求、设计问题算法和具体的语言实现。

对象建模技术从对象模型、动态模型和功能模型三个不同但又相关的角度来实现系统建模。

（1）对象模型描述了静态的、结构化的、系统的数据性质，用含有对象类的对象图来表示。对象模型描述了系统中对象的结构，即对象的唯一标识、与其他对象之间的关系、对象的属性以及对象的操作。

（2）动态模型描述了瞬时的、行为化的、系统的控制性质，用状态图来表示。动态模型描述了与实践和操作顺序有关的系统属性，即触发事件、事件序列、事件状态以及事件与状态的组织等。

（3）功能模型描述了变化的、系统的功能性质，用数据流图来表示。功能模型描述了与值的变化有关的系统属性，即功能、映射、约束以及功能依赖条件等。

3. 统一建模语言

统一建模语言（unified modeling language，UML）是一种具有严格语法定义、易于表达的建模语言，支持面向对象建模的全过程。统一建模语言是用例驱动的，因此统一建模语言模型也被认为是 4+1 视图模型，如图 2-44 所示。

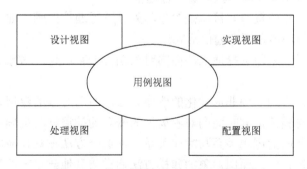

图 2-44　统一建模语言的 4+1 视图模型

（1）用例视图（use case view）定义了系统的外部行为，有利于用户了解系统功能、分析人员进行分析，以及测试人员设计测试方法等。用例视图确定了系统需求，用于约束其他视图，其他视图则从某个方面反映了系统的设计或构造。

（2）设计视图（design view）描述了用例视图所确定系统功能的逻辑结构，由程序组件、主要的类，以及类的数据规范、行为、交互等组成。设计视图描述了系统功能的实现细节，编程人员从中可以得到必要的细节信息。

（3）实现视图（implementation view）描述了组成系统的物理组件。与设计视图中描述的逻辑组件不同，实现视图包含可执行文件、代码库和数据库等，与配置管理和系统集成等活动有关。

（4）处理视图（process view）用于处理系统中的并发性问题。

（5）配置视图（deployment view）描述了物理组件在物理环境中的部署情况，例如，在 Client/Server 模式下，确定各物理组件运行于客户端还是服务器端等。

在实际建模过程中，统一建模语言使用了九种图来描述所建立的模型，分别是用例图、对象图、类图、顺序图、合作图、状态图、活动图、组件图以及配置图。其中，用例图建立系统的功能模型，对象图和类图建立系统的静态模型，顺序图、合作图、状态图和活动图建立系统的动态模型，组件图是表示组件类型的组织以及各种组件之间依赖关系的图，配置图是描述系统资源元素配置情况的图。

2.9.3　面向对象建模步骤

在面向对象的建模方法中，组成系统的对象是其主要成分。面向对象建模的一般步骤如下。

（1）确定构成系统的对象及其属性，即将系统分解成在问题空间活动的具体实体或对象，这些对象应当是系统中的活动实体，相似的对象可以组合成对象类。

（2）确定每个对象的操作和功能，即定义对象的操作，用以刻画对象或对象类的行为特征。操作的定义确定了对象的静态语义；通过定义每个对象必须遵守的关于时间和空间的约束，可以确定每个对象的动态行为。

（3）确定每个对象相对于其他对象的可见度，即确定对象或对象类之间的静态关联性，以及确定每个对象需要与哪些对象进行通信。

（4）确定每个对象的接口。接口是对象与外界进行通信的唯一通道，它确定了对象相互之间以及对象与环境之间的通信形式。

（5）实现每个对象，即选择适当的面向对象编程语言，建立对象类和对象，并实现所需的通信接口。

需要说明的是，作为一种非形式化的建模方法，面向对象的建模方法对建模后的系统缺乏有效的分析与验证，同时面向对象模型的概念的抽象性与准确性欠佳，在全局上无法明确表示对象之间的逻辑关系与时序关系，使这一方法在具体应用中存在局限性。因此，在实际建模过程中，面向对象的建模方法通常与其他建模方法相结合，而不单独使用。

■ 2.10　基于多 Agent 系统的建模方法

现代物流系统是一个复杂的离散事件动态系统。传统的建模与仿真方法明显地受到还原论和决定论的影响，无论是基于确定性模型的过程仿真方法还是基于概率模型的统计仿真方法，都不能解决具有预决、自适应、自组织及演化等复杂系统动力学特征的建模与仿真问题。

传统建模方法的侧重点是采用演绎推理方法建立系统模型，然后进行实验和分析，显然具有工程技术的特点。然而，复杂系统建模的侧重点是采用归纳推理方法建立系统的形式化模型（系统的抽象表示）以获得对客观世界和自然现象的深刻认识，这是面向科学的。国内外研究表明，传统的基于还原论和决定论的建模方法并不能很好地刻画复杂系统；基于 Agent 的建模方法通过对复杂系统中基本元素及其之间交互关系的建模，可以将复杂系统的微观行为和宏观"涌现"现象有机地联系起来，这是一种本体论方法。本体论方法不排斥分析，分析的目的不是把元素孤立起来，而是充分暴露元素之间的关联与相互作用，从而达到从整体上把握系统的目的，是一种自顶向下分析、自底向上综合的有效建模方式。

2.10.1　Agent 的基本概念

1. Agent 的定义

在不同的学科领域，Agent 具有不同的含义和不同的理解，中文译名包括代理、自治体、主体、智能体或智能主体等。Agent 是一个运行于动态环境的、具有较高自治能力的实体，其根本目标是接收另一个实体的委托并为之提供帮助和服务；Agent 与其服务主体之间具有较为松散和相对独立的关系。Agent 能够在目标的驱动下主动采取包括社交、学习等手段的各种必要的行为，可以感知、适应并对动态环境的变化进行适当的反应。

简单而言，Agent 是一种实体，而且是一种智能实体。这种实体可以是智能软件、智能设备、智能机器人或者智能计算机系统等，甚至可以是人。目前，Agent 还没有一个统一的定义，但是，伍德里奇（Wooldridge）给出了 Agent 的强定义和弱定义，其中关于 Agent 的弱定义得到了大多数研究者的认可。

【定义 2-7】　Agent 的弱定义。具有以下特性的硬件系统或基于软件的计算机系统称为弱概念意义下的 Agent。

（1）自治性（autonomy）。在无人或其他系统的直接干预下可自主操作运行，并能够控制其行为和内部状态。

（2）反应性（reactivity）。能够感知所处的环境，并能够对环境的改变做出反应。

（3）主动性（pro-activeness）。不仅可以简单地随环境的刺激产生反应，而且可以展现出目标驱动的主动行为。

（4）社会性（social ability）。通过某种 Agent 通信语言与其他 Agent 进行交互。

按照以上定义，最简单的 Agent 就是一个计算机进程。Agent 的弱定义在许多领域被研究人员所接受。但是在人工智能领域，许多研究者强调 Agent 应更具有一些人的特质，即人的精神状态，于是提出了 Agent 的强定义。

【定义 2-8】   Agent 的强定义。除包括定义 2-7 的四个特性外，Agent 还具有知识和信念、意图与义务、诚实和理性。

2. Agent 的结构

一个 Agent 的特性取决于其结构和行为。恩瓦纳（Nwana）从软件 Agent 的角度定义了 Agent 的三层概念结构（图 2-45）：定义层、组织层和合作层。这个概念结构提供了一种描述 Agent 应用特征的框架。

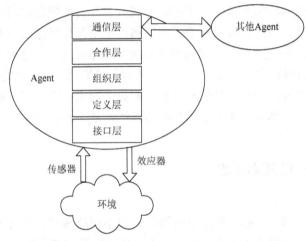

图 2-45   Agent 的三层概念结构

（1）在定义层，Agent 被描述为一个自治的理性实体，包括 Agent 的推理学习机制、目标、资源和技能等。

（2）组织层定义了 Agent 与其他 Agent 的关系，包括 Agent 在 Agent 团体中所扮演的角色，以及 Agent 之间的相互感知。

（3）合作层指明了 Agent 的社会能力，如合作和协商技术。

此外，图 2-45 中还涉及通信层和接口层：前者定义了 Agent 之间通信的更低一级的细节；后者将 Agent 与其资源、技能的物理实现联系起来。

实际上，设计者对上述问题的不同观点反映了不同研究领域对 Agent 的不同要求，因此不同研究领域所提出的 Agent 模型不尽相同，但是 Agent 的内部功能模块一般均包含感知模块、通信模块、推理模块、执行模块、内部状态库以及知识库等，其结构如图 2-46 所示。

3. Agent 与对象

从面向对象的建模方法的角度来看，对象与 Agent 具有惊人的相似性。例如，对象被定义为封装了某种状态、可以执行某种行为、具有内部标识、封装了实体属性和行为方法、可通过消息传递进行通信的计算实体，具有封装性、继承性和多态性。但是，两者也存在明显的差异，主要体现在以下六个方面。

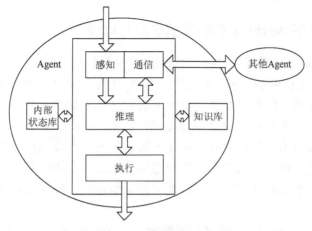

图 2-46　Agent 结构示意图

（1）自治性程度不同。对象大多时候是被动的，Agent 比对象表现出更强的自治性。特别地，Agent 可决定是否执行其他 Agent 请求的行为，对象却不能。

（2）Agent 具有灵活性行为，包括反应性、主动性和社会性，但是标准的对象模型并不具有这些行为。

（3）多 Agent 系统中，每个 Agent 至少有一个控制线程，但是对象并没有这种线程控制的要求。

（4）Agent 采用基于语言行为（speech act）理论的通信方法，即 Agent 间通过请求（request）、通知（inform）、命令（command）等方式进行交互，具有支持高层通信的能力，但是对象间只能通过消息传递机制进行通信。

（5）Agent 之间具有协调、合作等能力，对象一般不具有这一特点。

（6）面向对象的建模方法没有提供像基于 Agent 的建模方法那样对复杂系统进行建模的一系列概念与机理。

相对于对象，Agent 是智能性更高、具有一定自治性的实体。很多时候，Agent 可以看成一种主动对象，它不是对面向对象的建模方法的否定，而是其高级形态与发展，是人类在计算机科学领域认识上的又一次飞跃，也是对客观世界的一种描述。从面向对象的方法学角度来看，Agent 是具有更多智能特性和更复杂结构的对象。事实上，由于当前面向 Agent 的程序设计还很不成熟，Agent 仍然依赖于面向对象的程序设计，以面向对象的思想来实现。

4. 多 Agent 系统

Agent 的运作与生存总是以一定的环境为基础的，这种环境一般而言既是计算性的又是物理性的，可能是开放的或者是封闭的，可能包含也可能不包含其他 Agent。由多个同构或者异构的 Agent 构成的系统称为多 Agent 系统。多 Agent 系统借鉴了分布式人工智能和人工生命的理论，提供了解决复杂问题的分而治之的方法，能够解决单个 Agent 所不能解决的规模庞大、结构复杂的问题。大多数现实系统需要用多 Agent 系统来描述。

2.10.2　基于多 Agent 系统的建模思想与过程

在基于多 Agent 系统的建模过程中必须始终把握以下主要思想。

（1）Agent 是建模中的基本组成单位，是对复杂系统中主动个体（实体）进行抽象建模所产生的模型。但是，并非系统中所有实体和对象都抽象成 Agent，只有那些适合抽象成 Agent 的实体和对象才能抽象成 Agent。因此，基于多 Agent 系统的建模单元包括 Agent 和对象。通过观察 Agent 内部状态变化以及 Agent 间交互引起的系统全局行为，即系统"涌现"现象，可以自底向上地建模，因而基于 Agent 的建模方法提供了表达系统元素主动性的方法，颠覆了把系统中的个体单纯看作被动的、僵死的部件的概念。

（2）模型聚合。Agent 是一个嵌套层次概念，基本的 Agent 称为元 Agent（meta-Agent），它具备 Agent 的一切属性，如自治性、通信能力以及适应能力等，具有不必再分割的最小属性；若干 Agent 可以按某种契约聚合成社会，即聚合 Agent（aggregation Agent）。因此，基于 Agent 的建模方法可以自底向上地观察系统和描述系统行为，是一种由低到高、从微观到宏观、跨层次的研究思路。

（3）感知与行为。Agent 通过内部感知器感知环境与其他 Agent 信息，并通过效应器对环境与其他 Agent 实施行为。通过这种感知-行为（刺激-反应）模型或更高级的智能模型，实现单个 Agent 的功能行为建模，从而实现对单个 Agent 的精确刻画。

（4）分散控制。基于 Agent 的建模方法中一般不存在中央控制与协调 Agent，各 Agent 具有相对独立性。

（5）环境。环境包括物理环境和通信环境。在基于 Agent 的建模方法中，环境提供了 Agent 驻留的若干条件，并且环境是 Agent 的感知与作用对象，提供了 Agent 之间交互的若干合适的条件。单个 Agent 的环境包括其他所有 Agent 与实体，以及支持 Agent 存在与通信的所有相关准则和过程。

（6）交互。Agent 之间的交互关联关系是复杂系统产生复杂行为的原因之一，是 Agent 社会性的重要表现，是系统产生涌现性的重要原因，也是 Agent 之间解决依赖、冲突和竞争问题的重要途径。Agent 之间的交互方式如下：Agent 感知其他 Agent 或环境，根据感知得到的信息以及自身状态与规则来修改自身状态与规则，然后通过发出消息来作用于其他 Agent 或环境，达到交互的目的。Agent 间的交互可以"涌现"系统整体的行为，Agent 之间的交互通过有效通信来实现。

因此，建立由多个 Agent 构成的完整的系统模型，确定多 Agent 系统的体系结构，实际上就是要处理好以下五个方面的问题。

（1）系统应有多少个 Agent？根据系统的目标要求，确定 Agent 的数量，以及系统运行时 Agent 的数量是否可以变化，这是一个给定系统的重要特征。

（2）Agent 之间采用何种通信渠道？

（3）Agent 之间采用何种通信协议？常用的通信方式有共享全局存储器（如黑板机制）、消息传递以及两者的结合。通信协议决定了被建立的 Agent 之间如何交流。例如，一些 Agent 简单地将命令传递给其他 Agent 并希望被接受，如同面向对象的建模方法中的消息传递方式；其他 Agent 根据语法理论进行表决、谈判或者更复杂的对话，如合同网协议。

（4）怎样建立 Agent 与其他相关 Agent 之间的结构？Agent 群体描述每个相关 Agent，以及它们之间由信息和物料流动等而产生的拓扑结构，如分层嵌套结构、网络结构等。该拓扑结构可以预先设定好且在系统运作期间保持不变，也可以在运行时由 Agent 发现新的关系且进行自我重组。

（5）Agent 之间如何协调它们的行动？Agent 是自治的，不需要外界激励就可以运行。但是，实用系统中 Agent 之间往往是相互协调的。在分层协调中，命令流自顶向下流动，状态信息则自底向上反馈；在平等的协调中，协调来源于 Agent 交互动力学，一般是通过耗散或约束传递机制来实现的。

当然，解决上述五个问题的前提是对现实系统有透彻了解和对系统目标能准确把握。对面向对象的消息传递、常用的合同网协议以及耗散机制等相关技术的了解有助于这个阶段问题的解决。当这些问题解决以后，就建立了一个完整的多 Agent 系统模型。

2.10.3 基于多 Agent 系统的建模实例

【例 2-11】 银行系统。

客户需要依据银行服务指南进行账户、账单查询，银行可以修改服务指南，并按照客户需要查询账户、账单和寄对账单。该银行系统的多 Agent 系统主要涉及银行和客户等两类 Agent 和服务指南等对象。

（1）银行系统 Agent 的描述。主要涉及银行 Agent 和客户 Agent。各 Agent 接口涉及活动接口、函数接口、事件接口等，如图 2-47 所示。

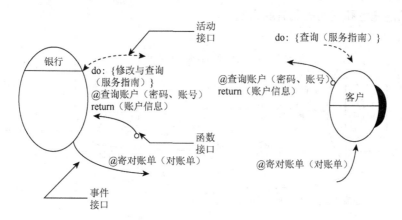

图 2-47　Agent 接口示例

（2）对象可以是公用的，类似黑板，任何 Agent 都可以对它施加活动；对象也可以被某个 Agent 所拥有，即封装在某个 Agent 之内，这种情况下，只有封装它的 Agent 以及同层的子 Agent 能对它施加活动，其他 Agent 不能直接对它施加活动。图 2-48 中，银行 Agent 拥有"银行账户"对象，其他 Agent（如客户 Agent）不能直接对"银行账户"对象进行操作，只能通过银行 Agent 的接口来获得有关"银行账户"对象的信息；"服务指南"对象对银行 Agent 和客户 Agent 来说是公用的，既可被银行 Agent 操作又可被客户 Agent 操作。

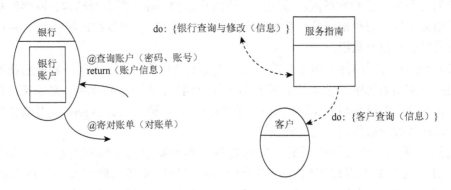

图 2-48　对象

（3）联结是实体之间交互的通道。Agent 或对象所要发送的事件或施加的活动首先通过自己的接口，然后通过这些联结通道传送到与之联结的 Agent 或对象。例 2-11 有三类联结：事件联结、活动联结和函数联结，如图 2-49 所示。Agent 与 Agent 之间可通过事件联结建立通信通道；Agent 与对象之间可通过事件联结或活动联结建立联系。事件联结是一种单向通道，Agent 发出事件后，继续完成自己的任务，至于这一事件能不能通过事件接口传出、事件联结将它传给谁，事件的产生者是不关心的，属于异步通信通道；函数联结是一种双向通道，Agent 发出事件（函数调用）后，处于等待状态，直到这一函数调用返回结果，才继续完成自己的任务，函数联结可以看作一类特殊的事件联结；活动联结把活动的施者和活动的受者联系起来。

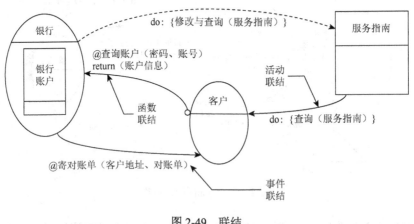

图 2-49　联结

（4）约束是指那些与问题的总体解决方案有关，又不能在实体结构图和 Agent 状态图中反映的条件。

【综合案例】三峡-葛洲坝梯级枢纽通航系统由三峡大坝、葛洲坝和中间流域共同组合而成，如图 2-50 所示。其中，三峡大坝双线五级船闸分别执行单向下行和单向上行运行方式；葛洲坝 1#船闸可实现双向运行，实际运行中多采用单向下行运行方式；葛洲坝 2#船闸可根据葛洲坝 1#船闸中待闸船舶数量采取迎向运行方式，即运行方向为上行时承接下游通航船舶完成上行，运行方向为下行时承接上游通航船舶完成下行，从而协助葛洲坝 1#船闸实现通航；葛洲坝 3#船闸多采用迎向运行方式。试着查阅相关文献，分析上述业务流程，分别采用事件关系图、Petri 网和多 Agent 系统等建模方法，构建三峡-葛洲坝梯级枢纽通航系统仿真模型。2023 年习近平主席向全球可持续交通高峰论坛致贺信指出："建设安全、便捷、高效、绿色、经济、包容、韧性的可持续交通体系，是支撑服务经济社会高质量发展、实现'人享其行、物畅其流'美好愿景的重要举措"。围绕上述内容，结合仿真模型及其运行，分析三峡-葛洲坝梯级枢纽通航系统在三峡可持续交通及其物流中所发挥的积极作用，并探究两坝运行方式对三峡综合交通体系高效、韧性运行的影响。

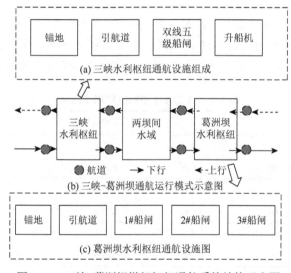

图 2-50　三峡-葛洲坝梯级枢纽通航系统结构示意图

■ 本章小结

　　本章从物流系统的建模原则和步骤入手，介绍了物流系统常见的建模方法；详细地介绍了实体流图建模方法、活动周期图建模方法、基于 Petri 网的建模方法、基于事件关系图的建模方法以及基于系统动力学的建模方法，并给出了建模实例及其分析；介绍了面向对象和 Agent 的基本概念，以及建模方法和过程。

➤习题

　　1. 指出以下系统中的实体、活动、事件和状态变量：银行出纳台、自选餐厅、医院急救室、自动装配线。

2. 装有饲料的卡车到达码头，在码头入口处过磅检查饲料的质量，规定质量小于某一标准的卡车不准进入码头。假设卡车的装载量和检查时间均为服从某种分布规律的随机变量。准许进入码头的卡车开到一台输送机前，输送机共有 3 台，用于将卡车装载的饲料分别输送到 3 个对应的储罐内。每个储罐的容积有限，未卸完饲料的卡车需要在输送机前排队等候。储罐内的饲料由货轮运走，规定每只货轮仅从同一储罐内装货，当储罐内无饲料时需要排队等候。假设卡车和货轮均选择最短队列排队，排队长度相同时可任选队列。请给出该系统的实体流图模型和活动周期图模型。

3. 某制造厂共有 5 个加工站，每个加工站的机床类型均相同，拥有的机床数量如表 2-2 所示。

表 2-2　机床数量

加工站编号	1	2	3	4	5
机床数量/台	3	2	4	3	1

该厂加工的零件共有三类，其比例为 3∶5∶2。其中，类型 1 零件有 4 道工序，类型 2 零件有 3 道工序，类型 3 零件有 5 道工序。每道工序必须在指定加工站的机床上加工，每类零件的加工顺序以及每道工序的加工时间（均值）如表 2-3 所示。

表 2-3　加工顺序和相应的加工时间

零件类型	加工顺序及相应加工时间				
1	3	1	2	5	
	0.50h	0.60h	0.85h	0.50h	
2	4	1	3		
	1.10h	0.80h	0.75h		
3	2	5	1	4	3
	1.20h	0.25h	0.70h	0.90h	1.00h

设零件统一按比例分批发放，一批零件为 10 个，发放间隔时间是服从均值为 0.25h 的指数分布的随机变量；所有零件在各工序的加工时间均服从二维埃尔朗（Erlang）分布，其均值见表 2-3。零件按照工序要求到达某加工站后，如果机床为闲，则立即开始加工，并按照机床编号从小到大的顺序安排；如果机床为忙，则形成单一队列，按照先到先服务规则排队等候。试建立该系统的实体流图模型。

4. 某加工系统由 2 个加工站、1 个工业机器人以及入口和出口存储站构成，如图 2-51 所示。零件到达加工系统后，进入入口存储站，首先，由工业机器人装调好夹具后送到加工站 1 进行头道工序的加工；然后，送往加工站 2 进行第 2 道工序的加工。第 2 道工序加工完毕后，由工业机器人送往出口存储站卸头，并退出加工系统。试建立该加工系统的活动周期图模型。

5. 结合习题 4，构建事件关系图模型。

6. 图 2-52 为一个由 3 台机器构成的柔性加工单元，其中，N_1、N_2 和 N_3 分别表示 3 种零件，它们分别经自己的工艺路线由机器 M_1、M_2 或者 M_3 进行加工。每个零件分配一个托盘，托盘在完成最后加工工序后运载新的零件返回处于最初加工工序的机器。试建立该柔性加工单元的 Petri 网模型。

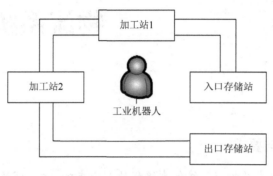

图 2-51　加工系统构成图

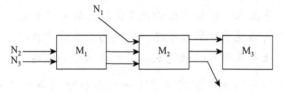

图 2-52　柔性加工单元图

7. 简述系统动力学模型的构造及其特点。

8. 简述对象与 Agent 之间的异同。

第3章

物流系统仿真技术

> ➤ **本章学习目的与要求**

　　物流系统仿真技术是物流系统仿真编程的理论基础,对于理解物流系统仿真的实际运作十分重要。通过本章学习,要求了解物流系统仿真的基础概念及其特点和分类,以及仿真优化和可视化等技术,熟练掌握物流系统仿真的一般步骤、系统仿真过程中的仿真钟推进方式和常用的物流系统仿真策略。通过物流系统仿真技术学习,提升学生的系统设计与编程能力,注重应用基础研究及其工程应用中的创造思维培养。

　　【导入案例】新加坡国立大学建立了下一代港口建模与仿真卓越中心(Centre of Excellence in Modelling and Simulation for Next Generation Ports,C4NGP),积极开展应用基础研究,重点发展数字孪生(digital twins,DT)平台,旨在成为下一代港口和海事系统建模、仿真和优化的全球领先研究中心。DT 是物理基础设施的虚拟表示,可用于测试而无须物理实现。C4NGP 创建了一套编程指南语言标准《端口标记语言》(*Port Mark-up Languages*),提供了兼容格式的开发端口建模、设计、配置和信息传递标准。上述创新产品要实现推广应用,离不开标准化,尤其是编程语言标准。请查阅资料,分析这类产品的设计及其背后的运作机理与仿真技术。

■ 3.1　物流系统仿真的基本概念

3.1.1　物流系统仿真的概念与特点

1. 物流系统仿真的概念

　　将系统仿真技术应用于物流系统,建立物流系统的仿真模型,对物流系统进行实验研究的方法,称为物流系统仿真。物流系统仿真的研究和应用,就是要找出适合物流系统特征的仿真技术和建模方法,对物流系统进行恰当而科学的描述,有效且直观地展示该系统,对系统运行的结果进行多方位的分析和评价。一般来讲,物流系统仿真包括流的仿真、排队的仿真、人的因素仿真。

　　(1)流的仿真。物流系统中有多种流,如物质流、信息流、资金流、商流等。由于流具有流动性,应采用动态仿真方法描述流的生灭过程。

（2）排队的仿真。排队论又称随机服务系统理论。1918 年，埃尔朗提出排队论，并将它用于电话系统，主要研究服务台与顾客之间的效率问题，希望服务台效率高，且顾客的等待时间不太长。物流系统中也存在排队问题，如配送中心的车辆、集装箱码头船舶及集卡的排队问题等。这类仿真大多采用离散型仿真方法进行。

（3）人的因素仿真。物流系统受人的因素影响很大，即使在同样的规划下，涉及不同的人、组织的物流服务质量和运行效率仍有很大的差异。通过仿真描述人的思维过程，可以得到较优的物流决策方案。

2. 物流系统仿真的特点

（1）考虑动态的、瞬时的影响。通常对物流系统的规划不仅仅限于所研究物流系统的正态或稳态行为。例如，当对一个仓储系统建模时，需了解一台堆高机发生故障所产生的动态影响。仿真有处理这种动态或瞬时影响的能力，这种能力使得它比解析法更加有效。

（2）考虑随机因素。采用仿真可使物流系统参数受随机因素影响所发生的变化在仿真模型中得到充分体现，这一点解析法无法比拟。解析法一般针对固定的约束条件或环境求解。实际物流系统是复杂的离散事件系统，往往受很多随机因素的影响。忽略随机因素的影响，用确定性模型代替随机模型研究系统，将会使分析结果有很大的误差。

（3）采用非标准分布。在排队论中，多数排队模型假设顾客到达速率服从泊松分布以求出完美的数学解。现实中，顾客到达速率分布多种多样，服务时间也并不局限于标准分布和基于数据的特定分布，仿真可避免不必要的简化。物流系统中也有排队现象，也具备以上的特点。

（4）实现随机活动的交互作用。当生产线中一台机器发生故障时，会导致连锁反应。仿真能够应对这种复杂情况并预测其影响。

3.1.2　物流系统仿真的分类

根据研究目的和系统特征，系统仿真分为两种类型：终止型仿真（terminating simulation）和非终止型仿真（nonterminating simulation）。在非终止型仿真中，考虑稳态仿真（steady-state simulation）和稳态周期仿真（steady-state cycle simulation）两种情况。在很多情况下，系统仿真的类型更多地取决于研究目的。

1. 终止型仿真

终止型仿真是由一个固有事件 E 来确定仿真运行时间的一类仿真。固有事件 E 发生的时刻记为 T_E。被仿真的系统满足一定的初始条件，在零时刻开始运行，在 T_E 时刻结束运行。终止型仿真具有以下特点。

（1）在零时刻系统的初始条件相同。

（2）必须定义结束事件或结束时刻。

（3）在 T_E 时刻系统被"清零"，或在该时刻以后的数据均没有意义。

【例 3-1】　某飞机制造商接到了生产 100 架飞机的订单，要求在 18 个月内交货。用仿真方法确定满足交货期要求的、成本最小的生产方案。

【例 3-2】　某公司只销售一种产品，要确定在 120 个月内需要维持的库存水平。给定初始库存水平，系统仿真的目标如下：确定每个月的采购量，使得每个月的平均库存维护成本最低。

【例3-3】 某制造公司每天运行16h（分两个班次），当天未完成的工作留在第二天继续进行。用仿真方法确定每个班次的平均产量。

在例3-1、例3-2中都可以找到明显的仿真运行结束事件。例3-1的结束事件应该定义为E = {100架飞机制造完毕}，而不是仿真结束时刻为仿真运行时间正好够18个月。由于生产方案不同，实际的仿真运行时间不一定正好是18个月。例3-2的仿真结束时刻就是仿真运行时间正好够120个月。在结束事件发生以后，系统的变化状态就不是所关心的内容，所以可以停止仿真运行。

不是所有的仿真分析都可以找到一个明确的结束事件或结束时刻。在例3-3中，如果把仿真结束时刻设为仿真运行时间刚好够16h，那么每次仿真运行在零时刻的初始条件并不相同，不满足终止型仿真的条件。前一个工作日的结束状态作为后一个工作日的初始条件，因此生产过程本质上是一个连续过程，需要仿真运行足够长的时间才能给出问题的答案。

2. 非终止型仿真

非终止型仿真是指没有可以确定运行时间的固有事件的一类仿真。仿真对象是连续运行的系统，或至少在很长时间内运行的系统。例3-3就是这样的一个系统，因此需要进行非终止型仿真。在设计新系统或更新现有系统时，经常需要知道在新系统运行很长时间后"正常"运行的情况，这时就需要进行非终止型仿真。如果作为输出结果的随机变量 Y 具有稳态分布，就需要知道该稳态分布的特征，而并不关心系统如何从初始状态过渡到稳定状态。

例如，某公司准备建设一套新生产系统，需要确定这套系统运行很长时间后平均每小时的产量。假设：①系统每周运行5个工作日，每个工作日运行16h；②忽略在每个班次开始和结束时所损失的生产能力，即忽略上班时的准备时间和下班时的整理时间；③在1个工作日中生产连续进行。当系统运行很长时间后，已经排除了系统故障，工人也能熟练操作。

设 N_i 为在第 i 个小时内制造的零件数量。如果随机过程 $N_1, N_2, \cdots$ 具有稳态分布，该稳态分布所对应的随机变量为 N，那么需要知道1h内制造零件数量的期望值 $\mu = E(N)$。该公司欲知系统经过多长时间才能够达到正常运行状态，为此需要进行稳态仿真。

稳态仿真是研究非终止型系统稳态行为的仿真，这些系统行为不受零时刻的初始条件的影响。为此需要满足以下条件。

（1）仿真时间足够长。

（2）规定仿真的预热（warm up）时间（如果必要）。

并不是所有非终止型仿真都趋向于存在稳态分布，有时系统状态会出现某种周期性的变动。考虑某航空公司呼叫中心的工作情况，该呼叫中心打入电话的频率在一天中随时间变化，在1周内每天的电话呼叫模式各不相同，但每周内的电话呼叫模式相同。设 D_i 为第 i 个打入电话的等待时间，则随机过程 $D_1, D_2, \cdots$ 不具有稳态分布。设 D_{ic} 为第 i 周内打入电话的平均等待时间，则随机过程 $D_{1c}, D_{2c}, \cdots$ 具有稳态分布。

把系统运行时间划分成等长度的连续间隔时间，称为周期。定义 Y_{ic} 为在第 i 个周期内的随机变量，随机过程 $Y_{1c}, Y_{2c}, \cdots$ 具有稳态分布 F_c，对这类过程的仿真称为稳态周期仿真。

3.1.3　物流系统仿真的一般步骤

如图 3-1 所示，物流系统仿真的一般步骤如下。

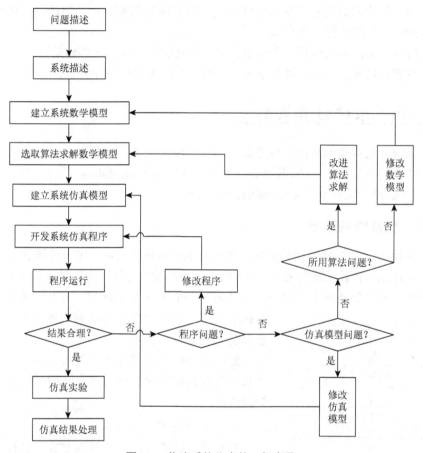

图 3-1　物流系统仿真的一般步骤

（1）问题描述，系统描述。通过设立目标进行调研，对研究的系统有全面、深入的了解，能够尽可能系统、详细地对问题进行描述，明确仿真的目标和系统涉及的范围。一般来说，仿真目标不同，所建立的模型不同，为建立模型所需要采集的数据也不同。

（2）建立系统数学模型。根据仿真目标，对系统进行选择和整理。为保证所建数学模型符合现实系统，应对所建数学模型进行反复检查与修改，直到数学模型完全正确。

（3）选取算法求解数学模型。对所建数学模型进行求解可能不涉及算法设计。但是对非确定性多项式-难（non-deterministic polynomial - hard，NP-Hard）问题，一般的数学或运筹方法很难求得满意解，或者求不出可行解，需要根据问题的特点选用一定的启发式算法或人工智能算法。

（4）建立系统仿真模型。根据调研情况，对被仿真系统的特征进行分析，选择离散事件仿真方法，常见的有流程图法、基于 Agent 的仿真方法和基于 Petri 网的仿真方法等。

（5）开发系统仿真程序。仿真程序是仿真模型的实现。根据确定的仿真算法，使用由相应程序语言提供的语句来完成。

（6）程序运行与结果检验。检验结果如果合理，进行仿真结果分析处理；检验结果如果不合理，依次判断是否为仿真程序问题、仿真模型问题、算法问题，并逐一排除或解决，直到仿真程序运行结果合理。

（7）仿真实验。多次运行仿真模型，进行仿真实验，并记录实验结果。

（8）仿真结果处理。采用统计学方法，对仿真结果进行统计分析。

■ 3.2 物流系统仿真策略

物流系统多是典型的离散事件系统。物流系统的仿真，如排队仿真和流的仿真，多采用以事件为基础的仿真方法，其核心是事件调度（event scheduling）法、活动扫描（activity scanning）法、进程交互（process interactive）法。

3.2.1 仿真钟的推进

仿真钟用于表示仿真时间的变化。在离散事件系统仿真中，由于系统状态变化是不连续的，在相邻两个事件发生之前，系统状态不发生变化，所以仿真钟可以跨越这些"不活动"周期。从一个事件发生时刻，推进到下一个事件发生时刻。因为仿真实质上是对系统状态在一定时间序列的动态描述，所以仿真钟一般是仿真的主要自变量。

根据仿真钟推进的方式，又可分为三种方法，即下次事件时间推进法、固定增量时间推进法和主导时钟推进法。

1. 下次事件时间推进法

事件是描述系统的一个基本要素。事件是指引起系统状态变化的行为，即系统的动态过程是靠事件来驱动的。例如，集装箱码头物流系统中，船舶到达可以定义为一类事件。这是因为船舶到达港口并进港时，泊位的状态会从空闲变为繁忙，或者引起原来等待入港船舶排队长度的变化。下次事件时间推进法流程如图3-2所示。

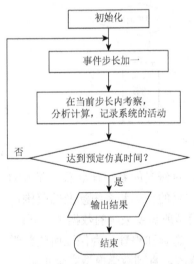

图 3-2 下次事件时间推进法流程图

2. 固定增量时间推进法

采用固定增量时间推进法，仿真钟精确地按选择的步长 ΔT 来推进。仿真钟每次变更后，就要进行检查，判定前一个步长 ΔT 中发生的事件。如果在这个步长里发生了一个或几个事件，那么这些事件被认为是发生在这个步长的终止处，并相应地改变系统状态和各统计计数器。当预定的停止条件得到满足时，仿真终止。固定增量时间推进法可以被认为在采用下次事件时间推进法时，人为地把所有事件安排在每个步长发生的情形。因此，它是下次事件时间推进法的一种特定情况。固定增量时间推进法流程如图 3-3 所示。

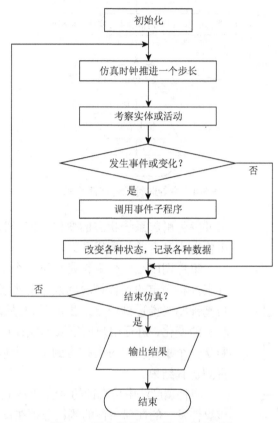

图 3-3　固定增量时间推进法流程图

3. 主导时钟推进法

主导时钟推进法是对主导实体的子时钟进行扫描，找出最小子时钟的主导实体并进行处理，它也是下次事件时间推进法的一种特定情况。港口码头仿真中的集卡就是一个主导实体，集装箱在不同地点被装上、卸下集卡，集卡在不同地点间的运行都是随着集卡在不同地点的变化而变化的。主导实体集卡的状态变化导致了其他实体的状态变化。对于每一个主导实体，都给出一个仿真子时钟，每当一个主导实体的活动结束时，子时钟更新一次时钟值，当预定的停止条件满足时，仿真终止。其他实体跟随主导实体，组成一个相互配合的有机整体，形成一个完整系统的动态仿真。主导时钟推进法流程如图 3-4 所示。

3.2.2　事件调度法

1. 事件调度法原理

事件调度法针对状态变化发生在明确的预定的时刻、活动持续时间比较确定的系统。事件调度法的基本思想如下：用事件的观点来分析现实系统，通过定义事件及每个

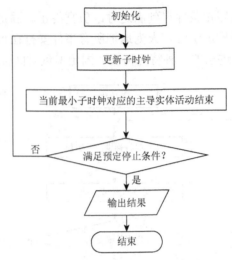

图 3-4　主导时钟推进法流程图

事件发生引起系统状态的变化,按时间顺序确定并执行每个事件发生时有关的逻辑关系。

事件调度法中仿真钟是按下一个事件来推进的。建立事件表,将预定的事件按时间发生的先后顺序放入事件表中。仿真钟始终推进到最早发生的时刻。处理该事件发生时系统状态的变化,进行用户所需要的统计计算。这样,仿真钟不断从一个事件发生时间推进到下一个最早的事件发生时间,直到仿真结束。

事件调度法中仿真钟的推进以 $t = \min\{t_a|a \in C_A\}$ 为准则,该事件发生的任何条件的测试必须在该事件子程序内部去处理。如果条件满足,则该事件发生;如果条件不满足,则推迟或取消该事件发生。因此,从本质上来说,事件调度法是一种预定事件发生时间的策略。这样,仿真模型中必须预定系统中最先发生的事件,以便启动仿真进程。在每一类事件子程序中,除要修改系统的有关状态外,还要预定本类事件的下一个事件将要发生的时间,该策略对于活动持续时间确定性较强(服从某种分布的随机变量)的系统是比较方便的。

2. 事件调度法设置

事件调度法的仿真钟采用变步长的推进方法。每推进一次仿真钟,对每一个事件发生所引起的系统状态变化进行处理和记录。因此,事件调度法的基本部件包括事件表、时间控制子程序和事件子程序。事件表按时间顺序存放所发生的事件以及

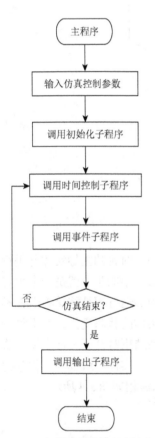

图 3-5　事件调度法的程序结构

这些事件的相关属性;时间控制子程序根据事件发生的间隔推进仿真钟;事件子程序处理每个事件发生时系统状态所发生的变化。事件调度法的程序结构如图 3-5 所示。

在事件调度法中需要定义一些参数，用于描述实体、属性和系统状态。

1）成分集合

成分集合定义为 $C = \{a_1, a_2, \cdots, a_n\}$，可分为主动成分和被动成分。其中，主动成分为 $C_A = \{a_1, a_2, \cdots, a_m\}$；被动成分为 $C_P = \{a_{m+1}, a_{m+2}, \cdots, a_n\}$。

2）描述每个主动成分 $a \in C_A$ 的变量

a 的状态为 s_a，值域为 S_a；下一时刻的时间变量为 t_a。

3）描述每个被动成分 $a \in C_P$ 的变量

a 的状态为 s_a，值域为 S_a。

4）描述所有成分属性的变量

参数集合为 $p = \{p_1, p_2, \cdots, p_r\}$。

另外，还需要描述各成分之间的关系，包括事件处理流程、成分状态变化、处理优先级。

3. 事件调度法的步骤

（1）初始化。需要初始化的对象包括时间、事件表、系统初始事件和成分状态。

（2）将仿真钟设置为系统初始事件的时间。

（3）执行事件子程序，修改事件表。

（4）取出 $t = \min\{t_a | a \in C_A\}$ 的事件记录，推进系统仿真钟 TIME = t，修改事件表。

初始化时间、成分状态和事件表，设置系统仿真钟 TIME = t_0。事件调度法的步骤用程序流程表示为

while（TIME $\leqslant T_\infty$）则执行

case 根据事件类型

$i = 1$ 执行 1 类事件

    $i = 2$ 执行 2 类事件

        ⋮

    $i = m$ 执行 m 类事件

end case

取出具有 $t(s) = \min\{t_a | a \in C_A\}$ 的事件记录

置仿真时间 TIME = $t(s)$

end while

3.2.3 活动扫描法

1. 活动扫描法原理

活动扫描法是指事件的发生不仅与时间有关，而且与其他条件有关，即只有满足某些条件时事件才会发生的一种仿真策略。这种策略的基本思想如下：系统由成分组成，成分包含活动，这些活动的发生必须满足某些条件；每一个主动成分均有一个相应的活动处理子程序；仿真过程中，活动的发生时间也作为条件之一，而且较之其他条件具有更高的优先权。

2. 活动扫描法设置

活动扫描法建立在系统仿真钟、成分仿真钟、条件测试模块和活动子程序的基础上。

（1）系统仿真钟。与事件调度法相同，活动扫描法也需要设置一个系统仿真钟 TIME，用以标识仿真的进程时刻。

（2）成分仿真钟。与事件调度法不同，活动扫描法不仅要设置系统仿真钟，而且要设置成分仿真钟 t_a，t_a 是成分 a 的仿真钟。这里的成分就是系统模型中的临时实体，只是在仿真模型中取不同的名称。成分仿真钟用于标识每个成分活动发生的时刻。成分的进程包含若干活动，因此 t_a 是一个变量，在仿真的每一时刻，成分仿真钟与系统仿真钟的关系可以归为三种：①当 $t_a >$ TIME 时，成分的集合为 FUTURE(S)，有 FUTURE(S) = $\{a|t_a >$ TIME$\}$；②当 $t_a =$ TIME 时，成分的集合为 PRESENT(S) = $\{a|t_a =$ TIME$\}$；③当 $t_a <$ TIME 时，成分的集合为 PAST(S) = $\{a|t_a <$ TIME$\}$。

（3）条件测试模块。条件测试模块是对每一仿真时刻的成分活动是否可以开始或结束进行测试的模块，用 $D_a(S)$ 表示。若活动可以开始或结束，则 $D_a(S)$ = true；若活动不能开始或结束，则 $D_a(S)$ = false。

（4）活动子程序。活动子程序用来处理活动发生时状态变量的变化，并将变化的结果输出到统计模块中。

3. 活动扫描法的步骤

（1）初始化操作。

①仿真钟初始化，即 TIME = T_0。

②置初始时间 $t = t_0$，结束时间 $t_\infty = t_e$。

③设置主动成分的仿真钟 $t_0(i)$，$i = 1, 2, \cdots, m$。

④成分状态初始化，即 $S = ((S_{a1}, t_{a1}), (S_{a2}, t_{a2}), \cdots, (S_{an}, t_{an}))$。

（2）设置条件处理模块，并将满足下列条件的成分置于成分集合中：

$a \in$ PRESENT(S) $\cup$ PAST(S)

$D_a(S)$ = true

即

ACTIVABLE(S) = $\{a|a \in$ PRESENT(S) $\cup$ PAST(S)，$D_a(S)$ = true$\}$

（3）逐一处理可激活成分中各成分的活动，直至可激活成分集合中的活动全部被处理完毕。

（4）将系统仿真钟推进到下一个最早的活动发生时刻，即

TIME = min($t_a|a \in$ FUTURE(S))

活动扫描法的步骤用程序流程表示为

初始化时间和成分状态

设置系统仿真钟 TIME = t_0；

while（TIME $\leqslant T_\infty$）则执行扫描

for j = 最高优先级数到最低优先级数

将优先级数为 j 的成分置成 I

if $t_0(I) \leqslant$ TIME 且 $D_a(S)$ = true

执行活动子程序 I

退出重新扫描

end for

TIME = $\min(t_a|a \in \text{FUTURE}(S))$

end while

活动扫描法的程序结构如图 3-6 所示。

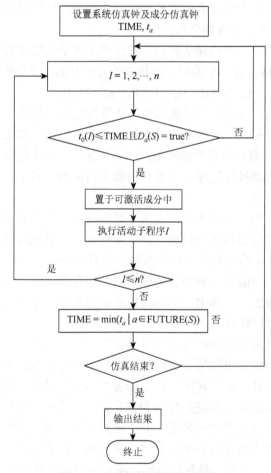

图 3-6　活动扫描法的程序结构

3.2.4　进程交互法

1. 进程交互法原理

一个进程包含若干有序事件及有序活动。采用进程交互法建模更接近现实系统，更易于使用，因而进程交互法得到迅速的发展。但进程交互法的软件实现比事件调度法及活动扫描法要复杂得多。进程交互法采用进程描述系统，它将模型中的主动成分所发生的事件及活动按时间顺序进行组合，从而形成进程表，一个成分一旦进入进程，它将完成该进程的全部活动。

系统仿真钟的控制程序采用两张事件表：一是当前事件表（current events list，CEL），它包含从当前时间点开始有资格执行的事件的记录，但是该事件是否发生的条件（如果有）尚未判断；二是将来事件表（future events list，FEL），它包含在将来某个仿真时刻发生的事件的记录。每一个事件记录中包括该事件的若干属性，其中必有一个属性说明该事件在进程中所处位置的指针。

2. 进程交互法设置

（1）系统仿真钟。与事件调度法和活动扫描法相同，进程交互法也需要设置一个系统仿真钟 TIME，用以标识仿真的进程时间。

（2）成分仿真钟。与活动扫描法相同，进程交互法不仅要设置系统仿真钟，还要设置成分仿真钟 t_a，t_a 是成分 a 的仿真钟。在仿真的每一时刻，成分仿真钟与系统仿真钟的关系也可以归结为三种：$t_a >$ TIME；$t_a <$ TIME；$t_a =$ TIME。

（3）条件测试模块。与活动扫描法类似，进程交互法也设置了条件测试模块，当系统仿真钟推进到某一时刻时，对每一成分事件进行条件判断。如果该事件发生的条件已满足，即 $D_a(S) =$ true，则对该事件进行处理，并记录事件发生的状态；如果该事件发生的条件不满足，则不对该事件处理，该事件仍留在当前事件表中，等待下一次仿真钟推进时再进行条件判断。

（4）将来事件表。将来事件表是将来某个时刻发生的事件的记录。事件记录是指该事件全部属性的记录。当仿真开始推进时，将所有成分的事件放到将来事件表中。仿真钟推进过程中逐渐将其中的某些成分事件移到当前事件表中。

（5）当前事件表。当前事件表是当前时间点开始有资格执行的事件的记录。在仿真钟推进过程中不断将满足 $t_a =$ TIME 和 $t_a <$ TIME 的成分事件从将来事件表移到当前事件表中，然后依次对其进行处理。

（6）进程表。将时间与活动按时间顺序进行组合，一个成分一旦进入进程，在条件允许的情况下，它将完成该进程的全部过程。这种处理方法有别于活动扫描法。活动扫描法是每推进系统仿真钟一步，对所有的活动进行扫描，对每一个条件满足的活动仅进行一次处理。因此所有进程的推进是步步为营、齐头并进的。进程交互法的各进程推进则是交替进行的，进程结束的时间参差不齐。进程交互法符合思维逻辑，但是需要特别注意记录每个由于条件不满足而必须暂时停止推进的进程的断点，以便在后续的仿真时刻对其进行处理。当系统复杂、进程较多时，断点的记录十分复杂。

3. 进程交互法的步骤

（1）初始化。

①时间初始化。

②事件表初始化。设置初始化事件并置于将来事件表中，将将来事件表中有关事件记录置于当前事件表。

③成分状态初始化。

④系统仿真钟初始化。令 TIME = t_0。

（2）扫描当前事件表，依次测试成分事件是否满足执行条件。如果成分事件满足执行条件，则推进成分仿真钟，直到成分事件执行完毕或无法继续执行；如果成分事件不满足执行条件，则继续测试下一个成分事件。

（3）当前事件表扫描完毕之后，扫描将来事件表，找到下一个可以最早执行的事件，推进仿真钟。

（4）将将来事件表中满足条件的事件记录移到当前事件表中。

进程交互法的步骤用程序流程表示为

初始化时间、成分状态和事件

设置系统仿真钟 TIME = t_0:

while（TIME ≤ $T_∞$）则执行

　　while（当前事件表中最后一个记录未处理完）则

　　while（$D_a(S)$ = true 且当前成分未处理完）则

　　　　　执行该成分活动

　　　　　确定该成分的下一事件

　　end while

　　end while

　　TIME = 将来事件表中安排的最早事件

if（TIME ≤ $T_∞$）则

　　　　　　将将来事件表中 TIME 时刻发生的事件记录移到当前事件表中

end if

end while

进程交互法的程序结构如图 3-7 所示。

三种仿真算法在系统描述、建模要点、仿真钟推进和执行控制方面各有优缺点，其比较列于表 3-1。

表 3-1　事件调度法、活动扫描法和进程交互法的比较

特征	事件调度法	活动扫描法	进程交互法
系统描述	主动成分可施加作用	主动成分、被动成分均可施加作用	主动成分、被动成分均可施加作用
建模要点	对事件建模，事件子程序	对活动建模，条件子程序	进程分步，条件测试与执行活动
仿真钟推进	系统仿真钟	系统仿真钟，成分仿真钟	依据当前事件表最早发生的事件时间执行活动
执行控制	选择最早发生的事件记录	扫描全部活动，执行可激活成分	扫描当前事件表，执行 $D_a(S)$ = true 记录断点

事件调度法建模灵活、应用范围广，但是只适用于成分相关性小的系统仿真。活动扫描法对各成分相关性很强的系统模型执行效率高，但是要对各成分的活动进行建模，程序结构比较复杂，流程控制要十分小心。进程交互法建模直观，模型接近现实系统，特别适用于活动可以预测、顺序比较确定的系统，但是其流程控制复杂，建模灵活性不如事件调度法。

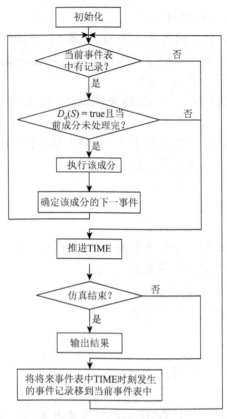

图 3-7　进程交互法的程序结构

3.3　仿真优化技术

目前仿真优化（simulation optimization）的概念和分类并没有明确的界定，部分学者也把仿真优化称为基于仿真的优化（simulation-based optimization）。仿真优化是仿真和优化相结合的技术或方法，仿真可以较好地处理现实系统的随机性，优化可以获得最优解或近优解。现实系统的复杂性、随机性及其结构信息的缺失导致人们无法采用解析表达式对系统进行描述，可以采用仿真对该系统进行研究和模型构建。仿真模型仅是对系统的直观描述，只能提供一定仿真输入条件下的可行方案，无法给出系统相关决策问题的最优解（最优方案）。因此，将优化和仿真结合起来，就能够在仿真环境下优化仿真输入，使仿真输出响应得到持续改进，从而实现系统性能的优化。

目前，仿真优化既可按照方法进行分类，也可按照仿真在仿真优化中的作用进行分类，这些并不矛盾。本节按照后者进行原理、方法的介绍，目的是便于介绍仿真优化的核心思想而非过多关注于具体的理论方法，内容如下。

1. 仿真用于策略验证

仿真用于策略验证主要适用于数学模型难以表达、解空间为一组候选策略集，且解空间不大的问题。此类仿真优化的做法是将候选策略集中的策略逐一输入仿真模型，驱动仿真运行，然后比较每一组仿真输出结果，根据仿真输出结果来确定最优策略，原理如图 3-8 所示。仿真用于策略验证类似策略的仿真比选，有其局限性，可能无法判定仿真结果的优劣，策略集中对应的候选策略可能都不能获得最好的方案。

2. 仿真输出指导优化算法搜索

仿真输出指导优化算法搜索是基于仿真模型给出仿真输入和输出的关系（性能），直至得到最佳的仿真输入量（最优解或最优方案），原理如图 3-9 所示。在该过程中，仿真模型的输出用于评判当前仿真输入或当前方案，优化算法结合已有仿真输入及其对应的仿真输出结果，在解空间中快速搜索更好的新解。优化算法主要涉及基于梯度的方法、随机优化方法、响应曲面法、启发式方法、统计方法等五类以及这些方法的混合，如图 3-10 所示。其中，罗宾斯-门罗（Robbins-Monro，RM）算法和凯弗-沃尔福威茨（Keifer-Wolfowitz，KW）算法属于随机逼近算法，是在有随机误差干扰的情况下，用逐步逼近的方式估计某一特定值的数理统计方法。

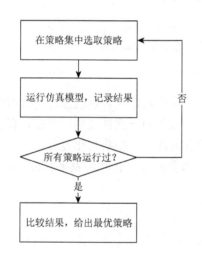

图 3-8　仿真用于策略验证的仿真优化原理图

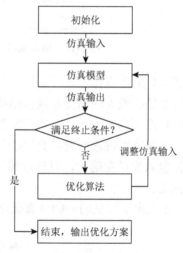

图 3-9　仿真输出指导优化算法搜索的仿真优化原理图

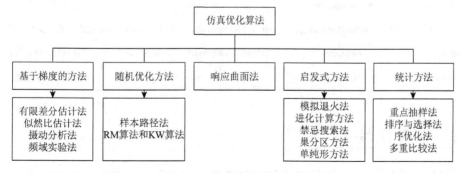

图 3-10　仿真优化算法分类

3. 仿真获取随机参数或函数

仿真是描述随机性问题的有效方法。对于带有随机性的优化问题，用仿真方法求取其中的随机参数或带有随机变量的函数得到关注。仿真获取随机参数或函数不必对整个问题的流程进行仿真，只对所需随机参数或函数所涉及的部分进行仿真，其仿真结果也不需要用于评价解的优劣，而是为优化模块提供必要的随机参数或函数的信息，使优化能够运行，原理如图 3-11 所示。

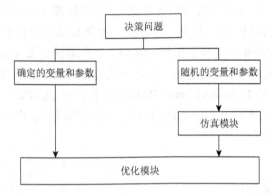

图 3-11　仿真获取随机参数或函数的仿真优化原理图

仿真优化的特点如下。

（1）系统的输入输出关系缺少结构信息，不存在解析表达式，仅能通过仿真得到。

（2）存在不确定因素，一次仿真仅给出对应某一输入的一次性能估计，存在误差。

（3）系统仿真过程费时，且缺少与优化模块的合理接口，影响优化过程。

（4）输入变量空间大，且连续量、离散量和逻辑量共存，优化涉及多目标，难以高效全局优化。

表 3-2 列出了常见的一些仿真优化软件。

表 3-2　仿真优化软件

软件包	销售商	支持的仿真平台	仿真优化算法
AutoStat	Brooks Automation	AutoMod，AutoSched	进化策略
Extend Optimizer	Image That. Inc	Extend	进化策略
OptQuest	Optimization Technologies	Arena，FlexSim Micro，Saint，Quest	散点搜索，禁忌搜索，神经网络
SimRunner2	ProModel	ProModel，MedModel，ServiceModel	进化策略，遗传算法
Witness Optimizer	Lanner	Witness	模拟退火，禁忌搜索

■ 3.4　可视化技术

可视化仿真用于为数值仿真过程和结果增加文本提示、图形、图像、动画表现，这种技术的采用使仿真过程更加直观、仿真结果更容易理解，还能对仿真过程的正确性进行验证。例如，在物流系统仿真尤其是物流配送系统仿真中，引入地理信息系统，将地理信息系统中的数据信息与仿真平台进行集成，在仿真过程中直接调用地理信息系统数据信息，构造可视化的动态物流仿真系统，更好地为物流系统决策提供服务。

3.4.1　可视化的概念

可视化（visualization）原本的意思是"将客观现实构成人脑意象的方法和过程，或对不可直接察觉的某种东西进行直观表示"。随着信息处理技术的发展，可视化又被理解为将原始模拟数据转换成可显示的图像的过程，其转换的目的在于将信息转变成可被人类感知系统理解的某种形式。可视化技术主要包括科学计算可视化（visualization in scientific computing，ViSC）、数据可视化、信息可视化（information visualization，IV）等一系列分支。在这些分支中，科学计算可视化和信息可视化是两个重要代表，前者是可视化技术的首现，后者将可视化技术扩大到非数值、非空间和高维领域。

1. 科学计算可视化

1987 年，美国国家科学基金会的一份报告中给科学计算可视化下了一个比较完整的定义，即"可视化是一种计算方法，它将符号或数据转化为直观的几何图形，便于研究人员观察模拟和计算。可视化包括图像综合，这就是说，可视化是用来解释输入到计算机中的图像数据，并能够将复杂的多维数据生成图形、图像的一种工具，它主要研究人与计算机怎样协同性地感知、使用和传输视觉信息"。这一定义主要侧重于科学计算中复杂数据的计算机图形处理与表达，强调了视觉信息的感知行为是科学计算可视化的主要研究内容。

2. 信息可视化

1989 年，信息可视化这一概念首次由罗伯逊（Robertson）等在其发表的论文中提出，随后信息可视化迅速发展成为与科学计算可视化并列的研究领域。与科学计算可视化不同，信息可视化的研究对象是本身没有几何特征属性和明显空间特征的抽象信息，这些信息可以通过映射为一种空间的可视化形式来方便观察，它主要涉及计算经济图形图像等问题，所研究的重点问题是把非空间抽象信息映射为有效的可视化形式，寻找合适的可视化隐喻。表 3-3 将科学计算可视化和信息可视化进行了比较。

表 3-3　科学计算可视化和信息可视化的区别

项目	科学计算可视化	信息可视化
目标任务	深入理解自然界中实际存在的科学现象	搜索、发现信息之间的关系和信息中的隐藏模式
数据来源	计算和工作测量中的数据	大型数据库中的数据
数据类型	具有物理几何属性的结构化数据、仿真数据等	非结构化数据、各种没有几何属性的抽象数据
处理过程	数据处理→映射（构模）→绘制和显示	信息获取→知识信息多维显示→知识信息分析与挖掘

续表

项目	科学计算可视化	信息可视化
研究重点	如何将具有几何属性的科学数据真实地表现在计算机屏幕上，它主要涉及计算机图形图像等问题，图形质量是其核心问题	如何绘制所关注对象的可视化属性等问题，更重要的问题是把非空间抽象信息映射为有效的可视化形式，寻求合适的可视化隐喻
主要的应用方法	线状图、直方图、等值线（面）、绘制、体绘制技术	结合技术、基于图标的技术、面向像素的分级技术等
面向的用户	高层次的、训练有素的专家	非技术人员、普通用户
应用领域	医学、地质、气象、流体力学等	信息管理、商业、金融等

3.4.2　物流系统三维可视化仿真的关键技术

目前物流仿真的发展趋势是采用三维可视化方式对物流系统进行仿真，实现物流系统三维可视化仿真的关键技术包括以下四种。

1. 动态环境建模技术

动态环境建模技术包括以下主要内容：设备的建模、环境的建模、视觉建模技术、物理属性的描述、运动属性的描述、行为属性的描述等。

目前，设备的建模一般采用三维计算机辅助设计（computer aided design，CAD）软件（如 AutoCAD、Pro/E、SolidWorks 等）；环境的建模采用专门的虚拟现实（virtual reality，VR）软件（如 WTK、VRT、MultiGen 等），通过其接口可以将设备的模型导入虚拟环境中，然后通过其二次开发接口，将物体的物理属性、运动属性和行为属性添加到模型中。

2. 快速三维图形生成技术

快速三维图形生成技术的主要内容是图形的快速生成，即在不明显降低图形质量的前提下，通过改善图形的复杂度，提高显示的刷新效率。目前比较有效的快速三维图形生成技术包括细节层次模型和图形图像相结合等技术。

细节层次模型技术是在不影响画面视觉效果的条件下，通过逐次简化景物的表面细节来降低场景的几何复杂性，从而提高绘制算法的效率。该技术通常对每一原始多面体模型建立若干不同逼近精度的几何模型。与原始多面体模型相比，每个几何模型均保留了一定层次的细节。在绘制时，根据不同的标准选择适当的层次模型来表示物体。细节层次模型技术已经成为图形学中的一项关键技术，很多造型软件和虚拟现实开发系统都支持细节层次模型表示。

图形图像相结合技术是提高虚拟环境逼真程度和实时性的又一种有效方法。该技术用图像来描述周围的、不需要与之进行交互的静态场景，而用几何图形来描述需要交互的动态几何物体。由于图像可以采用拍摄实景照片的方式获得，在相同存储规模的前提条件下，其逼真程度和占用计算机资源要远远好于完全采用几何图形的方式。

3. 人机交互技术

人机交互技术主要包括立体显示技术和传感器技术。

　　传统的显示器系统在人与虚拟环境之间设置了一个屏障，在描述物流系统这样的较大环境时存在明显不足。已经有一些浸入式显示设备面市，它们可以部分改善显示效果，但也存在一些问题。例如，目前的头盔式立体显示器过重、分辨率低、延迟大、行动不便、跟踪精度低、视场不够宽、眼睛易疲劳等。

　　传统的传感器设备有鼠标和键盘等，现在出现了一些新的设备，如三维鼠标、数据手套等。这些设备可以帮助人们更好地控制虚拟环境中的虚拟物。例如，戴上数据手套可以直接抓取并操纵虚拟场景中的物流设备，实现人与虚拟设备的直接交互。但是目前数据手套存在延迟大、分辨率低、作用范围小、使用不便等缺点。此外，国内外一些实验室也在对力觉、触觉等传感装置进行研究，这些产品一旦研制成功，能进一步改善人机交互的效果。

　　4. 基于离散模型的多媒体生成技术

　　大多数物流系统是典型的复杂离散事件系统，其事件的工作条件和运行参数一般通过鼠标或键盘来输入，要想看到动态的多媒体可视化结果，就必须通过编程来实时生成多媒体动画。目前比较常用的方法是用编程语言如 Visual C++，通过调用图形软件应用程序编程接口，实时生成动画。此外，还要考虑物流系统的数学模型及其他媒体的协调调用，且动画场景的规模与系统的复杂程度成正比，这些都使该项技术仍是一个难点。

3.4.3　可视化技术的发展——虚拟现实技术

　　随着计算机处理能力的提高和信息处理技术的发展，虚拟现实技术成为现代仿真技术的一个重要研究领域。虚拟现实创建的可以是对现实情景、实体的模拟，也可以是"任何不真实或不存在的，但是值得去设计或创造的东西"。虚拟现实通过多种传感器设备使用户"沉浸"到该虚拟环境中，实现了用户与虚拟环境直接进行交互。构建一个虚拟现实系统的基本手段和目标就是集成高性能的计算机软、硬件以及各类先进传感器，去创建一个使参与者具有"身临其境"的沉浸感、具有完美的人-机交互能力和启发构思的三维空间信息环境。虚拟现实系统的一般组成如图 3-12 所示。

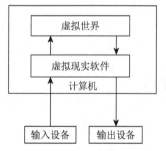

图 3-12　虚拟现实系统的一般组成

　　虚拟现实技术涉及计算机图形学、多媒体技术、传感器技术、并行实时计算技术及仿真技术等多种高科技技术领域，是这些技术更高层次的集成和渗透。虚拟现实涉及的关键技术和研究内容主要包括动态建模技术、实时三维图形生成技术、立体显示和传感器技术、应用系统开发工具以及多种系统集成技术等。

　　【综合案例】智能闸口具有人脸识别、人体测温、车牌识别、箱号识别、车架识别、轮毂识别等功能，广泛用于收费卡口、边境通道、特殊场所安检通道、码头及其他海关监管场所的物流通道等，可以实现无接触的车辆计重、计费和放行，在社会生产中发挥着重要作用。假设某高速公路某智能闸口部分相邻车辆到达间隔时间服从参数为 17s 的负指数分布,对应车辆的闸口服务时间服从最小值为 10s 和最大值为 20s 的均匀分布。请结合以上案例,运用物流系统仿真技术中的下次事件时间推进法和事件调度法,利用 C 语言或 Python 语言进行底层编程,实现其仿真推演编程及其状态数据可视化,并深刻理解上述仿真技术的作用。

■ 本章小结

本章首先介绍了物流系统仿真的基础知识,包括物流系统仿真的概念、特点;其次根据研究目的和系统特征,将物流系统划分为终止型仿真和非终止型仿真;再次对物流系统仿真的步骤和策略进行了介绍;最后对仿真优化、仿真可视化技术进行了介绍。

➢习题

1. 举例说明物流系统仿真的主要步骤。
2. 什么是系统仿真过程的仿真钟?
3. 仿真钟的推进方式有哪几种?试分别说明各推进方式。
4. 以单服务台排队系统为例,说明事件调度法和进程交互法如何推进仿真时间。
5. 试比较离散事件系统的三种仿真策略。
6. 什么是可视化技术?请查阅相关资料,了解可视化技术在物流系统仿真中的应用和发展趋势。

第4章

仿真输入与输出数据分析

➤ 本章学习目的与要求

仿真输入建模是对仿真输入变量的建模,能够反映仿真模型在数据驱动下的动态随机特性,是仿真建模的基础。仿真输出分析是对仿真实验结果的数据分析,用于评估系统性能的真实性和准确度,是系统仿真的重要环节。通过本章学习,要求掌握仿真输入的建模方法,了解随机数与随机变量的产生方法,掌握在给定的显著性水平及仿真精度的条件下输出符合条件的仿真结果方法,提升认知和设计能力,树立正确的工程伦理和大国工匠精神。

【导入案例】某库存系统每隔 60min 入库 2t 货物且每隔 60min 出库 2t 货物,显然当前库存没有任何变化。实际中,输入总是随机动态变化的,如果货物出/入库间隔时间都服从 exp(60min)分布,试着通过仿真模拟,观察库存是否发生变化。由以上案例可知,工程实践中需要客观反映系统,确保输入建模的真实性。

■ 4.1 仿真输入数据收集

为保证系统仿真结果的正确、可靠性,必须要有大量高质量的原始数据。即使仿真系统的模型结构是正确的,但若收集的输入数据不正确或数据分析方法不正确,那么利用这样的数据进行仿真必将导致仿真结果错误,从而造成决策失误和损失,丧失仿真的意义。因此,能否收集正确的原始数据是系统仿真成败的关键因素之一。

收集输入数据的主要方法如下。

(1)通过实际观测获得系统的输入数据。例如,观测在一段时间内到达医院的患者数量,观测银行中顾客排队等待服务时间。

(2)由系统管理人员提供现实系统的运行数据。例如,仓库在某一时刻某种商品的库存量,自动化立体仓库的堆垛机在一段时间内执行入库或出库的托盘数量等。

(3)从公开发表的研究成果、论文中收集类似系统的输入数据模型。这是目前非常重要的一种数据收集方法,现在很多研究机构或组织都提供用于测试仿真模型或算法的数据包,使用这些数据进行仿真或算法性能对比,具有很高的可信度和权威性,也便于和其他人的工作进行对比分析。

现实系统中可能有很多变量需要输入，如何收集数据、哪些数据与研究对象和研究目的密切相关，即只需要收集对研究目的有用的数据。在进行数据收集时应该注意以下问题。

（1）收集数据。做好仿真计划，确定仿真所需要收集的数据，即分析影响系统的关键因素，使收集的数据更符合仿真对象的数据需要。

（2）分析数据。确定所收集的数据是否足够，是否足以确定仿真中的输入分布，对仿真无用的数据则无须收集。

（3）尽量把性质相同的数据集组合在一起，形成不同类型的数据分组，既便于数据本身的管理，又便于仿真的对比分析。

（4）确定两个随机变量之间是否存在相关。要进行回归分析，同时阐述相应的检验，以确定随机变量之间是否存在相关。

（5）对收集的数据进行自相关性检验，即考察一个似乎独立的观测序列是否存在自相关性。

■ 4.2　仿真输入数据分析

多数现实系统会体现某种随机特征，即所收集的数据会体现某种随机特性。例如，在一段时间内到达餐厅的顾客数量、测量某个零件长度的误差等服从正态分布。对具有随机变量的系统进行仿真，首先必须确定其随机变量的概率分布，以便在仿真模型中对这些不确定性进行模拟取样，以得到需要的随机变量。

一般情况下，建立一个输入数据的正确分布模型需要经过以下四个步骤。

（1）数据收集。收集原始数据并对其进行适当预处理，如进行样本独立同分布（independent and identically distributed，IID）检验等。样本独立同分布检验要求样本数据是独立的（independent）且服从同一分布。样本独立同分布检验步骤如下。

①散点图（scatter plot）。绘出所有相邻样本数据点坐标 $[X_{i+1}, X_i]$，反映样本数据点是否存在某种趋势，如果存在，则样本数据不独立。

②自相关图（autocorrelation plot）。反映数据间相关系数（取值区间为[-1, 1]）的图，如果所有相关系数都接近 0，则不相关，相关系数 $R_h = C_h/C_0$。其中，$C_h = \dfrac{1}{N}\sum\limits_{i=1}^{N-h}(X_i - \bar{X})(X_{i+h} - \bar{X})$，

$C_0 = \sum\limits_{i=1}^{N}(X_i - \bar{X})^2 / N$。$h$ 通常为样本数据总数的 1/5，若 $N = 40$，则 $h = 1, 2, 3, \cdots, 7, 8$。

③趋势段测试（runs test）。测试数据趋势，如果数据趋势段（run）过多或过少，则数据不独立。趋势段表示一段连续的呈现向上或向下趋势的数据序列。趋势段测试方法有中位数测试（median test）、转折点测试（turning point test），前者表示测试中位数上面或下面趋势段的数量，一般要求趋势段数量大于 10；后者表示测试趋势段改变方向的转折点数量，一般要求转折点数量大于 12。

（2）分布类型的识别。通过点统计法、直方图（线图）法、实验分布法等确定随机变量的分布类型，即确定随机变量服从的分布。

（3）参数估计。采用合适的参数估计方法，确定随机变量分布的参数，这些参数反映了随机变量分布的具体特征，从而确定随机变量的分布。

（4）拟合优度检验。采用 χ^2 检验、科尔莫戈罗夫-斯米尔诺夫（Kolmogorov-Smirnov test，K-S）检验等拟合优度检验方法，对观测数据与得到的随机变量的分布吻合程度进行检验，判断所确定分布的正确性与合理性。如果收集的观测数据和假设的分布形式不相符，则返回步骤（2）。

4.2.1　随机变量分布类型的辨识

在采集的样本数据预处理后，需要进行随机变量分布类型的识别。此处，随机变量可分为离散型随机变量与连续型随机变量两种。

（1）离散型随机变量。随机变量 X 只可能取有限个或至多可列个值，则称 X 为离散型随机变量。

（2）连续型随机变量。随机变量 X 可以取某一区间的一切值，则称 X 为连续型随机变量。

例如，一次掷 20 个硬币，k 个硬币正面朝上，k 是随机变量；公共汽车每 15min 一班，某人在站台等车时间 x 是随机变量。

1. 连续型随机变量分布类型的辨识

连续型随机变量分布类型的辨识主要有点统计法和直方图法两种。

1）点统计法

点统计法确定随机变量分布类型的基本原理如下：基于连续型随机变量的偏差系数，根据偏差系的特征寻求与其相近的理论分布，并假设随机变量的分布为这一理论分布。

偏差系数是均方差与均值的比，即 $\delta = \sqrt{\mathrm{var}(x)}\big/E(x)$，其中，$\mathrm{var}(x)$ 为随机变量的方差；$E(x)$ 为随机变量的均值。

点统计法对观测数据进行如下处理：计算观测数据的样本均值和方差（此处用样本均值和方差代替随机变量的总体期望和方差，计算偏差系数的估计值）：

$$\bar{X}(n) = \sum_{i=1}^{n} \frac{x_i}{n}, \quad S^2(n) = \sum_{i=1}^{n} \frac{[x_i - \bar{X}(n)]^2}{n-1} \tag{4-1}$$

则 δ 的似然估计为

$$\hat{\delta} = \sqrt{S^2(n)}\big/\bar{X}(n) \tag{4-2}$$

根据连续型随机变量分布的偏差系数（表 4-1），如果能够找到与 $\hat{\delta}$ 的值相同的偏差系数，则可以近似假设所收集的数据服从该种理论分布。

表 4-1　常见分布的偏差系数

分布类型	$\hat{\delta}$	$\hat{\delta}$ 取值范围
均匀分布 $U(a,b)$	$(b-a)/[\sqrt{3}(a+b)]$	$(-\infty, +\infty)$，除 0 以外
指数分布 $\exp(\lambda)$	1	1
正态分布 $N(\mu, \sigma^2)$	σ/μ	$(-\infty, +\infty)$，除 0 以外
对数正态分布 $LN(\mu, \sigma^2)$	$(\sigma^2 - 1)^{1/2}$	$(0, +\infty)$

分布类型	$\hat{\delta}$	$\hat{\delta}$ 取值范围
韦布尔分布 Weibull(α,β)	$\left\{\Gamma\left(\dfrac{2}{a}+1\right)\Big/\left[\Gamma\left(\dfrac{1}{a}+1\right)\right]^2-1\right\}^{1/2}$	$>1 \ ,a<1$ $=1 \ ,a=1$ $<1 \ ,a>1$
伽马分布 Gamma(α,β)	$1/\sqrt{a}$	$>1 \ ,a<1$ $=1 \ ,a=1$ $<1 \ ,a>1$
泊松分布 $P(\lambda)$	1	1
贝塔分布 Beta(α_1,α_2)	$\left[\dfrac{\alpha_1}{\alpha_2}(\alpha_1+\alpha_2+1)\right]^{-1/2}$	$(0,+\infty)$
三角分布 triangle(a,b,c)	$\dfrac{(a^2+b^2+c^2-ab-ac-bc)^{1/2}}{\sqrt{2}(a+b+c)}$	$(-\infty,+\infty)$，除 0 以外

例如，某随机变量的偏差系数 $\hat{\delta}$ 接近 1 时，可以假设其服从指数分布，即无论在表 4-1 中 $\exp(\beta)$ 的 β 取何值，若 $\hat{\delta}=1$，则该随机变量可以假设服从指数分布。

点统计法虽然简单，但从表 4-1 中可以看出，这种方法不能唯一地确定分布的类型。这是因为许多分布的偏差系数的取值范围是重合的，并且此处的 $\hat{\delta}$ 是 δ 的极大似然估计，不一定是无偏的。因此，点统计法通常作为分布假设的一种较为粗糙的指导性的方法来使用。

【例 4-1】 在某交通干道上观测汽车到达某银行的间隔时间，建立到达间隔时间的数据模型。在 90min 内共观测 219 辆汽车到达银行，得到了 218 个到达间隔时间。将观测到的到达间隔时间数值和出现次数在表 4-2 中列出。

表 4-2 到达间隔时间的数值和出现次数

到达间隔时间/min	出现次数	到达间隔时间/min	出现次数	到达间隔时间/min	出现次数	到达间隔时间/min	出现次数
0.01	8	0.19	3	0.38	5	0.56	1
0.02	2	0.20	1	0.39	1	0.57	2
0.03	3	0.21	5	0.40	2	0.60	1
0.04	6	0.22	3	0.41	2	0.61	2
0.05	10	0.23	5	0.43	3	0.63	2
0.06	4	0.24	1	0.44	1	0.64	1
0.07	10	0.25	5	0.45	2	0.65	3
0.08	4	0.26	5	0.46	1	0.69	2
0.09	2	0.27	1	0.47	3	0.70	1
0.10	9	0.28	2	0.48	1	0.72	3
0.11	5	0.29	2	0.49	4	0.74	1
0.12	4	0.30	1	0.50	3	0.75	1
0.13	2	0.31	2	0.51	3	0.76	1
0.14	4	0.32	1	0.52	3	0.77	1
0.15	6	0.35	3	0.53	2	0.79	1
0.17	1	0.36	3	0.54	2	0.84	1
0.18	1	0.37	2	0.55	2	0.86	1

续表

到达间隔时间/min	出现次数	到达间隔时间/min	出现次数	到达间隔时间/min	出现次数	到达间隔时间/min	出现次数
0.87	1	1.03	1	1.12	1	1.38	1
0.88	2	1.05	2	1.17	1	1.44	1
0.90	1	1.06	1	1.18	1	1.51	1
0.93	2	1.09	1	1.24	1	1.72	1
0.95	1	1.10	1	1.28	1	1.83	1
0.97	1	1.11	1	1.33	1	1.96	1

解　观测数据的均值为

$$\bar{X}(218) = \sum_{i=1}^{218} \frac{x_i}{218} = 0.399$$

观测数据的方差为

$$S^2(218) = \sum_{i=1}^{n} \frac{[x_i - \bar{X}(218)]^2}{218 - 1} = 0.144$$

δ 的似然估计为

$$\hat{\delta} = \frac{\sqrt{S^2(218)}}{\bar{X}(218)} = 0.951$$

$\hat{\delta}$ 接近 1，对照表 4-1，因为其为连续型随机变量，所以可以假设该观测数据服从指数分布。

2）直方图法

直方图法的基本思路如下：首先用观测数据建立随机变量的概率密度直方图，然后将得到的直方图与理论分布的概率密度函数曲线图进行比较，从图形上直观地判断该随机变量是否服从某种理论分布。具体步骤如下。

（1）将观测数据 x_1，x_2，$\cdots$，x_n 的取值范围分成 k 个断开的相邻区间 $[b_0, b_1)$，$[b_1, b_2)$，$\cdots$，$[b_{k-1}, b_k)$，每个区间的宽度 Δb 相等，记 $\Delta b = b_i - b_{i-1}$。

（2）对任意第 i 个区间，设 n_i 为第 i 个区间上观测点数量，记 $g_i = n_i/n$（$i = 1, 2, \cdots, k$）。

（3）定义函数

$$h(x) = \begin{cases} 0, & x < b_0 \text{ 或 } x \geq b_k \\ g_i, & b_{i-1} \leq x < b_i \end{cases} \tag{4-3}$$

（4）画出函数 $h(x)$ 的直方图。

（5）将直方图与理论分布的概率密度函数曲线图进行比较，确定被测函数服从的理论分布。只要找到与其直方图近似的概率密度函数曲线图，就可以假设随机变量服从该种理论分布。

使用直方图法的困难在于如何确定 Δb。Δb 太大，将会丢失很多信息；Δb 过小，又无法消除过多的噪声影响，同样难以判定其理论分布，在实际的判定过程中需要不断调整 Δb 的值，以不丢失实际数据特征且曲线比较光滑的最佳情形作为选取的结果。

下面通过一个例子来说明如何运用直方图法对观测数据进行收集数据分布类型的识别。

【例 4-2】　结合例 4-1，采用直方图法。

解　（1）确定观测数据的范围。观测到的到达间隔时间数据最小是 0.01min，最大是 1.96min，观测数据的范围为[0.0, 2.0]min。

（2）确定区间宽度 $\Delta b = 0.1 \text{min}$，$b_0 = 0, b_{20} = 2.0 \text{min}$，构造出 20 个宽度相等的相邻区间。

（3）统计第 $j\,(j = 1, 2, \cdots, 20)$ 个区间所包括的观测数据占总观测数据的比例 g_j，表 4-3 中列出了具体数值。

表 4-3　第 j 个区间中观测数据所占的比例

区间/min	观测数量/个	g_j	区间/min	观测数量/个	g_j
[0.0, 0.1)	49	0.2247	[1.0, 1.1)	5	0.0229
[0.1, 0.2)	34	0.1559	[1.1, 1.2)	5	0.0229
[0.2, 0.3)	30	0.1376	[1.2, 1.3)	3	0.0140
[0.3, 0.4)	18	0.0825	[1.3, 1.4)	2	0.0100
[0.4, 0.5)	19	0.0871	[1.4, 1.5)	1	0.0045
[0.5, 0.6)	18	0.0825	[1.5, 1.6)	1	0.0045
[0.6, 0.7)	11	0.0504	[1.6, 1.7)	0	0
[0.7, 0.8)	9	0.0412	[1.7, 1.8)	1	0.0045
[0.8, 0.9)	5	0.0229	[1.8, 1.9)	1	0.0045
[0.9, 1.0)	5	0.0229	[1.9, 2.0)	1	0.0045

（4）根据表 4-3 给出函数 $g(x)$。

（5）将连续的区间在横轴上标出，将函数 $g(x)$ 的数值在纵轴上标出，画出如图 4-1 所示的直方图。

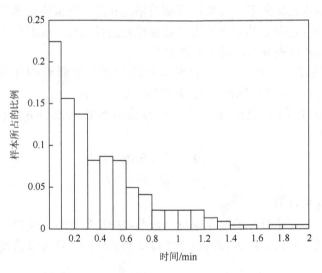

图 4-1　到达间隔时间的直方图（$\Delta b = 0.1 \text{min}$）

（6）将直方图与理论分布的概率密度函数曲线图进行比较。回顾理论分布的概率密度曲线，不难发现，图 4-1 的包络线与指数分布的概率密度函数曲线接近。因此，可以认为到达间隔时间服从指数分布。

图 4-2 为区间宽度为 $\Delta b = 0.05\,\text{min}$ 的到达间隔时间的直方图，由于区间宽度很小，图形波动比较大，所以不容易判断该图形与哪种理论分布的概率密度函数曲线吻合。区间宽度为 $\Delta b = 0.2\,\text{min}$ 的到达间隔时间的直方图如图 4-3 所示，区间比较宽，不能很好地反映出概率密度的变化。因此，在用直方图分析收集的数据时，要注意选择适当的区间宽度。

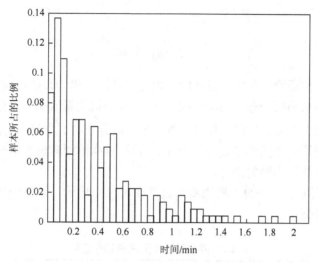

图 4-2　到达间隔时间的直方图（$\Delta b = 0.05\,\text{min}$）

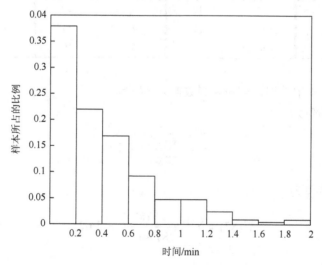

图 4-3　到达间隔时间的直方图（$\Delta b = 0.2\,\text{min}$）

综上，直方图法的核心是确定合理的区间宽度。区间宽度过大，丢失过多有用数据；区间宽度过小，无法消除过多的噪声影响。实际中，反复调整区间宽度，对结果进行反复比较，以不丢失实际数据特征且曲线比较平滑的情形作为选取结果。

2. 离散型随机变量分布类型的辨识

1）点统计法

离散情况下的点统计法与连续情况下的点统计法相同，即采用计算偏差系数的方法，

先得到偏差系数 δ 的似然估计，再寻找偏差系数相近的理论分布。

根据采集的数据，分别计算出随机变量的均值与方差：

$$\bar{X}(n) = \sum_{i=1}^{n} \frac{x_i}{n}, \quad S^2(n) = \sum_{i=1}^{n} \frac{[x_i - \bar{X}(n)]^2}{n-1}$$

则 δ 的似然估计为

$$\hat{\delta} = \sqrt{S^2(n)} \Big/ \bar{X}(n)$$

用估计的 $\hat{\delta}$ 值与理论分布的 δ 值比较，相近则可以做出分布的假设，当 $\hat{\delta}$ 接近 1 时，可假设随机变量服从泊松分布；当 $\hat{\delta} < 1$ 时，可假设随机变量服从二项分布。常见的离散型随机变量分布类型有 0-1 分布、几何分布、超几何分布、二项分布、泊松分布等。

离散型随机变量分布的偏差系数与表 4-1 相同，且离散型随机变量分布与连续型随机变量分布的点统计法有相同的缺点。

【例 4-3】   某库存系统每天发送零件数量如表 4-4 所示，用点统计法确定每天发送零件数量的分布模型。

表 4-4   库存系统每天发送零件数量

零件数量/个	天数	零件数量/个	天数	零件数量/个	天数	零件数量/个	天数
1	2	4	10	7	10	10	2
2	4	5	12	8	10	11	1
3	6	6	18	9	10	12	2

解   根据表 4-4 中数据，可知观测数据共 87 个。

观测数据的均值为

$$\bar{X}(87) = \sum_{i=1}^{87} \frac{x_i}{87} = 6.103$$

观测数据的方差为

$$S^2(87) = \sum_{i=1}^{87} \frac{[x_i - \bar{X}(87)]^2}{87-1} = 5.675$$

δ 的似然估计为

$$\hat{\delta} = \frac{\sqrt{S^2(87)}}{\bar{X}(87)} = 0.39$$

对照表 4-1，由于该变量为离散型随机变量，可以假设该观测数据服从泊松分布。

2）线图法

线图法是把采集的数据进行统计并与假设的理论分布的质量函数曲线进行比较，如果存在相近的理论分布，则可以假设其服从该种理论分布。具体做法如下。

观测数据为 $x_1, x_2, \cdots, x_n$，将其按递增顺序排列，由于可能有相同的值的数据，设共有 m 个取值（$m \leqslant n$），分别记为 $x_{(1)}, x_{(2)}, \cdots, x_{(m)}$；$h_i$ 是取值 $x_{(i)}$ 的数据个数占总观测数据个数的比例。以 $x_{(i)}$ 作为自变量，以 h_i 的值作为函数的值，即 $h_i = f(x_{(i)})$，$i = 1, 2, \cdots, m$；由函数值 h_i 向相应的变量 $x_{(i)}$ 作垂线，所得到的图称为线图；将得到的线图与假设的理论分布的质量函数曲线进行比较，确定随机变量的分布。

【例 4-4】　在上午 10:20～12:00 时间段内，对某交通干道上向东行驶的车辆数据进行统计，其中每隔 30s 统计一次，得到 200 个具体的统计数据，如表 4-5 所示（频数表示观测到的某种情况出现的次数）。

表 4-5　单位时间（30s）内观测到向东行驶的车辆数量

车辆数量/辆	频数	车辆数量/辆	频数	车辆数量/辆	频数
2	1	10	18	18	6
3	2	11	22	19	4
4	2	12	19	20	1
5	6	13	22	21	1
6	10	14	15	22	1
7	13	15	12	23	1
8	15	16	8	24	1
9	12	17	7	25	1

解　根据线图法的处理方法，先统计出单位时间（30s）内观测的车辆样本中可能出现的车辆数量及其相应的概率，统计结果如表 4-6 所示。做出其相应的线图，如图 4-4 所示。将其与泊松分布的质量函数曲线比较，它们的形状比较接近，因此可以先假设观测数据服从泊松分布。

表 4-6　单位时间（30s）内观测的车辆数量及其相应的概率

车辆数量/辆	频数	h_i	车辆数量/辆	频数	h_i	车辆数量/辆	频数	h_i
2	1	0.005	10	18	0.090	18	6	0.030
3	2	0.010	11	22	0.11	19	4	0.020
4	2	0.010	12	19	0.095	20	1	0.005
5	6	0.030	13	22	0.110	21	1	0.005
6	10	0.050	14	15	0.075	22	1	0.005
7	13	0.065	15	12	0.060	23	1	0.005
8	15	0.075	16	8	0.040	24	1	0.005
9	12	0.060	17	7	0.035	25	1	0.005

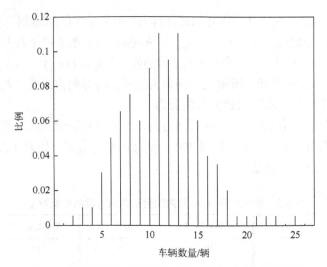

图 4-4   单位时间内观测到向东行驶的车辆数量的线图

3. 实验分布法

当无法用理论分布来拟合收集的输入数据或者不需要采用理论分布时，可以采用实验分布作为收集数据的模型。实验分布 $F(x)$ 本质上是一个累计频率，表示输入变量小于 x 的概率。

若收集的原始数据为 $x_1, x_2, \cdots, x_n$ ，先将收集的原始数据值由小到大排列，得到 $x_{(1)} \leqslant x_{(2)} \leqslant \cdots \leqslant x_{(n)}$ ，其中， $x_{(1)}$ 是数据 $x_1, x_2, \cdots, x_n$ 中最小的一个。

（1）若观测变量为离散型随机变量，则该观测数据的实验分布可定义为

$$F(x) = \begin{cases} 0, & x < x_{(1)} \\ \dfrac{k}{n}, & x_{(k)} \leqslant x < x_{(k+1)}, k = 1, 2, \cdots, n-1 \\ 1, & x \geqslant x_{(n)} \end{cases} \qquad (4\text{-}4)$$

（2）若观测变量为连续型随机变量，则该观测数据的实验分布可定义为

$$F(x) = \begin{cases} 0, & x < x_{(1)} \\ \dfrac{i-1}{n-1} + \dfrac{x - x_j}{(n-1)(x_{(j+1)} - x_{(j)})}, & x_{(j)} \leqslant x < x_{(j+1)} \\ 1, & x \geqslant x_{(n)} \end{cases} \qquad (4\text{-}5)$$

式中， i 为观测数据中观测值小于等于 $x_{(j)}$ $(j = 1, 2, \cdots, n-1)$ 的数据个数。

若观测数据是分组数据，则只能得到变量数值落在某个区间的次数。此时不知道原始样本的具体数值，但可以知道样本总数为 n ，以及样本按 m 个相邻区间 $(a_{i-1}, a_i]$ $(i = 1, 2, \cdots, m)$ 分为 m 组。落在第 i 个区间的样本数据为 n_i ，显然 $\sum_{i=1}^{m} n_i = n$ 。此时观测数据的实验分布可表达为

$$F(x) = \begin{cases} 0, & x < a_0 \\ \dfrac{\sum_{i=1}^{k-1} n_i}{n} + \dfrac{n_k(x - a_{k-1})}{n(a_k - a_{k-1})}, & a_{k-1} \leqslant x < a_k \\ 1, & x \geqslant a_m \end{cases} \qquad (4\text{-}6)$$

【例 4-5】 考虑中午到某餐厅就餐的顾客,每批顾客数为 1~8 个,需要确定每批顾客数的模型。观测了 300 批顾客,相关数据如表 4-7 所示。观测的样本数据属于离散型随机变量,确定其实验分布。

表 4-7 每批顾客数

每批顾客数/个	出现次数	相对频率	累计频率
1	30	30/300 = 0.10	0.10
2	110	110/300 = 0.37	0.10 + 0.37 = 0.47
3	45	45/300 = 0.15	0.10 + 0.37 + 0.15 = 0.62
4	71	71/300 = 0.24	0.10 + 0.37 + 0.15 + 0.24 = 0.86
5	12	12/300 = 0.04	0.10 + 0.37 + 0.15 + 0.24 + 0.04 = 0.90
6	13	13/300 = 0.04	0.10 + 0.37 + 0.15 + 0.24 + 0.04 + 0.04 = 0.94
7	7	7/300 = 0.02	0.10 + 0.37 + 0.15 + 0.24 + 0.04 + 0.04 + 0.02 = 0.96
8	12	12/300 = 0.04	0.10 + 0.37 + 0.15 + 0.24 + 0.04 + 0.04 + 0.02 + 0.04 = 1.00

【例 4-6】 已知观测数据 x_i 为 6、5、9、12、6、3、4、-2、7、0、7,试定义其连续实验分布函数。

解 将 x_i 由小到大排序,并将相同的数据分成一组,统计每组数据的累计个数,按式(4-5)计算得到每个 $x_{(j)}(j = 1, 2, \cdots, n)$ 对应的 $F(x_{(j)})$ 的值,其结果如表 4-8 所示。

表 4-8 观测数据的中间数据对照关系表

样本数/个	1	2	3	4	5	6	7	8	9	10	11
x_i	-2	0	3	4	5	6	6	7	7	9	12
$x_{(j)}$	-2	0	3	4	5	6		7		9	12
累计数 i/个	1	2	3	4	5	7		9		10	11
$F(x_{(j)})$	0	0.1	0.2	0.3	0.4	0.6		0.8		0.9	1.0

由此得到 $F(x_{(j)})$ 所定义的实验分布函数曲线,如图 4-5 所示。

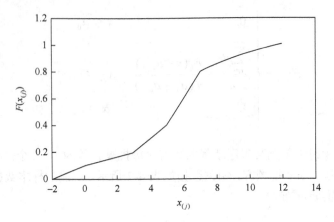

图 4-5　$F(x_{(J)})$ 所定义的实验分布函数曲线

【例 4-7】　某输送带系统出现故障时需要一段时间进行维修，共收集了 100 个维修时间，如表 4-9 所示，试定义其连续实验分布函数。

表 4-9　维修时间分组数据

维修时间区间/h	出现次数	相对频率	累计频率
$0 < x \leqslant 0.5$	21	0.21	0.21
$0.5 < x \leqslant 1$	12	0.12	0.21 + 0.12 = 0.33
$1 < x \leqslant 1.5$	29	0.29	0.33 + 0.29 = 0.62
$1.5 < x \leqslant 2$	19	0.19	0.62 + 0.19 = 0.81
$2 < x \leqslant 2.5$	8	0.08	0.81 + 0.08 = 0.89
$2.5 < x \leqslant 3$	11	0.11	0.89 + 0.11 = 1.00

解　维修时间以 0.5h 为间隔，分为 6 个相邻区间。根据区间的边界值，存在 $a_0 = 0$ 和 $a_6 = 3$。在各区间的分界点，存在 $G(a_0) = G(0) = 0$，$G(a_1) = G(0.5) = 0.21$，$G(a_2) = G(1) = 0.33$，$G(a_3) = G(1.5) = 0.62$，$G(a_4) = G(2) = 0.81$，$G(a_5) = G(2.5) = 0.89$，$G(a_6) = G(3) = 1$。结合以上数据，给出经验分布函数曲线，如图 4-6 所示。

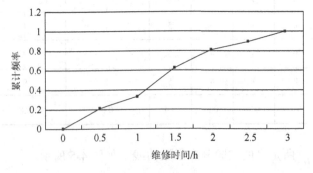

图 4-6　维修时间的经验分布

4.2.2　参数估计

用直方图或线图确定所收集的样本数据服从某种理论分布之后，还要由观测的样本计算理论分布的参数，在确定随机分布的参数之后，就建立了输入参数的一个数学模型，此时可以用 4.3 节介绍的方法来生成随机变量的数值。

从统计学的角度来讲，假设某个随机变量的总体分布是 t 分布，但其参数未知，此时便需要用观测的部分样本来估计全部样本总体分布 t 的参数的实际值。在数理统计中有许多参数估计的方法，如矩估计法、极大似然估计法等。因本书的重点在于参数估计的应用，故在此处重点给出常用的理论分布参数及其估计值，如表 4-10 所示。

表 4-10　常见分布的参数及其估计值

分布类型	待估参数	参数估计值
正态分布 $N(\mu, \sigma^2)$	μ，σ^2	$\hat{\mu} = \bar{X} = \dfrac{1}{n}\sum_{i=1}^{n} x_i$，　$\hat{\sigma}^2 = S_n^2 = \dfrac{1}{n}\sum_{i=1}^{n}(x_i - \bar{X})^2$
泊松分布 $P(\lambda)$	λ	$\hat{\lambda} = \bar{X} = \dfrac{1}{n}\sum_{i=1}^{n} x_i$
均匀分布 $U(a,b)$	a，b	$\hat{a} = \min\{x_1, x_2, \cdots, x_n\}$，$\hat{b} = \max\{x_1, x_2, \cdots, x_n\}$
二项分布 $B(n,p)$	p	$\hat{p} = \dfrac{1}{n}\bar{X} = \dfrac{1}{n^2}\sum_{i=1}^{n} x_i$
指数分布 $\exp(\lambda)$	λ	$\hat{\lambda} = \dfrac{1}{\bar{X}} = \dfrac{n}{\sum\limits_{i=1}^{n} x_i}$
几何分布 $\mathrm{geom}(p)$	p	$\hat{p} = \dfrac{1}{\bar{X} + 1}$

【例 4-8】　以例 4-4 的数据为基础，在假设其服从泊松分布之后，现对其分布的参数进行计算。

解　根据表 4-10，计算样本均值

$$\bar{X} = \frac{1}{200}\sum_{i=1}^{200} x_i = 11.585$$

则泊松分布的参数 λ 的估计值 $\hat{\lambda} = \bar{X} = 11.585$。

计算样本方差

$$S^2(200) = \frac{1}{199}\sum_{i=1}^{n}(x_i - \bar{X})^2 = 16.972$$

4.2.3　拟合优度检验

通过辨识和参数估计之后，可以估计观测样本的分布及其参数。但在得到所估计的理论分布及其参数之后，还需要判断样本分布与估计的理论分布的相近程度，即确定估计理论分布的拟合度。本处介绍两种常用的检验方法：χ^2 检验和 K-S 检验。

1. χ^2 检验

χ^2 检验用于检验以下两个假设是否成立。

H_0：随机变量 X 满足假定的分布。

H_1：随机变量 X 不满足假定的分布。

如果接受 H_0，那么被检验的随机变量 X 满足假定的分布；如果拒绝 H_0，那么被检验的随机变量 X 不满足假定的分布。

将 n 个观测样本按数值大小分到 r 个相邻区间 $[a_{i-1}, a_i)$ $(i=1,2,\cdots,r)$ 中，按照式（4-7）计算 χ^2 统计量。

$$\chi_0^2 = \sum_{i=1}^{r} \frac{(N_i - np_i)^2}{np_i} \tag{4-7}$$

式中，N_i 为在第 i 个区间中观测样本数量；p_i 为按照假设的分布所确定的样本在该区间中出现的概率质量，对于连续型变量，$p_i = \int_{a_{i-1}}^{a_i} \hat{f}(x)\mathrm{d}x$，对于离散型变量，$p_i = \sum_{a_{i-1} \le x_i < a_i} \hat{p}(x_i)$，$\hat{f}$ 和 $\hat{p}$ 为所假设的分布的概率密度函数。

χ_0^2 服从自由度为 $r-s-1$ 的 χ^2 分布，其中，r 为划分的区间数量，s 为所假定的分布的参数数量。如果 $\chi_0^2 > \chi_{\alpha,\,r-s-1}^2$，则拒绝 H_0，此时随机变量 X 不满足假定的分布；否则，接受 H_0。其中，α 为显著性水平，相应的 $(1-\alpha)\times 100\%$ 为置信度。

上述 r 个相邻区间的宽度可以不等。对离散型随机变量，其区间数量由观测样本的取值数量而定；对连续型随机变量，其区间数量可采用表 4-11 中的推荐值。

表 4-11 连续型随机变量的区间数量推荐值

样本总数 n /个	区间数量 r /个	样本总数 n /个	区间数量 r /个
<20	不使用 χ^2 检验	50~100	10~20
20~50	5~10	$n>100$	$\sqrt{n}$~$n/5$

【例 4-9】 由例 4-4 和例 4-8 可知，每隔 30s 统计的车辆数据假设服从泊松分布，通过参数估计得到 $\lambda = 11.585$，在显著性水平 $\alpha = 0.005$ 的情况下，用 χ^2 检验检验所收集的数据是否服从所假设的泊松分布。

解 此时离散泊松分布的概率密度函数为

$$p(x) = \begin{cases} \dfrac{\mathrm{e}^{-11.585} 11.585^x}{x!}, & x = 0,1,2,\cdots \\ 0, & \text{其他} \end{cases}$$

按照离散泊松分布的概率密度函数计算出整数 x 取值为 0~25 时的概率质量，如 $p(12) = \dfrac{\mathrm{e}^{-11.585} 11.585^{12}}{12!} = 0.1176$。将 200 个样本值分到 10 个相邻的区间（$r=10$），并根据离散泊松分布的概率密度函数计算出的概率质量，计算出每个取值区间内应该出现的样

本数量 np_i，其中，p_i 为所假设的泊松分布在第 i 个区间中的数值的概率质量，n 为样本总数，检测统计量的计算过程如表 4-12 所示。

表 4-12 检测统计量的计算过程

x_i	观测数量	概率质量 p_i	预计样本数量 np_i	$(N_i - np_i)^2/np_i$
0, 1, 2, 3, 4	5	0.0101	2.02	4.3962
5, 6	16	0.0474	9.48	4.4842
7, 8	28	0.1266	25.32	0.2837
9, 10	30	0.2081	41.62	3.2442
11, 12	41	0.2311	46.22	0.5895
13, 14	37	0.1849	36.98	0
15, 16	20	0.1115	22.3	0.2372
17, 18	13	0.0524	10.48	0.606
19, 20	5	0.033	6.6	0.3879
21, 22, 23, 24, 25	5	0.008	1.6	7.225

统计量 $\chi_0^2 = \sum_{i=1}^{10}[(N_i - np_i)^2/np_i] = 21.4539$，此时所假设的泊松分布有 1 个参数 λ（$s=1$），故 χ^2 分布的自由度为 $r-s-1=10-1-1=8$。对于 $\alpha = 0.005$，查 χ^2 分布表得到 $\chi_{0.005,8}^2 = 21.955$，因 $\chi_0^2 = 21.4539 < 21.955 = \chi_{0.005,8}^2$，故接受 H_0，即样本数据服从所假定的泊松分布；对于 $\alpha = 0.05$，查 χ^2 分布表得到 $\chi_{0.05,8}^2 = 15.507$，因 $\chi_0^2 = 21.4539 > 15.507 = \chi_{0.05,8}^2$，故拒绝 H_0，即样本数据不服从所假定的泊松分布。当显著性水平 α 取不同值时，可能得出截然相反的结果，α 取值越大时接受 H_0，说明拟合的效果越好。为保证一定的置信度，显著性水平一般取 $\alpha = 0.05$。例 4-9 说明该车流不能很好地服从泊松分布的假设。

根据经验，χ^2 检验的区间数量宜在 30 个以下或 40 个以上，每个区间的预计样本数量 $np_i \geq 5$，以提高 χ^2 检验的有效性。为了提高 χ^2 检验的无偏性，要求每个区间的概率质量 p_i 大致相等。但 χ^2 检验的困难之处是分段区间没有严格的规则，区间数量对统计量也有较大影响。样本数据较少，不宜采用 χ^2 检验。

2. K-S 检验

对于同一组样本，选择某个区间数量时，可能会得到样本不服从所假设分布的结论；选择另外的区间数量时，可能会得出样本服从假设分布的结论；当样本数量比较少时，不能采用 χ^2 检验。K-S 检验不用确定分段区间，对样本数量没有限制。

K-S 检验是把经验分布函数与假设分布函数进行比较，假设观测的一组样本为 $x_1, x_2, \cdots, x_n$，则 K-S 检验的步骤如下。

（1）定义样本的经验分布函数 $F_n(x)$，即

$$F_n(x) = \frac{(x_i \leqslant x) \text{数据数量}}{n}, \text{对所有的} x \qquad (4\text{-}8)$$

（2）计算 K-S 统计量 D_n。D_n 是经验分布函数 $F_n(x)$ 与假设分布函数 $\hat{F}(x)$ 的最大偏差值：

$$D_n = \max\left\{\max_{1 \leqslant i \leqslant n}\left\{\frac{i}{n} - \hat{F}(x_{(i)})\right\}, \max_{1 \leqslant i \leqslant n}\left\{\hat{F}(x_{(i)}) - \frac{i-1}{n}\right\}\right\} \tag{4-9}$$

统计量 D_n 的值越大，经验分布函数与假设分布函数的偏差越大。

（3）判断样本是否服从所假设的分布。将统计量与一定显著性水平下的关键值 $d_{n,\alpha}$ 比较，如果 $D_n \leqslant d_{n,\alpha}$，则接受 H_0，样本服从所假设的分布；否则，拒绝 H_0，样本不服从所假设的分布。此处，$d_{n,\alpha}$ 的取值与假设分布函数 $\hat{F}(x)$ 类型相关，具体如下。

①情景 1：假设分布函数 $\hat{F}(x)$ 所有参数已知。

如果 $\left(\sqrt{n} + 0.12 + \dfrac{0.11}{\sqrt{n}}\right)D_n > c_{1-\alpha}$，则拒绝 H_0。

②情景 2：假设分布函数 $\hat{F}(x)$ 为正态分布 $N(\mu, \sigma^2)$，参数未知。

如果 $\left(\sqrt{n} - 0.01 + \dfrac{0.85}{\sqrt{n}}\right)D_n > c'_{1-\alpha}$，则拒绝 H_0。

③情景 3：假设分布函数 $\hat{F}(x)$ 为指数分布 $\exp(\lambda)$，参数未知。

如果 $\left(D_n - \dfrac{0.2}{n}\right)\left(\sqrt{n} + 0.26 + \dfrac{0.5}{\sqrt{n}}\right) > c''_{1-\alpha}$，则拒绝 H_0。

情景 1、2、3 下的临界值如表 4-13 所示。

表 4-13　情景 1、2、3 下的临界值

临界值	$1-\alpha$				
	0.850	0.900	0.950	0.975	0.990
$c_{1-\alpha}$	1.138	1.224	1.358	1.480	1.628
$c'_{1-\alpha}$	0.775	0.819	0.895	0.955	1.035
$c''_{1-\alpha}$	0.926	0.990	1.094	1.190	1.308

④情景 4：假设分布函数 $\hat{F}(x)$ 为韦布尔分布 $\text{Weibull}(\alpha, \beta)$，参数未知。

如果 $\sqrt{n}D_n > c^*_{1-\alpha}$，则拒绝 H_0。

情景 4 下的临界值如表 4-14 所示。

表 4-14　情景 4 下的临界值

n	$1-\alpha$			
	0.900	0.950	0.975	0.990
10	0.760	0.819	0.880	0.944
20	0.779	0.843	0.907	0.973
50	0.790	0.856	0.922	0.988
∞	0.803	0.874	0.939	1.007

【例 4-10】　使用 K-S 检验检验 0.49、0.58、0.85、0.88、0.93 是否服从假设的均匀分布 $U(0, 1)$。

解　构建表 4-15。

表 4-15　例 4-10 表

$x_{(i)}$	$(i-1)/5$	$i/5$	$|F(x_{(i)})-(i-1)/5|$	$|F(x_{(i)})-i/5|$
0.49	0	0.2	0.49	0.29
0.58	0.2	0.4	0.38	0.18
0.85	0.4	0.6	0.45	0.25
0.88	0.6	0.8	0.28	0.08
0.93	0.8	1	0.13	0.07

在表 4-15 中，$D_n = 0.49$。由于假设的分布各参数已知，代入情景 1 所对应的公式，有

$$\left(\sqrt{n}+0.12+\frac{0.11}{\sqrt{n}}\right)D_n = \left(\sqrt{5}+0.12+\frac{0.11}{\sqrt{5}}\right)\times 0.49 = 1.18 < C_{0.95} = 1.358$$

因此，不能拒绝其服从均匀分布 $U(0, 1)$ 的假设。

需要注意的是，假设不能拒绝其服从均匀分布 $U(0, 1)$，这是一个弱的结论，并不能 95%确保可以接受这个假设就是真的。当样本数据过少时，很难拒绝 H_0；当样本数据太多时，任何 H_0 都是拒绝的。因此，拟合优度检验并不是总能发挥作用。

■ 4.3　随机数与随机变量

对有随机因素影响的系统进行仿真时，首先要建立随机变量模型，即确定这些随机变量的分布类型和参数。在确定随机变量模型之后，还必须能够在计算机中产生与所确定的随机变量模型相对应的抽样值来模拟系统中的各种随机现象。产生随机变量的抽样值的通常做法如下：首先在[0, 1]区间内产生一个连续的、均匀分布的随机数，然后通过某种变换和运算产生所需要的随机变量。本节介绍随机数、随机变量的产生方法和常用分布类型的随机数的产生。

4.3.1　产生[0, 1]区间的随机数

产生[0, 1]区间的随机数有很多方法：①将随机数制成表，将随机数表输入计算机中，但会占用较多的计算机内存，目前较少使用；②采用物理方法，如使用电子元件的噪声、核裂变等，得到真正的随机数，随机数均匀性较好，但不能重复，无法对系统的某种状态进行重复仿真；③采用某种递推算法得到伪随机数，这些数列是"似乎"随机的数，实际上它们是通过一个固定的、可以重复的计算方法产生的，不真正随机，但具有类似随机数的统计特征。产生这些伪随机数的递推算法称为伪随机数发生器。综上，主要采用随机数表（输入内存，随时调用）、硬件设备（真正随机数，无法重复）、数学公式（伪随机数）产生随机数。

目前常用的随机数发生器主要涉及线性同余发生器（linear congruential generators，LCG）和组合发生器。

1. 线性同余发生器

递推公式为 $X_i = (aX_{i-1} + C) \bmod m$，其中，$X_i$ 为第 i 个随机数，a 为乘子（常数），C 为增量（常数），X_0 为种子，m 为模，它们均为非负数，mod 为求余运算符，也可以用 @表示。

通过递推公式，可以计算 $[0, 1]$ 区间上的随机数 $U_i = X_i / m$。

由以上递推公式可得

$$X_n = \left(a^n X_0 + C\frac{a^n - 1}{a - 1}\right) \bmod m$$

【例 4-11】 已知 $X_0 = 19$，递推公式为 $X_{i+1} = (21X_i + 3) \bmod 100$，产生 $[0, 1]$ 区间随机数。

解 见表 4-16。

表 4-16　例 4-11 表

i	X_i	$aX_i + C$	$(aX_i + C) \bmod m$	U_i
0	19	402	2	0.02
1	2	45	45	0.45
2	45	948	48	0.48
3	48	1011	11	0.11
⋮	⋮	⋮	⋮	⋮
99	96	2019	19	0.19
100	19	402	2	0.02
101	2	45	45	0.45

例 4-11 表明，该发生器产生的随机数具有一定的规律，每隔 100，就重复一次。因此，线性同余发生器具有如下特性：①线性同余发生器将按照一定规律产生伪随机数；②每隔一个固定的周期产生相同的伪随机数；③线性同余发生器的最大周期就是自身的模数 m；④线性同余发生器的周期通常小于 m。

【例 4-12】 已知 $X_0 = 20$，递推公式为 $X_{i+1} = (50X_i + 20) \bmod 100$，产生 $[0, 1]$ 区间随机数。

解 见表 4-17。

表 4-17　例 4-12 表

i	X_i	$aX_i + C$	$(aX_i + C) \bmod m$	U_i
0	20	1020	20	0.02
1	20	1020	20	0.02
2	20	1020	20	0.02
⋮	⋮	⋮	⋮	⋮

显然，例 4-12 中的线性同余发生器的周期为 1，这样的发生器是无法满足仿真需要的。仿真需要线性同余发生器的周期越大越好，不希望仿真中出现相同的伪随机数。

线性同余发生器还具有如下特点：①适当的 m、a、C 可使 X_i 循环产生，循环周期称为发生器周期，记为 P，当 $P = m$ 时，称发生器具有满周期；②适当的 m、a、C 可使每个周期内每个数仅出现一次，即具有均匀性；③当 m 足够大且发生器满周期、均匀时，U_i 在 $[0, 1]$ 上均匀分布，且取值足够密。

线性同余发生器为满周期的充分必要条件如下：①m 与 C 互为素数，唯一公因数为 1；②若 q 是整除 m 的素数，则 q 能整除 $a-1$；③若 m 能被 4 整除，则 $a-1$ 也能被 4 整除。此外，如果线性同余发生器中的 $C > 0$，则该线性同余发生器可称为混合乘同余法；如果线性同余发生器中的 $C = 0$，该线性同余发生器可称为乘同余法。

在仿真中，线性同余发生器会占用一些计算资源。为了减少资源占用，需要一些方法来提高线性同余发生器的速度。加速线性同余发生器的常用方法如下。

（1）加速求余运算。在十进制计算机上，$m = 10^d$，例如，$34\,561\,332 \bmod 10\,000 = 1332$。在二进制计算机上，$m = 2^b$，其中，$2^b$ 为计算机字长。

（2）采用素数取模乘线性同余发生器（prime modulus multiplicative linear congruential generators，PMMLCG），有以下两种原理。

①如果 $m = 2^b$，$C = 0$，X_0 为奇数，$a = 3 + 8k$ 或 $a = 5 + 8k$（k 为非负整数），则该发生器的周期为 $m/4$。例如，$m = 64 = 2^6$，$C = 0$，$X_0 = 13$，$a = 35 = 3 + 8 \times 4$，其周期为 $64/4 = 16$。

②如果 m 是小于 2^b 的最大素数，那么得到的 X_i 的周期为 $m-1$。可以证明，如果 a 为模 m 的素元，则周期为 $m-1$，即使 $a^l - 1$ 能被 m 整除的最小整数是 $l = m-1$。例如，$a = 35$，$C = 0$，$m = 61$，$X_0 = 13$，其周期为 $61-1 = 60$。

2. 组合发生器

为提高性能，可用一个发生器控制另一个发生器产生随机数，常用的方式如下。

（1）发生器 1 产生 $(X_1, X_2, \cdots, X_k)$，发生器 2 产生 $[1, k]$ 上均匀分布的随机整数 i，取出并重新产生 X_i。

（2）用两个线性同余发生器产生两个整数序列 $\{Z_{1i}\}$ 和 $\{Z_{2i}\}$，令 $Z_i = (Z_{1i} - Z_{2i}) \bmod m$，并最后置 $U_i = Z_i / m$。

（3）发生器 1 和 2 分别产生 $X_i^{(1)}$ 和 $X_i^{(2)}$，$X_i^{(2)}$ 在二进制下循环移位 $X_i^{(1)}$ 次得 $X_i^{(2)}$，再次与 $X_i^{(2)}$ “异或” 相加后得 X_i。

构建组合发生器，需要：①减少递推公式的自相关性，提高独立性；②加长发生器周期，提高随机数密度和均匀性。

4.3.2　随机变量的产生方法

1. 逆变换法

随机变量的产生要用到概率分布的反函数，称为反函数法，也称为逆变换法。该方法既可用于连续型随机变量的产生，又可用于离散型随机变量的产生。

若 X 为一随机变量，它的分布函数为 $F(x)$，记 F^{-1} 为 $F(x)$ 的反函数，U 为 $[0, 1)$ 上均匀分布的随机变量，令随机变量 $X = F^{-1}(U)$，则 $F^{-1}(U)$ 的分布函数为 $F(x)$。事实上，有

$$P(X \leqslant x) = P(F^{-1}(U) \leqslant x) = P(U \leqslant F(x)) = F(x)$$

利用这个定理，采用如下两步即可得到其分布函数为 $F(x)$ 的随机变量的随机数。

（1）产生独立的 $U(0, 1)$ 的随机数 r。

（2）$F(x)$ 的反函数 $X = F^{-1}(r)$。

以上两步重复进行，即可得到具有给定分布 $F(x)$ 的随机数序列。

【例 4-13】 产生服从指数分布的随机数。

解 指数分布的密度函数为 $f(x) = \lambda e^{-\lambda x} \ (x \geqslant 0)$，其分布函数

$$F(x) = \int_0^x \lambda e^{-\lambda x} \mathrm{d}x = 1 - e^{-\lambda x}, \quad x \geqslant 0$$

易得到 $F(x)$ 的反函数为 $x = -\dfrac{1}{\lambda} \ln(1 - F(x))$。设 u 为 $[0, 1)$ 上均匀分布的随机变量，则 $x = -\dfrac{1}{\lambda} \ln(1 - u)$ 即所求的随机数。又因 u 为 $[0, 1)$ 上均匀分布的随机数，故 $1 - u$ 也为 $[0, 1)$ 上均匀分布的随机数，所求的随机数可简化为

$$x = -\frac{1}{\lambda} \ln u$$

这样，就得到了所需的服从指数分布的随机数。

2. 函数变换法

基于随机变量函数的概率分布特性，通过函数变换关系，可以利用均匀随机数产生非均匀随机数，或利用一种分布的随机数产生另一种分布的随机数。

设随机变量 X 具有密度函数 $f(x)$，$Y = g(x)$ 是随机变量 X 的函数。设

$$x = g^{-1}(y) = h(y) \tag{4-10}$$

存在且有一阶连续导数，则 $Y = g(x)$ 的密度函数为

$$P(y) = f(h(y))h'(y) \tag{4-11}$$

设常用随机变量 X 的分布函数为 $F(x)$，X 的函数 $Y = g(x)$ 也是随机变量，其分布函数为

$$G(y) = P(Y \leqslant y) = P(g(X) \leqslant y) = P(X \leqslant g^{-1}(y)) = F(g^{-1}(y)) \tag{4-12}$$

再利用逆变换法可得到函数变换法的抽样公式为 $Y = g(x)$，于是 $F(x)$ 的随机数生成 $G(x)$ 的随机数的步骤如下。

（1）产生独立的 $F(x)$ 的随机数 $x_1, x_2, \cdots, x_n$。

（2）$y_i = g(x_i)(i = 1, 2, \cdots, n)$，则 $y_1, y_2, \cdots, y_n$ 是 $G(x)$ 的随机数序列。

此处 X 相当于取 U 为 $[0, 1)$ 上均匀分布的随机变量。

对于两个或多个随机变量的函数也有类似的结果，此处不再赘述。

【例 4-14】 用函数变换法产生服从标准正态分布的随机数。

解 设 r_1, r_2 是两个相互独立的 $[0, 1)$ 上均匀分布的随机变量，将它们进行如下变换：

$$\begin{cases} y_1 = (-2\ln r_1)^{-\frac{1}{2}}\cos(2\pi r_2) \\ y_2 = (-2\ln r_1)^{-\frac{1}{2}}\sin(2\pi r_2) \end{cases}$$

逆变换为

$$\begin{cases} r_1 = e^{-\frac{1}{2}(y_1^2+y_2^2)}(-2\ln r_1)^{-\frac{1}{2}} \\ r_2 = \dfrac{1}{2\pi}\left[\arctan\left(\dfrac{y_2}{y_1}\right)+C\right] \end{cases}$$

式中，C 为常数。r_1,r_2 是相互独立的 $[0,1)$ 上均匀分布的随机变量，因此在 $0<r_1<1$，$0<r_2<1$ 时，$f(r_1,r_2)=f(r_1)f(r_2)=1$，故有

$$P(y_1,y_2)=f(r_1,r_2)\,|\,J\,|=\frac{1}{\sqrt{2\pi}}e^{-\frac{y_1^2}{2}}\frac{1}{\sqrt{2\pi}}e^{-\frac{y_2^2}{2}}$$

式中，$J=\begin{vmatrix}\dfrac{\partial r_1}{\partial y_1} & \dfrac{\partial r_1}{\partial y_2}\\[2mm]\dfrac{\partial r_2}{\partial y_1} & \dfrac{\partial r_2}{\partial y_2}\end{vmatrix}$。又由于 y_1,y_2 相互独立，y_1,y_2 的概率密度函数为

$$f(y_1)=\frac{1}{\sqrt{2\pi}}e^{-\frac{y_1^2}{2}},\quad f(y_2)=\frac{1}{\sqrt{2\pi}}e^{-\frac{y_2^2}{2}}$$

可见，y_1,y_2 分别是两个相互独立的标准正态分布随机数。因此，只要产生两个相互独立的 $[0,1)$ 区间上的均匀随机数 r_1,r_2。按第一个公式可得到一对相互独立的标准正态分布的随机数 y_1,y_2。

除了上面介绍的两种方法，还可以用卷积法、组合法等产生需要的随机数。

4.3.3　常用分布类型的随机数产生

1. 正态分布 $N(\mu,\sigma^2)$

理论上可以直接用逆变换法求解服从正态分布的随机数，但是无法求得正态分布的分布函数及其反函数的解析表达式，只能用数值积分的方法求得它们，而数值积分的计算量比较大，所以一般不用逆变换法求解服从正态分布的随机数，而采用近似法。近似法是指一种利用一些定理或公式来近似地产生所需随机数的方法，一般用于分布函数比较复杂的情况。下面主要介绍两种产生正态分布随机数的方法。

1）博克斯-米勒（Box-Müller）近似方法

设 r_1,r_2 为在 $[0,1)$ 区间上服从均匀分布的随机数，利用 Box-Müller 公式（由例 4-14 可知），由

$$x_1=(-2\ln r_1)^{-\frac{1}{2}}\cos(2\pi r_2),\quad x_2=(-2\ln r_1)^{-\frac{1}{2}}\sin(2\pi r_2)$$

可以产生 x_1,x_2 两个服从标准正态分布 $N(0,1)$ 的随机数。

2）利用中心极限定理方法

设 $\xi_i(i=1,2,\cdots,n)$ 为 n 个在 $[0,1)$ 区间上的均匀分布随机数，它们相互独立，则有

$$\overline{\mu}_i = \frac{1}{2}(i=1,2,\cdots,n)\,,\ \overline{\mu} = \sum_{i=1}^{n}\overline{\mu}_i = \frac{n}{2}$$

$$\sigma_i^2 = \frac{1}{12}(i=1,2,\cdots,n)\,,\ \sigma^2 = \sum_{i=1}^{n}\sigma_i^2 = \frac{n}{12}\,,\ \sigma = \sqrt{\frac{n}{12}}$$

根据中心极限定理：

$$x = \frac{\xi - \overline{\mu}}{\sigma} = \left(\sum_{i=1}^{n}\xi_i - \frac{n}{2}\right)\bigg/\sqrt{\frac{n}{12}} = \sqrt{\frac{12}{n}}\left(\sum_{i=1}^{n}\xi_i - \frac{n}{2}\right) \tag{4-13}$$

服从标准正态分布 $N(0,1)$。如果进行线性变换：

$$\eta = \mu + \sigma x$$

则可以得到一个服从正态分布 $N(\mu, \sigma^2)$ 的随机数 η。在实际的应用中，只要取 $n \geqslant 5$ 就可以了。

2. 指数分布 $\exp(\lambda)$

在逆变换法中已经举过一个求指数分布随机变量的例子，这里不再详细讨论，仅给出逆变换法求取指数分布随机变量的一般步骤。

（1）产生 $[0,1)$ 上均匀分布随机数 u。

（2）输出 $x = -\frac{1}{\lambda}\ln u$，即输出 x 是服从指数分布的随机数。

3. 泊松分布 $P(\lambda)$

泊松分布的概率函数为

$$P(x=k) = \frac{e^{-k}\lambda^x}{k!}\,,\quad k=0,1,2,\cdots \tag{4-14}$$

$$P(x=i) = \frac{e^{-\lambda}\lambda^i}{i!} = \frac{\lambda}{i}\frac{e^{-\lambda}\lambda^{i-1}}{(i-1)!} = \frac{\lambda}{i}P(x=i-1) \tag{4-15}$$

泊松分布和指数分布有如下关系：设随机变量序列 $y_1, y_2, \cdots, y_j, \cdots$ 服从 $\exp(1/\lambda)$ 分布，令 $x = \max\left\{i : \sum_{j=1}^{i}y_j \leqslant 1\right\}$，则 x 服从 $P(\lambda)$ 分布。因此求取 $P(\lambda)$ 分布的随机变量的过程就是找到一个 $i(i=1,2,\cdots)$，使不等式 $\sum_{j=1}^{i}y_j \leqslant 1 < \sum_{j=1}^{i+1}y_j$ 成立。

令 $x=i$，则 $x \sim P(\lambda)$，产生 $P(\lambda)$ 分布的随机数序列的步骤如下。

（1）令 $i=0$，$a=e^{-\lambda}$，$b=1$。

（2）产生 $[0,1)$ 上均匀分布随机变量 u_{i+1}，并用 bu_{i+1} 代替 b。

（3）如果 $b<a$，则输出 $x=i$，再求取下一个随机数，即返回步骤（1）；否则，转到步骤（4）。

（4）令 $i=i+1$，返回步骤（2）。

4. 韦布尔分布 $\mathrm{Weibull}(\alpha,\beta)$

韦布尔分布随机数可以用逆变换法获得。$\mathrm{Weibull}(\alpha,\beta)$ 的分布函数及其反函数如下：

$$F(x) = 1 - e^{-(x/\beta)^{\alpha}}, \quad x > 0 \qquad (4\text{-}16)$$

$$x = F^{-1}(u) = \beta[-\ln(1-u)]^{\frac{1}{\alpha}} \qquad (4\text{-}17)$$

用逆变换法求取韦布尔分布随机数的步骤如下。

（1）产生$[0, 1)$上均匀分布随机数u。

（2）输出$x = \beta(-\ln u)^{\frac{1}{\alpha}}$（$(1-u)$仍是$[0, 1)$上均匀分布随机数），$x$即 Weibull (α, β)分布的随机数。

■ 4.4　仿真输出数据分析

　　系统仿真的目的就是分析比较系统的性能。在多数情况下，就一个随机系统而言，人们不能对所有的抽样都进行分析，只能进行有限的抽样分析。显然由抽样的输入数据所得到的结果与现实系统的"真值"存在误差。因此，必须分析误差的大小及该误差的可信度，即仿真实验的结果往往并不能直接反映系统的性能，需要经过分析整理并形成仿真报告。仿真输出数据分析与评价是系统仿真中的一个重要环节。

　　根据仿真分析目的和系统特性，仿真运行方式可分为终态仿真（terminating simulation，又称为暂态仿真、终止型仿真）和稳态仿真（steady state simulation）两大类。

　　（1）终态仿真。仿真实验在某个持续时间段之内运行。在终态仿真中，必须明确指定系统的初始状态，同时必须制定仿真结束时间或给出停止时间的定义，终态仿真的结果对初始状态有明显的依赖性。例如，某银行系统早上 9 点开门，下午 3 点关门，假设开门时没有顾客，关门时要处理完当前正进行的服务，仿真确定需要多少银行出纳员；又如，战场模拟，必定有输赢。

　　（2）稳态仿真。通过系统的仿真实验，希望得到一些系统性能测度指标在系统达到稳态时的估计值，因此它常常需要很长一段时间的运行，结束条件一般是充分长的仿真实验时间或充分多的观测样本，或某些系统稳态判据为真等，此时系统的初始状态对仿真结果的影响可以忽略，即稳态仿真的实验结果一般与初始状态无关。例如，工厂仿真模拟，评估年产量。

4.4.1　终态仿真的结果分析

　　终态仿真有明确的终止事件，并要求每次仿真运行的初始条件相同，重复独立运行仿真模型n次，再根据输出结果研究系统的性能指标。终态仿真的结果分析主要采用重复运行法和序贯程序法。重复运行法又称为复演法，序贯程序法又称为序贯法。

1. 重复运行法

　　由于每次仿真运行得到的结果是系统性能的一个样本，重复运行法实际上是采用相同的初始条件，每次仿真运行使用不同的随机数，将终态仿真重复执行n次，每次重复运行是独立的。

　　对于某一终态仿真的系统，由于每次运行都是独立的，可以认为每次仿真系统运行的结果$X_1, X_2, \cdots, X_n$是独立同分布的随机数。又由于每次仿真运行的初始条件和参数是相同的，每次仿真的结果必然是相近的，故可以假设仿真结果 $X_1, X_2, \cdots, X_n$ 是服从正态分布的随机数。随机变量 X 的期望值 $E(x)$ 的估计值 μ 为

$$\mu = \overline{X} \pm t_{n-1, 1-\alpha/2} \sqrt{S^2/n} \qquad (4\text{-}18)$$

式中

$$\overline{X} = \frac{1}{n} \sum_{i=1}^{n} X_i, \quad S^2 = \frac{1}{n-1} \sum_{i=1}^{n} (\overline{X} - X_i)^2$$

其中，α 为显著性水平。

重复运行法得到的估计值依赖于 X_i 是随机变量这一假设，根据中心极限定理，产生的样本点 X_i 越多，即仿真运行的次数越多，则 X_i 越接近正态分布。因此在终态仿真中使用的仿真方法运行的重复次数不能太少。

重复运行法所得到的置信区间长度不仅与 X_i 的方差有关，而且与仿真的次数有关，即重复运行法有一个缺点：分析人员不能预先控制置信区间的长度。

【例 4-15】　现有某自行车商店的库存仿真系统，仿真的目的是对不同的库存策略在相同的一段时间内所产生的成本进行优化分析。针对其中的一种库存策略在相同的初始条件下经过 5 次独立的仿真运行，得到表 4-18 所示的结果。给出此策略在显著性水平 $\alpha = 0.05$ 的置信区间。

表 4-18　仿真运行结果

仿真运行序号	成本 C/元	仿真运行序号	成本 C/元
1	29 994	4	28 139
2	27 299	5	28 696
3	28 512		

解　计算成本的均值

$$\overline{C} = \frac{1}{5} \sum_{i=1}^{5} C_i = 28\,528 \text{元}$$

则 $\overline{C}$ 的方差为

$$\frac{S^2}{n} = \frac{1}{5 \times (5-1)} \sum_{i=1}^{5} (C_i - \overline{C})^2 = 438.1456^2 \text{元}^2$$

查 t 分布表可知 $t_{4,0.975} = 2.7764$，故有

$$C = \overline{C} \pm t_{n-1, 1-\alpha/2} \sqrt{S^2/n} = (28\,528 \pm 2.776\,4 \times 438.145\,6) \text{元}$$

即此策略在显著性水平 $\alpha = 0.05$ 的置信区间为 $[27\,312, 29\,744]$ 元。

2. 序贯程序法

如果希望置信区间不要过宽或者希望事先限制给定系统参数均值的误差，则可以采用序贯程序法。序贯程序法的基本思想是选择合适的重复运行次数 n，在 $1-\alpha$ 的置信度下，使置信区间的半长 β 小于设定的一个准确的临界值 ε。

由式（4-18）可知，样本 X 在 $1-\alpha$ 的置信度下置信区间的半长为 $\beta = t_{n-1, 1-\alpha/2} \sqrt{S^2/n}$，

其中，S^2 为样本方差，n 为重复运行次数。

设定临界值 ε，即限定置信区间的长度为 $[\hat{X}-\varepsilon, \hat{X}+\varepsilon]$，并给定精度 $1-\alpha$。为了达到此精度的要求，需要有足够大的仿真次数，使之满足

$$1-\alpha \leqslant P(|\hat{X}-\bar{X}|<\varepsilon) \tag{4-19}$$

为了满足置信区间半长的临界值，必须至少重复运行 n 次，使得

$$\beta = t_{n-1,1-\alpha/2}\sqrt{S^2/n} = t_{n-1,1-\alpha/2} \cdot S/\sqrt{n} \leqslant \varepsilon \tag{4-20}$$

式中，$S=\sqrt{S^2}$，由此可以推出系统运行次数 n 应满足

$$n = \min\{i : i \geqslant t_{n-1,1-\alpha/2}^2 S^2/\varepsilon^2\} \tag{4-21}$$

从上述内容可以得出序贯程序法的步骤如下。

（1）预定独立仿真运行的初始次数 n_0（$n_0 \geqslant 2$），置 $n=n_0$，此时系统独立运行 n 次。

（2）由该 n 次运行的样本值 $X_1, X_2, \cdots, X_n$，计算相应的 S^2。

（3）计算置信区间的半长 $\beta = t_{n-1,1-\alpha/2}\sqrt{S^2/n}$。

（4）如果 $\beta \leqslant \varepsilon$，则得到置信度为 $1-\alpha$ 的满足精度要求的置信区间 $[\bar{X}-\beta, \bar{X}+\beta]$，从而确定相应的仿真次数，否则，令 $n=n+1$，进行仿真，得到样本值 X_{n+1}。

（5）返回步骤（2）。

【例 4-16】 在例 4-15 中，如果希望估计出的成本在显著性水平 $\alpha=0.05$ 的情况下落在半长为 500 元的区间，确定仿真运行的次数。

解 由例 4-15 可知，此时 $n=5$，$\beta=2.7764\times438.1456$元$=1216.5$元$>500$元$=\varepsilon$，即此时未满足精度要求，需增加仿真次数 n。利用序贯程序法的具体计算过程如表 4-19 所示。

表 4-19 利用序贯程序法的计算过程

n	C/元	$\bar{C}$/元	$\sqrt{S^2/n}$/元	$t_{n-1,1-\alpha/2}$	β/元
5		28 528	438.145 6	2.776 4	1 216.5
6	28 557	28 533	357.777 5	2.570 6	919.7
7	28 632	28 547	302.709 9	2.446 9	740.7
8	29 034	28 608	269.133 7	2.364 6	636.4
9	29 802	28 740	271.927 5	2.306 0	627.1
10	28 369	28 703	246.039 3	2.262 2	556.6
11	28 568	28 691	222.890 6	2.228 1	496.6

由表 4-19 可以看出，满足精度要求的最小仿真次数为 $n=11$。

针对某个系统，通常并不知道要仿真多少次才能达到预定的半长。如何快速确定大概的仿真次数？根据式（4-20）可知：

$$\beta = t_{n-1,1-\alpha/2}\sqrt{S^2/n} \leqslant \varepsilon \Rightarrow n \geqslant t_{n-1,1-\alpha/2}^2 S^2/\varepsilon^2 \tag{4-22}$$

要满足预定的半长，需要的仿真次数可以根据式（4-22）获取，可采用试错搜索（trial and error search）的精确法，具体步骤如下。

（1）猜想仿真次数 R，重复仿真运行得到 R 个仿真输出结果，据此计算方差 S^2。

（2）查表得到 $t_{R-1,1-\alpha/2}$。

（3）计算半长 $t_{R-1,1-\alpha/2}\sqrt{S^2/R}$。

（4）如果半长太宽，增大仿真次数 R；如果半长太窄，减小仿真次数 R。

（5）重复步骤（2）～（4），直到半长达到预定要求 ε。

【例 4-17】 如果某个仿真重复运行了 n 次，根据 n 次仿真输出的结果，计算得到方差 S^2 为 9.03^2，要求在显著性水平为 0.05 的情况下的半长不超过 5，请确定具体的仿真次数。

解　（1）猜想 $R=10$，查表得到 $t_{9,0.975}=2.262$，计算当前半长 $=2.262\times9.03/\sqrt{10}=6.46>5$，太宽，增加 R。

（2）猜想 $R=16$，查表得到 $t_{15,0.975}=2.131$，计算当前半长 $=2.131\times9.03/\sqrt{16}=4.81<5$，太窄，减小 R。

（3）猜想 $R=15$，查表得到 $t_{14,0.975}=2.145$，计算当前半长 $=2.145\times9.03/\sqrt{15}=5.00$，满足要求。

综上，仿真次数为 15。

尽管精确法可以获得满足半长要求的仿真次数，但猜想 R 显然是反复尝试的过程，有时并不一定能够快速获得满足需要的结果。考虑 R 为无穷大时 t 分步趋于正态分布，用 $t_{\infty,1-\alpha/2}$ 代替 $t_{R-1,1-\alpha/2}$，进而通过计算 $t_{\infty,1-\alpha/2}\sqrt{S^2/R}\leqslant\varepsilon$ 获得近似的 R，以上方法称为正态近似（normal approximation）法。在正态近似法确定了预估的 R 后，再采用精确法，这样就可以快速获得结果。

【例 4-18】 在例 4-17 的基础上，采用正态近似法，给出一个预估的仿真次数。

解　查表得 $t_{\infty,0.975}=1.96$，通过 $t_{\infty,1-\alpha/2}\sqrt{S^2/R}\leqslant\varepsilon$ 可知 $1.96\times\sqrt{9.03^2/R}\leqslant5$，因此 $R\approx12.53$，圆整后确定 R 为 13。此时，再通过精确法，就可以很快逼近准确的结果。

4.4.2　稳态仿真的结果分析

稳态仿真结果分析的主要目的仍然是对系统状态变量进行估计以及使估计的参数值达到给定的精度要求时停止。在终态仿真中，可以用增加仿真次数的方法来提高置信区间的精度；但在稳态仿真中，不能用上述方法来减弱初始条件的影响，需要综合考虑系统仿真运行的长度和采样方式对仿真结果的影响。稳态仿真主要采用批均值法、稳态序贯法和再生法。

1. 批均值法

批均值法的本质是以单次长时间的仿真运行为基础，而不是从一些短的独立分布重复运行中收集数据。批均值法将整个仿真长度 m（足够大）分成 n 个批次（批长度同为 k）进行，即 $m=nk$，并假设仿真输出的 $Y_1,Y_2,\cdots,Y_m$ 是协方差平稳过程，即 $Y_1,Y_2,\cdots,Y_m$ 满足下述条件。

（1）$\mu=E(Y_i)\ (i=1,2,\cdots,n)$，即每个批次的仿真输出结果的期望值相等。

（2）$\sigma^2 = \text{var}(Y_i)$ $(i = 1, 2, \cdots, n)$，即每个批次的仿真输出结果的方差相等。

（3）$C_j = \text{cov}(Y_i, Y_{i+j})$ $(j = 1, 2, \cdots, n-i)$ 与 i 无关，即每个批次的仿真输出结果之间的协方差只与批次之间的间隔长度有关，而与起始批次的仿真输出结果无关。

设 $Y_{i,j}$ 为第 i $(i = 1, 2, \cdots, n)$ 批次仿真中第 j $(j = 1, 2, \cdots, k)$ 个观测值，$\bar{Y}_i(k)$ 为第 i 批次仿真中 k 个观察值的样本均值，即

$$\bar{Y}_i(k) = \frac{1}{k} \sum_{j=1}^{k} Y_{i,j} \tag{4-23}$$

取总体样本均值

$$\bar{\bar{Y}} = \frac{1}{n} \sum_{i=1}^{n} \bar{Y}_i(k) \tag{4-24}$$

为 μ 的点估计值。

当批长度 k 足够大时，批均值 $\bar{Y}_i(k)(i = 1, 2, \cdots, n)$ 将近似不相关，由中心极限定理可知，此时 $\bar{Y}_i(k)$ 近似服从正态分布。因此，批均值可以看作一个独立且服从正态分布的随机变量序列，并可获得 μ 的近似 $(1-\alpha)$ 的置信区间

$$\bar{\bar{Y}} \pm t_{n-1, 1-\alpha/2} \sqrt{S_{Y(k)}^2 / n} \tag{4-25}$$

式中，$S_{Y(k)}^2 = \frac{1}{n-1} \sum_{i=1}^{n} [\bar{Y}_i(k) - \bar{\bar{Y}}]^2$。

通常批均值是当系统进入稳态后才开始收集数据的，以消除初始瞬态部分的影响。

【例 4-19】 考察一个单服务台服务排队模型，顾客到达率 $\lambda = 0.1 \text{min}^{-1}$，服务时间服从均值为 9.5min 及标准差为 1.75min 的正态分布，系统进行了 5000min 的仿真运行，考察顾客的平均排队长度。5000min 的仿真分成 5 个相等区间，计算出每个区间的平均排队长度并列于表 4-20，考虑预热阶段，求平均排队长度的 95%置信区间。

表 4-20 仿真结果的统计数据

分批区间	批次	观测值	分批区间	批次	观测值
[0, 1000)	1	3.61	[3000, 4000)	4	6.29
[1000, 2000)	2	3.21	[4000, 5000)	5	2.82
[2000, 3000)	3	2.18			

解 采用批均值法，将 5000 个观测值分为 5 组，每组 1000 个观测值，假定每一组观测值的均值是统计独立的，这时可以得到点估计值为

$$\bar{\bar{Y}} = \frac{1}{5} \sum_{i=1}^{5} \bar{Y}_i = 3.62$$

样本方差为

$$S^2 = \frac{1}{5-1} \sum_{i=1}^{5} (\bar{Y}_i - \bar{\bar{Y}})^2 = 2.5$$

标准差为

$$\sigma = S/\sqrt{5} = 0.707$$

查表得 $t_{4,0.975} = 2.78$，故

$$\overline{\overline{Y}} \pm t_{4,0.975}\sqrt{S^2/5} = 3.62 \pm 2.78 \times 0.707 = 3.62 \pm 1.97$$

从而得到平均排队长度的 95% 置信区间为[1.65, 5.59]，即真实的平均排队长度以 95% 的置信度介于 1.65～5.59 个顾客。

【例 4-20】　某银行系统的统计数据见表 4-21。该稳态仿真的目的是计算排队时间少于 10min 的顾客百分比。使用批均值法分析表 4-21 的数据，假设每个批次含 5 个样本数据。

表 4-21　银行系统的统计数据

顾客	排队时间/min	顾客	排队时间/min	顾客	排队时间/min
1	1.4	11	11.5	21	12.5
2	2.6	12	9.2	22	10.5
3	5.6	13	8.3	23	10.2
4	7.8	14	10.1	24	9.6
5	8.7	15	10.9	25	10.4
6	10.3	16	11.7	26	12.4
7	9.5	17	9.9	27	11.5
8	9.3	18	9.0	28	9.6
9	9.6	19	9.1	29	8.0
10	10.7	20	11.8	30	9.9

（1）置信度为 95%，计算排队时间少于 10min 的顾客百分比 Y 的置信区间（小数点后留三位）。

（2）银行希望至少 30% 的顾客等待时间小于 10min，结合（1）的结果，是否能够满足银行的愿望？为什么？

（3）如果（1）的置信区间半长要求为 0.025，采用正态近似法，需要多少批次方可满足银行的愿望？

解　（1）见表 4-22。

表 4-22　顾客百分比的置信区间

批次	均值	批次	均值
1	预热阶段，不要	4	3/5 = 0.6
2	3/5 = 0.6	5	1/5 = 0.2
3	2/5 = 0.4	6	3/5 = 0.6

根据表 4-22 中 2、3、4、5、6 批次的均值数据，计算 $\overline{Y} = 0.48$、$S^2 = 0.032$，查表 $t_{4,0.975} = 2.78$。因此，计算半长为 0.2224，可得置信区间[0.2576, 0.7024]。

（2）不能确定可以还是不可以，因为置信区间包含 0.3。

（3）根据 $n \geq t^2_{\infty,1-\alpha/2}S^2_n / \varepsilon^2$，已知 $t_{\infty,0.975} = 1.96$、$S^2 = 0.032$、$\varepsilon = 0.025$，可得 $n \geq 196.7$；需要将数据划分为 197 个批次。

2. 稳态序贯法

设某次稳态运行得到的观测值为 $Y_1, Y_2, \cdots, Y_m$，其批长度为 k，共 n 批。每批观测的均值为 $\bar{Y}_i$，总体样本均值为 $\bar{Y}$。在利用批均值法进行计算时，假定每批观测值的均值是独立的，但实际上 $\bar{Y}_1, \bar{Y}_2, \cdots, \bar{Y}_n$ 是相关的，为了得到不相关的 $\bar{Y}_i$，必须保持批数 n 不变，不断增大 k，直到满足不相关的条件。但是如果 n 选择过小，则 $\bar{Y}_i$ 的方差加大，结果得到的置信区间就会偏大，为此 n 也必须足够大，这样为了达到精度要求就必须选择足够大的 n 和 k，使得仿真长度 $m = nk$ 特别大，此时在仿真的过程中将耗费大量的时间。稳态序贯法是一种尽可能减少 m 的方法。

设仿真运行观测值的批长度为 k，已有 n 批观测值，考察间隔时间为 i 的两批观测值批均值的相关系数

$$\rho_i(k) = \text{cov}(\bar{Y}_j, \bar{Y}_{j+1}), \quad j = 1, 2, \cdots, n-1$$

$\rho_i(k)$ 随 k 的变化规律大致有以下三种情况。

（1）$\rho_i(k)$ 为递减函数。

（2）$\rho_i(k)$ 的值一次或多次改变方向，然后严格地递减到 0。

（3）$\rho_i(k) < 0$ 或者随 k 的变化无一定规律。

由 $\rho_i(k)$ 的以上三种特性，基于批均值法的稳态序贯法原理如下。

（1）给定批数 n 以及仿真长度 m_i（m_i 是 n 的倍数），$\rho_i(k)$ 的判断值为 μ，置信区间的相对精度为 γ，显著性水平为 α，令 $i = 1$。

（2）进行长度为 m_i 的仿真运行，获得 m_i 个观测值 $Y_1, Y_2, \cdots, Y_{m_i}$。

（3）令 $k = m_i/n$，计算 $\bar{Y}_i(k)(i = 1, 2, \cdots, n)$ 和 $\rho_i(k)$。

（4）$\rho_i(k) \geq n$，表明 m_i 太小，需要加大 m_i，令 $i = i+1$，且 $m_i = 2m_{i-1}$，返回步骤（2）获取其余 m_{i-1} 个观测值（返回后不执行步骤（3）和（4））。

（5）若 $\rho_i(k) \leq 0$，表明增大 m_i 无助于 $\rho_i(k)$ 的判断，执行步骤（8）。

（6）如果 $0 < \rho_i(k) < \mu$，计算 $\bar{Y}_i(2k)(i = 1, 2, \cdots, n/2)$、$\rho_i(n/2, 2k)(i = 1)$，判断相关系数是否具有第 2 类特性；如果 $\rho_i(n/2, 2k) \geq \rho_i(n, k)$，则该相关系数确实有第 2 类特性，需要进一步扩大 m_i，令 $i = i+1$，且 $m_i = 2m_{i-1}$，返回步骤（2）获取其余 $m_i/2$ 个观测值。

（7）如果 $\rho_i(n/2, 2k) < \rho_i(n, k)$，则 $\rho_i(n, k)$ 已经具有第 1 类特性，且达到 $\rho_i(k)$ 判断值 μ 的 k 已经得到。$\rho_i(n, k)$ 的值满足独立性要求，此时用批均值法计算出该批数为 n、批长度为 k 的置信区间。

（8）计算出 $\bar{Y}_i(k), \bar{Y}$ 以及置信区间半长 $\delta = t^2_{n-1,1-\alpha/2}\sqrt{S^2_{Y(k)}/n}$，最后得到 $\hat{\gamma} = \delta/\bar{Y}$。

（9）如果 $\hat{\gamma} > \gamma$，则精度不满足要求，可令 $i = i+1$，且 $m_i = 2m_{i-1}$，返回步骤（2）获取其余 m_{i-1} 个观测值（返回后不执行步骤（3）和（4））。

（10）如果 $\hat{\gamma} \leq \gamma$，则满足精度要求，可令估计值 $\mu = \bar{Y} \pm \delta$，仿真停止。

3. 再生法

再生法完全不同于批均值法与稳态序贯法。它的基本思想是识别一些随机时间点（再生点），并利用这些再生点获得独立的随机变量，从而有可能应用经典的统计分析方法对其进行分析。

在稳态仿真中，系统从某一初始状态开始运行，经若干时间后重新达到该状态，可以认为系统重新达到该状态后的过程相对于以前的过程是独立的，这就相当于系统在此时重新运行。这个重复的过程称为系统的再生周期，系统初始状态重复出现的时刻称为系统的再生点。

这种方法只能应用于类似简单排队系统这样具有再生特性的系统。在排队系统中，顾客到达间隔时间和顾客服务时间都是同分布的，所有顾客达到间隔时间和顾客服务时间是相互独立的，其再生点便是系统处于空闲状态的时刻。这时顾客在未来时刻的到达和离去将与过去的到达和离去相互独立，它们将是概率意义上的相同的重复运行。

再生过程具有再生周期，即具有数据序列的周期特征。因此，再生过程的运行由一个独立循环数据序列组成，此时不必考虑初始瞬态阶段。

再生法也存在一定的缺点：多数系统不具有再生状态或很难判断其再生状态。一方面，证明一个状态为再生系统是一个非常复杂的数学过程，超出了许多仿真实践者的能力；另一方面，一些系统具有许多再生状态，用户必须对使用哪类再生状态进行决策。

4.4.3　方差缩减技术

仿真就是利用随机输入数据驱动仿真模型，产生随机输出数据。对于仿真而言，对随机输出数据进行统计分析是必要的。大型仿真模型的仿真需要多次运行，是十分耗时和占用计算机资源的。对复杂系统进行仿真，获得精确的估计是系统仿真的重要问题之一，估计的精度常采用一组输出样本的方差进行评价。为了改进精度，提高随机输出数据的统计效率，有必要在仿真中采用方差缩减技术。常用的方差缩减技术有公共随机数（common random numbers，CRN）法、对偶变量（antithetic variates，AV）法、控制变量法、间接估计法、条件期望法等。本节只介绍前两种方法。

1. 公共随机数法

公共随机数法是最有用也是最普遍的方法，它用于比较两个系统模型的差异。不同的系统模型所得到的仿真输出结果是有差异的。引起这种差异的主要原因是系统结构上的差异，以及随机因素的影响。公共随机数法的基本思想如下：采用相同的随机输入，尽可能地消除由随机因素造成的仿真输出结果的差异，使这种差异表现为系统模型本身的差异。

考虑两个系统模型，设 Y_{1i}、Y_{2i} 分别是从第 1、第 2 个模型的仿真结果中得到的第 i 个独立重复运行中的数据，用这些数据对 $\mu = E(Y_{1i}) - E(Y_{2i})$ 进行估计。令

$$Z_i = Y_{1i} - Y_{2i}, \quad i = 1, 2, \cdots, n \tag{4-26}$$

则 $E(Z_i) = \mu$，$\bar{Z}_n = \dfrac{1}{n}\displaystyle\sum_{i=1}^{n} Z_i$ 是 μ 的无偏估计。Z_i 是独立同分布的随机变量，因此有

$$\text{var}(\bar{Z}_n) = \frac{1}{n}[\text{var}(Y_{1i}) + \text{var}(Y_{2i}) - 2\text{cov}(Y_{1i}, Y_{2i})] \tag{4-27}$$

若两个系统模型的运行是独立的，则 Y_{1i} 与 Y_{2i} 是相互独立的，此时 $\text{cov}(Y_{1i}, Y_{2i}) = 0$；若能使得 Y_{1i} 与 Y_{2i} 是正相关的，即 $\text{cov}(Y_{1i}, Y_{2i}) > 0$，则能达到缩减方差的目的。

在不同系统模型的仿真实验中，公共随机数法采用同步的随机数，即在不同的系统模型中对具有相同特征的输入随机变量采用同一个随机数发生器；对具有不同特征的输入随机变量则采用不同的随机数发生器。

公共随机数法实现方差缩减的效果主要取决于模型结构各参数以及随机数的产生方法。当模型在结构上存在较大的差异时，要实现完全同步的随机数模拟比较困难。

例如，比较两个排队系统的性能，采用公共随机数法：只对到达间隔时间变量用同一随机数流生成；只对服务时间变量用同一随机数流生成；到达过程和服务过程都实现同步的公共随机数仿真。

2. 对偶变量法

在同一个系统模型中，每一次仿真运行所得到的结果也是存在差异的。采用对偶变量法的目的也是尽可能地消除随机因素对仿真结果产生的影响。

对偶变量法的基本思想如下：在对系统模型进行仿真时，用互补的随机数对系统进行成对的仿真运行，将一对观测值的均值作为估计值的基本数据（使第一次运行中较小的观测值能抵消较大的观测值，或者用第一次运行中较大的观测值补偿较小的观测值），从而使这个均值与所估计的观测值的期望更加接近。

也就是说，如果第一次仿真运行中随机变量通过均匀数 U_k 产生，则在第二次仿真运行中该随机变量通过均匀数 $1 - U_k$ 产生。

针对某个系统，假设对其进行 $2n$ 次独立重复仿真，所得到的一系列仿真输出变量 Y 的观测值为 $(Y_1^{(1)}, Y_1^{(2)}), (Y_2^{(1)}, Y_2^{(2)}), \cdots, (Y_n^{(1)}, Y_n^{(2)})$，其中，$Y_i^{(1)}$ 相互独立，$Y_i^{(2)}$ 也相互独立。令

$$Y_i = \frac{Y_i^{(1)} + Y_i^{(2)}}{2}, \quad i = 1, 2, \cdots, n \tag{4-28}$$

而 $\bar{Y}_n = \dfrac{1}{n}\displaystyle\sum_{i=1}^{n} Y_i$ 为 $\mu = E(Y)$ 的无偏估计。$Y_i (i = 1, 2, \cdots, n)$ 相互独立，因此有

$$\text{var}(\bar{Y}_n) = \frac{1}{n}[\text{var}(Y_i^{(1)}) + \text{var}(Y_i^{(2)}) + 2\text{cov}(Y_i^{(1)}, Y_i^{(2)})] \tag{4-29}$$

如果在成对的仿真运行中分别采用独立的随机输入，则 $Y_i^{(1)}$、$Y_i^{(2)}$ 也相互独立，此时 $\text{cov}(Y_i^{(1)}, Y_i^{(2)}) = 0$，由式（4-29）可以看出，只要能设法使 $Y_i^{(1)}$ 与 $Y_i^{(2)}$ 负相关，即 $\text{cov}(Y_i^{(1)}, Y_i^{(2)}) < 0$，则能实现方差缩减。

较公共随机数法而言，对偶变量法实现方差缩减的效果更取决于系统模型。一般情况下，对偶变量法与估计量所依赖的函数特性有很大的关系。若已知函数的性质，则可以构造相应的对偶变换，这样不仅保证了估计的可取性，而且提高了估计的精度。

【综合案例】某自动化集装箱码头岸线长度为 1100m，单泊位岸线长度为 288m，拥有 3 个集装箱泊位，可同时停靠 2 只 20 万 t 级集装箱船舶，或同时停靠 1 只 7 万 t 级和 2 只 10 万 t 级集装箱船舶。堆场与码头岸线呈水平布置，从距码头前沿线 100m 处开始布置堆场。自动化堆场空箱和重箱混堆，如图 4-7 所示，某泊位对应堆场共布置 5 条自动化堆场箱区，用 Yard 表示，每条堆场配置 2 个场桥，每条堆场长、宽、高方向可堆码的集装箱最大数量分别为 40TEU、11TEU、5TEU 集装箱（TEU 指 20ft①换算单位（twenty equivalent unit），系集装箱运量统计单位）。假设 1 年工作时间为 320 天，船舶和码头设备基础数据如表 4-23 和表 4-24 所示，船舶到达间隔时间服从 exp(12h)分布，仅考虑船舶卸船，堆场随机码放卸船集装箱且不考虑堆场容量限制。试着构建仿真模型，结合仿真输出理论分析 3 个泊位利用率，并结合岸桥和场桥等设备利用率分析无人集卡设备数量的配置是否合理及其建议。此外，查阅天津港 C 段自动化码头的相关资料，扩展构建以上仿真模型，从智慧和绿色节能等层面体会该自动化码头是如何响应习近平总书记在天津港考察时强调"要志在万里，努力打造世界一流的智慧港口、绿色港口"的内涵的。

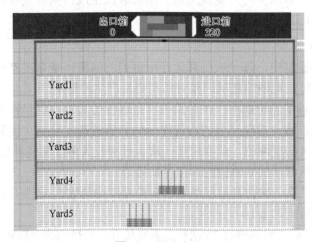

图 4-7　码头布局

表 4-23　船舶基础数据

船舶吨级/DWT	总长/m	型宽/m	载箱量/TEU	船型占比/%	进口箱数量
20 000 DWT 集装箱船	183	27.6	1 051～1 900	5	500～900
30 000 DWT 集装箱船	241	32.3	1 901～3 500	5	1 000～1 700
50 000 DWT 集装箱船	293	32.3	3 501～5 650	10	1 700～2 800
70 000 DWT 集装箱船	300	40.3	5 651～6 630	5	2 700～3 300
100 000 DWT 集装箱船	346	45.6	6 631～9 500	5	3 000～4 500
120 000 DWT 集装箱船	367	48.2	9 501～11 000	10	4 500～6 000
150 000 DWT 集装箱船	367	51.2	11 001～15 500	20	5 000～7 000
200 000 DWT 集装箱船	400	61.5	15 501～22 000	40	7 000～10 000

注：DWT 表示载重吨（dead weight tonnage）。

---

① 1ft = 3.048×10⁻¹m。

表 4-24　码头设备基础数据

岸桥/台	场桥/台	无人集卡/台	岸桥作业时间/s	场桥作业时间/s	场桥大车速度/（m/s）	无人集卡行驶速度/（m/s）
12	30	76	triangular (93,103,113)	triangular (102,144,216)	空载：2.5 满载：1.25	空载：10 满载：6

■ 本章小结

本章首先介绍了正确收集数据的方法，接着详细介绍了如何对收集的数据进行分析以及产生随机数序列的方法，最后详细介绍了如何对仿真输出的数据进行分析。

通过本章的学习，在对具有随机性的系统进行仿真时，能正确收集输入数据，并确定收集的输入数据所服从的分布模型；对所假设的随机变量分布模型，能通过编程产生一个服从该随机变量模型的随机数序列；能够在给定的显著性水平及仿真精度的条件下输出符合条件的仿真结果。

➤习题

1. 收集输入数据有哪些方法？仿真输入数据分析一般应遵循怎样的步骤？
2. 若有一批样本数量为 50 的三极管，其放大倍数 β 值如下所示：

34.9	56.2	38.4	54.1	57.4	51.7	60.6	67.7	78.1	38.2
49.2	42.8	45.2	53.4	80.4	97.4	84.5	65.3	66.4	73.4
61.1	68.4	69.4	81.3	74.4	36.3	47.2	52.4	69.2	89.7
76.6	67.3	66.2	59.8	59.2	63.2	38.4	44.6	70.1	28.1
52.3	44.5	46.4	64.4	66.4	54.2	78.8	62.0	32.4	48.5

设 β 为随机变量 X，X 的取值范围为 $(0, 100)$，试计算其均值和方差，且用直方图法确定该随机变量的类型，估计随机变量参数，并对其进行显著性水平 $\alpha = 0.10$ 的 χ^2 检验。

3. 以例 4-1 为例，假定其服从指数分布，对其相应参数进行估计，并在显著性水平 $\alpha = 0.05$ 的情况下，用 χ^2 检验对其进行相应的假设检验。χ^2 分布见表 4-25。

表 4-25　χ^2 分布表

n	α												
	0.995	0.990	0.975	0.950	0.900	0.750	0.500	0.250	0.100	0.050	0.025	0.010	0.005
1	0.000 04	0.000 16	0.001	0.004	0.016	0.102	0.455	1.323	2.706	3.841	5.024	6.635	7.879
2	0.010	0.020	0.051	0.103	0.211	0.575	1.386	2.773	4.605	5.991	7.378	9.210	10.597
3	0.072	0.115	0.216	0.352	0.584	1.213	2.366	4.108	6.251	7.815	9.348	11.345	12.838
4	0.207	0.297	0.484	0.711	1.064	1.923	3.357	5.385	7.779	9.488	11.143	13.277	14.860
5	0.412	0.554	0.831	1.145	1.610	2.675	4.351	6.626	9.236	11.070	12.833	15.086	16.750
6	0.676	0.872	1.237	1.635	2.204	3.455	5.348	7.841	10.645	12.592	14.449	16.812	18.548

n	α												
	0.995	0.990	0.975	0.950	0.900	0.750	0.500	0.250	0.100	0.050	0.025	0.010	0.005
7	0.989	1.239	1.690	2.167	2.833	4.255	6.346	9.037	12.017	14.067	16.013	18.475	20.278
8	1.344	1.646	2.180	2.733	3.490	5.071	7.344	10.219	13.362	15.507	17.535	20.090	21.955
9	1.735	2.088	2.700	3.325	4.168	5.899	8.343	11.389	14.684	16.919	19.023	21.666	23.589
10	2.156	2.558	3.247	3.940	4.865	6.737	9.342	12.549	15.987	18.307	20.483	23.209	25.188
11	2.603	3.053	3.816	4.575	5.578	7.584	10.341	13.701	17.275	19.675	21.920	24.725	26.757
12	3.074	3.571	4.404	5.226	6.304	8.438	11.340	14.845	18.549	21.026	23.337	26.217	28.300
13	3.565	4.107	5.009	5.892	7.042	9.299	12.340	15.984	19.812	22.362	24.736	27.688	29.819
14	4.075	4.660	5.629	6.571	7.790	10.165	13.339	17.117	21.064	23.685	26.119	29.141	31.319
15	4.601	5.229	6.262	7.261	8.547	11.037	14.339	18.245	22.307	24.996	27.488	30.578	32.801
16	5.142	5.812	6.908	7.962	9.312	11.912	15.338	19.369	23.542	26.296	28.845	32.000	34.267
17	5.697	6.408	7.564	8.672	10.085	12.792	16.338	20.489	24.769	27.587	30.191	33.409	35.718
18	6.265	7.015	8.231	9.390	10.865	13.675	17.338	21.605	25.989	28.869	31.526	34.805	37.156
19	6.844	7.633	8.907	10.117	11.651	14.562	18.338	22.718	27.204	30.144	32.852	35.191	38.582
20	7.434	8.260	9.591	10.851	12.443	15.452	19.337	23.828	28.412	31.410	34.170	37.566	39.997
21	8.034	8.897	10.283	11.591	13.240	16.344	20.337	24.935	29.615	32.671	35.479	38.932	41.401
22	8.643	9.542	10.982	12.338	14.041	17.240	21.337	26.039	30.813	33.924	36.781	40.289	42.796
23	9.260	10.196	11.689	13.091	14.848	18.137	22.337	27.141	32.007	35.172	38.076	41.638	44.181
24	9.886	10.856	12.401	13.848	15.659	19.037	23.337	28.241	33.196	36.415	39.364	42.980	45.559
25	10.520	11.524	13.120	14.611	16.473	19.939	24.337	29.339	34.382	37.652	40.646	44.314	46.928

4. 用逆变换法产生 $[a, b]$ 间均匀分布的随机数。

5. 设计一个随机变量发生器，它能产生如下概率密度函数的随机变量：

$$f(x) = \begin{cases} e^{2x}, & -\infty < x \leqslant 0 \\ e^{-2x}, & 0 < x < \infty \end{cases}$$

6. 在进行仿真分析时，如何减小置信区间的半长？

7. 考虑某排队系统，在相同的初始条件下经过 10 次独立的仿真运行，得到的顾客排队平均等待时间如表 4-26 所示，如果希望估计出的顾客排队平均等待时间以 0.95 的概率落在半长为 0.4min 的区间，求还需要附加仿真运行的次数。

表 4-26 顾客排队平均等待时间

运行序列号 i	顾客排队平均等待时间 D_i/min	运行序列号 i	顾客排队平均等待时间 D_i/min
1	1.05	6	0.55
2	6.44	7	2.28
3	2.65	8	2.82
4	0.81	9	0.41
5	1.51	10	1.81

第5章

物流系统仿真软件

> ## ➤ 本章学习目的与要求

第 3 章的学习使我们认识到，使用计算机进行仿真，需要具有较专业的程序设计思维和一定的软件开发能力。值得高兴的是，成熟的物流系统仿真软件产品简化了我们的仿真工作。使用物流系统仿真软件，可以快速地搭建仿真模型，得到准确的仿真实验结果。通过本章学习，可以了解常见的物流系统仿真软件的基本功能和特点；了解仿真软件的基本使用方法；熟悉 AnyLogic 基本模块的功能，重点掌握 AnyLogic 仿真软件的建模和仿真实验方法。

随着计算机技术的迅速发展，系统建模与仿真技术在物流系统的规划和管理中发挥着更加重要的作用。运用系统仿真技术，可以对物流系统的规划、设计和管理进行分析和决策，特别是对存在众多随机变量及复杂逻辑关系的离散事件系统，具有十分重要的意义。目前市场上已经发布的各种物流仿真软件有几十种，比较流行的有 FlexSim、Plant Simulation、Witness、AutoMod、Arena、ProModel、SIMAnimation、RaLC、AnyLogic、ExtendSim、TransCAD、ProjectSim、Simio 等。这些软件有不同的应用目的和应用背景，各有侧重。例如，AMESim、Witness、ProModel 和 AutoMod 等仿真软件都具有将建模功能集成在其界面中的特征，强调各自的易用性。在建模技术上，有些软件采用层次建模结构，如 Arena 和 Simio，其中，Arena 具有很好的统计功能。

本章选择物流系统建模与仿真中常用的 6 种软件，即 AnyLogic、FlexSim、Arena、Witness、ExtendSim 和 Plant Simulation 进行简要介绍。

■ 5.1 AnyLogic

5.1.1 AnyLogic 仿真软件简介

AnyLogic 是由 XJ Technologies 公司开发的通用建模仿真软件，应用广泛，适用于离散事件系统、连续系统和混合系统的建模与仿真。它的应用领域包括控制系统、交通、动态系统、制造业、供给线、后勤部门、电信、网络、计算机系统、机械、化工、污水处理、军事、教育等。另外，AnyLogic 以最新的复杂系统设计方法论为基础，在模型中引入统一建模语言的仿真工具，支持混合状态机，能有效描述离散和连续行为。AnyLogic 提供的仿真方法可以实现在任何 Java 支持的平台或 Web 网页上运行模型仿真。AnyLogic 是可以创建真实动态模型的可视化工具，即带有动态发展结构及组件间互相联络的动态模型，支持多种建模方法的相互融合。

AnyLogic 仿真软件具备以下特点。

（1）快速地创建可视化的、灵活的、可扩展的和可复用的活动对象，这些活动对象可以是标准对象或自定义对象，也可以是 Java 对象。

（2）使用多重建模方法，能够更精确地建模和捕捉更多的事件，并针对所面临的特定问题对这些事件进行联合和调整。

（3）在建模环境中可以直接使用一组优秀的分析和优化工具，包括最小值查找和随机查找等。

（4）AnyLogic 的开放式体系结构模型可以与办公或企业软件集成，这些软件主要包括电子表格、数据库、企业资源计划（enterprise resource planning，ERP）和客户关系管理（customer relationship management，CRM）等，也可以将模型直接嵌入实时运行环境中。

（5）AnyLogic 的建模语言是 UML for RealTime（UML-RT）的扩展，模型的主要构建模块是活动对象，有其内部结构和行为，可以任意向下封装其他对象。

5.1.2　AnyLogic 部分控件的功能

以企业库为例，AnyLogic 中部分控件的功能如下。

作为离散事件仿真库，AnyLogic 企业库（enterprise library）提供了一些传统的模块，如数据源、消逝、队列、服务等，利用这些模块可以较为方便地建立基于离散事件模型的逻辑流程图；使用企业库时，可以利用 Java 语言，创建用户自定义的类和模块，使模型灵活地扩展；企业库还提供了一些分析工具，以便分析所建立的流程图。

1. 事件　$\frac{\ \ }{\ \ }$

事件是引起系统状态变化的行为，它是某一时刻的瞬间行为。事件不仅用来协调两个实体间的同步活动，而且用于各实体之间的消息传递。

2. 状态　◯

在某一确定的时间，系统的状态是系统中所有实体的属性的集合。

3. 数据源　⊕›

数据源产生实体，它通常是面向过程建模的起点。根据用户的定义，实体可以是人、物体、信息等模型中任何一个对象。实体从源头产生，途经系统各模块，进行一系列活动，最后退出该系统。用户可以自定义实体的名称、执行的活动以及与实体相对应的显示形状。

企业库中数据源可以通过设置到达率、间隔时间、时间表函数等方法定义实体产生的方式。在一般情况下，所产生的实体在系统中经过一系列的活动，只有在输出端口才可退出系统。仿真系统可以采集实体在系统中进行各项活动所提供的数据信息，以便于分析。

4. 队列　⫿

当多个实体均需要进行某一项流程，而该流程容纳的实体数量有限时，队列能够对系统起到缓冲的作用，实体将进行排队等待以接受下一个流程，队列也可以看作对于已产生实体在进入流程前的一种存储。实体排队的规则可以是默认的先到先服务或基于优先级的规则。优先级被设置在实体的属性中，当队列接收新的实体时根据其优先级设定在队列中的位置。

5. 阻断　⊖

阻断可以阻止实体在流程上继续前进。例如，当接收对象可以接纳实体时，用户临时不希望实体继续前进。阻断的状态可以用 SetBlocked（）语句控制。和企业库其他对象不同，阻断并不是将实体封闭在对象内部，而是对逻辑流程的阻断，因此阻断模块前一般加上队列模块，当进路上没有作业占用时，阻断模块释放，实体流程继续前进。

6. 服务　⫿🕓

服务表示实体进行的某一项活动，它需要消耗一定的时间。服务时间可以是随机的，也可以取决于实体及其他条件。

如果服务的容量是有限的，在多个实体到达以后，服务模块仅仅接收其可容纳的实体数量，直至实体离开模块，容量允许时才接收下一个实体。因此在服务模块前一般放置队列，当实体不被接受服务时，队列可起到缓冲的作用。

7. 消逝　⊗

消逝通常是面向过程建模的终结点。在模型中除非使用消逝或出口（exit）模块，实体将不会被移除。因此，当流程结束时应该使用此模块，并且保证不留下任何未连接的节点。

8. 参数　↻

参数通常用来定义所描述对象的某些属性。当某些对象实例在类中有相同的行为描述，只是参数值不同时，参数十分有用。最常用的参数是字型参数。

参数与变量的主要区别在于参数往往用于描述静态对象，在一次仿真实验中，参数通常是固定不变的，只有需要改变模型的行为时才有可能发生变化。因此，当描述一个只有在某些特殊时刻才发生变化的对象时，需要使用参数。

在仿真运行时，可以通过改变其参数，简单地调整模型。还可以定义一个处理函数，当参数值发生改变时触发。AnyLogic 不仅支持简单类型的参数，如实型、整型以及布尔型，还允许使用各种 Java 类来定义参数，例如，一个 String 类型的参数用于代表字符串，一个 Vector 类型的参数用于代表动态对象数组。

9. 变量　Ⓥ

一个活动对象类（active object class）中通常含有一系列变量。变量用于存储模型仿真结果，或者用于描述某个随着时间不断变化的数据单元或对象属性。AnyLogic 支持一般变量和集变量。一般变量是指用于存储数字或者 Java 类的简单变量。集变量是指用于存储一组数据对象组成的集合的变量。

变量与参数的主要区别在于变量用于表示模型的状态，并且在仿真过程中有可能发生变化，当需要描述一个随着时间不断变化的数据单元时，需要使用变量。AnyLogic 支持简单类型的变量，如实型、整型以及布尔型，还可以使用各种 Java 类来定义变量。

10. 函数 ⑲

在模型中多个位置重复使用相同的功能时，可以使用函数。每次在模型中调用用户自定义函数时，该函数都会返回当前表达式的值。AnyLogic 中函数是用 Java 语言实现的，因此可以利用 Java 语言的所有优势，如条件、循环、分支操作符等。

5.1.3　AnyLogic 仿真软件的应用举例

AnyLogic 支持多种建模技术，基于主体的建模方法是其中重要的建模技术之一。AnyLogic 提供的基于 Agent 的建模主要用于对市场（Agent 作为潜在客户）、竞争和供应链（Agent 作为公司）、人口（Agent 作为家庭、个人或选举人）等进行建模。基于 Agent 的建模允许在假定系统各基本成员行为的情况下，对系统的一般行为进行观察。AnyLogic 允许使用 Agent 创建柔性模型，并且 Agent 在其环境中可以交互。

本节主要介绍使用 AnyLogic 创建一个基于 Agent 的仿真模型过程。实例为巴斯扩散（Bass diffusion）模型，巴斯扩散模型的主要功能是对新开发的消费者耐用品的市场购买数量进行描述和预测。巴斯扩散模型引入三个参量来预测 N_t（消费者在第 t 期购买该产品的数量）：①m = 市场潜力，即潜在使用者总数；②p = 创新系数（外部影响），即尚未使用该产品的人，受到大众传媒或其他外部因素影响，开始使用该产品的可能性；③q = 模仿系数（内部影响），即尚未使用该产品的人，受到使用者的口碑影响，开始使用该产品的可能性。

1. 创建新工程

（1）单击 New ⬚工具条按钮，弹出 New Model ⬚对话框。

（2）单击 Browse 按钮，浏览找到希望保存的工程文件的文件夹。

（3）指定工程名称。在 Model Name 编辑框中输入 Bass Diffusion Agent Based。

（4）单击 Finish 按钮。

通过执行上述步骤创建了一个新模型，如图 5-1 所示，可以看到该窗口由菜单栏、工具栏、工程视图、调色板视图、属性视图、问题视图、元素视图组成，结构图（structure diagram）显示于 AnyLogic 工作区中。当在一个工程中完成工作之后，不要忘记保存此工程。

2. 创建 Agent

在创建基于 Agent 的模型时，要做的第一件事情就是创建 Agent。Agent 是基于 Agent 的模型的基本构建模块。基于 Agent 的模型包括多个 Agent 以及它们的环境。根据一个 Agent 与哪些其他 Agent 发生交互，每个 Agent 都被给予一系列规则；这些交互将产生整个系统的总体行为。在这一模型中，Agent 是人。

为了在 AnyLogic 中创建 Agent，需要使用活动对象类定义 Agent 的内部结构，然后创建所需数量的类实例，每个实例即代表一个 Agent。

（1）单击 New→Agent Type🕴️工具条按钮，如图 5-2 所示。

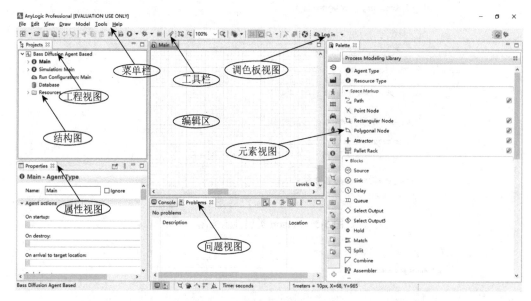

图 5-1　AnyLogic 窗口界面

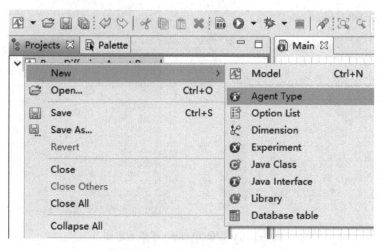

图 5-2　创建 Agent 示意图

（2）在弹出的对话框中，指定 Agent 的名称（Agent type name）——Person，如图 5-3 所示。

（3）将 Choose animation 参数设置为 3D 模式，然后在 People 参数中选择 Person 选项。单击 Next 按钮，继续执行步骤（4）。

（4）定义 Agent 类的参数，在巴斯扩散模型中定义个人的广告建议性。首先改变参数名称，在 Parameter 编辑框中输入 AdEffectiveness。然后定义参数值，在 Specify value or stochastic expression 编辑框中输入 0.011，如图 5-4 所示。单击 Next 按钮，继续执行步骤（5）。

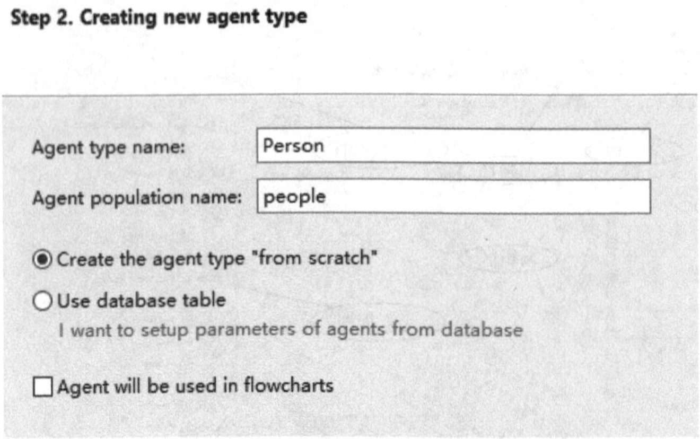

Step 2. Creating new agent type

Agent type name:	Person
Agent population name:	people

◉ Create the agent type "from scratch"
○ Use database table
　　I want to setup parameters of agents from database

☐ Agent will be used in flowcharts

图 5-3　Person 类属性示意图

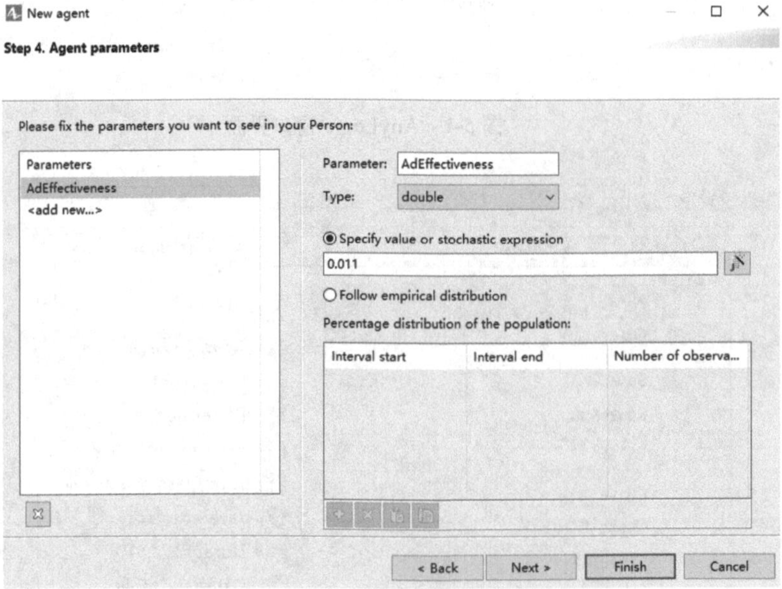

New agent

Step 4. Agent parameters

Please fix the parameters you want to see in your Person:

Parameters		Parameter:	AdEffectiveness
AdEffectiveness		Type:	double
<add new...>			

◉ Specify value or stochastic expression
0.011
○ Follow empirical distribution
Percentage distribution of the population:

Interval start	Interval end	Number of observa...

< Back　　Next >　　Finish　　Cancel

图 5-4　AdEffectiveness 参数示意图

（5）指定希望放置于模型的 Agent 数量。输入对象的数量：1000，如图 5-5 所示。

在 Project 窗口中双击 Main 项目，打开 Main 类图，将 Person 类从 Project 窗口中拖动到 Main 类的结构图中，在 Properties 窗口的 General 页面中输入对象的名称：people。指定希望放置于模型中的 Agent 数量。在 Properties 窗口的 Replication 页面中输入对象的数量（number of objects）：1000。此时将自动创建所指定数量的类实例，每个实例代表一个 Agent。

3. 定义 Agent 的行为

在 AnyLogic 中主要通过状态图（statechart）来定义 Agent 的行为。AnyLogic 中的状态图与统一建模语言是兼容的，保留了统一建模语言中相关构造块、规则和机制的图形外观、属性以及执行语义。通过使用状态图，可以观察到多种离散行为。

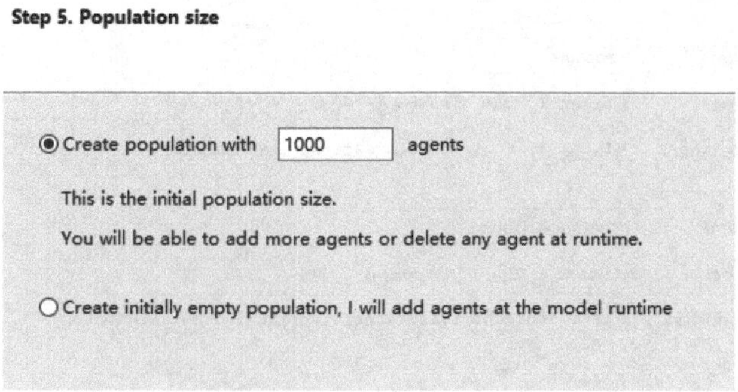

Step 5. Population size

⦿ Create population with [1000] agents

This is the initial population size.

You will be able to add more agents or delete any agent at runtime.

○ Create initially empty population, I will add agents at the model runtime

图 5-5　Person 大小属性示意图

（1）创建状态图。在 Project 窗口中双击 Person 项目，打开 Person 类图，将调色板视图中 State ⬭ 工具元素拖到该图中。在状态图中，单击此状态，然后按 F2 键，将其重命名为 Potentialadopter。由于起始状态指针指向此状态，它为起始状态。直到此状态变为活跃，这个人将一直保持为潜在客户。单击 State ⬭ 工具条按钮，以加入更多状态，然后单击 Potentialadopter 状态下的状态图标。将此状态命名为 Adopter。这样在这一状态变为活跃时，这个人变为客户。加入一个从 Potentialadopter 状态到 Adopter 状态的转变。单击 Transition ⬚ 工具条按钮，先单击上方状态的边缘，再单击下方状态的边缘，如图 5-6 所示。在一般属性栏里，将 Triggered by 修改为 Rate，其值为 AdEffectiveness。

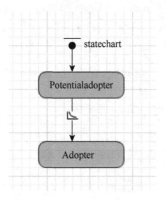

图 5-6　客户转换示意图

（2）统计产品的客户和潜在客户。模型的主要目的是研究新产品如何被接受，因此希望知道在任一时刻有多少人已经购买了产品，创建两个变量用来计算产品的客户和潜在客户。

在 Project 窗口中双击 Main 项目，打开 Main 类图，选择 people 对象。定义统计变量来计算客户的数量，在 Statistics 选项的 Name 属性栏中输入 adopters。将 Condition 编辑框指定为 item.statechart.isStateactive (item.Adopter)，这个变量将统计满足规定条件的客户数量。可以用同样的方法创建统计潜在客户数量的变量，如图 5-7 所示。

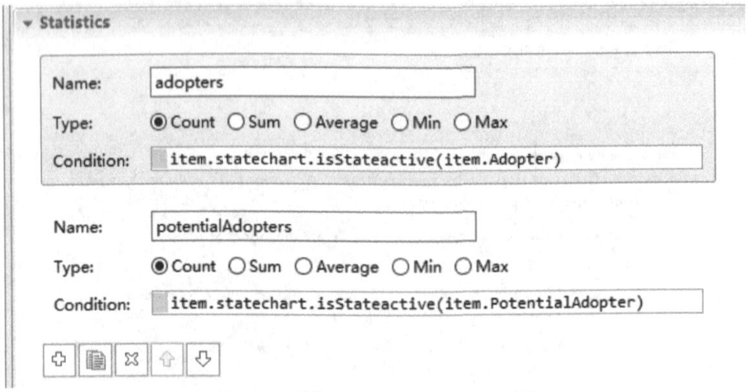

图 5-7　设置统计变量示意图

4. 配置模型

模型仿真有一系列特定的设定。一组模型设定称为一个实验（experiment）。可以创建多个替代模型设定，改变此模型的当前实验即可改变模型工作配置。默认创建的实验命名为 Simulation。

在工程视图中，单击 Simulation 实验项目。打开属性视图的 Model Time 页面，在右侧的 Stop time 编辑框中输入 8。这一模型将在 8 个单位模型时间后停止，如图 5-8 所示。

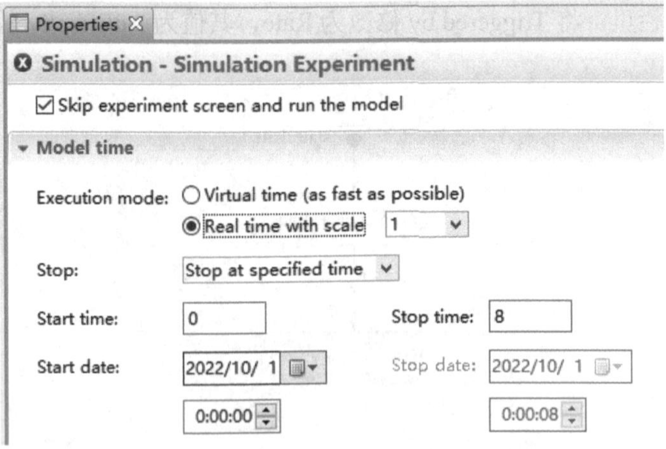

图 5-8　设置仿真时间的示意图

5. 运行模型

单击 Build Model 🔧工具栏按钮以建造模型。如果模型中存在错误，则此建造过程失败，问题视图中将列出模型中存在的所有问题。双击列表中的某个错误，打开此错误的位置，然后改正此错误。在成功构建模型后，可以通过单击 Run ▶ 按钮运行此模型。

另外，可以使用 AnyLogic 图表（chart）以对所考察过程的动态行为进行研究。通过创建图表来显示该产品的客户和潜在客户的数量随时间的变化。

（1）将 Time Plot ⬚ 元素从调色板视图中的 Analysis 栏中拖到编辑区里，并进行相应的调整，如图 5-9 所示。

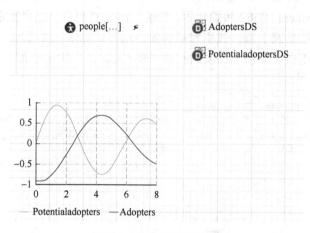

图 5-9　添加图表示意图

（2）打开属性视图中的 Scale 页面，将时间窗设置为 8，在 Expression 栏里输入 people.potentialadopters ( )，这个变量将统计潜在客户的数量并反映到图表中。属性视图如图 5-10 所示。

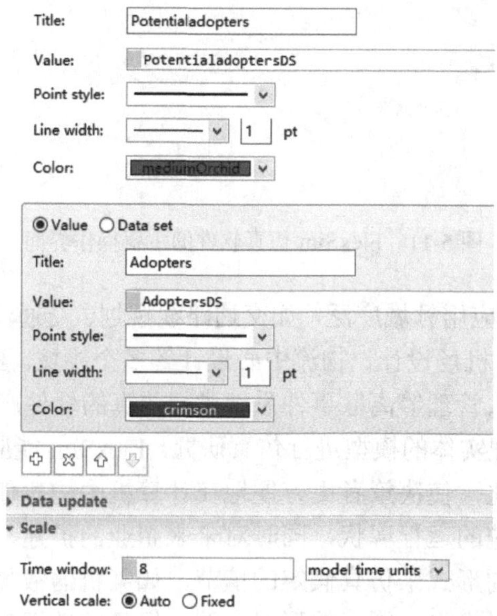

Title:	Potentialadopters
Value:	PotentialadoptersDS
Point style:	
Line width:	1 pt
Color:	mediumOrchid

◉ Value ○ Data set

Title:	Adopters
Value:	AdoptersDS
Point style:	
Line width:	1 pt
Color:	crimson

▸ Data update
▾ Scale

Time window: 8　model time units

Vertical scale: ◉ Auto ○ Fixed

图 5-10　设置图表参数示意图

■ 5.2 FlexSim

5.2.1 FlexSim 仿真软件简介

FlexSim 是美国 FlexSim Software Production 公司开发的一款全新的面向对象的仿真建模软件，三维效果逼真。它在图形环境中集成了 C++集成开发环境（integrated development environment，IDE）和编译器，在该软件环境下 C++能直接定义模型。FlexSim 中有一个效率很高的仿真引擎，该引擎能够实时动态地显示三维模型，如图 5-11 所示。在仿真运行时，利用该引擎和 FlexScript 脚本语言可以改变模型的部分属性。

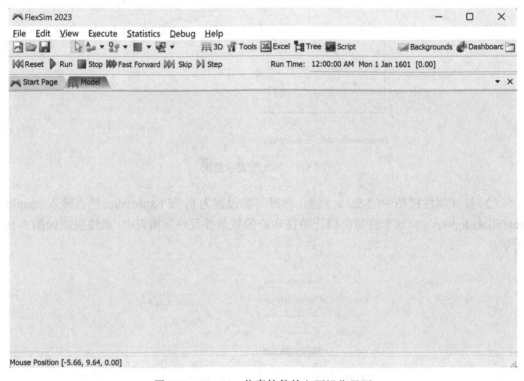

图 5-11 FlexSim 仿真软件的主要操作界面

FlexSim 仿真软件的应用领域广泛，如交通路线规划、交通流量控制分析、生产能力仿真与分析、港口设计、机场设计、物流中心设计等多个领域。FlexSim 是用来对生产制造、物料处理、物流、交通、管理等离散事件系统进行仿真的软件产品，也可以使用 FlexSim 对模型中含有真实的物理实体的模型进行仿真研究。FlexSim 能应用于建模、仿真以及实现业务流程的三维可视化，使决策者更方便地在计算机中构建任何工业及企业的设备分布和业务流程，分析系统的运行现状，同时对未来企业的扩建、设备布局优化等情况进行模拟，还可以用实验的形式来仿真假定的情节，如某机器故障、增加某流程的资源投入等，得到的仿真结果以报告、图表的形式存储。报告的数据项丰富，能反映系统的利用率、等待时间、运行费用等。

FlexSim 仿真软件的特点主要体现在基于面向对象技术建模、三维显示效果突出、建模和调试简单、模型扩展性强、开放性好等。

1. 基于面向对象技术建模

FlexSim 中所有用来建模的资源都是对象,包括模型、表格、记录、图形用户界面等。同时,用户可以根据需要扩展对象,构建自己的对象库。面向对象的建模技术使得 FlexSim 的建模过程生产线化,对象可以重复利用,从而减少了建模人员的重复劳动。

2. 三维显示效果突出

FlexSim 支持 OpenGL 技术,也支持 3ds、wrl、dxf 和 stl 等文件格式,因此可以建立逼真的模型,从而帮助用户对模型形成直观的认识,并辅助模型验证。用户可以在仿真环境下很容易地操控三维模型,从不同角度、放大或缩小来观测模型。FlexSim 内置了虚拟现实浏览视窗,用户可以在场景中添加光源、雾以及虚拟现实立体技术,增加场景的真实感,而且系统能够以 AVI 视频格式录制演示动画。

3. 建模和调试简单

FlexSim 建模过程只需要从模型库中拖入已有的模型,根据模型的逻辑关系进行连接,然后设定不同对象的属性。建模的工作简单、快捷,不需要编写程序。

4. 建模扩展性强

FlexSim 支持建立用户定制对象,融合 C++编程。用户将其当成一个 C++的开发平台来开发需要的仿真应用程序。

5. 开放性好

FlexSim 提供了与外部软件的接口,可以通过开放数据库连接(open database connectivity,ODBC)与外部数据库相连,通过 Socket 接口与外部硬件设备相连,与 Excel、Visio 等软件配合使用。

5.2.2 FlexSim 仿真模型基本构成

1. FlexSim 实体模型库

由图 5-11 可知,FlexSim 实体模型库中的实体在系统仿真中模拟不同类型的资源。暂存区实体就是一个 FlexSim 实体的例子,它在仿真中扮演存储区或缓冲区的角色。暂存区可以代表一队人、中央处理器(central processing unit,CPU)中的空闲进程队列、一个工厂中的地面堆存区或客户服务中心的等待呼叫队列。另一个 FlexSim 实体的例子是处理器实体,它模拟一段延迟或处理时间,可以代表工厂中的一台机器、一个为客户服务的银行出纳员或者一个分拣包裹的邮政员工等。

2. 临时实体

临时实体是指那些在模型系统中移动的实体。临时实体可以代表零件、托盘、组装部件、纸张、集装箱、人、电话呼叫、订单。临时实体可以被加工,也可以作为物料资源被运送。FlexSim 中临时实体产生于一个发生器实体。一旦临时实体从模型系统中通过,它们最终将被送至吸收器实体。

3. 端口

每个模型实体都可以有多个端口，端口没有数量限制。实体通过端口与其他实体进行通信，如图 5-12 所示。端口有三种类型：输入端口、输出端口和中间端口。输入端口和输出端口应用于设定临时实体。在模拟的过程中，需要将一个处理器实体的多个输出端口连接到输送机实体的输入端口，这表示一旦处理器（或邮件分拣器）完成对临时实体（或包裹、货物）的处理，将把它发送到相应的输送机。中间端口用来建立一个实体与另一个实体的相关性连接，通常的应用是建立固定实体与可移动实体之间的相互关联，其中，固定实体如机器、暂存区、输送机，可移动实体如操作员、叉车、起重机等。

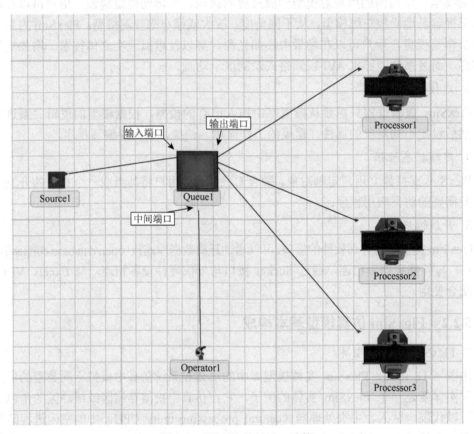

图 5-12　模型实体的端口连接

4. 实体属性

实体属性中有四个分选项：外观（visual）、常规（general）、标签（labels）和统计（statistics）。常规属性包括实体的一般信息，如实体名称、类型、端口连接、显示标记和详细描述。外观属性包括模型的三维造型、纹理、颜色、位置、尺寸等。标签属性存放用户临时数据，如名称和标签值。统计属性能够实时反映系统的运行状态、利用效率、等待时间等参数。

5. 实体参数

实体参数是用来完成某任务的规则集。FlexSim 方法集包括到达方法、临时实体类型、货物流分配方法、触发方法等。图 5-13 为发生器参数图，通过选择参数图中的下拉列表框或编写 C++代码的方法定义模型实体的行为。

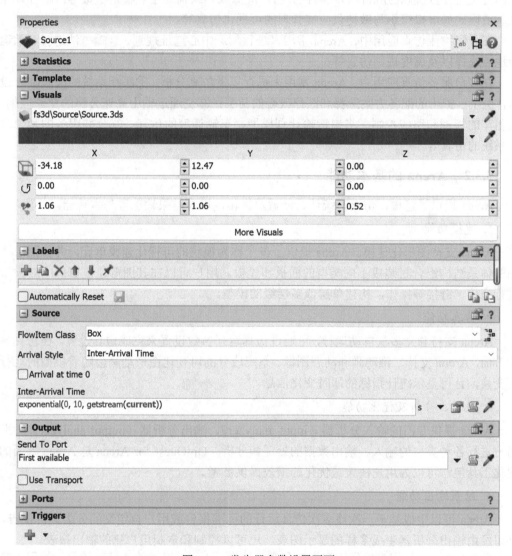

图 5-13　发生器参数设置页面

5.3　Arena

5.3.1　Arena 仿真软件概述

Arena 是美国 System Modeling 公司于 1993 年开始基于仿真语言 SIMAN 及可视化环境 CINEMA 研制开发的可视化交互集成式商业化仿真软件，为不同需求的用户提供了多种产品类型。在物流领域，Arena 的应用涉及供应商到客户的整个供应链，包括供应商管理、库存管理、制造过程、分销物流、商务过程以及客户服务等。

在制造过程仿真应用中，Arena 常用来进行四个方面的仿真分析：①生产过程中的工艺过程计划、设备布置等；②生产管理中的生产计划、库存管理（库存规划、库存控制机制）；③制造过程的经济性、风险性分析，降低成本或辅助企业投资决策等；④各种先进制造模式如虚拟组织与敏捷供应链管理的可视化仿真等。

在分销物流仿真应用中，Arena 常用来进行配送中心选址规划、运输方法选择、承运商地点选择以及调度规则仿真等。

在客户服务仿真应用中，Arena 常用来进行以下仿真分析：①医疗系统的医院临床设备，医生、护士的配备方案选择和医疗改善的仿真；②交通运输中高速公路的交通控制、出租车的管理和路线控制、港口运输计划模型、车辆调度的仿真；③公共服务的紧急救援系统的仿真等。

5.3.2 Arena 的基本功能

Arena 提供了建模，仿真，统计、分析及优化，以及结果输出等基本功能。

1. 建模功能

Arena 支持图形化建模。Arena 提供了多个称为模块的可视化建模单元，并依照层次化的体系结构组合封装成不同类型的面板和模板。用户可以在其图形建模窗口中对模块进行拖放、链接等操作，构建单层或多层级的模型。

2. 仿真功能

Arena 支持独立多次自动运行，可通过仿真运行参数设置来完成仿真过程。在仿真显示方面，Arena 支持二维动画和动态图像。系统成分的可视化图形动画会随着模型的运行而变换，且可显示统计指标的即时变化信息。

3. 统计、分析及优化功能

Arena 提供专门的输入分析器（input analyzer）、输出分析器（output analyzer）辅助用户进行各种类型的输入、输出数据的处理和分析。OptQuest for Arena 是 Arena 专用的优化工具包，可以为用户决策最优化的绩效提供参考。

4. 结果输出功能

Arena 可以生成基于一次或多次仿真运行的标准报告或用户自定义的分类评价报告，并可经由输出分析器生成多样的显示图表，还可以控制和定制用户化的输出报表。

此外，Arena 为用户提供客户支持和文档资源。Arena 提供软件学习教程，教程中带有很多小型案例。

5.3.3 Arena 的特点

Arena 仿真软件的特点集中体现在如下四个方面。

1. 可视化柔性建模

Arena 采用直观的图形用户界面及流程图式的建模方法，易于使用，建模灵活，具有层次化的体系结构。由于对象具有封装和继承的特点，对象模型也具有对象的特点。一般情况下，Arena 建模过程中可以不用编写代码而直接使用 Arena 提供的仿真模块来建立仿真系统。方法就是将 Template（模板）工具栏中的 Module（模块）工具元素拖到建模界面上，根据对象系统的状况将这些模块连接起来，同时设置好参数，就可以完成对对象系统的仿真。

2. 方便的输入、输出分析器

Arena 提供专门的输入、输出分析器来辅助用户进行数据输入处理和数据输出预加工，对于提高仿真研究的质量和仿真效果具有重要意义。输入分析器可用来产生 15 种常用分布函数的随机数据，也可对实际数据、经验数据进行拟合和分析；输入分析器支持以美国标准信息交换代码（American standard code for information interchange，ASCII）文本文件的形式导入数据文件，方便用户的前端输入。输出分析器可对输出数据文件进行多样的显示处理和数理统计分析，为进一步的科学决策提供支持。

3. 定制和集成

Arena 为了增强桌面应用程序的集成性开发了两项 Windows 技术：一是 ActiveX 自动化，允许应用程序通过一个编程界面互相控制，可以使用 C++、Visual Basic 或者 Fortran 等编程语言来实现对许多桌面应用程序的控制；二是在工具菜单中集成了 Visual Basic 的支持 ActiveX 自动化的编程环境 Visual Basic for Application（VBA），解决了编程界面问题。通过这两项 Windows 技术，Arena 可以和其他支持 ActiveX 自动化的应用程序集成到一起。

4. 与其他开发工具的兼容和接口

Arena 提供与面向过程语言的接口。在 Arena 专业版的底层，可以使用 Visual Basic、Fortran 或者 C/C++等过程语言来建模，完成一些复杂工作，如决策规则或外部数据的选取等，也可以通过这些编程语言实现对桌面应用程序如 Microsoft Office、AutoCAD 及 Visio 等的控制，还可以定制用户化的模块和面板。

▌5.4 Witness

5.4.1 Witness 仿真软件概述

Witness 是由英国 Lanner 公司推出的既可用于离散事件系统，又可用于连续系统的仿真平台。其主要功能包括投资项目评估、有规律地运行模型、生产计划测试、现有设备改进、提案评估更改、参数变化管理等。Witness 使用简单，模型可分阶段建立，而且在运行模型时可随时改变。它的应用范围非常广泛，如汽车工业、化学工业、电子、航空、工程、食品、造纸、银行和财务、政府和交通等，目前已被成功用于国际 3000 多家知名企业的解决方案项目，如 Airbus 公司的机场设施布局优化、BAA 公司的机场物流规划、Ford 汽车公司的工厂布局优化和发动机生产线优化、Trebor Bassett 公司的分销物流系统规划等。Lanner 公司已经在欧洲、美洲、亚洲等许多国家设立代理，负责软件的推广和技术支持等工作。

Witness 提供了大量的描述工业系统的模型元素，如生产线上的加工中心、传送设备、缓冲存储装置等，以及逻辑控制元素，如流程的倒班机制、事件发生的时间序列、统计分布等。通过其内置的仿真引擎，可快速地进行模型的运行仿真，展示流程的运行规律。此外，在整个建模与仿真过程中，用户可根据不同阶段的仿真结果，随时修改系统模型，如添加和删除必要的模型元素，动态地提高模型的精度。可方便地设计工厂和流程方案，平衡服务与花费，简化换班模式，评测可选的设计方案。

5.4.2　Witness 的功能和特点

Witness 仿真软件的主要特点如下：①界面整齐；②操作方便；③拥有直观的元素，如 Entity、Part、Machine、Vehicle 等；④易学、易懂；⑤可用于离散事件系统仿真。Witness 主要由 Witness 仿真基本包、Witness OPT（优化）模块、Witness VR（虚拟现实）模块和 Witness DOC（归档器）模块组成。

（1）Witness 仿真基本包具有构建仿真模型的功能。它提供了一系列生产及物流系统中常用的功能模块，可以利用这些模块来实现对现实系统的仿真。

（2）Witness OPT 模块可以为仿真模型搜索出最优的解决方案。该模块根据完全定制的系统绩效指标来设定系统控制参数的取值范围和约束规则，可以有效地帮助系统决策者改善和优化绩效指标。Witness OPT 模块与 Witness 完全集成，通过 Witness 菜单可以直接调用 Witness OPT 模块。此外，Witness OPT 模块还具有丰富的实验设计和报表选择功能，通常运作系统的绩效指标是服务水平、产出率或者利润率。Witness OPT 模块提供了丰富的实验设计和报表选项：目标函数自定义、仿真时间长度设计、控制变量取值和约束设计、优化算法选择、算法终止条件设定、随机流设定、结果雷达图以及系统配置表显示等。

（3）Witness VR 模块集成了三维图形技术和仿真技术，可以实现逼真的虚拟效果，使得 Witness 的二维工业流程仿真模型可以快速地生成具有真实感的、三维的、具有几何尺寸的生产场景。在 Witness 仿真引擎的带动下，生产场景中的要素可以按照系统设计的运作流程在三维场景空间实时运动，从而实现了生产场景的虚拟显示。

（4）Witness DOC 模块是一个与 Witness 完全集成的插件模块，通过它可以创建关于模型结构、模型细节和模型逻辑等的定制报表，包括简单的元素名称和类型、设备故障和调整细节、物料和信息流、活动设计的各式分类报表等。报表以 rtf 格式保存，可以供多种文字处理软件进行编辑。

■ 5.5　ExtendSim

5.5.1　ExtendSim/Extend 仿真软件介绍

ExtendSim 是由美国 Imagine That 公司开发的通用仿真平台，是 Extend 的升级版本，目前有连续、离散、工业和套装四个版本的商业产品。ExtendSim 开放模块源代码，扩展性好，是 10 多个仿真软件二次开发的核心引擎。ExtendSim 仿真软件主要基于 Windows 操作系统，已经广泛应用于交通运输仿真、银行金融流程管理、社会和经济系统以及生态系统等各领域。

系统工具的开发者可以使用 Extend 内嵌的编译语言 MODL（类 C 语言）来创建可重复使用的建模模块。这些都是在自成一体的环境中完成的，不需要外部接口、编译器和代码产生器。此外，ExtendSim 包含一个基于消息传递的仿真引擎，提供一种迅速的模型运行机制和灵活建模机制，包括交互式的模型运行方法、能够显示模块之间相互关系的交互式调试工具。开放的源程序能够使建模者看到模型运行的每一个细节，包括事件触发、资源分配，甚至可以更细微到每个事件的时间分配。ExtendSim 提供了 1000 多个系统函数，可以实现与数据库、Excel 和其他数据源的集成，充分利用 Windows 操作系统的资源，可以和 Delphi、C++Builder、Visual Basic、Visual C++代码链接。

5.5.2 ExtendSim 的特点

总体来说，ExtendSim 包含了当代仿真软件必须包含的特色：可重复使用的建模模块、终端用户界面开发工具、灵活的自定义报告图表生成机制和与其他应用系统集成的方法。除了具有一般仿真软件的特点，ExtendSim 还具有许多独特的功能和特点，包括易用性、交互性、重复使用性、高级数据管理、规模性、可视性、连接性、可扩展性、性价比高、得到第三方开发支持等，从而使得建模者能够把精力集中在建模过程中并迅速建立容易理解、容易沟通的模型。

另外，ExtendSim 提供了许多数据输入和输出的分析方法，包括数据分析工具和与其他工具的内嵌式接口、分布函数拟合程序接口，用来帮助用户根据收集的经验数据来选择合适的统计分布规律。

1. 内嵌数据库

ExtendSim 工业版和套装版包括一整套关系数据库，为模型的输入、输出提供了完整的数据管理系统。数据库直接建立在模型里，并且包含产品处理过程信息和外部结果。通过把来自模型的数据进行分类，数据库可以快速地进行情景构建、灵活分析和工程管理质量提升。内嵌数据库的主要功能如下。

（1）设置实验和报告表格。

（2）使用数据库相关模块建立强大的模型。

（3）使用数据库属性模块为物件指定字符串属性。

（4）统一日期、时间和其他数据格式（如货币）。

2. 与其他应用程序的连接

ExtendSim 利用进程间通信（interprocess communication，IPC）技术集成外部应用程序和数据，使 ExtendSim 和其他应用程序之间的数据交互可以采取下述五种方式中的任意一种。

（1）剪贴链接。

（2）进程间通信函数模块。

（3）通过 ODBC 与数据源连接。

（4）内嵌 ActiveX 或对象连接与嵌入。

（5）动态链接库（dynamic link library，DLL）。

ExtendSim 提供了内嵌式的 Excel 表格来作为模型报告工具。通过 ExtendSim 的剪贴链接功能，将 Excel 表格信息与模型连接起来。

　　ExtendSim 与其他应用程序、数据库的连接是 ExtendSim 的一大特色，它使得 ExtendSim 拥有更广泛的数据来源，提高了 ExtendSim 使用的灵活性。

　　3. ExtendSim 运行结果输出

　　分析统计库帮助用户收集和分析输出数据。分析统计库中的模块自动收集特定模块中的数据并且计算关键参数的置信区间。

　　ExtendSim 的仿真结果可以在模块对话框里，也可以以图形曲线的形式显示出来，还可以形成报告或输出到其他工具里。ExtendSim 提供专门的图形输出库，可以绘制各种形状的图形，如系统某变量随仿真运行的时间曲线图等。当仿真运行时，图形就会自动输出，同时将产生图形的数据列在图形下方，可以直接通过剪贴操作获取。当模型被保存后重新打开时，这些信息也随着模型一起被保存。

5.5.3　ExtendSim 的基本功能

　　ExtendSim 作为一款基于 Windows 操作系统的仿真软件，已经被广泛应用于供应链物流仿真、交通运输仿真、银行金融物流管理、社会和经济系统以及生态系统等各领域。ExtendSim 的客户包括松下电工全球供应链、宝洁最终供应链、诺基亚安全库存、索尼全球电池供应链、花旗集团旗下的花旗银行、哈佛大学商学院、美国能源部石油战略储备供应链、美国海军陆战队军事物流仿真、英国邮政局 PostalService 邮政供应链等全球知名企业和学术机构。很多世界 500 强的集团公司和许多政府机关、学术机构、新兴企业等都采用 ExtendSim 仿真软件来论证其未来的发展方案和工作执行方案。

　　ExtendSim 的产品系列是为满足整个企业的需求而设计的。针对不同的用户，ExtendSim 具有不同功能的四个版本：ExtendSim CP、ExtendSim OR、ExtendSim Industry 和 ExtendSim Suite。它们的关系及功能如图 5-14 所示。

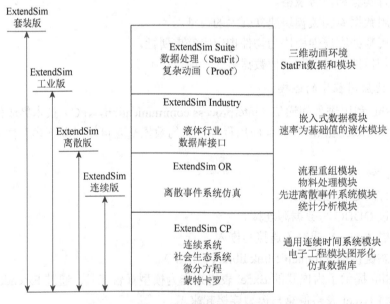

图 5-14　不同版本功能

ExtendSim 提供了输入建模、运行仿真模型、数据分析等基本功能。ExtendSim 提供了模块化的建模功能，用户可以采用软件提供上网基本模块或者通过自己建立的模块搭建模型。此外，ExtendSim 包括一个基于消息传递的仿真引擎，提供一种迅速的模型运行机制和灵活建模机制。ExtendSim 采用二维建模与仿真显示功能，建立的模型和仿真运行都显示二维画面。ExtendSim 的仿真运行支持即时参数修改，能够及时看到修改参数后的运行情况，同时提供了专门的 Stat::Fit 数据拟合功能，辅助用户进行各种类型的输入数据的处理和分析。

5.6　Plant Simulation

5.6.1　Plant Simulation 仿真软件概述

Plant Simulation 仿真软件的前身是 eM-Plant，被西门子（SIEMENS）公司收购后，改名为 Plant Simulation，现已成为西门子产品生命周期管理（product lifecycle management，PLM）解决方案中的一个不可或缺的组成部分。Plant Simulation 是采用 C++ 语言实现的关于生产、物流和工程的仿真软件，它是面向对象的、图形化的、集成的建模仿真工具，能够对车间布局、生产物流设计、产能等生产系统的其他方面进行定量的验证并根据仿真结果找到优化的方向，从而能够在方案实施前对方案实施后的效果进行验证。

西门子公司于 2023 年 3 月发布了最新版本 Plant Simulation2302。Plant Simulation 主要由基本模块、选项模块、接口模块和应用系统模块等组成。

1. 基本模块

Plant Simulation Professional 是 Plant Simulation 的基本模块，它的基本功能是运用基本对象（basic object）或应用对象（application object）建立仿真模型，通过仿真模型运行，分析系统行为，给出分析结果。建模所用的对象库包含基本对象和应用对象。基本对象分为物流对象、流体对象、移动单元对象和信息流对象。应用对象是通过基本对象产生的，可以放到对象库中，以备将来使用。建模过程中主要通过鼠标拖拉对象并把它们连接起来，必要时还要使用 SimTalk 语言进行仿真控制策略的编写，以实现行为控制。

2. 选项模块

遗传算法（genetic algorithm）模块通过对话框和表来配置遗传算法的编码、交叉、变异等，利用 SimTalk 语言可以修改该模块，实现解码和数据的传输；甘特图（Gantt chart）模块是一个生产计划图形表示和交互操作的模块，可以将仿真结果用甘特图形式表示，既可以是资源的图形表示，又可以是顺序的图形表示，便于用户操作。

3. 接口模块

C 语言程序接口模块为外部的 C 语言程序提供接口，可使得 C 语言像 SimTalk 一样调用，通常需要将 C 语言程序打包为 DLL；动态数据交换（dynamic data exchange，DDE）模块提供动态数据交换接口，允许在不同程序间动态交换数据，也可以进行 Plant Simulation 命令的动态转换和外部控制；ODBC 模块为 Plant Simulation 和大部分具有

ODBC 的数据库提供一个双向通信接口，支持各种数据交换；Socket 接口模块是一个传输控制协议/网际协议（transmission control protocol/internet protocol，TCP/IP）接口，用来与其他应用通过 Socket 接口进行通信联系；结构化查询语言（structured query language，SQL）数据库接口用于与 SQL 数据库进行数据交换。

4. 应用系统模块

应用系统模块包括：①面向物流行业的高架立体仓库模块（HBW）、自动导引小车系统模块（AGV）、轨道传输系统模块（CONVEYOR）、悬挂输送系统模块（EOM）；②面向汽车行业的装配线应用模块（ASSEMBLY）、车体模块（Carbody）；③面向精益制造的价值流程图（VSM_Tools）；④面向石油化工、半导体、钢铁等领域的批处理系统模块等。

Plant Simulation 作为一款面向对象的仿真软件，可以独立应用于生产物流的系统建模，与 SIEMENS PLM Software 协同使用，可更好地完成任务。SIEMENS PLM Software 提供了一套产品研发数据协同解决方案，可以对一个完整的工厂从生产线、工序操作等层面进行设计、仿真和优化，便于实现数字化制造。SIEMENS PLM Software 主要包括：①用于产品数据管理的Teamcenter；②用于复杂实体及造型建构的NX；③用于仿真与测试的LMS；④用于数字化制造的 Tecnomatix；⑤用于工程仿真的 Femap。

5.6.2 Plant Simulation 的特点

Plant Simulation 具有易用、灵活、开放的优点。Plant Simulation 利用图形化建模、系统提供的基本对象和应用对象，让用户能够快速构建仿真模型；利用软件自带的 SimTalk 语言，让用户能够对仿真模型进行细节控制，通过继承提高了对象和程序的可重用性；在开放性方面，Plant Simulation 支持从各种类型数据库、文本文件、Excel 文件中读写数据，支持调用 C 语言编写的 DLL。Plant Simulation 为建模、仿真运行、优化和显示提供了一种完全面向对象的、图形化的、集成的工作环境。

Plant Simulation 的主要特点如下。

（1）易用的图形化工作环境。Plant Simulation 能够根据具体应用提供相应的对象库以及自定义模块，实现结构化建模。对象库包括通用对象库（如物流、信息流、用户界面库和工具等）和专业对象库（如车间专业库、装配专业库、立体仓库、自动导引小车等）。用户通过拖拉对象快速搭建模型，并在建模过程中运行仿真模型，通过观察动画及时发现存在的问题。

对象库具有二维和三维两种形式。用户可以直接采用二维对象或者将二维模型转化为三维模型进行模型构建，也可以直接使用红线标记语言（redline markup language，RML）文件来获得 CAD 或 3DMAX 的模型三维数据信息。二维环境无须建立三维模型，只需相关生产能力参数即可仿真。二维环境注重仿真数据，主要用于工厂设计阶段的生产流程和工艺仿真。在工厂设计后期，可建立相关三维模型，显示工厂生产的三维效果。

（2）层次化结构。支持自上而下或者自下而上建立模型，可以添加其他层次结构，将模型进行细化调整。另外，用户能够同时对不同层次的模型进行仿真，用来观察系统在不同层次上的活动。用户也可以将产生的层次结构删除，以达到简化模型的目的。因此，Plant Simulation 具有渐进式建模能力，有助于模型的不断完善。此外，通过另存为 OBJ 文件，将导出的文件与同项目组其他同事共享，可以实现协同工作。

（3）对象的继承性。Plant Simulation 中可以通过图形化和交互化的方法构造一个对象。该对象可以继承类或基本对象的属性和结构。只要类或基本对象的属性发生改变，其继承的属性也随之改变。通过使用继承，有利于对象之间的关联，提高模型的可维护性。

（4）开放的系统架构体系。Plant Simulation 提供与其他应用系统集成的接口，实现数据交换、导入表格、导入数据、数据库连接等功能。常用的有 12 种接口，包括 ActiveX、COM、DDE、ODBC、Excel、超文本标记语言（hypertext markup language，HTML）、SDX、Socket、XM、SQL 等。其中，采用 ODBC 接口可以访问各种数据，包括文本文件和数据库管理系统；采用 DDE 接口可以与其他程序进行通信，动态实时交换数据。

（5）支持控制系统仿真调试。Plant Simulation Interface Package 提供仿真模型与物理设备动态交互的接口，包括 OPC、PLCSIM Advanced、Socket 等。通过 PLCSIM Advanced 接口对象，可以使用 TIA Portal 中的 STEP7 配置 CPU，对应用程序逻辑进行编程，然后将硬件配置和程序加载到虚拟控制器中，运行程序逻辑，并在 Plant Simulation 的仿真场景中观察输入和输出的效果，对程序进行验证和优化。对于控制系统的仿真调试，可以在虚拟环境中验证可编程逻辑控制器（programmable logic controller，PLC）控制系统的管理功能、控制逻辑和运动能力，并大幅度缩短现场调试的周期。

（6）功能强大的系统优化。Plant Simulation 内置多种系统优化工具，包括遗传算法、特征值分析器（factor analysis）、实验管理器（experiment design）和神经网络（neural network）等。其中，遗传算法是一种随机搜索方法。该算法可以考虑多个并发对象，如成本和资源利用率，其典型应用包括最优装配序列、布置优化和资源分配。

（7）多种仿真分析工具。Plant Simulation 提供全面的分析工具，包括瓶颈分析、甘特图、物流密度和方向分析等。瓶颈分析可以显示资源的利用情况。甘特图能够直观显示生产计划。物流密度和方向分析可以显示当前配置下的传输量及传输方向。另外，Plant Simulation 提供对仿真数据分析的工具，包括柱状图、饼形图、曲线图、单线图等图形工具。Plant Simulation 能够根据模型自动生成各种格式的仿真报告，如 Word、Excel、HTML 等。例如，HTML 格式的报告可以直接作为网页供外界访问，并对仿真输出进行分析和处理，减小了仿真输出数据分析的工作量。

另外，Plant Simulation 内嵌 SimTalk 语言，内置完整的编辑调试环境，提供各种数据类型和结构。通过在 Method 中编写程序，能够控制仿真策略、数据传输、参变量定义、仿真进程等。同时，Plant Simulation 具有对话框编辑器，包含标题、输入框、选项等元素。用户可将对话框元素和函数代码进行关联，实现交互式操作。

■ 本章小结

本章对应用于物流系统的仿真软件进行概括介绍，重点介绍了当前被国内外高校、科研院所和企业广泛采用的 AnyLogic、FlexSim、Arena、Witness、ExtendSim、Plant Simulation 等仿真软件，以及这些仿真软件的基本特点和功能。其中，AnyLogic 是一款创新的建模工具，支持离散事件系统、连续系统和混合系统建模。AnyLogic 建模语言已经成功地应用于对大规模和复杂系统建模过程中。常见仿真软件的比较见表 5-1。

表 5-1　常见仿真软件比较

仿真软件	供应商	功能介绍	优化	兼容软件接口	应用领域
AnyLogic	XJ Technologies	基于 Agent 建模、基于离散事件建模、基于系统动力学建模	OptQuest、自定义优化算法	Excel、Access、SQL、Java/DLL	供应链、铁路物流、采矿、业务流程等
FlexSim	FlexSim Software Production	基于流程化建模，应用于系统建模、仿真以及实现业务流程可视化	OptQuest	Excel、SQL、C++	制造业、物料搬运、供应链、工厂等
Arena	System Modeling	采用流程图方式建模，具有层次化建模功能	OptQuest	Excel、Visio、AutoCAD、C++	制造业、供应链、物流、采矿等
Witness	Lanner	面向工业系统、商业系统流程的动态系统建模仿真软件平台，是离散型仿真软件	—	—	商业计划、流程优化等
ExtendSim	Imagine That	用于离散事件系统和连续系统建模仿真，基于速率的建模	优化算法	Excel、Access、SQL、DLL	运输、采矿、能源等
Plant Simulation	SIEMENS	离散事件系统仿真、可视化、物流的分析和优化	遗传算法、神经网络、实验管理器	MATLAB、Excel、AutoCAD、MicroStation	物流、机械、航空航天等

现在市场上的物流仿真软件有数十种之多，其中绝大多数来自美国和欧洲。我国集成化物流规划设计仿真技术的研发目前仍在起步阶段。2023 年 2 月，中共中央、国务院印发的《质量强国建设纲要》中明确指出，支持通用基础软件、工业软件、平台软件、应用软件工程化开发，实现工业质量分析与控制软件关键技术突破。这是一个重要的历史机遇，相信通过大家的努力，国产仿真软件也将在市场上拥有一席之地。

➢习题

1. 试比较 AnyLogic、FlexSim、Witness、Arena、ExtendSim、Plant Simulation 各自的优缺点。

2. 结合 AnyLogic 的特点，了解 AnyLogic 中各视图的功能，简述 AnyLogic 中主要模块的用途。

3. 请用 AnyLogic 仿真软件做一个完整的银行营业部模型，该模型必须包括一台自动柜员机（automatic teller machine，ATM）和出纳台。

4. 安装 FlexSim 仿真软件，熟悉该软件的操作界面，并构建简易仿真模型进行实验。

第 6 章

排队系统建模与仿真

➤ 本章学习目的与要求

排队是物流系统中普遍存在的现象，与系统瓶颈的出现密切相关。分析物流系统队列产生的原因，控制排队长度，有助于提高物流系统的整体效率。通过本章学习，要求了解排队系统的基本概念；了解排队系统的分类，熟悉排队系统的基本指标；熟悉 AnyLogic 的基本操作，掌握排队系统仿真模型的建立，使用 AnyLogic 进行简单模型的仿真并分析结果。

【导入案例】某物流场站平均每小时接待 20 辆货车装卸货物，每个站台平均用 20min 来接待一辆货车。为了节约人力、物力成本，同时合理缩短货车司机等待时间，提高服务质量，需要了解：①货车到达的分布规律及影响；②站台利用率；③估计不同作业流程及货车排队长度。试思考这类问题的普遍性及如何解决这类问题。

■ 6.1 排队系统概述

6.1.1 排队系统的概念

排队在日常生活中是司空见惯的现象，例如，购买火车票、银行存取款、购物付款以及食堂就餐等诸多场合，均需要排队等候。并非所有的排队只涉及个人，也许有若干项工作（任务）排队等候机器来处理。任何等待一项服务的人或事物称为顾客（又称服务对象），提供这项服务的人和事物称为服务台（多个服务台统称服务机构）。因此，当顾客的数量超过了服务台的容量时，也就是说到达的顾客不能立即得到服务时，就形成了排队现象。表 6-1 就是一些典型的排队实例。

表 6-1　典型排队实例

到达的顾客	服务内容	服务台
在公路收费站排队的车辆	收费	收费车道
患者	看病	医生
到达机场上空的飞机	降落	跑道
待修理机器	修理	修理工人

续表

到达的顾客	服务内容	服务台
到达港口的货船	装货（卸货）	装卸码头或泊位
超市排队交费的顾客	交费	收银台
进入我方阵地的敌机	我方防空火力射击	我方高炮或防空导弹
汽车驾驶员	执照年审换新	管理部门年审办事员
文件稿	打字	打字员

　　排队的过程如下：顾客到达后，按照一定的排队规则排好队，然后接受服务机构的服务，服务结束后顾客离去。从顾客到达至离去的这一段排队服务过程构成了排队系统。排队系统的一般模型如图 6-1 所示。

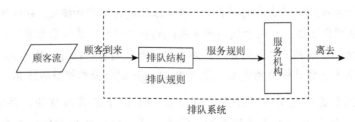

图 6-1　排队系统的一般模型

　　排队论就是通过对服务对象到达及服务时间的统计研究，得出这些数量指标（等待时间、排队长度、忙期等）的统计规律，然后根据这些规律来改进服务系统的结构或重新组织服务对象，使得服务系统既能满足服务对象的需要，又能使服务机构的费用最经济或某些指标最优。

　　排队论是研究服务系统中排队现象随机规律的学科。排队论研究的内容有三个方面。

　　（1）系统的性态，即与排队有关的数量指标的概率规律性。

　　（2）系统的优化问题。

　　（3）统计推断，根据资料，合理建立模型。其目的是正确设计和有效运行各服务系统，使之发挥最佳效益。

6.1.2　排队系统的构成与分类

　　要构成一个排队系统，要求有顾客的输入过程、一定的排队规则和为顾客服务的服务机构。

　　1. 输入过程

　　输入即顾客进入排队系统，描述输入过程需明确以下四点。

　　（1）顾客到达是随机的，还是定时的。例如，班车、班机、自动装配线上各部件必须按确定的间隔时间到达装配点等均属定时到达。顾客到达规律可用含时间参数 t 的随机变量（随机过程）来描述。假设随机变量的分布与 t 无关（称为平稳过程）。在这样的假设下，常用的描述形式有两种：一是用顾客流的概率分布来描述，顾客流即顾客到达服务系统的过程；二是用顾客相继到达间隔时间的概率分布来描述，具体描述时需要知道单位时间顾客到达平均数或顾客相继到达平均间隔时间。

（2）顾客总体（也称顾客源）的顾客数可能是有限的，也可能是无限的。例如，工厂内可能发生故障的机器总数是有限的；流入水库的上游河水总体、去商店买货的顾客总数是无限的。

（3）顾客到达方式，可能是单个到达，也可能是成批到达。例如，待处理的工件可能是一个一个地到达的；同时进入我军阵地的多架战斗机是成批到达的。

（4）顾客到达可以是相互独立的，即前面顾客的到达情况对后面顾客的到达没有影响；也可以是彼此关联的，即前者影响后者或互有影响，如旅客列车，前者不能正点到站，后者也会受到影响。

2. 排队规则

1）瞬时制

瞬时制也称即时制。顾客到达时，若所有服务台均被占用，该顾客就自动离去，如普通市内电话的呼叫。

2）等待制

顾客到达时，若所有服务台均被占用，该顾客就排入队伍，等候服务，服务次序可以采用下列某种规则。

（1）先到先服务（first come first served，FCFS）。这是最常见的排队规则。

（2）后到先服务（last come first served，LCFS）。例如，将钢板堆入仓库看作顾客到达，需用时陆续取走看作服务，一般是后到先服务；在情报信息系统中，后到的信息往往是最有价值的，因而常采用后到先服务规则。

（3）随机服务（service in random order，SIRO）。当服务台空闲时，从等待的顾客中随机地选取一名进行服务，顾客被选中的概率相同。例如"摇奖"，中彩者是随机的。

（4）优先权服务（priority served，PR）。例如，医院对重病患者给予优先诊治，加急电报优先投递等。

（5）n 个服务台的情形。顾客到达时可按如下规则在每个服务台前排队，第 1, 3, 5, …个顾客排成第 1 队，第 2, 4, 6, … 个顾客排成第 2 队，等等；也可排成一队，服务台空闲时队首顾客接受服务。

3）混合制

（1）排队长度有限制的情形。顾客到达时，若排队长度 < N，顾客就排入队伍；若排队长度 = N，顾客就离去。例如，医院门诊每天只接待 10 个患者，第 11 个患者就只能离去。

（2）逗留时间（等待时间与服务时间之和）有限制的情形。顾客在系统中的逗留时间不超过 T，超过 T 后顾客就离去。例如，敌机飞过高炮射击区域所需时间为 T，若敌机超过该时间飞出该区域还未被击落，就算消失。

3. 服务机构

服务机构是指为顾客进行服务的机构。这里所关注的是该服务机构在同一时刻有多少设备可以接收顾客，以及每个顾客在此机构里接受服务需要多少时间（机构的服务效率）。顾客服务时间一般具有两种形式：一种是等长的；另一种是服从某一分布的随机变量。

对顾客的服务形式可以是每次一个人，也可以是每次多个人。服务机构有单线系统和多线系统。

1）单线系统

如果整个服务机构只有一个服务台，便称为单线系统。单线系统又可分为单线单站系统（图 6-2）和单线多站系统（图 6-3）两种类型。

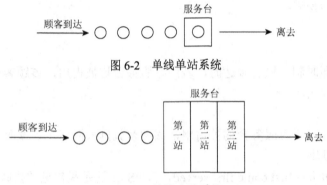

图 6-2　单线单站系统

图 6-3　单线多站系统

2）多线系统

若服务台不止一个，而且每个服务台都可以单独地对顾客进行服务，这样的服务机构便称为多线系统，如图 6-4 所示。同样，多线系统又可分为多线单站系统和多线多站系统两种类型。

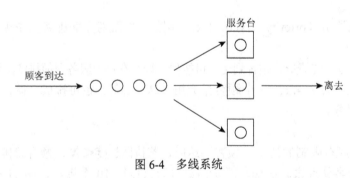

图 6-4　多线系统

除单线系统和多线系统外，还有一种并列系统。在这种系统中，顾客事先按照某种规则排成固定的几列，并分别在各列所在服务台依次接受服务。图 6-5 就是一种并列单线系统。

多个多线系统还可以构成串列的形式，如图 6-6 所示。

肯德尔（Kendall）于 1953 年提出用如下形式的记号描述排队系统：

$$X / Y / Z$$

其中，X 处填写相继顾客到达间隔时间的分布；Y 处填写服务时间的分布；Z 处填写并列的服务台个数。

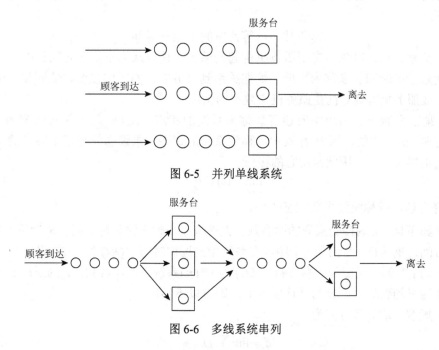

图 6-5　并列单线系统

图 6-6　多线系统串列

1971 年在一次关于排队论符号标准化会议上将 Kendall 记号扩充为

$$X / Y / Z / A / B / C$$

其中，前三项的意义不变，后三项填写内容如下：A 处填写系统容量 N；B 处填写顾客源数量；C 处填写排队规则，如先到先服务、后到先服务等。

这表明一个排队模型可由以上六个特性因素所确定。为使模型的特点更为简明，常见概率分布的符号如下：M 指指数分布；D 指定长分布；E_k 指 k 阶埃尔朗分布；G 指一般服务时间的分布；U 指均匀分布。

例如，$M / M / 3 / N / \infty / \mathrm{SIRO}$ 即相继顾客到达间隔时间和服务时间均服从指数分布、3 个并列服务台、系统容量为 N、顾客源无限、随机服务的排队系统。另外，为书写简便，1971 年该会议还约定 $X / Y / Z / \infty / \infty / \mathrm{FCFS}$ 简记为 $X / Y / Z$。

6.1.3　排队系统的基本指标

排队系统的运行状况既涉及顾客的利益，又涉及服务机构的利益，还影响社会效果。为了研究排队系统运行的效率、估计服务质量和设计改进措施，必须确定一些基本指标，用以判断系统运行状况。下面介绍常用的指标。

（1）系统的顾客数与排队长度。系统中排队等待服务的顾客数称为排队长度。系统的顾客数与排队长度的关系如下：

系统的顾客数 = 排队长度 + 正在被服务的顾客数

一般情况下，系统的顾客数期望（或排队长度期望）越大，服务率越低。

（2）逗留时间与等待时间。一个顾客从到达排队系统到服务完毕离去的总停留时间称为逗留时间。一个顾客在系统中排队等待的时间称为等待时间。逗留时间与等待时间的关系如下：

$$逗留时间 = 等待时间 + 服务时间$$

（3）忙期。从顾客到达空闲服务机构起到服务机构再次为空闲的时间长度，即服务机构连续繁忙的时间长度称为忙期。忙期关系到服务机构的工作强度。忙期和一个忙期中平均完成服务顾客数是衡量服务机构效率的指标。

（4）瞬态和稳态。系统中的顾客数称为系统的状态。在 t 时刻系统的状态为 n 的概率是随时刻 t 而变化的，用 $P_n(t)$ 表示，称为系统的瞬态。求瞬态解是很不容易的，一般即使求出也很难利用，因此常用它的极限

$$\lim_{t \to \infty} P_n(t) = P_n \tag{6-1}$$

P_n 称为稳态解，或称统计平衡状态的解。

定义如下量：n 为接受服务的顾客数；D_i 为第 i 个顾客的等待时间；S_i 为第 i 个顾客的服务时间；$W_i = D_i + S_i$ 为第 i 个顾客在系统中的逗留时间；$Q(t)$ 为 t 时刻队列中的顾客数；$S(t)$ 为 t 时刻接受服务的顾客数；$L(t)$ 为 t 时刻系统中的顾客数；T 为系统服务的总时间；λ 为平均到达率；μ 为平均服务率，则有以下结论。

（1）顾客平均等待时间为

$$d = \lim_{n \to \infty} \sum_{i=1}^{n} D_i / n \tag{6-2}$$

（2）顾客在系统中的稳态平均逗留时间为

$$w = \lim_{n \to \infty} \sum_{i=1}^{n} W_i / n = \lim_{n \to \infty} \sum_{i=1}^{n} (D_i + S_i) / n \tag{6-3}$$

（3）稳态的平均排队长度为

$$Q = \lim_{T \to \infty} \frac{\int_0^T Q(t)\mathrm{d}t}{T} \tag{6-4}$$

（4）系统中稳态的平均顾客数为

$$L = \lim_{T \to \infty} \frac{\int_0^T L(t)\mathrm{d}t}{T} = \lim_{T \to \infty} \frac{\int_0^T [Q(t) + S(t)]\mathrm{d}t}{T} \tag{6-5}$$

上述四个指标存在的条件是服务台利用率 $\rho \leqslant 1$，其中，ρ 的定义为

$$\rho = \frac{平均服务时间}{平均到达间隔时间} \tag{6-6}$$

由式（6-6）可知，服务台空闲的概率为 $1 - \rho$。

对于 $M/M/1$ 系统（顾客到达间隔时间服从指数分布），具有如下关系：

$$\rho = \lambda / \mu \tag{6-7}$$

$$Q = \rho^2 / (1 - \rho) \tag{6-8}$$

$$L = \rho / (1 - \rho) \tag{6-9}$$

$$d = Q / \lambda = \rho / (\mu - \lambda) \tag{6-10}$$

$$w = L / \lambda = 1 / (\mu - \lambda) \tag{6-11}$$

对于该排队系统，当 $\rho < 1$ 时，排队长度才会是有限的。

【例 6-1】　某医院手术室根据患者就诊和完成手术时间的记录，任意抽查 100 个工作小时，每小时就诊患者数及其出现次数如表 6-2 所示；又任意抽查 100 个完成手术的病历，手术时间及其出现次数如表 6-2 所示。

表 6-2　某医院手术室单服务台排队系统数据

每小时就诊患者数 n /个	出现次数 f_n	手术时间 v /h	出现次数 f_v
0	10	[0, 0.2]	38
1	28	(0.2, 0.4]	25
2	29	(0.4, 0.6]	17
3	16	(0.6, 0.8]	9
4	10	(0.8, 1.0]	6
5	6	(1.0, 1.2]	5
不小于 6	1	1.2 以上	0
合计	100	合计	100

解　平均手术时间 $= \sum v f_v / 100 = 0.4\,\text{h}$；患者的平均到达率 $\lambda = \sum n f_n / 100 = 2.1\,\text{h}^{-1}$；手术室的平均服务率 $\mu = 1 / 0.4 = 2.5\,\text{h}^{-1}$；手术室的平均利用率 $\rho = \lambda / \mu = 2.1 / 2.5 = 0.84$；在病房中的患者数的期望值 $L = \rho / (1 - \rho) = 5.25$ 个；排队等待的患者数的期望值 $Q = \rho^2 / (1 - \rho) = 4.41$ 个；患者在病房的平均逗留时间 $w = 1 / (\mu - \lambda) = 2.5\,\text{h}$；患者的平均排队等待时间 $d = \rho / (\mu - \lambda) = 2.1\,\text{h}$。

对于具有 c 个独立服务台的 $M / M / c$ 系统，各服务台的平均利用率相同且 $0 < \rho < 1$，具有如下关系：

$$\rho = \lambda / c\mu \tag{6-12}$$

$$Q = \frac{(c\rho)^c \rho}{c!(1-\rho)^2} P_0 \tag{6-13}$$

$$L = Q + c\rho \tag{6-14}$$

$$d = Q / \lambda \tag{6-15}$$

$$w = d + 1 / \mu \tag{6-16}$$

式中，$P_0 = \left[\sum_{k=0}^{c-1} \frac{1}{k!} \left(\frac{\lambda}{\mu} \right)^k + \frac{1}{c!} \frac{1}{1-\rho} \left(\frac{\lambda}{\mu} \right)^c \right]^{-1}$ 表示系统里顾客为 0 的概率。$P_n = \begin{cases} \dfrac{1}{n!} \left(\dfrac{\lambda}{\mu} \right)^n P_0, n < c \\[3mm] \dfrac{1}{c! c^{n-c}} \left(\dfrac{\lambda}{\mu} \right)^n P_0, n \geqslant c \end{cases}$

表示系统里顾客为 n 的概率。

【例 6-2】　$M/M/3$ 系统。

三个售票窗口，顾客到达间隔时间服从指数分布，平均到达率为 0.9min^{-1}，售票时间服从指数分布，平均服务率为 0.4min^{-1}，设单队列排队，依次向空闲售票窗口购票，如图 6-7 所示。

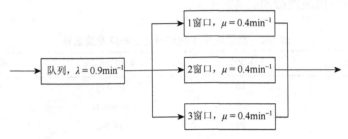

图 6-7　三服务台排队系统

解　（1）$\rho = \lambda/c\mu = 0.75 < 1$。

（2）整个售票窗口空闲的概率为

$$P_0 = \left[\frac{(2.25)^0}{0!} + \frac{(2.25)^1}{1!} + \frac{(2.25)^2}{2!} + \frac{(2.25)^3}{3!} \times \frac{1}{1-0.75}\right]^{-1} = 0.0748$$

（3）平均排队长度和平均顾客数分别为

$$Q = \frac{(c\rho)^c \rho}{c!(1-\rho)^2} P_0 = 1.70\,\text{个},\quad L = Q + c\rho = 3.95\,\text{个}$$

（4）平均等待时间和平均逗留时间分别为

$$d = Q/\lambda = 1.89\,\text{min},\quad w = d + 1/\mu = 4.39\,\text{min}$$

（5）顾客到达后必须等待的概率

$$P(n > 3) = 1 - \sum_{i=0}^{3} P(n=i) = 1 - \left\{P_0 + \frac{1}{1!}\left(\frac{\lambda}{\mu}\right)^1 P_0 + \frac{1}{2!}\left(\frac{\lambda}{\mu}\right)^2 P_0 + \frac{1}{3!3^{3-3}}\left(\frac{\lambda}{\mu}\right)^3 P_0\right\}$$

$$= 1 - P_0\left\{1 + \frac{\lambda}{\mu} + \frac{1}{2}\left(\frac{\lambda}{\mu}\right)^2 + \frac{1}{6}\left(\frac{\lambda}{\mu}\right)^3\right\} = 1 - 0.0748 \times \left\{1 + \frac{0.9}{0.4} + \frac{1}{2}\left(\frac{0.9}{0.4}\right)^2 + \frac{1}{6}\left(\frac{0.9}{0.4}\right)^3\right\}$$

$$= 1 - 0.0748 \times \{1 + 2.25 + 2.53125 + 1.8984375\} = 0.426$$

■ 6.2　排队系统问题描述

6.2.1　单线排队系统问题描述

单线排队系统是一种简单的离散事件系统，从物流系统的角度来看，它的各功能要素也很明确。

（1）实体。排队系统的实体包括顾客和服务台。一般情况下顾客服务结束后会离开系统，属于临时实体；服务台要自始至终给顾客提供服务，故多属于永久实体。

（2）属性。顾客的到达间隔时间、需求服务类型、服务台的服务时间等都是排队系统实体的属性。

（3）事件。排队系统的事件主要包括顾客进入系统、开始排队、开始服务、离开队列，服务台开始、结束或终止服务等，每一事件的发生都对相关实体的活动造成影响。

（4）活动。顾客的排队、服务，服务台的忙、闲、停等是排队系统的主要活动。

（5）进程。顾客从进入系统开始经过一系列排队、服务过程到离开系统构成一个进程。

【例 6-3】 单线排队系统。

某工厂仓库的工人按需向仓管员领取物资，领料工人到达的间隔时间服从指数分布，间隔时间期望为 5min，仓管员的领货时间服从三角分布，平均时间为 4min，最快 2min，最慢 5min，领急料工人具有优先领取的权利，但不能中断正在领料工人的服务，领急料工人数占领料工人总数的 30%。仿真运行半个工作日（4h），从排队长度的角度分析这个领料排队系统。

6.2.2 多线排队系统问题描述

由于多线排队系统的服务台有多个，它的排队规则相应复杂一些，顾客可能根据先后顺序排成一队，然后到空闲的服务台接受服务，如银行叫号系统，顾客也可能依次在每个服务台前排成一队，在排队过程中如果有短队形成，长队的队尾顾客可能还会有换队行为。多线排队系统的各项复杂排队规则使采用纯数学方法求解模型变得异常复杂，但如果采用建模仿真的方法进行分析相应会简单得多，这也是仿真分析的优势所在。

【例 6-4】 多线排队系统。

某银行营业厅设有 5 个窗口，进行储蓄和代发工资业务，供顾客存取款和提取工资之用。顾客有两类：一类是提取工资的，只能在 1、2 号窗口办理；另一类是存取款的，可在 1~5 号窗口办理。所有顾客按照先后顺序在能为自己提供服务的最短队列窗口前排队，排队之后不换队。

设顾客的到达间隔时间服从均值为 0.55min 的指数分布，提取工资间隔时间服从[1.5, 2.5]min 的均匀分布，存取款时间服从[1.5, 4.0]min 的均匀分布，若提取工资的顾客数占顾客总数的 20%，存取款的顾客数占顾客总数的 80%，仿真运行 200min，求出各窗口的服务率、排队长度和顾客在系统的平均逗留时间，根据结果分析银行排队系统窗口设置是否合理，如果有不合理的地方，提出相应的优化方案。

■ 6.3 排队系统建模

6.3.1 单线排队系统建模

6.2 节的领料过程是一个由领料工人排队、仓管员作为服务台的典型排队系统，在这个排队系统中各功能要素如表 6-3 所示。

表 6-3　领料排队系统功能要素

实体	属性	事件	活动	进程
普通领料工人	到达时间	到达、开始排队、接受服务、离开	排队、接受服务	领料
领急料工人	到达时间，优先接受服务	到达、开始排队、接受服务、离开	排队、接受服务	领料
仓管员	服务时间	服务开始、服务结束	忙、闲	—

在领料排队系统中，顾客的到达是随机的且间隔时间服从指数分布，属于个体到达，顾客源无限且排队系统没有容量限制；排队规则采用带有优先权的先到先服务规则；服务台数为 1，属于典型的单线排队系统。

由于领急料工人具有优先权，采取以下策略：普通领料工人排成一队（记为队 1），领急料工人排成另一队（记为队 2），仓管员先为队 2 服务，当队 2 排队长度为 0 时方为队 1 服务。以上过程用流图表示如图 6-8 所示。

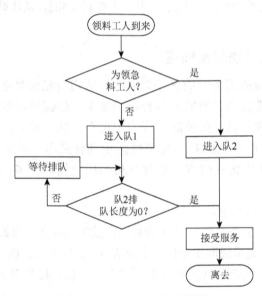

图 6-8　领料排队系统流程图

6.3.2　多线排队系统建模

对于 6.2 节的银行排队系统，可将其构造成一个由顾客和业务窗口构成的排队系统，前来银行接受两种服务的顾客构成了该排队系统的顾客源，他们按照所需服务找最短队排队，5 个窗口为前来排队的顾客提供服务。

（1）相继顾客到达间隔时间服从指数分布。

（2）服务时间服从均匀分布。

（3）服务台数为 5。

（4）系统容量：顾客不因队太长而放弃排队，故为∞。

（5）顾客源为∞。

（6）排队规则为先到先服务。

因此本排队系统类型记为 $M/U/5/\infty/\infty/FCFS$。

银行排队系统功能要素如表 6-4 所示。

表 6-4 银行排队系统功能要素

实体	属性	事件	活动	进程
存取款顾客	到达间隔时间	进入系统、进入队列、开始服务、离开	排队、接受服务	存取款
提取工资顾客	到达间隔时间	进入系统、进入队列、开始服务、离开	排队、接受服务	提取工资
1、2 号窗口	存取款服务时间 提取工资服务时间	开始服务、结束服务	忙	—
3～5 号窗口	存取款服务时间	开始服务、结束服务	闲	—

在这个银行排队系统中，到达的顾客按照自己的目的（存取款或提取工资）选择银行窗口：提取工资的顾客只能选择 1、2 号窗口，存取款的顾客可选择 1～5 号窗口。在能提供服务的窗口中，如果有空闲窗口，则可直接进入空闲窗口接受服务，否则选择最短的队列，依照次序接受服务，服务结束后离开本系统。以上过程用流程图表示如图 6-9 所示。

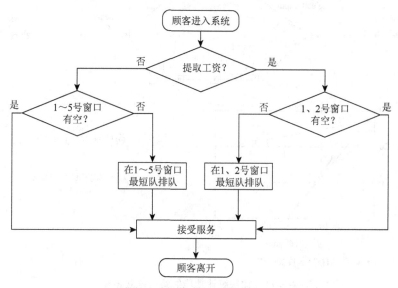

图 6-9 银行排队系统流程图

6.4 排队系统仿真

6.4.1 单线排队系统仿真

AnyLogic 的企业库拥有现成的处理模块对排队系统进行仿真分析，因此，本节中排队系统的仿真都用 AnyLogic 来完成。

首先，将领料排队系统的模型运行时间设定为 240 个仿真时间单位，操作如下：新建模型后，Simulation Main 项目中 Model time 页面的 Stop 栏选择 Stop at specified time，Stop time 属性值设为 240。

然后，在 AnyLogic 界面中放入以下对象：1 个 source、1 个 selectOutput、2 个 queue（命名为队列 1、队列 2）、1 个 delay、1 个 sink、1 个 hold。连接各对象，如图 6-10 所示。另外，为了对该仿真系统进行评价分析，加入以下对象：2 个 statistics、1 个 plot，如图 6-11 所示。

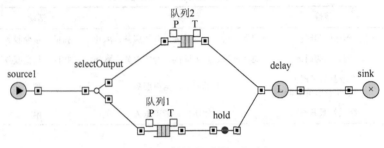

图 6-10　领料排队系统对象连接

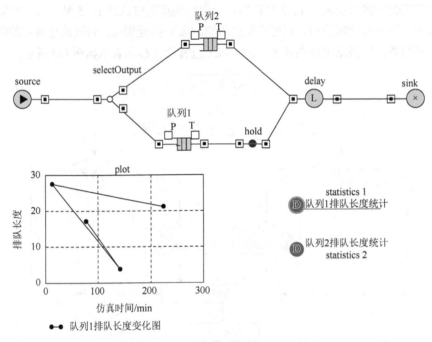

图 6-11　加入统计功能的领料排队系统

最后，对图 6-10 和图 6-11 中各对象进行说明（图 6-11 中"队列 1 排队长度变化图"为仿真未运行时的折线图，无实际意义）。

（1）source 指顾客源。根据仿真要求，顾客到达间隔时间服从期望为 5 的指数分布，故在其 General 页面的 Interarrive time 属性栏输入 exponential (0.2)，即顾客源服从指数分布且平均每个仿真时间产生顾客数为 0.2。同时需将 arrivals defined by Interarrive time 选项选上。

（2）selectOutput。两种工人分流排成两队，selectOutput 起到分流作用，领急料工人数占 30%，在 General 页面的 Probability 属性栏输入 0.3。

（3）hold 对普通领料工人具有限制作用，当队列 2 有实体时，阻断队列 1 中的实体离开，阻断状态由 setBlocked (true)控制。

（4）queue。selectOutput 分流出的工人在 queue 自动排队，分别给其命名为队列 1 和队列 2，其中，在队列 2 的 General 页面的 On exit 栏加入以下程序段：

```
if(队列 2.size()>0)hold.setBlocked(true);
else hold.setBlocked(false);
```

该程序在队列 2 中有实体离开时触发，含义为如果队列 2 排队长度不为 0，hold 阻断；否则，hold 开放。

（5）delay 的作用是实体在其中延时流出，用它来仿真仓管员对工人的服务过程，在 General 页面的 Delay time 栏输入 triangular (4, 7, 9)，含义为服务满足最小时间为 4 个仿真时间单位、平均时间为 7 个仿真时间单位、最大时间为 9 个仿真时间单位的三角分布。

（6）sink 指流程的终止，代表工人离去。

（7）statistics 用于统计两个队列的排队长度（最小值、最大值、均值），分别在 General 页面的 Value 属性栏中输入队列 1.size( )和队列 2.size( )。

（8）plot。队列 2 具有优先服务权，队列不会很长，因此只需用一个 plot 对象描述队列 1 的排队长度。在 General 页面的 Horizontal axis value 栏中输入 time( )，Vertical 栏中输入队列 1.size( )，即横坐标以时间作为参数，纵坐标以队列 1 的排队长度作为参数。

至此，领料排队系统的仿真模型在 AnyLogic 仿真软件上已经建立，6.5.1 节将对它运行并分析结果。

6.4.2　多线排队系统仿真

由图 6-9 可知，银行排队系统的基本流程是顾客流进入排队系统后，以 2：8 的比例分为两类人：一类提取工资；另一类存取款，该功能在 AnyLogic 中可以用 selectOutput 对象来实现。

第一类顾客可进入 1、2 号窗口，第二类顾客可进入 1～5 号窗口，读者可能想到采用多级 selectOutputEnter 实现，但如此操作仿真界面不够简洁，采用 exit 和 enter 对象可轻松解决此问题。紧接其后的排队—服务—离开采用 queue、delay（命名为窗口 1～窗口 5）、sink 对象实现。

银行排队系统对象连接如图 6-12 所示。

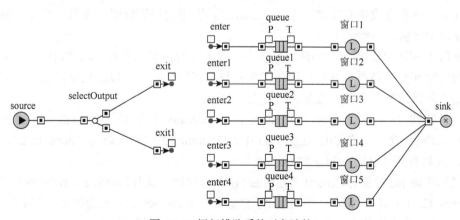

图 6-12　银行排队系统对象连接

仿真时间、顾客源的到达间隔时间、两类顾客区分、3～5 窗口的服务时间在软件中的设置参照 6.4.1 节，此处不再阐述。

下面说明 exit、enter 对象实现顾客分流进入队列的方法。

（1）在 exit 对象的 General 页面的 On exit 栏加入以下程序段：

```
if(queue.size()>queue1.size())enter1.take(entity);
else enter.take(entity);
```

程序说明：比较当前 queue、queue1 排队长度，如果 queue 排队长度大于 queue1 排队长度，则将实体（顾客）送入 enter1，否则送入 enter。该程序在有实体离开 exit 时触发。

（2）在 exit2 对象的 General 页面的 On exit 栏加入以下程序段：

```
int N=0,m,i;
int a[];
a=new int[5];
a[0]=queue.size();a[1]=queue1.size();
a[2]=queue2.size();a[3]=queue3.size();a[4]=queue4.size();
m=min(min(a[0],a[1]),min(a[2],min(a[3],a[4])));
for(i=0;i<5;i++)if(a[i]==m)N=I;
switch(N)
{
case0:enter.take(entity);break;
case1:enter1.take(entity);break;
case2:enter2.take(entity);break;
case3:enter3.take(entity);break;
case4:enter4.take(entity);break;
}
```

程序说明：将 queue～queue4（对应窗口 1～窗口 5）的当前排队长度给数组 a[ ]，找出最短队，将下标赋值给 N，并将当前实体进入 enterN。该程序在有实体离开 exit1 时触发。注意：本程序段中必须加入语句"break;"，否则程序运行时一个顾客可能同时进入多个窗口中排队，与实际不符。

窗口 1 和窗口 2 属于混编队，既含有提取工资的顾客也含有存取款的顾客，两种服务的服务时间分布是不一样的，因此需将两种顾客区分开。可以给实体添加一个属性，并根据不同属性采用不同的服务时间，操作如下。

（1）新建 Java 类，命名为 Customer，Superclass 栏选择 com.xj.anylogic.libraries.enterprise.Entity 选项，在 Customer Java 中，Customer 类中加入语句"booleanA;"，布尔变量 A 只具有两种取值：false 和 true。

（2）将 source 对象的 General 页面的 Entity class 属性栏设为 Customer，New entity 属性栏设为 new Customer( )，即产生的实体属于自定义的 Customer 类。后面如果某个对象需用到 Customer 类中定义的参数，也须将 General 页面的 Entity class 属性栏设为 Customer。

（3）在 selectOutput 对象的 On exit (true)栏中加入语句"entity.A = true;"，On exit (false) 栏中加入语句 "entity.A = false;"，此操作将出口 true 处的实体的变量 A 的值赋为 true，出口 false 处的实体的变量 A 的值赋为 false。

（4）设置窗口 1、窗口 2 的服务时间。在对象窗口 1 和窗口 2 的 General 页面中 Delay time 栏输入如下程序：

```
entity.A==true?uniform(1.5,2.5):uniform(1.5,4)
```

程序说明：如果进入的实体的参数 A 值为 true，则服务时间服从[1.5, 2.5]min 的均匀分布，否则服从[1.5, 4]min 的均匀分布。

现在整个银行排队系统模型已经能够运行，但是缺乏相应的统计数据，继续添加本系统的统计功能。

根据问题描述，要求出仿真 20min 时各窗口使用率、排队长度和顾客在系统的平均时间，排队长度可直接调用队列的 queue.size( )函数得到，但顾客在系统的平均时间和窗口使用率需要自定义参数才能求得。

首先，求出顾客在系统的平均时间。

（1）在 Customer Java 中，Customer 类中继续加入下面语句：

```
double EnterSystemTime;
double []BeginServiceTime=new double[5];
```

其中，double EnterSystemTime;声明了一个名为 EnterSystemTime 的双精度变量，用以记录实体进入系统的时间；double []BeginServiceTime = new double[5];声明了一个名为 BeginServiceTime 的双精度数组，数组共 5 个元素，分别记录实体在窗口 1～窗口 5 的开始服务时间。

（2）在 source 对象的 General 页面的 On exit 属性栏中输入 entity.EnterSystemTime = time( );，把当前时间设为该实体进入系统时间，该程序在有实体从 source 中送出时触发。

（3）增加 histogram data 对象，命名为 TimeInSystem，用于统计实体在系统中的时间。

（4）在 sink 对象的 General 页面的 On enter 属性栏中输入 TimeInSystem.add (time( )-entity. EnterSystemTime);，把当前时间减去实体进入系统时间（实体在系统的时间）送入 TimeInSystem 统计表中，该程序在实体进入 sink 时触发。

然后，求出各窗口的使用率。创建 10 个参数对象 parameter，其中 5 个参数反映实体的总服务时间，命名为 TotalServiceTime～TotalServiceTime4，另 5 个参数统计窗口使用率，命名为 ServiceRate～ServiceRate4，分别在各 delay 对象（已命名为窗口 1～窗口 5）中输入对应的程序段。以窗口 3 为例，在 General 页面的 On enter 栏中输入 entity.BeginServiceTime[2] = time( );，On exit 栏中输入 TotalService Time2+= (time( )-entity.BeginServiceTime[2]); ServiceRate2 = TotalServiceTime2/time( );，其他对象类推。

最后，统计排队长度，可以采用直方图统计对象（bar chart）对各排队长度进行动态显示，具体方法与 6.4.1 节的散点图对象（plot）类似，本节不再详细介绍。

经过以上步骤，银行排队系统在 AnyLogic 仿真软件中的模型完成，建成后的模型如图 6-13 所示，6.5.2 节将运行模型并分析其结果。

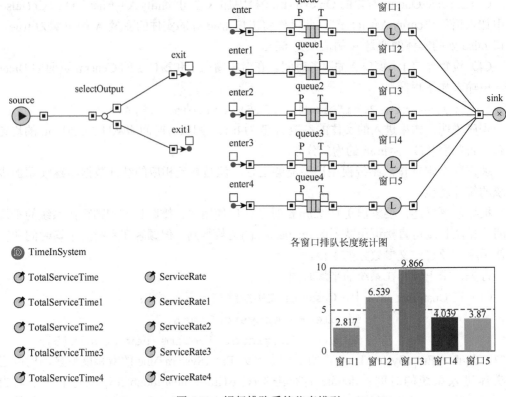

图 6-13　银行排队系统仿真模型

6.5　模型运行与结果分析

6.5.1　单线排队系统结果分析

运行 6.4.1 节的领料排队模型，得到的结果如图 6-14 和图 6-15 所示。

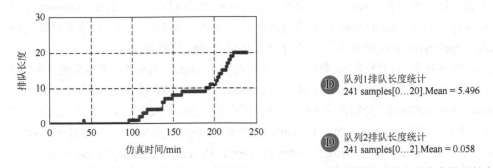

图 6-14　领料排队系统队列 1 排队长度走势图　　图 6-15　领料排队系统仿真结束排队长度统计

从图 6-14 和图 6-15 中可看出，对于队列 2，因领急料工人具有优先领料权利，排队长度最大值仅达到 2，均值为 0.058，可满足需求。队列 1 的排队长度从仿真开始到 100min 左右排队长度几乎为 0，但从 100min 以后逐渐增大，在 240min 时达到 20 左右，队列 1 的排队长度最大值为 20，均值为 5.496，虽然平均排队长度只有 5 左右，在可接受范围，但后期排队长度明显过大。因此，可考虑在开始领料 1.5h 左右增添仓管员以缓解排队系统压力。

6.5.2　多线排队系统结果分析

银行排队系统在 AnyLogic 中运行后的结果如图 6-16 所示。

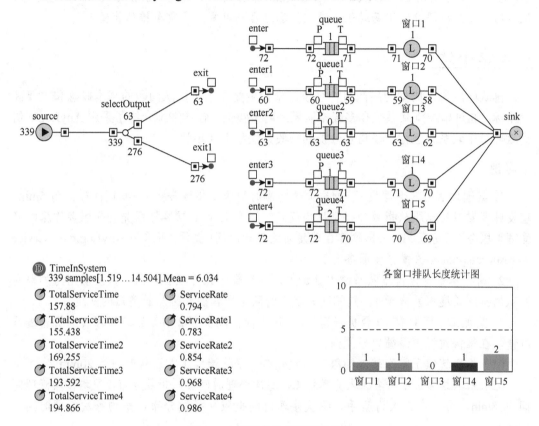

图 6-16　银行排队系统运行结果

首先分析顾客在系统时间，最短为 1.519min，最长为 14.504min，均值为 6.034min，这个数据对顾客来说属于可接受范围。

然后注意到在仿真结束时各窗口排队长度分别为 1、1、0、1、2，由于顾客选择最短队故排队长度比较相近，同时数值较小，读者从仿真运行过程中直方图的变化过程也会发现排队长度都在较小的范围内变化，没有形成排长队的现象，因此结合顾客在系统时间分析顾客对此系统的满意度都是较高的。

最后分析各窗口使用率。窗口 1～窗口 5 的使用率分别为 79.4%、78.3%、85.4%、96.8% 和 98.6%，窗口 4、窗口 5 基本没有空闲，窗口 1～窗口 3 的使用率也较高，都在 75% 以上，没有造成大量的资源浪费。

综合分析这个银行排队系统，从顾客方面考虑比较满意；从银行角度考虑服务效果也不错，不用进行太大的改进。当然如果希望完全消除服务台空闲，可试着减除 1 个窗口，但这样势必造成排队长度的增加，具体结果请读者自行仿真分析。

【综合案例】假设某物流场站平均每小时接待 30 辆货车装卸货物，货车到达间隔时间服从指数分布，货车装或卸货物的需求服从随机分布。场站最多可安排的站台数为 5 个，每个站台平均用 20min（装和卸各 10min）来接待一辆货车，服务时间服从正态分布。试运用仿真分析评价：①场站服务流程；②站台利用率；③货车排队长度。

■ 本章小结

排队问题属于典型的离散事件系统，本章主要介绍了排队问题的基本概念和主要评价指标，通过单线排队系统和多线排队系统两个实例，较详细地介绍了采用 AnyLogic 仿真软件对排队系统进行建模仿真分析的一般方法和主要步骤。

➤习题

1. 某理发店有 3 名理发师，顾客到达间隔时间服从指数分布，平均间隔时间为 5min，理发师理发时间也服从指数分布且平均理发时间为 12min，顾客按照先到先服务的原则接受理发服务。请仿真 2h，求出顾客在理发店的平均时间（提示：可采用 AnyLogic 的 service 和 resource pool 对象模拟多服务台）。

2. 请在本章的银行排队系统中试加入以下逻辑：允许顾客换队，换队规则为如果有两队的排队长度相差大于 1，则排队长度大的队尾顾客换到排队长度短的队尾。

3. 某加工车间共有 10 台机器运转，在该车间内配备有 2 名维修工对停转的机器进行维修，在维修过程中遵循以下原则：

（1）机器连续正常运转时间服从指数分布，平均连续正常运转时间为 20min。

（2）2 名维修工中一名工人为熟练工，每次修理时间服从指数分布，平均每次修理时间为 8min，另一名工人为新手，每次修理时间也服从指数分布，平均每次修理时间为 12min。

（3）每台机器同时只能由一人修理，机器停转时如果 2 名维修工同时空闲，优先由熟练工修理。

（4）维修机器的顺序采取先停转先维修的原则。

对于上述这样一个维修系统，仿真分析一个工作日（8h）中机器平均停转时间以及 2 名维修工的实际工作时间，并对该系统进行评价。

第 7 章

库存系统建模与仿真

➢ **本章学习目的与要求**

　　库存系统是物流大系统中重要的子系统,对于库存的控制也是物流研究中的一个重要领域。把库存量控制到最佳数量,用最少的人力、物力、财力把库存管理好,能提高物流效率并有效避免资源的浪费,促进区域间的交流与协调发展,为交通强国战略提供可靠助力,也是企业之间竞争生存的重要一环。通过本章学习,要求了解库存系统仿真中确定型库存控制模型与随机型库存控制模型的基本特征;掌握建立随机型库存控制模型的思路与方法;能够熟练运用 AnyLogic 建立基于多 Agent 的库存系统仿真模型。

　　【导入案例】在宝洁(中国)有限公司 2013 年伊始的供应链小组分析会议上,大家发现一个令人头疼的问题:宝洁洗护用品拥有大量的库存,但是客户订单的满足率仅有90%。洗护品类是宝洁最重要的商品,其共有 200 个库存单元(stock keeping unit, SKU),任何时刻都有 10% 的商品脱销,而且系统中大量库存并没有降低断货率。那么,这些库存都放在了哪些地方?是什么商品占用了大量的库存?为什么没有在客户需要的时候进行补货?

■ 7.1　库存系统概述

　　供应链中的物品一般有两种状态属性:一种是流动状态;另一种是静止状态。例如,在运输过程中的物品处于流动状态,在物流节点处存储的物品处于静止状态。物品在流通过程中的暂时静止就产生了库存。

　　库存(inventory)是指用于将来的、暂时处于闲置状态的资源。库存的作用包括防止生产中断、节省订货费用、稳定供应能力、改善服务质量、防止短缺等。但是,库存也带有一定弊端,如占用大量资金,产生一定的库存成本,掩盖了企业生产经营中存在的问题。在供应链管理过程中,既要充分发挥库存的缓冲作用,又要着力控制不合理库存给供应链效率带来的不利影响,这是库存系统中要解决的主要问题。

7.1.1　库存系统的概念

　　库存系统(inventory system)是指由供应链中企业设置的各库存节点及其构成的库

存网络、库存控制策略以及与库存密切相关的生产与运输作业共同构成的体系。供应链中每个节点企业都有自己的原材料、在制品、产品库存，并且这些企业内的库存存在一定的内部供需关系，同时各企业之间存在一定的供求关系，这样整个供应链的库存系统构成了一个网络。大量的物料从这个网络中通过，形成动态的流动和存储过程，最终完成整个系统对最终用户需求的响应。

通常情况下，库存系统不是由一个独立的库存点构成的。多个库存点构成的库存系统在企业生产运营中更为常见，称为分布式库存系统（distributed inventory system）。分布式库存系统是由多个库存点组成的分布式库存网络，各库存点存储的产品相互具有可替代性，库存点之间可基于一定的协议或统一协调指令进行库存的相互转移，以达到提高客户服务水平、分担库存风险、降低库存成本的目的。

从系统仿真的角度来看，库存系统是典型的离散事件系统，在输入系统客户需求的推动下，库存系统中的库存量一直处于动态变化中。当库存系统中包括多级供需方、多种供需关系时，由于大量不确定性因素的影响，系统的分析与优化难度增大，一般很难用解析方法准确把握系统中事件与活动状态的变化。离散事件系统仿真能够准确地记录系统各环节的状态变化情况，并根据这些记录得到系统各评价指标的统计结果。

目前对供应链环境下的库存系统仿真研究主要关注牛鞭效应的定量研究、信息共享对供应链库存控制影响的研究、不同竞争与合作模式对库存控制影响的研究以及供应链库存控制绩效评价等。例如，用仿真方法比较一般预测的库存补充策略和基于合作预测的库存补充策略对供应链性能的影响；库存管理模式和传统供应链库存模式对供应链绩效的影响等。

7.1.2　库存系统的成本构成

库存系统仿真建模时需要对仿真结果进行分析与评价，通常以库存成本作为分析与评价的重要依据，其中涉及的库存成本主要包括以下四类。

1. 交易成本

交易成本（transaction cost）主要由订货成本（ordering cost）和货物成本（merchandise cost）构成。

1）订货成本

订货成本是指为了购买物资向供应商发出订单所产生的管理与办公费用，如采购人员的工资，因采购产生的通信费用、交通费用等。通常订货成本与订货次数有关，与订货量无关。单位时间内的订货成本统计方法为

$$订货成本 = 订货次数 \times 单次订货成本 = \frac{总需求量}{订货批量} \times 平均单次订货成本 \qquad (7\text{-}1)$$

2）货物成本

货物成本是指采购货物时的购买成本，该成本与供应商对货物的定价相对应。每次采购的货物成本统计方法为

$$货物成本 = 货物单价 \times 货物数量 \qquad (7\text{-}2)$$

每次的交易成本的统计方法为

$$交易成本 = 单次订货成本 + 货物成本 \tag{7-3}$$

2. 库存持有成本

库存持有成本（holding cost）是指为保持适当的库存而发生的成本，包括库存商品所占用的资金成本、库存服务成本（相关保险和税收）、仓储空间成本以及库存风险成本等。不同物品的库存持有成本实际是有差异的，但在库存系统建模与仿真中通常选用一种适用于主要产品类型的成本参数作为通用标准。库存持有成本的统计方法为

$$库存持有成本 = 平均库存量 \times 单位时间内单位货物的存储费用 \tag{7-4}$$

3. 缺货成本

缺货成本（shortage cost）是指库存供应中断而造成的损失，包括缺货造成的延迟发货损失和丧失销售机会的损失，以及缺货导致的商誉损失。缺货成本是衡量采购价值与销售服务水平的一项重要指标。但事实上明确计算缺货成本是有难度的，在系统仿真中通常根据企业运营过程中的相关数据取估计值作为统计该项成本的参数。缺货成本的计算方法为

$$缺货成本 = 缺货数量 \times 单位货物的缺货费用 \tag{7-5}$$

4. 调拨成本

调拨成本（transshipment cost）是指由库存的调入或调出而付出的代价，与库存调拨量和调拨次数有关。调拨是发生在分布式库存系统中的一种库存转移行为，指库存点之间为了缓解短期库存短缺压力而相互进行库存转移。这种成本是分布式库存系统所特有的一项成本。调拨成本的计算方法为

$$调拨成本 = 调拨数量 \times 单位货物的调拨成本 \times 调拨次数 \tag{7-6}$$

7.1.3 库存系统策略体系

库存系统策略体系主要表现为库存管理方式、订货策略、补货策略三方面，在分布式库存系统中还包括调拨策略。

1. 库存管理方式

（1）供应商管理库存方式。供应商管理库存方式的主要思想是供应商在企业允许的情况下设立库存，确定库存量和补给策略，并拥有库存控制权。合理地选择供应商管理库存方式，可以降低供应链的库存量，降低成本，企业还可以获得高水平的服务，改进资金流，与供应商共享需求变化的透明性和获得更好的用户信任度。

（2）零售商管理库存方式。零售商管理库存方式是相对供应商管理库存方式而言的一种传统库存管理方式。在这种库存管理过程中，零售商与供应商的功能界限分明，零售商根据自身需要向供应商提出订货要求，供应商在一定时间窗口内满足零售商的订货需求。这种库存管理方式简单易行，对信息共享的要求比较低。

2. 订货策略

订货策略包括独立订货策略与联合订货策略，以及无价格折扣的订货策略和有价格折扣的订货策略。

（1）独立订货策略。独立订货策略是相对于联合订货策略而言的一种传统订货策略。企业根据自身库存管理原则与目标确定订货量和订货周期，其决策过程不受其他系统成员影响。

（2）联合订货策略。联合订货策略是指多家企业结成订购联盟，在订购时将原本零散的订单合并为同一份订单，从而以较大的批量获得更多的优惠条件。该订货策略的优势是可以为企业降低一定的订购成本，但是由于需要协调各企业的订货时间等，实施难度较大。

（3）无价格折扣的订货策略。无价格折扣的订货策略是相对于有价格折扣的订货策略而言的，指企业订货的价格与订货量无关，即无论订购多大批量都不享受价格折扣。该策略可与独立订货策略或者联合订货策略结合使用。

（4）有价格折扣的订货策略。有价格折扣的订货策略是指企业订货的价格随订货量的不同而有不同程度的优惠，通常情况下订货量越大，供应商提供的价格折扣额度也越大，但企业在对这一策略进行考察时需要注意是不是会产生过多的剩余库存，避免使订货成本变相转移为库存成本。该策略可与独立订货策略或者联合订货策略组合使用。

3. 补货策略

根据库存检查方式，补货策略可分为周期性库存检查策略和连续性库存检查策略。

（1）周期性库存检查策略。周期性库存检查策略的特点是按固定的检查周期对库存状态进行调查，并在此基础上确定订货量。具体包括 (t, S) 策略和 (t, R, S) 策略。

（2）连续性库存检查策略。连续性库存检查策略的特点是需要对库存量的变化状态进行持续关注，随时可能进行订货。具体分为 (Q, R) 策略和 (R, S) 策略。

4. 调拨策略

根据客户需求到达与调拨的时间顺序可以将库存调拨策略分为应急性库存调拨策略与预防性库存调拨策略；根据分布式库存系统成员的库存共享程度可以将库存调拨策略分为部分共享库存调拨策略与完全共享库存调拨策略；根据调拨决策的判断条件可以将库存调拨策略分为最小费用策略、最大库存策略、最近点策略和随机策略。

（1）应急性库存调拨策略。应急性库存调拨策略是指客户需求已经到达，而库存点当前库存量不足以在客户需求提前期内满足客户需求时，从其他库存供应能力有余的库存点处紧急调拨库存以满足当前客户需求的库存调拨策略。

（2）预防性库存调拨策略。与应急性库存调拨策略不同，预防性库存调拨行为发生在需求产生之前，因此库存调拨决策完全基于对未来需求的预测，当预测结果显示该库存点在未来某个时刻将出现缺货时，提前向其他库存点请求调拨。

（3）部分共享库存调拨策略。在部分共享库存调拨策略下，库存点考虑调拨能力时比较保守，只将部分库存用于调拨给其他库存点，从而保证自身供应能力，降低自身缺货风险。

（4）完全共享库存调拨策略。这是一种较极端的库存调拨策略。采用完全共享库存调拨策略的库存点调拨保有量为零，即该系统成员可以将其所有的库存与缺货的库存点共享。

（5）最小费用策略。最小费用策略是指缺货的库存点在选择调拨合作对象时以调拨费用最小为筛选原则。

（6）最大库存策略。调拨通常会在一定程度上提高调出库存的库存点的缺货风险，而库存量较大的库存点的抗风险能力较大，因此在采用最大库存策略时可直接向当前库存量最大的库存点发出调出库存的指令。

（7）最近点策略。最近点策略是指缺货的库存点从可以调拨的库存点中选择最近的一个库存点进行调拨协作。

（8）随机策略。随机策略是指在对可以调拨的库存点进行选择时随机选择一个或多个库存点进行调拨。

7.2 库存系统问题描述

7.2.1 库存系统基本要素

在拉动式库存系统中，客户需求的陆续到达会触发一系列事件，导致库存系统的状态发生变化，可见库存系统是典型的离散系统。以下将从离散系统的基本要素角度对库存系统进行描述与分析。

1. 实体

在库存系统中，货物从外部进入仓库，又根据客户需求离开仓库，是临时实体。库内的货位、搬运的机器和车辆等从始至终都保留在系统内部，是永久实体。

2. 属性

在库存系统中，货物实体的数量、到达时间、价格、保值期，以及仓库货位实体的占用状态等是需要重点关注的实体属性。

3. 事件

库存系统中的事件主要包括客户需求到达、货物入库、货物出库、订单发出等。这些事件的发生对库存系统的状态产生影响。

4. 活动

事件与事件之间的过程称为活动。例如，货物的到达是一个事件，由于这一事件的发生，库存系统的库存量发生变化，从此刻起直至这一货物离开仓库，货物都处于在货位中存储的状态，也可以说处于存储活动中。存储活动的开始或结束标志着货物的到达和离去，也标志着货位的空闲与非空闲的转变。

5. 进程

有序的事件与活动组成的过程称为进程。例如，一批货物进入仓库，经过在货位的存储，直到出库，该批货物经历了一个进程。

研究库存系统要解决的核心问题是如何在成本尽可能低的情况下保证需求被及时和足量满足。库存在保证供应能力的同时也占用资本，因此必须在库存持有量与库存成本之间寻求平衡点。实际的库存系统十分复杂，但在库存系统的学术研究中库存问题被不同程度地简化，并逐渐形成了较为固定的模型。经过总结，库存控制模型可以分为确定型库存控制模型与随机型库存控制模型两类。确定型库存控制模型中数据都是确定的数值，随机型库存控制模型中含有随机变量。

7.2.2　确定型库存控制模型

确定型库存控制模型主要包括四种，它们的区别在于是否考虑缺货和生产时间是否可以被忽略。为便于对比，表 7-1 列出了这四种模型的假设条件。

表 7-1　确定型库存控制模型

假设条件	模型一	模型二	模型三	模型四
是否考虑缺货	否	否	是	是
是否考虑补货提前期	否	是	否	是
需求是否连续均匀变化	是	是	是	是
订货批量是否变化	是	是	是	是
单位存储量是否变化	是	是	是	是

确定型库存控制模型中不存在随机变量，比较容易进行成本分析。成本分析的一般过程如下。

（1）分析成本构成。在不同的假设条件下，模型的成本构成不同。例如，在模型一中不考虑补货提前期和缺货的情况，一旦货量不足，立即可以得到补充，不需要考虑缺货费用，模型的总费用由存储费用与订货费用构成；在模型四中存在缺货的情况，必须考虑缺货费用。

（2）计算单项成本。一般情况下，需要计算的单项成本包括交易成本、库存持有成本、缺货成本，可以根据式（7-1）～式（7-5）分别计算。

（3）计算总费用，求极值。将各单项成本加和，求导得到最佳订货周期和订货批量，这样求出的批量为经济批量，在经济批量下计算出的费用为最低费用。

7.2.3　随机型库存控制模型

随机型库存控制模型考虑了实际情形中客户需求的不确定性，将客户需求设为某种随机数。由于需求的波动性较大，必须设置安全库存保证库存控制的可靠性。随机型库存控制模型通常采用周期性库存检查策略和连续性库存检查策略决策何时补货以及补多少货的问题，其中，周期性库存检查策略包括 (t, S) 策略和 (t, R, S) 策略两种，连续性库存检查策略包括 (Q, R) 策略和 (R, S) 策略两种。

1. (t, S) 策略

(t, S) 策略是定期检查一次库存，并发出一次订货，订货量根据当前库存量与最大库存量确定。如图 7-1 所示，若在检查库存时的库存量为 I，为了把现有库存补充到最大库存量 S，订货量为 $S-I$。经过一定的时间（补货提前期 LT），库存得到补充；经过一个固

定的检查周期 t，又发出一次订货；经过一定的时间，库存又达到新的高度。如此周期性检查库存，不断补给。该策略不设订货点，只设固定检查周期和最大库存量。该策略适用于一些不很重要的或使用量不大的物资。

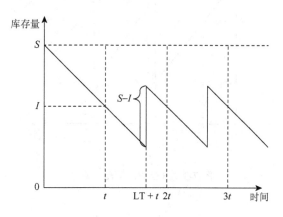

图 7-1 (t, S) 策略示意图

2. (t, R, S) 策略

(t, R, S) 策略在 (t, S) 策略的基础上加入了固定订货点 R。如图 7-2 所示，t 为固定的检查周期，S 为最大库存量，R 为固定订货点，即安全库存。当经过一定的检查周期 t 后，若库存量低于订货点 R，则发出订货，订货量为 $S–I$；否则，不订货。经过一定的补货提前期 LT 后库存得到补充，到下一个库存检查点时再将剩余库存与固定订货点相比较，以确定是否订货，如此周期性循环。该策略适用于使用量不大，但价值较高的物资。

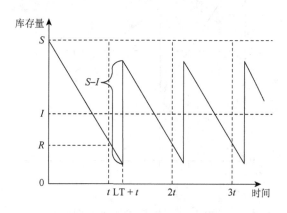

图 7-2 (t, R, S) 策略示意图

3. (Q, R) 策略

(Q, R) 策略是指对库存进行连续性检查，当库存降低到订货点 R 时，即发出订货，每次的订货量保持不变，都为固定值 Q，如图 7-3 所示。该策略适用于需求量大、缺货费用较高、需求波动性不大的物资。

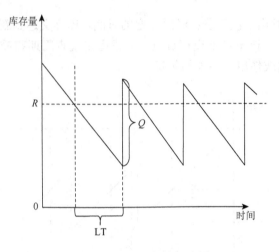

图 7-3　（Q, R）策略示意图

4.（R, S）策略

（R, S）策略是指连续检查库存状态，当发现库存低于订货点 R 时，开始订货，订货后使最大库存保持为常量 S，若发出订单时库存量为 I，则其订货量为 $S–I$，如图 7-4 所示。该策略和（Q, R）策略的不同之处在于其订货量按实际库存而定，因而订货量是可变的。该策略适用于需求量大、缺货费用较高、需求波动性大的物资。

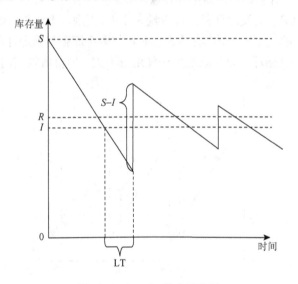

图 7-4　（R, S）策略示意图

随机型库存控制模型的成本计算原理与确定型库存控制模型相同。

■ 7.3　库存系统建模与仿真模型设计及案例分析

库存系统建模与仿真的主要对象是仓库，同时包括向库存系统输入需求信息的客户和向库存系统供货的供应商。因此，通常情况下库存系统模型分为三层结构，如图 7-5 所示。

7.3.1　库存系统建模方法

库存系统建模的目的是建立一个与实际的库存系统相对应的模型，使该模型能模拟实现库存系统的基本功能，反映实际的库存系统中存在的问题，并借助该模型分析解决问题的方案。因此，首先需要对模型的功能与结构进行定义。

模型功能的实现是建立在一系列事件、活动、进程等基本要素的基础上的。库存系统的主体是仓库，仓库中主要存在两种进程，分别是客户需求处理进程、库存检查与补货进程，下面依次对这两种进程中的主要事件、活动进行介绍。

1. 客户需求处理进程

如图 7-6 所示，客户需求处理进程主要由两种事件交替发生，即需求到达和需求处理（包括需求被满足或未满足两种情况），由于一定时间内到达的需求可能不会马上被处理，需求在到达与处理期间处于排队活动中。根据对这一进程的分析，模型中的仓库需要具备的功能包括接收客户需求、需求排队（一般是先进先出）、需求处理等。

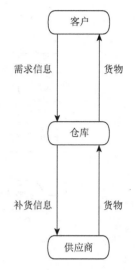

图 7-5　库存系统模型层次结构图

图 7-6　客户需求处理进程

2. 库存检查与补货进程

如图 7-7 所示，库存检查与补货进程中的事件包括检查库存、发现缺货、发出补货需求、补货到达。通过对各种货物的库存盘点，获知当前库存信息，如果发现缺货，立即统计需要补货的种类与数量，并通知供应商补货。根据对这一进程的分析，模型中还应该具备的功能有库存检查、统计与发出补货需求、接收补货等。此外，在任何一种进程中，都必须同步统计成本，因此成本统计功能是不可缺少的。

图 7-7　库存检查与补货进程

以同样的方法可以分析出模型中客户应具备的功能包括产生客户需求、接收货物；

供应商应具备的功能包括接收补货需求、提供补货。

综合以上分析，库存系统模型的功能结构如图 7-8 所示。

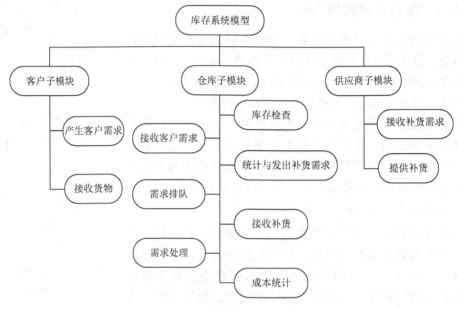

图 7-8　库存系统模型的功能结构

以上是对库存系统模型功能与结构的一般性分析，可适用于大多数情形下的库存系统。针对具体库存系统进行建模与仿真时，需要进一步分析模型涉及的细节问题。

7.3.2　库存系统仿真实例

下面通过一个库存系统的实例说明库存系统仿真的具体思路。某企业向客户销售单种产品，其库存系统由客户、仓库、供应商三部分组成。具体描述如下。

（1）客户需求服从均值为 500 件/天、方差为 12 的正态分布。客户需求提前期服从均值为 2.5 天、方差为 0.8 的正态分布。

（2）仓库最大库存量为 3000 件，安全库存设为 3 天（按每天均值为 500 件计算）。仓库根据客户需求组织供货，货物从出库到送达的运输时间为 2 天。库存采用连续性库存检查策略检查库存，一旦出现缺货风险立即向供应商发出补货需求。若缺货，仓库付出的缺货成本为产品单价的 15%。

（3）供应商供应能力无限，补货的在途时间为 1.5 天。

建模需要的参数值如表 7-2 所示。

表 7-2　参数列表

参数名称	参数值	参数名称	参数值
单位订购成本/元	200	单位缺货成本/元	30
单次订购成本/元	500	最大库存量/件	3000

续表

参数名称	参数值	参数名称	参数值
单位持有成本/(元/(件·天))	2	安全库存/件	1500
需求函数/件	normal(500, 120)	单位销售价格/元	280
需求提前期函数/天	normal(2.5, 0.8)	(Q, R) 策略中固定订货量/件	1500
补货提前期/天	1.5		

根据以上问题描述，将仿真模型的主体部分分为仓库 Agent、供应商 Agent 两个部分，各部分的结构及其控制关系如图 7-9 所示。其中仓库 Agent 对应图 7-8 中的仓库子模块，订单管理部分实现接收客户需求、需求排队、需求处理的功能，库存控制部分实现库存检查、统计与发出补货需求、接收补货的功能，成本统计部分实现成本统计的功能。

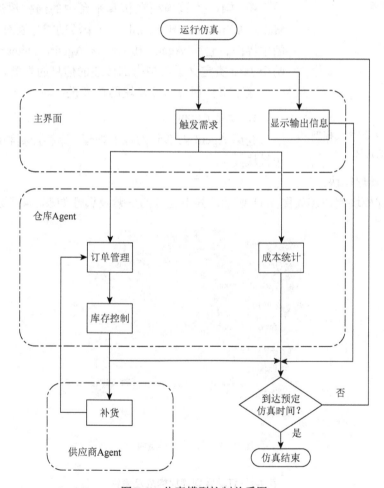

图 7-9　仿真模型控制关系图

以 AnyLogic Advanced 6.2.2 为仿真平台，对该库存系统实例建立仿真模型。
首先对仿真模型需要用到的主要控件类型进行介绍，如表 7-3 所示。

表 7-3 主要控件说明

类型名	含义
plain variable	变量，用于存储仿真过程中产生的数据
dataset	数据集，用于存储变量的数据集合，存储的数据可呈现为图表
collective variable	收集变量，存储的数据以一定顺序排列
function	函数，通过编写程序代码定义行为
parameter	参数，用于存储事先定义的参数
statistics	统计变量，用于统计某一变量的均值、最小值、最大值等
dynamic event	动态事件，定义在一定触发条件下将发生的事件

库存系统建模仿真
> Main
> Supplier
> Warehouse
  Demand
  Order
> Simulation: Main
  运行配置: Main
  数据库

图 7-10 库存系统仿真模型
结构树形图

图 7-10 为该模型在仿真平台中的结构树形图。其中 Main、Warehouse 和 Supplier 三个活动类分别对应图 7-9 中的主界面、仓库 Agent 和供应商 Agent，Demand 与 Order 两个 Java 类定义了模型内部传递的信息的类型。

接下来分别说明各模块的仿真设计。

1. 仓库 Agent

仓库 Agent 内部分为订单管理、库存控制和成本统计三个模块。

1）订单管理模块

订单管理模块完成图如图 7-11 所示，其中包含的变量及属性如表 7-4 所示。

图 7-11 订单管理模块

表 7-4 订单管理模块构成及属性

变量名称	变量类型	作用	备注
backoff	plain variable	未能满足的订单数量	数值类型为 int
backOffAmount	plain variable	未能满足的客户需求量	数值类型为 int

变量名称	变量类型	作用	备注
fulfilled	plain variable	已经满足的订单数量	数值类型为 int
fulfilledAmount	plain variable	已经满足的客户需求量	数值类型为 int
serviceLevel	plain variable	仓库的服务水平	数值类型为 double
serviceLevelDS	dataset	统计仓库服务水平变化情况的数据集	以 serviceLevel 为数据基础
demands	collective variable	已经到达的订单按到达时间顺序进行排列的队列	数据收集方式为队列
checkDemands	function	对订单进行处理的功能函数	—
backlog	function	统计正在排队的订单总量的功能函数	—

当客户订单到达时，首先由收集变量 demands 按照先进先出的原则对订单进行排队，然后由功能函数 checkDemands 按订单到达的时间顺序处理订单，满足客户需求。在这个过程中变量 backoff 统计了仓库因库存不足未能满足的订单数量,每当订单不能被满足时,变量 backoff 就更新一次，变量 backOffAmount 则用来统计未能满足的客户需求量，从而为核算缺货成本提供依据；变量 fulfilled 对已经满足的订单数量进行累计，变量 fulfilledAmount 对已经满足的客户需求量进行统计，为核算收益提供依据；变量 serviceLevel 与变量 fulfilled、变量 backoff 相关，是根据变量 fulfilled/（变量 fulfilled+变量 backoff）计算得到的百分数，是判断仓库当前库存策略优劣的重要指标。订单管理模块工作机制如图 7-12 所示。

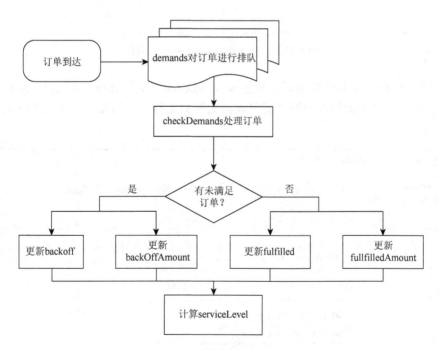

图 7-12　订单管理模块工作机制

下面详细说明该模块内部主要功能函数 checkDemands 和数据集 serviceLevelDS。
功能函数 checkDemands 是这一模块的核心，函数流程如图 7-13 所示。

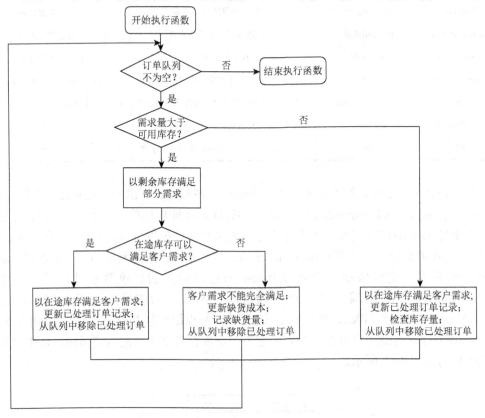

图 7-13　功能函数 checkDemands 流程

数据集 serviceLevelDS 用来记录变量 serviceLevel 的变化过程，该数据集具体设置如
图 7-14 所示，在圈出的栏内填写其需要收集的数据名称，并根据实际需要选择是否自动
更新数据。

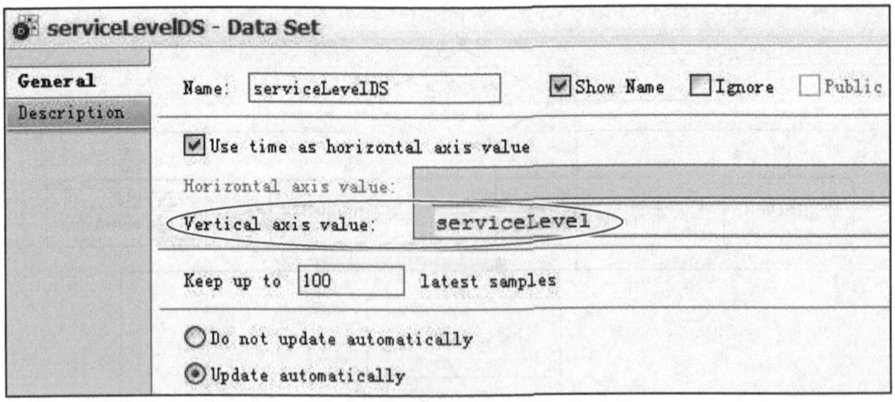

图 7-14　数据集 serviceLevelDS 具体设置

2）库存控制模块

库存控制模块完成图如图 7-15 所示，包含的变量及其属性见表 7-5。

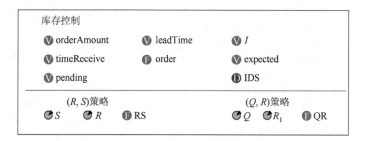

图 7-15　库存控制模块

表 7-5　库存控制模块构成及属性

变量名称	变量类型	作用	备注
S	parameter	采用（R, S）策略时的最大库存量 S	数据类型为 int
R	parameter	采用（R, S）策略时的订货点 R	数据类型为 int
Q	parameter	采用（Q, R）策略时的固定订货量 Q	数据类型为 int
R_1	parameter	采用（Q, R）策略时的订货点 R_1	数据类型为 int
RS	function	执行（R, S）策略时的订货功能函数	—
QR	function	执行（Q, R）策略时的订货功能函数	—
order	function	检查库存并及时向供应商订货的功能函数	—
orderAmount	plain variable	历史总订货量	数据类型为 int
timeReceive	plain variable	在途库存即将到达的时刻	数据类型为 double
pending	plain variable	以在途库存满足的客户需求量	数据类型为 int
leadTime	plain variable	补货提前期	数据类型为 double
I	plain variable	仓库当前库存量	数据类型为 int
expected	plain variable	在途库存	数据类型为 int
IDS	dataset	统计仓库在库库存变化情况的数据集	以 I 为数据基础

实例说明中要求仓库以连续性库存检查策略控制库存，因此在此模型中同时考虑两种库存控制策略：当选择（R, S）策略时，运行过程中仓库 Agent 将执行功能函数 RS( )，即当可用库存量低于（R, S）策略订货点 R 时，即向供应商发出订货请求，订货时的订货量刚好使库存达到最高水平，同时更新在途库存信息；当选择（Q, R）策略时，运行过程中仓库 Agent 将执行功能函数 QR( )，此策略下将订货点设置为 R_1，即当可用库存量低于 R_1 时，向供应商订货，订货量固定为 Q。在这个过程中，每次的订货量都被累加，同时每次订货时都会记录订货时刻，并根据固定的订货提前期计算出该批次补货将抵达的时刻，记录在变量 timeReceive 中，这一过程如图 7-16 所示。

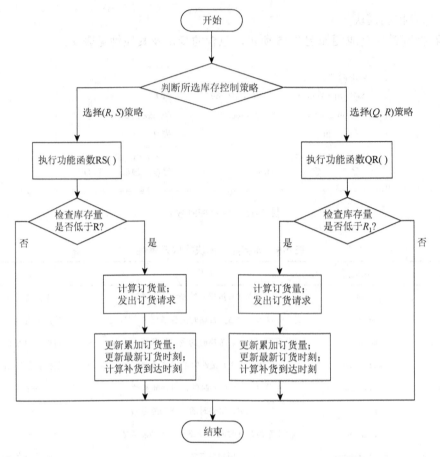

图 7-16　库存控制模块工作机制

3）成本统计模块

成本统计模块如图 7-17 所示，统计的成本项为交易成本、缺货成本和库存持有成本。将总收入减去这三项成本的总和后，得到净收益。成本统计部分包含的变量及其属性见表 7-6。

图 7-17　成本统计模块

表 7-6　成本统计模块构成及属性

变量名称	变量类型	作用	备注
totalCostAccount	function	核算总成本的功能函数	—
transactionCost	statistics	记录每次订货成本的数据集	—
holdingCost	statistics	记录每天库存持有成本的数据集	—
shortageCost	statistics	记录每次缺货成本的数据集	—
MerchandiseCostPerItem	parameter	单位交易成本	数据类型为 double
ShortageCostPerItemLT	parameter	单位缺货成本	数据类型为 double
HoldingCostPerItem	parameter	单位库存持有成本	数据类型为 double
OrderingCost	parameter	订购成本	数据类型为 double
SellPrice	parameter	销售价格	数据类型为 double
Benefit	plain variable	总收益	数据类型为 double
totalCost	plain variable	总成本	数据类型为 double

数据集 transactionCost、shortageCost 和 holdingCost 的具体设置方法如图 7-18 所示。

图 7-18　数据集具体设置

成本统计模块的统计工作贯穿模型运行过程中，各种成本统计出来后都可以形成图表显示在运行界面上，这样可以直观了解模型运行效果。

成本统计模块中的 totalCostAccount 是核算整个仓库总成本的功能函数，该函数可由其他模块中的功能函数调用，每次被调用时返回当前仓库 Agent 发生的总成本值，该函数的代码非常简单，详情如下：

```
holdCost=holdingCost.sum();//更新库存持有成本
transCost=transactionCost.sum();//更新订货成本
shortCost=shortageCost.sum();//更新缺货成本
totalCost=holdCost+transCost+shortCost;//统计总成本
SELL=SellPrice*fulfilledAmount;//统计销售额
```

以上介绍的订单管理、库存控制和成本统计三个模块并不是孤立的，不同模块之间通过函数相互调用，使仓库 Agent 准确无误地执行各项基本功能，从而起到模拟仓库行为的作用。

2. 供应商 Agent

供应商 Agent 如图 7-19 所示，其中包含的变量及属性如表 7-7 所示。

图 7-19　供应商 Agent

表 7-7　供应商 Agent 变量与属性

变量名称	变量类型	作用	备注
leadTime	plain variable	补货提前期	数据类型为 double
orders	collective variable	已经到达的补货需求按到达时间顺序进行排列的队列	收集数据方式为队列
checkOrders	function	对补货需求进行处理的功能函数	—
Replenishment	dynamic event	按提前期要求定时发出补货	—

变量 Replenishment 用于定义补货行为，属性设置如图 7-20 所示。使用这种变量时的代码语法为

create_Replenishment(double dt,Order shipment,Port destination)

其中，double dt 为 double 型的延长期，如果该语句在 t 时刻执行，则补货行为在 $t+\mathrm{d}t$ 时刻发生；Order shipment 为在 Replenishment 中定义的 Order 类型的 shipment（货物），表示补货时发出的货物类型为 Order；Port destination 为在 Replenishment 中定义的 Portable 类型的 destination（目的地），表示该批次货物需要发往的目标端口。

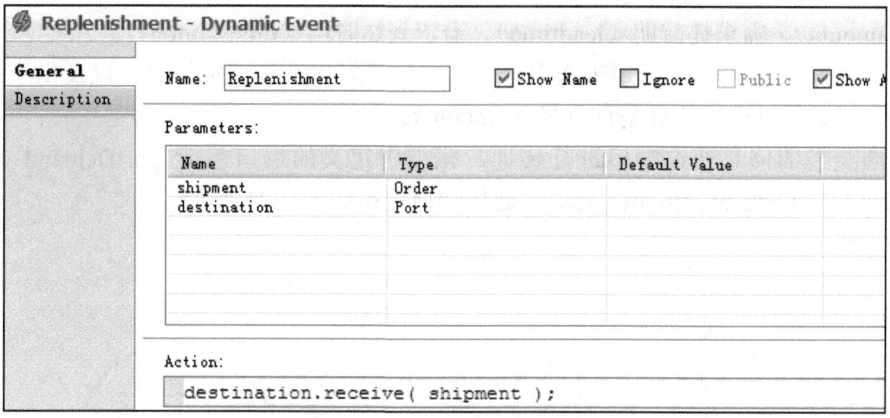

图 7-20 Replenishment 设置

在供应商 Agent 中，函数 checkOrders 用到了该变量，代码语法为

```
create_Replenishment (leadTime, orders.getFirst( ),
        get_Main( ).warehouse.portOrder);
```

其中，leadTime 为补货提前期，是供应商 Agent 中定义的变量；orders.getFirst( )为经过定义的一次运输；get_Main( ).warehouse.portOrder 表示该次运输的 orders.getFirst( )将由仓库的 portOrder 端口接收。

供应商 Agent 中的主要功能函数是 checkOrders，其原理与仓库 Agent 中的 checkDemands 类似，这里不再详述。

3. 通信

在模型中每个 Agent 都是独立的工作单元，Agent 之间可以进行通信，各种信息通过 Agent 中定义的不同端口发布或接收，Agent 之间正是通过这种信息的交换相互联系与作用的。

在本模型中，Agent 之间通常交换的信息主要与客户需求、补货需求有关，必须保证信息发布与接收的准确性。因此有必要规定这些信息的类型，将不同的信息进行区分，这些信息的类型都通过类的定义来确定。

本模型中需要用到的类及其属性具体说明如表 7-8 所示。

表 7-8 类的属性说明

类名	成员名	成员类型	备注
Demand	amount	int	需求量
	leadtime	double	需求提前期
	timestamp	double	需求到达时间
Order	amount	int	订货量

（1）Demand 类。Demand 类用来实现客户需求信息的传递，其成员对应的信息是需

求量（amount）、需求提前期（leadtime）、需求到达时间（timestamp）。

（2）Order 类。Order 类用来实现仓库向供应商发出补货请求信息，以及供应商向仓库供货，其成员对应的信息是订货量（amount）。

不同类型的信息通过端口进行传递。模型中定义的端口包括 portDemand 端口、portOrder 端口和 portwarehouse 端口，通信端口关系如图 7-21 所示。

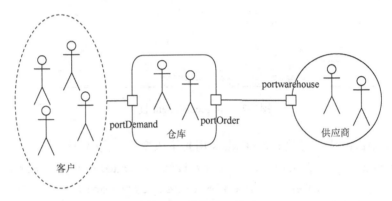

图 7-21　通信端口关系

（1）portDemand 端口。portDemand 端口用于仓库接收客户订单（Demand 类）。每个端口设置界面都包括"接收时"和"发送时"两个代码编辑框，如图 7-22 所示。前者用来定义在此端口发出消息时伴随的动作，后者用来定义在此端口收到消息时伴随的动作。图 7-22 的设置表示仓库接收到订单信息（msg）时立即将订单加入仓库 Agent 中的 demands 队列等候处理，并触发仓库 Agent 中的 checkDemands 函数。

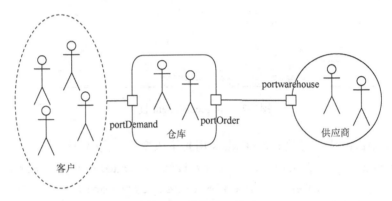

图 7-22　portDemand 端口设置

（2）portOrder 端口。portOrder 端口用于与供应商交互。仓库的订货信息（Order 类）

通过这个端口发送给供应商，供应商的补货信息（Order 类）也通过这个端口反馈给仓库，在收到供应商的补货信息时仓库对库存量、在途库存等变量进行更新，具体设置如图 7-23 所示。

图 7-23　portOrder 端口设置

（3）portwarehouse 端口。portwarehouse 端口用于供应商接收仓库的订货信息（Order 类），并向仓库补货（Order 类），具体设置如图 7-24 所示。

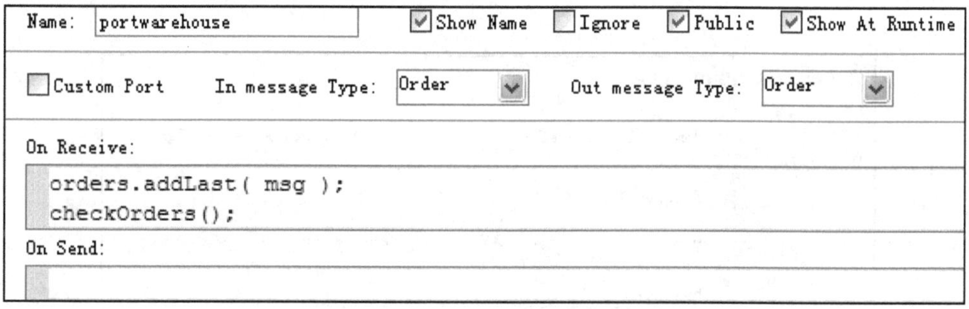

图 7-24　portwarehouse 端口设置

4. 主界面

主界面完成后如图 7-25 所示，其中包含的变量及属性如表 7-9 所示。

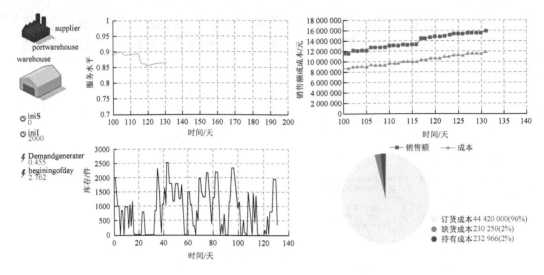

图 7-25　主界面

表 7-9　主界面变量与属性

变量名称	变量类型	作用
iniS	plain variable	选择库存控制策略
iniI	plain variable	选择初始库存
beginingofday	event	定义每天开始时模型中发生的事件
Demandgenerater	event	产生客户需求

在主界面中显示供应商 Agent 与仓库 Agent 的方法是从结构树形图中将这两个 Agent 拖进 Main 主界面中。

Main 主界面中 beginingofday 和 Demandgenerater 的设置如图 7-26 和图 7-27 所示。以图 7-26 为例，该控件在 Rate 栏中设置了事件发生的频率为每天一次，即 Action 栏中的三行语句每天依次发生一次。

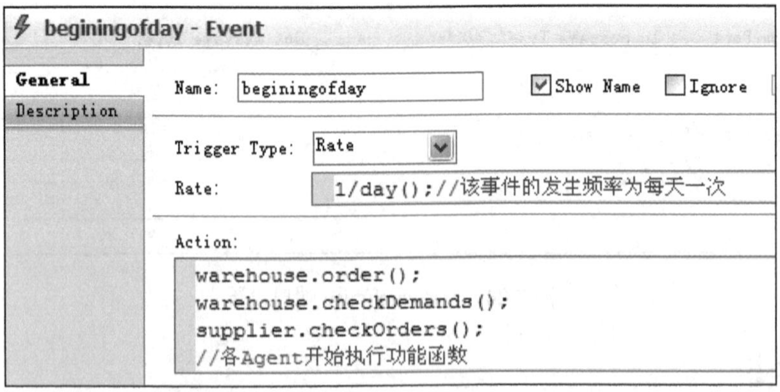

图 7-26　beginingofday 设置

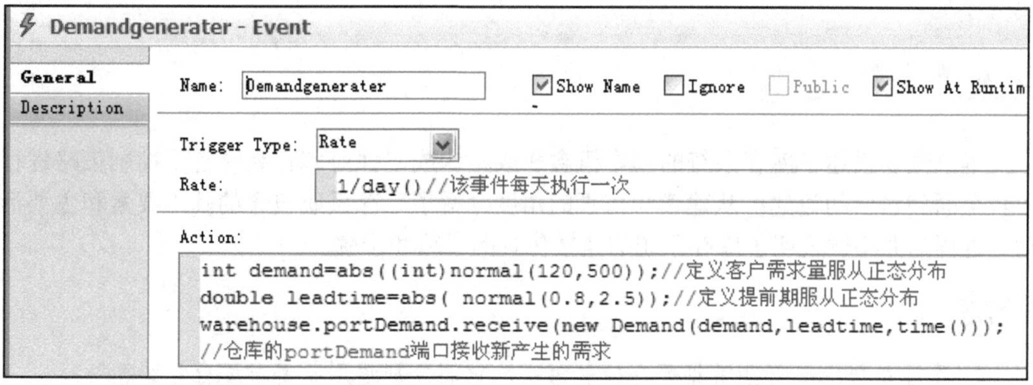

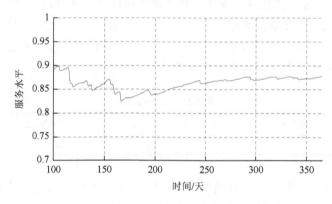

图 7-27　Demandgenerater 设置

仿真界面由程序自动生成。为了使模型的运行结果更直观，可以将需要关注的量用图表显示出来，如仓库的库存变化情况、各项成本统计、服务水平等。图 7-28 为服务水平的显示图表。

图 7-28　服务水平曲线图

7.3.3　模型运行与结果分析

将各项参数输入仿真模型中并运行，即可得到仿真结果。本模型中有两种库存控制策略可以选择，两种库存控制策略下的运行结果统计如表 7-10 所示。

表 7-10　运行结果

库存控制策略	订购成本/元	持有成本/元	缺货成本/元	总成本/元	总收益/元	服务水平
(R, S) 策略	34 310 000	1 062 241	322 380	35 692 185	11 561 692	0.90
(Q, R) 策略	34 557 500	967 703	269 790	35 793 119	11 951 350	0.92

比较两种策略的仿真结果，易发现选择 (Q, R) 策略时仓库的收益与服务水平都更为理想。

■ 本章小结

本章概要描述了库存系统的基本概念和成本构成，并对库存系统常用控制策略进行了较全面和科学的论述；从建模与仿真的角度分析了库存系统包含的基本要素和主要活动、进程，并举例说明了库存系统的建模仿真的思路和步骤。

➤习题

1. 库存系统中有哪些常见库存控制策略？它们分别适用于哪种库存系统？
2. 如何描述库存系统中的实体、属性、事件、活动、进程之间的关系？
3. 试绘出 (R, S) 策略与 (Q, R) 策略的功能函数执行流程。
4. 根据以下案例建立库存系统的仿真模型。

某家电区域代理为 A 市家电超市供货。每天各超市发布其客户需求，总需求量基本服从均值为 500 件、方差为 120 的正态分布，客户需求提前期基本服从均值为 3 天、方差为 0.5 的正态分布。该区域代理自有仓库最大存储量为 4500 件，安全库存设为 2000 件。仓库采用 (Q, R) 策略控制库存，缺货成本为产品单价的 12%。该家电区域代理由位于 B 市的生产厂供货，供货提前期为 2 天。过去 3 年的资料显示该生产厂家基本能够及时满足代理商的补货需求。成本参数见表 7-11。

表 7-11　成本参数

单位订购成本/元	单位持有成本/(元/(件·天))	单位销售价格/元	单次订购成本/元	单位缺货成本/元
1500	3	1800	200	216

试建立仿真模型，并通过仿真确定该仓库的库存控制参数 Q 为多少时可以达到最大利润，并保证服务水平在 0.90 以上。

第8章

车间物流系统建模与仿真

> ## 本章学习目的与要求

  作为生产制造系统的重要组成部分，车间物流系统研究的基本对象是车间生产的物流组织、生产与物流的协同、车间物流效率及其对生产计划的影响等，车间物流系统仿真则是对车间生产与物流组织建立仿真模型，通过仿真技术优化车间生产组织能力、提升效率和减少浪费。通过本章学习，要求了解生产制造的分类，熟悉生产制造系统的定义，掌握生产物流的含义和特点；了解离散制造车间生产流程、主要设备、作业形式等；掌握使用 AnyLogic 制作二维演示动画的方法；能够熟练运用 AnyLogic 构建车间生产作业的仿真模型。

  【导入案例】潍柴动力是国内生产制造动力发动机的知名企业。在潍柴动力发动机生产过程中，物料必须通过叉车、自动导引小车等运输工具，先从原材料库运送到车间的机器处，进行各种工序的加工处理。此外，在车间内部，制造机器在完成某一道发动机零部件工序后，还需要经过机器人手臂进行零部件装卸，以及将零部件通过传送带、自动导引小车等运输工具输送到下一台机器处，完成其他工序的加工处理。潍柴动力发动机生产车间涉及装卸、运输等物流过程，采用机器人手臂、传送带、自动导引小车等物流设备，大大提高了生产效率和柔性。由此可知，车间物流系统对生产效率的提升作用很大，有必要对车间物流系统进行建模与仿真，研究如何优化车间生产与物流组织能力。

■ 8.1 生产制造系统概述

  制造业（manufacturing industry）是指将某种资源（物料、能源、设备、工具、资金、技术、信息和人力等）按照市场要求，通过生产加工，转化为可供人们使用和利用的工具、工业品与生活消费产品的行业。现实生活中许多必需品都离不开制造业，都是经过加工制造而来的，如汽车、飞机、自行车等。

  制造业是国民经济的支柱产业，是国家创造力、竞争力和综合国力的重要体现。制造业为现代工业社会提供了物质基础，为信息和知识社会提供了先进的设备和技术平台。

8.1.1　生产制造的分类

根据生产制造对象在生产过程中的工业特点，可将生产制造大致分为连续型生产制造和离散型生产制造。

1. 连续型生产制造

连续型生产制造（process manufacturing）是指被加工对象不间断地通过生产设备和一系列加工装置，使原材料进行化学或物理变化，最终得到产品。连续型生产制造又称流程型生产制造。连续型生产制造的特点是工艺过程具有连续性。

现实中，化工（塑料、药品、肥皂、肥料等）、炼油、冶金、冲洗胶片等都是连续型生产制造的典型例子。图 8-1 为某炼钢生产案例。

图 8-1　炼钢生产（转自 https://baijiahao.baidu.com/s?id=1725064755454182698&wfr=spider&for=pc）

2. 离散型生产制造

离散型生产制造（discrete manufacturing）的产品往往由多个零件经过一系列并不连续的工序的加工最终装配而成。加工此类产品的企业称为离散制造型企业。它们的基本生产特征是机器设备对工件外形进行加工，再将不同的工件组装成具有某种功能的产品。因机器和工件都是分离的，故称为离散型生产制造。火箭、飞机、武器装备、船舶、电子设备、机床、汽车等都属于离散型生产制造的例子。图 8-2 所示的汽车装配就是典型的离散型生产制造。

与连续型生产制造相比，离散型生产制造的不同主要体现在以下三个方面。

从产品形态来说，离散型生产制造的产品较为复杂，包含多个零部件，一般具有较为固定的产品结构和零部件配套关系。

从产品种类来说，一般离散制造型企业都生产相关和不相关的较多品种和系列产品。这就决定了企业物料的多样性。

从加工过程来说，离散制造型企业生产过程是由不同零部件加工子过程并联或串联组成的复杂的过程，其过程中包含更多的变化和不确定因素。从这个意义上来说，离散制造型企业的过程控制更加复杂和多变。

图 8-2 汽车装配

连续制造型企业的产能主要由硬件（设备产能）决定，离散制造型企业的产能主要由软件（加工要素的配置合理性）决定。规模和硬件设施相同，离散制造型企业因其管理水平的差异导致的结果可能有天壤之别。因此，离散制造型企业通过软件方面的改进来提升竞争力更具潜力。

8.1.2 生产制造系统的定义、特征及发展

1. 生产制造系统的定义

生产制造系统是制造过程及其所涉及的硬件、软件和人员所组成的一个将制造资源转变为产品或半成品的输入/输出系统，它涉及产品生命周期（包括市场分析、产品设计、工艺规划、加工过程、装配、运输、产品销售、售后服务及回收处理等）的全过程或部分环节。

生产制造系统中的硬件包括厂房、生产设备、工具、刀具、计算机及网络等。生产制造系统的软件包括制造理论、制造技术（制造工艺和制造方法等）、管理方法、制造信息及其有关的软件系统等。生产制造系统的制造资源包括狭义制造资源和广义制造资源。其中，狭义制造资源主要指物能资源，包括原材料、坯件、半成品、能源等；广义制造资源还包括硬件、软件、人员等。

2. 生产制造系统的特征

首先，生产制造系统具备系统科学领域系统的全部特征。

（1）整体性。生产制造系统由两个或两个以上的可以相互区别的要素（或环节、子系统）所组成。例如，柔性制造系统（flexible manufacturing system，FMS）由共性加工系统（如若干数控机床和加工中心）、物料流系统（输送、存储、装卸装置等）、能量流系统、控制系统、监测系统等若干部分组成。

（2）相关性。生产制造系统内部各要素是相互联系的。整体性确定生产制造系统的

组成要素，相关性则说明这些组成要素之间的关系。生产制造系统中任一组成要素与存在于该生产制造系统中的其他组成要素是相互关联和互相制约的。也就是说，当某一个组成要素发生变化时，其他相关的组成要素也相应地改变和调整，以保持系统的整体最优状态。

（3）目的性。一个实际的生产制造系统是一个整体，要完成一定的制造任务或者达到一个或多个目的。生产制造系统的目的就是要把制造资源转变成财富或产品。

（4）环境适应性。一个具体的生产制造系统必须具有对周围环境变化的适应性。外部环境与系统是互相影响的，两者必然要进行物质、能量或信息的交换。如果系统能进行自我控制，即使外部环境发生变化，也能始终保持最优状态，这种系统称为自适应系统。该系统的动态适应性表现为以最短的时延去适应变化的环境，使系统接近理想状态。现在的自适应控制机制就是典型的自适应系统。

除了具有上述一般系统的普遍特征，生产制造系统还具有以下四个显著特点。

（1）生产制造系统是一个动态系统。生产制造系统的动态特性主要表现在：①生产制造系统总是处于生产要素（原材料、能量、信息等）的不断输入和有形财富（即产品）的不断输出这样一个动态过程中；②生产制造系统内部的全部硬件和软件也处于不断的动态变化之中；③生产制造系统为适应生存的环境（特别是在激烈的市场竞争中），总是处于不断发展、不断更新、不断完善的运动中。

（2）生产制造系统在运行过程中无时无刻不伴随着物料流、信息流、能量流和资金流的运动。生产制造系统在运行过程中一直都在接收来自外部的原材料、信息、能源及资金，在人和计算机控制系统的共同作用下，按照要求的工艺流程完成规定的制造任务，最后输出所要求的产品以及无用的废料。

如图 8-3 所示，物料流用于改变物料的形态和地点，存在于生产制造阶段。生产制造系统的能量来源于外部，一部分用以维持各环节或子系统的运动，另一部分通过传递、损耗、存储、释放、转化等过程实现生产制造的有关功能，形成能量流。生产制造系统的信息以一定形式在系统内连续动态变化，不断被使用、保存、更新、删除，形成信息流。生产企业投入资金购买原材料、设备等维持生产制造系统运行，最后通过产品销售回收，进入下一轮的流动，形成资金流。

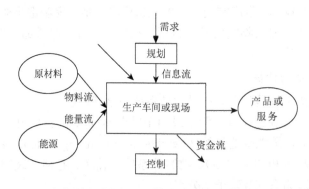

图 8-3　生产制造系统的物料流、信息流、能量流与资金流

（3）生产制造系统包括一些决策子系统。从制造系统管理的角度看，生产制造系统除包括物料流、能量流和信息流构成的物料子系统、能量子系统和信息子系统外，还包括若干决策点构成的生产制造系统运行管理决策子系统。因此，物料、能量、信息和决策点集合这四个要素的有机结合构成了一个完整的生产制造系统。

（4）生产制造系统具有反馈特性。生产制造系统在运行过程的输出状态，如产品质量信息和制造资源利用状况，总是不断地反馈给生产制造过程的各环节中，从而实现生产制造过程的不断调节、改善和优化。

3. 生产制造系统的发展

生产制造系统大致经历了五个发展阶段。

1）传统刚性制造系统

第一阶段为传统刚性制造系统，大致起源于 20 世纪 10～20 年代，主要包括刚性生产线自动单机。刚性制造系统技术在 20 世纪 40 年代已经相当成熟。

刚性制造系统能显著提高劳动生产效率、改善劳动条件，大批量生产条件下降低了产品的成本。但是刚性制造系统自动化的过程控制主要靠硬件，不能轻易变更，只能用于固定产品的大批量生产，对品种多、批量小的零件生产是不适用的。

2）数控加工制造系统

第二阶段为数控加工制造系统，始于 20 世纪 30 年代。20 世纪 50～70 年代，数控加工制造系统发展迅速并成熟。

数控是指把待加工机械零件的要求（如形状、尺寸等信息）转换成数值数据指令信号并传送到电子控制装置，由该装置控制驱动机床刀具的运动而加工出零件。在传统的手动机械加工中，这些过程需要经过人工操纵机械而实现，很难满足复杂零件对加工的要求，特别是对于多品种、小批量的零件，加工效率低、精度差。数控加工制造系统中的装备大大提高了零件加工的精度、速度和效率，更适用于多品种、中小批量的生产。

3）柔性制造系统

第三阶段为柔性制造系统，大致发展于 20 世纪 60～70 年代。柔性制造系统是指由一个传输系统联系起来的一些设备，传输装置把工件放在其他连接装置上送到各加工设备，使工件加工准确、迅速和自动化。柔性制造系统由中央计算机控制机床和传输系统，可以同时加工不同的零件。

柔性制造系统的设备利用率高，生产能力相对稳定，减少直接劳动力。高柔性高效率的生产制造使得柔性制造系统特别适用于多品种、中小批量的生产。

4）计算机集成制造系统

第四阶段为计算机集成制造系统（computer integrated manufacturing system，CIMS），始于 20 世纪 70 年代，并在 20 世纪 80 年代得到迅速发展。

计算机集成制造系统是随着计算机辅助设计与制造的发展而产生的。它是在信息技术自动化与制造的基础上，通过计算机技术把分散在产品设计制造过程中各种孤立的自动化子系统有机地集成起来，形成适用于多品种、小批量生产，实现整体效益的集成化和智能化制造系统。计算机集成制造系统特别强调系统性和集成性。

5）智能制造系统

第五阶段为智能制造系统（intelligent manufacturing system，IMS）。日本最早提出智能制造概念，并在 1990 年 4 月启动了相关国际合作研究计划，美国、加拿大、澳大利亚等许多发达国家，以及欧洲共同体参与其中。

智能制造系统是一种由智能机器和人类专家共同组成的人机一体化智能系统，它在制造过程中能以一种高度柔性与集成度不高的方式，借助计算机模拟人类专家的智能活动进行分析、推理、判断、构思和决策等，从而取代或者延伸制造环境中人的部分脑力劳动，同时收集、存储、完善、共享、集成和发展人类专家的智能。智能制造系统具有自组织能力、自律能力、自学习和自维护能力，能在整个制造环境中实现智能继承。

智能制造在多个领域都有运用，覆盖智能生产、智能供应链、智能工厂（图 8-4）、智能管理等多个方面，有些只是单纯的智能化运作，有些则利用互联网信息技术，可以对环境信息和自身信息进行收集分析。自动化工厂设备和工业互联网平台都属于智能制造的应用，只不过相比自动化工厂设备，工业互联网平台所能发挥的作用更加强大。工业互联网平台能够发掘大数据更多的潜能，甚至能够为企业发展决策提供有效的数据支撑。在实现人-机-物-环境-信息互动的同时，满足企业在操作、生产上的自动化与智能化需求和管理运营上的现代化与数字化需求。

图 8-4　海尔智能工厂（转自 https://baijiahao.baidu.com/s?id=1752729389003517958&wfr=spider&for=pc）

8.1.3　生产物流

1. 生产物流的含义

随着技术的不断发展，生产制造系统不断演进，生产效率也不断提升。然而，生产制造系统效率的提升不仅仅是制造设备升级进化的结果，物流组织也对整个系统效率的提升起到重要作用。高效的物流可以使物料在生产制造流程中尽快周转流通，如图 8-5 所示。因此，需要从物流的视角去看待制造车间生产组织。制造与物流的深度融合是落实"中国制造 2025"国家战略、促进我国制造业由低端向高端转变的重要举措，也是弘扬科技创新精神和大国工匠精神的重要手段。

图 8-5　生产制造中在制品的搬运

生产物流一般是指原材料、燃料、外购件投入生产后，经过下料、发料，运送到各加工点和存储点，以在制品的形态，从一个生产单位（如仓库）流入另一个生产单位，按照规定的工艺过程进行加工、存储，借助一定的运输装置在某个点内流转，又从某个点内流出，始终体现着物料实物形态的流转过程。

生产物流和生产制造流程同步，是从原材料采购开始直到产成品发送为止的全过程的物流活动。原材料、半成品等按照工艺流程在各加工点之间不停顿地移动、转移，形成了生产物流。生产物流是制造产品的生产企业所特有的活动，生产中断，生产物流也就随之中断。

生产物流的发展历经人工物流—机械化物流—自动化物流—集成化物流—智能化物流五个阶段。生产物流活动与整个生产工艺过程相伴相生，实际上生产物流构成了生产工艺过程的一部分。过去人们在研究生产活动时主要关注一个又一个生产加工过程，忽视了将每一个生产加工过程串在一起的、和每一个生产加工过程同时出现的生产物流活动。例如，在制品不断离开上一道工序，进入下一道工序，便会不断发生搬上、搬下、向前运动、暂时停止等物流活动。实际上，一个生产周期中生产物流活动所用的时间远多于实际加工时间。因此，生产物流研究的潜力、时间节约的潜力、劳动节约的潜力是非常大的。

一般来讲，生产物流与社会物流主要有以下方面的区别。

1）实现价值

生产物流和社会物流的本质不同点，即生产物流最本质的特点，不是实现时间价值和空间价值的经济活动，而主要是实现加工附加价值的经济活动。

　　生产物流一般在企业的小范围内完成（这不包括在全国或者世界范围内布局的巨型企业），空间距离的变化不大，企业内部存储和社会存储目的也不相同。这种存储是对生产的保证，而不是一种追求利润的独立功能，因此时间价值不高。

　　生产物流伴随加工活动而发生，实现加工附加价值即实现企业主要目的。因此，虽然物流空间、时间价值潜力不高，但是加工附加价值很高。

　　2）主要功能要素

　　生产物流的主要功能要素也不同于社会物流。社会物流的主要功能要素是运输和存储，其他是作为辅助性、次要或强化性功能要素出现的。生产物流的主要功能要素则是搬运活动。

　　许多生产企业的生产过程实际上是物料不停的搬运过程。在不停的搬运过程中，物料得到了加工，改变了形态。

　　配送企业和批发企业的企业内部物流实际上也是不断的搬运过程。通过搬运，商品完成了分货、拣选、配货工作，完成了大改小、小集大的换装工作，从而使商品形成了可配送或可批发的形态。

　　3）物流过程

　　生产物流是一种工艺过程性物流，一旦企业生产制造工艺、生产装备及生产流程确定，生产物流就成为一种稳定性的物流，物流便成为工艺流程的重要组成部分。由于这种稳定性，生产物流的可控性、计划性很强，一旦进入这一物流过程，选择性及可变性便很小，对物流的改进只能通过对工艺流程的优化来实现，这方面和随机性很强的社会物流也有很大的不同。

　　4）物流运行

　　生产物流的运行具有极强的伴生性，往往是生产过程中的一个组成部分或一个伴生部分，这决定了生产物流很难与生产过程分开而形成独立的系统。

　　在具有总体伴生性的同时，生产物流中也有与生产工艺过程可分的局部物流活动。这些局部物流活动有自身的界限和运动规律。当前生产物流的研究大多针对这些局部物流活动，如仓库存储活动、接货物流活动、车间或分厂之间的运输活动等。

　　2. 生产物流的特点

　　生产企业的生产物流过程实质上是每一个加工过程串起来而出现的物流活动。一个合理的生产物流过程应该具有以下主要特征，才能保证其始终处于最佳状态。

　　（1）连续性。连续性是指物料总是处在不停的流动之中，包括空间上的连续性和时间上的流畅性。空间上的连续性要求生产制造过程的各环节在空间布置上合理、紧凑，使得物料的流程尽可能短，没有迂回往返现象。时间上的流畅性要求物料在生产制造过程的各环节自始至终处于连续流畅状态，没有或很少有不必要的停顿与等待现象。

　　（2）平行性。平行性是指物料在生产制造过程应实行平行交叉流动。平行是指相同的在制品同时在数道相同的工作地（如机床）上加工流动。交叉是指一批在制品在上道工序还未加工完时，将已完成的部分在制品转到下道工序加工。平行交叉流动可以大大缩短产品的生产周期。

（3）比例性。比例性是指生产过程的各工艺阶段之间、各工序之间在生产能力上要保持一定的比例，以满足产品制造要求。比例关系表现在各生产环节的工人数量、设备数量、生产面积、生产速率和开动班次等因素之间相互协调和适应。因此，一般来讲，比例是相对的、动态的。

（4）均衡性。均衡性是指产品从投料到最后完工都能按预定的计划（一定的节拍、批次）均衡地进行，能够在相等的间隔时间内（如月、旬、周、日）完成大体相等的生产工作量或稳定递增的生产工作量，很少有时松时紧、突击加班现象。

（5）准时性。准时性是指生产制造的各阶段、各工序都按后续阶段和工序的需要生产，即在需要的时候，按照需要的数量生产制造所需要的零部件。只有保证准时性，才有可能推动连续性、平行性、比例性和均衡性。

（6）柔性。柔性是指生产物流的灵活性、可变性和调节性。也就是说，在极短的时间内，以最少的资源，从一种产品的生产制造转换为另一种产品的生产制造，从而适应市场的多样化、个性化发展需求。柔性要求生产加工过程和生产物流过程同时具备相应的应变能力。

物流作业计划一般依赖于生产制造过程。根据制造过程、生产工艺、规模、专业化和协作化水平，制订生产过程的物流计划，并进行有效控制，使整个生产物流过程具备连续性、平行性、比例性、均衡性、准时性和柔性。

3. 影响生产物流的主要因素

无论是连续型生产制造还是离散型生产制造，生产物流都是整个生产制造系统的重要组成部分。生产物流主要考虑的是在优化资源、能力的基础上，以最低的成本和最快的速度生产最好的产品，快速地满足用户对产品品种、质量、数量、交货期的要求，以提高生产企业的反应能力和效率，减少不增值业务。

由于生产物流具有多样性和复杂性，且生产工艺和设备不断更新，更好地组织生产物流过程是物流研究者和管理者始终追求的目标。只有合理组织生产物流过程，才能使生产制造始终处于最佳状态。一般地，影响生产物流的主要因素如下。

（1）生产类型。不同生产类型的产品品种、结构复杂程度、精度等级、工艺要求以及原材料准备不尽相同。这些特点影响着生产物流的构成及比例关系。

（2）生产规模。生产规模是指单位时间内的产品产量，一般以年产量表示。生产规模越大，生产过程的构成越齐全，物流量越大。生产规模越小，生产过程的构成就越没有条件划分得很细，物流量越小。

（3）专业化和协作化水平。社会专业化和协作化水平提高，生产企业内部的生产过程就趋于简化，生产物流流程缩短。某些基本的工艺阶段的半成品，如毛坯、零件等，就可由其他专业工厂提供。

■ 8.2　离散制造车间生产作业问题描述

车间生产作业是生产制造系统执行的关键环节。车间生产作业效果直接影响生产制造系统的执行性能。一般来讲，制造车间主要关注产品整体生产水平的提升，侧重于企业生产管理能力的提高、产品质量的提高、客户需求导向的及时交付能力的提高。它主要通过网络及软件管理系统把数控自动化生产设备连接起来，实现互联互通，达到状态感知（客户需求、生产状况、原材料、人员、设备、生产工艺、环境安全等信息），实时分析数据，从而实现自动决策和精确执行命令的经营管理。本节对离散制造车间生产作业问题进行介绍。

8.2.1 离散制造车间生产作业流程

生产任务需求不同，离散制造车间生产作业流程也不尽相同。一般来讲，离散制造车间生产作业流程如图 8-6 所示。

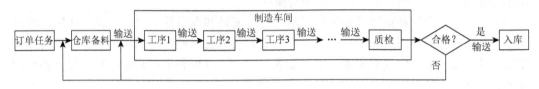

图 8-6 离散制造车间生产作业流程

生产企业在接到订单任务需求后，制订合理的作业计划，确定原材料、加工设备、物流设备、人员等类型及数量。通过物流设备，从原材料仓库将原材料输送到制造车间中的机器处。在制品在一台机器上完成加工后，再由物流设备运输到下一台机器上完成其他工序。经历多道工序加工后，对完工的产品进行质检。如果产品质量合格，则由物流设备输送到成品库保存；如果产品质量不合格，则将产品重新返回车间进行加工，或者从原材料仓库中将原材料输送到车间重新加工，直至产品质量合格，再运送到成品库保存。图 8-7 给出了产品生产制造进程。

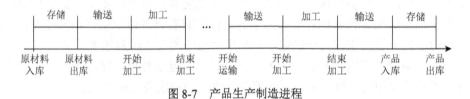

图 8-7 产品生产制造进程

8.2.2 离散制造车间生产作业的主要设备

车间生产作业环节涉及的设备主要包括数控机床、工业机器人、物流设备、传感装备等。由于行业不同，产品不同，生产企业应根据自身的实际需求来选择适用的生产设备，有针对性地提升企业制造技术水平。

1. 普通机床

制造车间中的普通机床包括车床、铣床、刨床、磨床等。这类机床的主轴都需要在主轴箱中，由电机通过皮带，经由不同传动比的齿轮进行扭矩传递，实现对工件的加工。

普通机床测量时需停车后手工测量，测量误差较大，而且效率低。普通机床适合加工制造批量较小、精度要求不高的零件，常见于自动化程度不高的制造车间。

2. 数控机床

数控机床是数字控制机床的简称，是一种装有程序控制系统的自动化机床。不同于普通机床，数控机床的控制系统能够逻辑地处理具有控制编码或其他符号指令规定的程序，并将其译码，用代码化的数字表示，通过信息载体输入数控装置。经运算处理，由数控装置发出各种控制信号，控制机床的动作，按图纸要求的形状和尺寸，自动地将零件加工出来。

数控机床在一些先进的生产制造系统中得到了使用，如柔性制造系统、智能制造系统等，较好地解决了复杂、精密、小批量、多品种的零件加工问题，是一种柔性的、高效能的自动化机床，代表了现代机床控制技术的发展方向，是一种典型的机电一体化产品。

3. 工业机器人

工业机器人是一种广泛用于工业生产领域的多关节机械手或多自由度的机器装置，具有一定的自动性，可依靠自身的动力能源和控制能力实现各种工业加工制造功能。工业机器人被广泛应用于汽车、电子、物流、化工等工业领域。

相比于传统的工业设备，工业机器人有众多的优势，例如，工业机器人具有易用性、智能化水平高、生产效率及安全性高、易于管理且经济效益显著等特点。特别是在高温、高压等复杂高危生产制造环境下，工业机器人能够高效自主地作业，有效地保障了工人的作业安全。

按照作业任务划分，制造车间中的工业机器人一般有码垛机器人、焊接机器人、喷涂机器人、装配机器人、检测机器人等。

4. 物流设备

制造车间中的生产物流活动主要涉及原材料/产品的仓储、搬运输送等环节。

仓储环节主要完成原材料存储、出库，以及成品入库等任务。一般来讲，仓储设备是在传统仓储的基础上引入的自动化、智能化硬件设备，如立体仓库、货架、托盘、穿梭车、自动化分拣设备、堆垛机械设备、计量设备、消防设备等。

搬运输送环节主要完成原材料由仓库到车间的传送，以及在制品在车间内部的输送等任务。搬运输送设备主要有传送带、天车、叉车、有轨导引车辆（rail guided vehicle，RGV）、自动导引小车等。

5. 传感装备

传感装备是一种能够实现信息处理功能的传感器，带有微处理机，具有采集、处理、交换信息的能力，是传感器集成化与微处理机相结合的产物。

传感装备通过软件技术可实现高精度的信息采集，成本低，具有一定的编程自动化能力。它能将检测到的各种物理量存储起来，并按照指令处理这些数据，从而创造新数据。传感装备之间能进行信息交流，并能自主决定应该传送的数据，舍弃异常数据，完成分析和统计计算等工作。

传感装备被大量应用在制造车间中，提高了车间互联互通能力。例如，传感装备能够准确监测制造车间的生产环境，以及加工过程的相关参数，包括数控机床的速度和功率等。

8.2.3　离散制造车间生产作业形式

根据生产任务的工艺要求，制造车间常见的生产作业形式有并行机生产、流水车间生产、混合流水车间生产、作业车间生产、柔性作业车间生产、分布式车间生产等。

1. 并行机生产

并行机生产是指所有生产任务都只需要经历一个阶段，每个生产任务只需要由并行机器中的一台机器进行处理，如图8-8所示。并行的机器可以是相同的，也可以是不相同的。

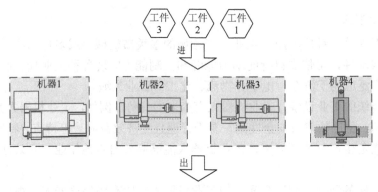

图 8-8　并行机生产

2. 流水车间生产

在流水车间生产中，所有生产任务都按照相同的顺序访问所有机器，如图8-9所示。流水车间生产形式满足大批量、少品种的生产制造需求。现实中可找到很多流水车间生产的原型，如化工生产、制鞋、发动机连杆制造等。

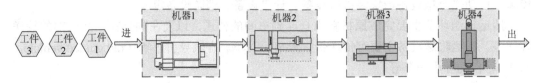

图 8-9　流水车间生产

3. 混合流水车间生产

混合流水车间生产（又称柔性流水车间生产）具有多个加工阶段，至少有一个阶段存在多个并行机器，如图8-10所示。混合流水车间生产既有并行生产特点，也有流水车间作业特征，可以看作并行机生产和流水车间生产的扩展形式。现实中港口生产一般需经历岸桥、集卡、场桥等作业过程，每个子过程都是并行机生产，整个过程则是三阶段的混合流水车间生产。

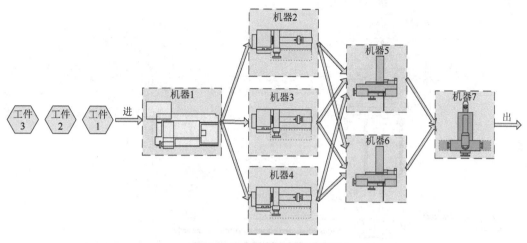

图 8-10 混合流水车间生产

4. 作业车间生产

作业车间生产中，每个生产任务的加工路径不同，每个生产任务都以不同的顺序访问机器，如图 8-11 所示。作业车间生产可并行加工多品种产品，满足少批量、多品种的生产制造需求。作业车间生产在现实的生产场景中被广泛应用，如汽车零部件锻造等。

5. 柔性作业车间生产

柔性作业车间生产是作业车间生产的一种扩展。如图 8-12 所示，在柔性作业车间生产中，每个生产任务以不同的顺序访问机器，但与作业车间生产不同，同一台机器有可能加工同一生产任务的多道工序。柔性作业车间生产可并行加工多种产品，满足少批量、多品种生产制造需求。发动机制造、机床构件生产等现实生产情形都可以视为柔性作业车间生产。

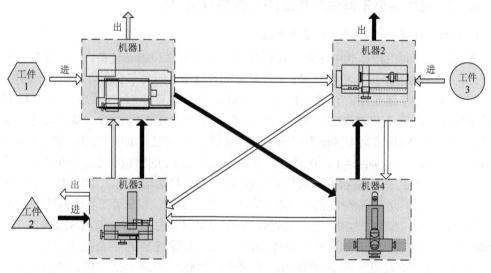

图 8-11 作业车间生产

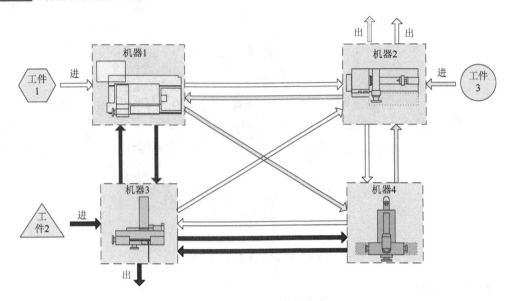

图 8-12　柔性作业车间生产

6. 分布式车间生产

分布式车间生产是指将加工任务分配给分布在不同地理位置的车间，每个车间再按照产品的生产要求进行加工制造。不同制造车间的生产形式可以是相同的，也可以是不同的，如图 8-13 所示。

上述生产作业形式对应生产的产品类别、产品结构的复杂程度和工艺加工的技术要求都不相同，原材料及备件的种类、质量、数量的要求及其在企业内的运行流程也各不相同。这些因素直接导致不同制造车间生产物流构成的差异很大。

8.2.4　离散制造车间生产作业的主要参数及目标

1. 离散制造车间生产作业的主要参数

离散制造车间生产作业中主要的作业参数来源于机器和物流设备。一些重要的参数如下：n 为工件数量；m 为机器数量；a 为搬运工具数量，如叉车、自动导引小车的数量；O_{ij} 为工件 i 的第 j 道工序；t_{ijk} 为工序 O_{ij} 在机器 k 上的加工制造时间；S_{ij} 为工序 O_{ij} 的加工开始时间；C_{ij} 为工序 O_{ij} 的加工结束时间；C_i 为工件 i 的完工时间；PW_i 为工件 i 完工后被搬运工具运送到成品库的结束时间；C^k 为机器 k 的完工时间；T_{if} 为工件 i 的第 f 个运输过程，$f = 1,2,\cdots,m,m+1$；P' 为搬运工具运输任务 T_{if} 的空载状态开始位置；P 为搬运工具运输任务 T_{if} 的空载状态结束位置；Q' 为搬运工具运输任务 T_{if} 的负载状态开始位置；Q 为搬运工具运输任务 T_{if} 的负载状态结束位置；NST_{if} 为搬运工具运输任务 T_{if} 的空载状态开始时间；NET_{if} 为搬运工具运输任务 T_{if} 的空载状态结束时间；LST_{if} 为搬运工具运输任务 T_{if} 的负载状态开始时间；LET_{if} 为搬运工具运输任务 T_{if} 的负载状态结束时间；$D_{pp'}$ 为两个装卸位置点 p 和 p' 的距离，若两个装卸位置为同一个位置，即 $p = p'$，则 $D_{pp'} = 0$；EA^h 为第 h 个搬运工具的运输任务结束时间；R 为每个搬运工具的运输速度级

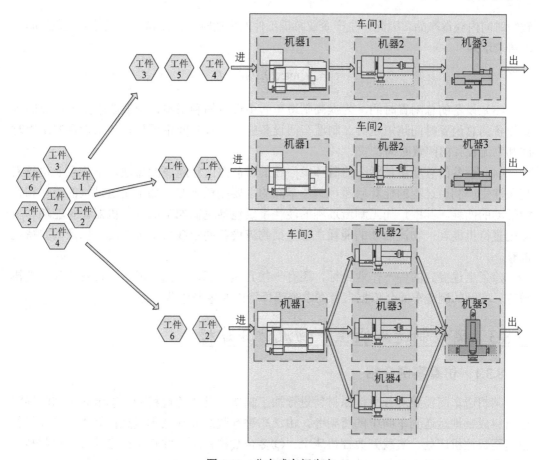

图 8-13　分布式车间生产

数；V_r 为搬运工具的第 r 级运输速度，$r=1,2,\cdots,R$；P_{kl} 为机器 k 选择加工速度 V_l 时的加工功率；P_k^W 为机器 k 的闲置待机功率；P_k^S 为机器 k 的调整准备功率；P_{hr}^A 为搬运工具 h 选择运输速度 V_r 时的功率；P_h^{AW} 为搬运工具 h 的闲置待机功率；D_i 为工件 i 的交货期。

此外，还包括车间布局参数、工件在机器上的调整时间、车间布局、托盘及其辅助工具的尺寸等。

2. 离散制造车间生产作业的主要目标

离散制造车间生产作业追求的主要目标如下。

（1）完工时间。生产企业最关注的目标是生产效益，因此制造车间生产作业最基本的目标是追求生产效率的最大化，即尽可能地完成工件的加工，并将工件搬运到成品库。因此，最小化完工时间是制造车间生产作业的最基础目标。完工时间一般可表示为

$$f_1 = \max\{\mathrm{EA}^h | h=1,2,\cdots,a\}$$

（2）工件的拖期时间。受市场环境影响，订单客户对产品交货期有一定要求，期望在

较短时间内获得产品。因此，生产企业希望工件的拖期时间越短越好。工件的拖期时间一般可表示为

$$f_2 = \sum_{i=1}^{n} \max\{0, \mathrm{PW}_i - D_i\}$$

（3）设备的总闲置时间。为提高制造车间中设备的利用率，一般要求生产作业的各类设备的总闲置时间越短越好。制造车间设备的总闲置时间主要包括加工设备的闲置时间和物流设备的闲置时间。

（4）设备的总能量消耗。随着环境问题的日益突出和能源的短缺，一些企业也越来越关注生产制造过程的能耗问题。制造车间的主要能耗来源于加工制造过程的能耗和物流活动的能耗。其中，加工制造过程的能耗主要包括机器加工能耗、机器调整能耗和机器闲置待机能耗；物流活动的能耗主要包括物流设备的空载与负载能耗，以及闲置待机能耗。

除了上述提到的生产作业目标，还有一些其他目标，如工人成本、设备负载、碳排放等。实际的制造车间会依据自身需求来选择特定的生产作业目标。

8.3   离散制造车间生产物流仿真建模

8.3.1   仿真案例介绍

某制造车间需要对若干批原材料进行加工制造，具体的过程为：①卡车不间断地将原材料成批地运送到车间中的货架旁，由叉车进行装卸并存储到货架；②叉车将原材料搬运至数控机床处，装载到数控机床上；③多台数控机床以并行生产方式加工原材料；④成品加工完成后由叉车运送到成品货架上存储；⑤等待卡车到达货架处并将成品运走。通过对制造车间中的货架、叉车、数控机床进行配置建模，梳理整个制造车间生产作业逻辑，探究整个生产作业流程是否合理。

本案例是典型的离散制造车间生产，以离散事件建模对其进行仿真模拟。通过仿真，可以达到以下目的。

（1）对制造车间生产作业进行建模仿真，能够模拟整个生产作业过程、监控流程运行状态、分析生产过程瓶颈，进而对其流程进行改进、优化。

（2）统计分析制造车间生产的指标数据，如完成时间、各活动流程时间、资源利用率等。

8.3.2   模型的要素、事件及活动

1. 模型要素

本仿真模型包含的要素有车间、托盘货架、卡车、叉车、数控机床。各要素的具体要求如下。

（1）托盘货架属性包括货架区域位置、数量、层数、通道数量和宽度、层高、单元格数、长度、托盘深度等基本信息。

（2）卡车属性包括容量、长、宽、高、卡车在车间卸载原材料的位置、卡车到达

车间卸载位置的间隔时间、卡车在车间装载成品的位置、卡车到达车间装载位置的间隔时间、卡车速度等基本信息。

（3）叉车属性包括容量、长、宽、高、叉车速度、叉车取货/卸货位置等基本信息。

（4）数控机床属性包括数量、长、宽、高、位置、状态、加工时间等基本信息。

2. 模型事件

本仿真模型所涉及的事件包括卡车到达、叉车到达、叉车离开、卡车离开等。

3. 模型活动

本仿真模型所涉及的活动包括卡车卸载原材料、卡车装载成品、叉车装载原材料、叉车卸载原材料、数控机床加工制造等。

8.3.3　模型输入与输出

仿真的目的是对制造车间的生产作业进行模拟，以判断当前的生产计划是否合理，同时统计相关的作业数据。依据制造车间生产情况以及仿真目的，可以确定仿真模型的输入和输出。

1. 模型输入

本仿真模型的输入有仿真的周期/时间、叉车数量、叉车速度、卡车速度、数控机床的加工时间、卡车在货架存储原材料时间、叉车在货架取料时间、叉车在机床卸料时间、卡车到达间隔时间、卡车离开间隔时间、卡车容量。

2. 模型输出

模型输出主要包括设定仿真周期内生产作业过程的逻辑正确性，以及指定生产作业下的统计数据指标。生产作业统计数据指标包括叉车利用率、数控机床利用率、原材料存储率、成品存储率等。

8.3.4　仿真模型搭建

采用基于 AnyLogic 的离散事件模型来模拟本案例中制造车间的加工和运输过程。仿真模型的搭建包括制造车间模型构建、资源添加、卡车添加、数控机床模型构建等过程。

1. 制造车间模型构建

创建一个简单的制造车间模型，用以模拟卡车运送原材料到车间、原材料在货架的存储以及到达叉车区域的情况。

1）车间布局构建

创建一个新模型，设置模型名称为制造车间，模型时间设置为分钟。打开演示板，拖动图像形状▣到 Main 主界面，选择 layout.png 图片（图 8-14），构建车间布局。

2）空间标记与网络创建

空间标记的目的是使用空间标记模块将空间标记形状放置在制造车间的布局上，包括 1 个路径元素、3 个节点元素、1 个吸引子元素和托盘货架形状。

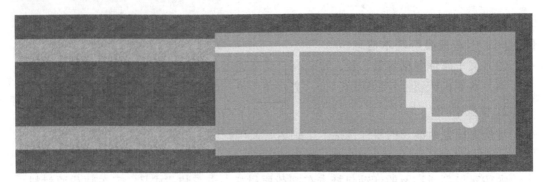

图 8-14　车间布局

　　路径和节点是定义 Agent 位置的空间标记元素。节点是 Agent 可以驻留或执行操作的地方。路径是 Agent 可以在节点之间移动的地方。节点和路径共同构成一个网络，模型的 Agent 可以在它们的起源节点和目的节点之间移动最短的路径。当模型的进程发生在一个定义的物理空间，并且它有移动的 Agent 和资源时，用户通常会创建一个网络。假定网络具有无限的容量，并且 Agent 之间不相互干扰。

　　打开流程建模库的空间标记面板,拖动矩形节点█到 Main 主界面,调整大小如图 8-15 所示,将节点重命名为 receivingDock。绘制一个节点来定义在卡车闲置或 Agent 不再需要它们完成任务时停放叉车的位置,如图 8-15 所示,将此节点命名为 forkliftParking。在空间标记面板中,双击路径元素█切换到绘图模式,连接 receivingDock 节点的边界和 forkliftParking 节点的边界,画一条运动路径,引导模型的叉车。

　　3）托盘货架

　　拖动空间标记面板中的托盘货架█作为模型的仓库。在运行时，托盘货架元素模型存储在通道一侧的单层或多层单元格的 Agent 中。如图 8-16 所示，在托盘货架的属性区域，设置类型为"两货架，一通道"，单元格数为 10，层高为 10。在位置和大小栏，设置长度为 160，左、右侧托盘货架深度均为 14，通道宽度为 11。将托盘货架添加到前面创建的网络中，如图 8-17 所示。

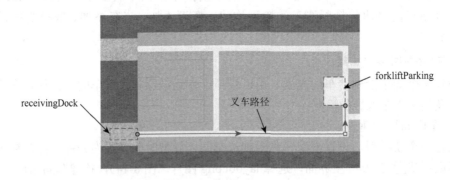

图 8-15　叉车运行节点和路径

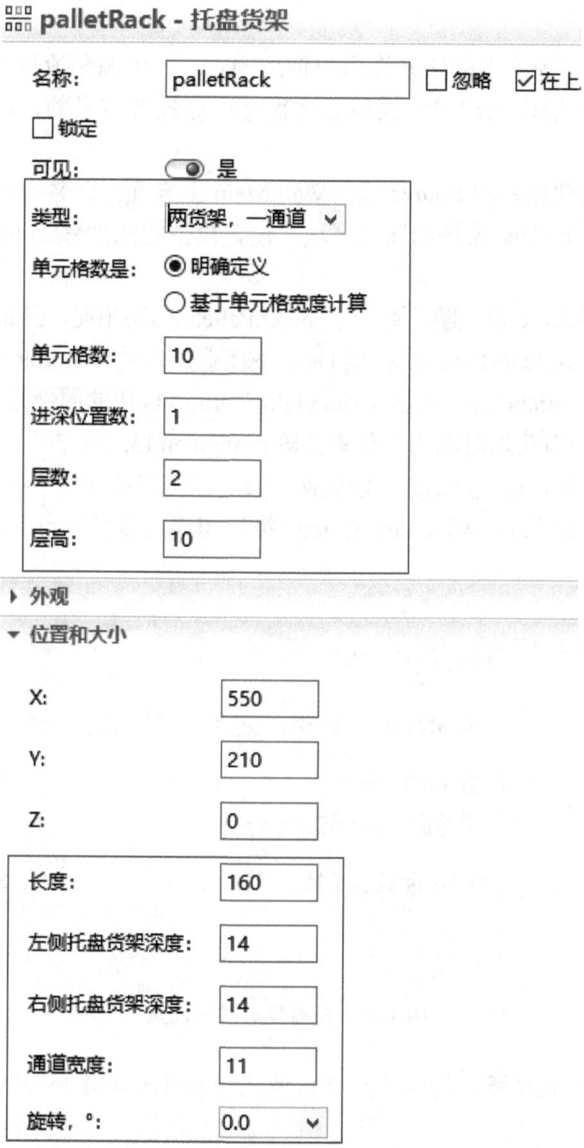

⊞ palletRack - 托盘货架

名称：　　　palletRack　　　☐忽略　☑在上

☐锁定

可见：　　　◯● 是

类型：　　　两货架，一通道 ⌄

单元格数是：　◉ 明确定义
　　　　　　　◯ 基于单元格宽度计算

单元格数：　10

进深位置数：　1

层数：　　　2

层高：　　　10

▸ 外观

▾ 位置和大小

X:　　　550

Y:　　　210

Z:　　　0

长度：　　　　　160

左侧托盘货架深度：　14

右侧托盘货架深度：　14

通道宽度：　　　11

旋转, °：　　　0.0 ⌄

图 8-16　托盘货架属性设置

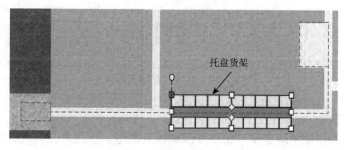

图 8-17　托盘货架节点网络

4）流程建模库

AnyLogic 流程建模库中的块允许用户使用 Agent、资源和流程的组合来创建以流程为中心的真实世界系统模型。用户模型的流程是由流程图定义的，流程表示是从流程建模库的块中构建的。

首先，拖动流程建模库的 Source 模块📦到 Main 主界面，命名为 sourcePallets，使用它生成托盘。在 sourcePallets 模块的属性区域，设置模型的托盘每 5min 到达一次并出现在 receivingDock 节点。

然后，拖动 RackStore 模块📦，使之与 sourcePallets 模块相连，在 RackStore 模块的属性区域，将其命名为 storeRawMaterial。拖动 Delay 模块🕐，使之与 storeRawMaterial 模块相连，并命名为 rawMaterialInStorage。在 rawMaterialInStorage 模块的属性区域，设置延迟时间，如图 8-18 所示，可设置延迟时间为三角模糊数 triangular(15, 20, 30)，并从列表中选择“分钟”选项，选择“最大容量”复选框，以确保 Agent 在等待从存储中提取时不会卡住。拖动 RackPick 模块📦，使之与 rawMaterialInStorage 模块相连，命名为 pickRawMaterial。

图 8-18   托盘延迟时间设置

最后，拖动 sink 模块❌作为流程终点，使之与 pickRawMaterial 模块相连，最终的流程图如图 8-19 所示。

图 8-19   原材料存储流程图

2. 资源添加

流程建模库的资源池块定义了每个资源集或资源池。资源单元可以有单独的属性，每个资源都有一个图形表，用户可以在其中添加一些元素，如状态图、参数和功能。本仿真模型的资源是叉车，它将托盘从卸货区移到托盘架，然后将托盘从货架传送到生产区。

在流程建模库上，拖动 ResourcePool 模块到 Main 主界面，命名为 forklifts，不需要与其他模块建立连接。在 forklifts 属性区域，创建自定义类型，新类型名称为 ForkliftTruck。在 ForkliftTruck 的 Agent 类型页面将显示叉车的动画形状。进入 Main 主界面，修改叉车资源类型的其他参数，如图 8-20 所示，设置容量为 5，速度为 1，单位为米每秒。

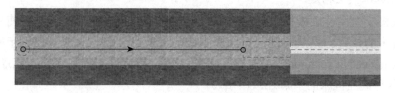

图 8-20　叉车资源设置

3. 卡车添加

在流程建模库上，拖动 Agent 类型元素██到 Main 主界面，设置 Agent 名称为 Truck。在网络中再添加两个元素：一个是卡车将出现的节点；另一个是它们将遵循的、到达接收码头的路线。在流程建模库的空间标记面板中，拖动点节点██到 Main 主界面，命名为 exitNode。如图 8-21 所示，双击路径元素██，对 exitNode 节点和 receivingDock 节点进行连接，确保所有空间标记元素都连接到一个网络。

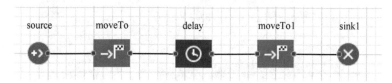

图 8-21　卡车节点和路径添加

与托盘货架一样，创建另一个流程图来定义卡车移动逻辑，如图 8-22 所示。source 模块生成一辆卡车，moveTo 模块将卡车开到制造车间入口。moveTo 模块将 Agent 移动到网络中的新位置。如果将资源附加到 Agent 上，它们将与 Agent 一起移动 delay 模块，模拟托盘卸载。moveTo1 模块驱动卡车离开，sink1 模块将卡车从模型中移除。

source　　moveTo　　delay　　moveTo1　　sink1

图 8-22　卡车作业流程图

　　将 source 模块命名为 sourceDeliveryTrucks，并在其属性区域自定义卡车类型的新 Agent。如图 8-23 所示，设置卡车以间隔时间为 1（单位为小时）到达车道入口，速度为 40，单位为千米每小时。

⊕ sourceDeliveryTrucks - Source

名称:	sourceDeliveryTrucks	☑展示名称	□忽略
定义到达通过:	间隔时间 ∨	
间隔时间:	1	小时
从数据库设置智能体参数:	□	
每次到达多智能体:	□	
有限到达数:	□	
新智能体:	✪ Truck ∨	
到达位置:	网络/GIS节点 ∨	
节点:	exitNode ∨	
速度:	40	千米每小时

图 8-23　卡车资源属性设置

4. 数控机床模型构建

　　对数控机床建模，以模拟它加工原材料的过程。以下进行空间标记并使用点节点来定义数控机床的位置。先从空间标记面板中拖动若干点节点，对应数控机床的数量，并分别命名为 nodeCNC1、nodeCNC2、nodeCNC3 等，再通过路径将这些节点连接到网络。图 8-24 为两台数控机床的节点连接网络。

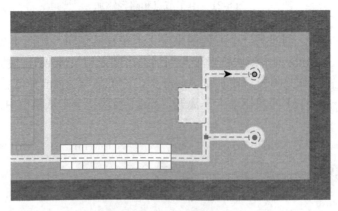

图 8-24　两台数控机床节点连接网络

本仿真模型的数控机床是一个资源单元，可以通过创建资源类型和使用资源池块将它添加到模型中。

在流程建模库上，拖动资源池模块██到 Main 主界面。在资源池的属性区域，将其命名为 CNC。设置资源类型为静态。在资源池建立完成后，创建一个新的资源类型。在新 Agent 向导中，Agent 新类型名称为 CNC。在 CNC 资源池块的属性区域，将模型中的数控机床放置在点节点所定义的位置。将 cnc1 和 cnc2 等节点添加到归属地位置（节点）列表中，如图 8-25 所示。

图 8-25 数控机床节点位置设置

构建一个流程图用于定义托盘行为。添加一个 seize 模块来捕捉一台数控机床；添加一个 delay 模块来模拟数控机床的原材料加工过程；添加一个 release 模块来释放一台数控机床，以便它可以处理下一个托盘的原材料。

如图 8-26 所示，在流程建模库上，拖动 seize 模块██，并将其插入前面构建的托盘流程图中的 rawMaterialInStorage 模块之后。

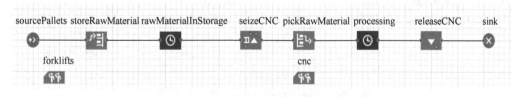

图 8-26 数控机床加工过程流程图

在 seize 模块的属性区域，将其命名为 seizeCNC。在资源集选项下单击██，并添加资源集 cnc，确保 seize 模块将从 CNC 资源库中获取一个资源。

在 pickRawMaterial 模块属性区域的目的地列表中单击 cnc 模块。此模块将模拟托盘如何运输到被选择的数控机床，而不是叉车停放区。添加一个 delay 模块██，将它放置在

pickRawMaterial 模块之后，并命名为 processing，如图 8-27 所示。在 delay 模块的属性区域，设置加工时间及其单位，选择"最大容量"复选框，允许机器处理多个托盘。将 release 模块 ▼ 拖到托盘的流程图中，并将其放在 processing 模块之后，命名为 releaseCNC。

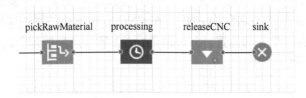

图 8-27　数控机床 processing 模块添加

■ 8.4　模型运行与结果分析

　　根据以上步骤可以建立本仿真模型，选择两台叉车和三台数控机床进行作业，生产作业仿真界面如图 8-28 所示。运行该仿真模型，就可模拟制造车间的生产作业过程。AnyLogic 平台以丰富多样化的形式显示生产作业的统计结果，能够更加直观地观察各类统计指标的变化情况。如图 8-29～图 8-32 所示，在模型运行的统计界面上展现了如下内容。

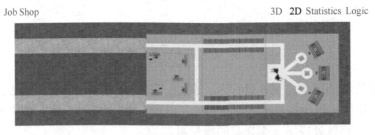

图 8-28　制造车间生产作业仿真界面

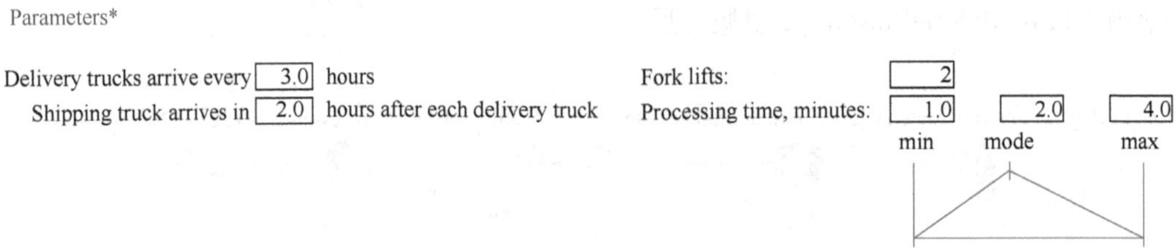

Parameters*

Delivery trucks arrive every [3.0] hours　　　　　Fork lifts: [2]
　　Shipping truck arrives in [2.0] hours after each delivery truck　　Processing time, minutes: [1.0] [2.0] [4.0]
　　　　　　　　　　　　　　　　　　　　　　　　　　　　　　　　min　mode　max

图 8-29　制造车间生产作业仿真参数设置

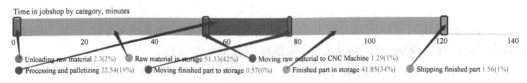

Time in jobshop by category, minutes

● Unloading raw material 2.3(2%)　● Raw material in storage 51.33(42%)　● Moving raw material to CNC Machine 1.29(1%)
● Processing and palletizing 22.54(19%)　● Moving finished part to storage 0.57(0%)　● Finished part in storage 41.85(34%)　● Shipping finished part 1.56(1%)

图 8-30　制造车间生产的各活动占比时间

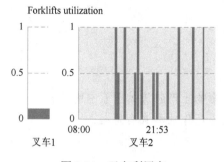

图 8-31 叉车利用率

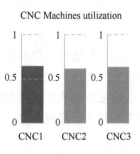

图 8-32 数控机床利用率

（1）在图 8-29 所示的参数部分，可以对一些模型运行参数进行设置，包括卡车运送原材料的间隔时间、卡车运送成品出车间的时间、叉车数量（本仿真模型选择两台叉车），以及数控机床的加工时间（本仿真模型中设置加工时间服从 triangular(1, 2, 4)分布，单位为 min。可以通过更改上述参数，来获得制造车间生产的不同统计结果。

（2）统计指标部分给出了某批原材料在生产加工过程中某个时间点上各活动所占时间和比例（图 8-30），包括卡车卸载原材料的时间和比例、原材料在货架存储的时间和比例、叉车运送原材料到数控机床的时间和比例、数控机床加工制造的时间和比例、叉车运送成品到货架的时间和比例、成品在货架存储的时间和比例、卡车转运成品的时间和比例。

（3）统计指标部分还显示了设备利用率，包括叉车利用率（图 8-31）以及数控机床利用率（图 8-32）。原材料与成品存储率、叉车利用率的曲线图中，横轴代表仿真时间，纵轴代表随时间变化的比例。随着仿真时间的推进，生产作业的统计结果不断变化。

【综合案例】某离散制造车间需要生产一批零部件产品（5 个）。先从原材料库使用自动导引小车将原材料运送到车间进行零部件的加工制造，每个零部件产品在车间中需要经过 3 道加工工序，每道工序的加工时间服从均匀分布 $U(20, 100)$s。零部件在车间中以自动导引小车实现转送运输，零部件完工后需要运送到成品库。自动导引小车速度为 3m/s。试查阅相关文献，分别采用并行机、流水车间、作业车间三种生产形式，设计车间生产与物流组织，构建该离散制造车间物流系统的仿真模型，并统计比较性能结果。

■ 本章小结

本章介绍了生产制造的基本概念及分类，给出了生产制造系统的定义和特征，阐述了生产物流的含义和特点，并对离散制造车间生产作业流程、主要设备、作业形式、作业参数和目标等进行了分析。结合某制造车间生产作业案例，通过仿真建模，探讨了 AnyLogic 在离散制造车间生产作业中的仿真应用。

➢习题

1. 简述生产制造的概念及分类。
2. 阐述生产制造系统的定义及其特征。
3. 什么是生产物流? 生产物流有哪些特点? 影响生产物流的因素有哪些?
4. 制造车间生产流程是怎样的? 一般的车间生产作业形式有哪些?

第9章

物流中心业务流程建模与仿真

➤ 本章学习目的与要求

物流中心具有运输、存储、装卸搬运、包装、流通加工和信息处理职能，具备离散事件系统的典型特征。本章针对物流中心业务流程，采用计算机仿真的手段进行分析和优化，本方法适用于其他业务流系统的仿真分析。通过本章学习，要求了解物流中心业务流程，掌握物流中心业务流程建模仿真的一般步骤和过程；能够针对更具体的系统业务流程进行建模，并得到仿真结论。

【导入案例】京东是我国拥有完整自营物流的电子商务企业，其在华北、华东、华南、西南、华中，以及东北建立了六大物流中心，同时在全国超过360座城市建立了和谐城市配送站。亚洲一号是京东物流中心的代名词，除了占地面积大、库容量大、自动化程度高等特点，强大高效的业务流程处理能力也极大地支撑和推动了京东物流大平台的运营。例如，位于上海嘉定区的京东亚洲一号的总建筑面积达40 000m²，主体由收货、仓储、包装、订单拣选等四个作业系统组成，每日包裹量可达20万个。

■ 9.1 物流中心业务流程概述

9.1.1 定义和功能

按照国家标准《物流术语》对物流中心（logistics center）的定义，物流中心是指从事物流活动的场所或组织，应基本符合下列要求：①主要面向社会服务；②物流功能健全；③信息网络完善；④辐射范围大；⑤少品种、大批量；⑥存储、吞吐能力强；⑦物流业务统一经营、管理。

物流中心的主要功能是大规模集结、吞吐货物，因此一般具备运输、存储、分拣、装卸、搬运、配载、包装、加工、单证处理、信息传递、结算等主要功能，以及贸易、展示、报关检验、物流方案设计等一系列延伸功能。

物流中心的功能不仅体现在其固有的物流相关业务的微观业务职能上，而且体现在其对物流系统运作的效用功能和对所在城市及地区经济社会发展的宏观效能作用上。

1. 微观业务职能

物流中心的业务职能是它能够提供给客户的各种物流服务的总称。一般来说，物流中心具有运输和配送的组织与管理、集中存储、包装与流通加工、中转换装与集散、多式联运、信息服务、综合服务和其他辅助服务等八大业务职能。

因为物流中心种类较多，在物流网络系统中的地位和作用也不尽相同，所以每个物流中心的功能集合不尽相同，某些物流中心可能只具备上述部分业务职能。

2. 效用功能

物流中心效用功能的发挥是物流系统有效运转的基础。为保证物流系统有序运转，现代物流中心应当发挥货物集散中心、物流信息中心、物流控制中心三个效用功能。

3. 宏观效能

物流中心对物流过程的优化具有重大作用。规划建立物流中心，不仅可以大大降低企业库存，减少流动资金占用，而且可以提高运输效率，降低流通费用，从而保证物流系统有序运转、推动地区经济发展。

随着当前经济开放性的不断提高，地区间经济交流与协调发展趋势日益明显，物流中心在区域经济一体化的形成过程中处于重要的基础性地位。物流中心的建设与发展对于提高地区竞争力、扩大与外界经济交流以及在全球化条件下谋求产业分工格局中的定位均具有重要的作用。

9.1.2 分类和作用

物流中心的类型是多种多样的，表 9-1 是从不同的角度对物流中心进行的分类。

表 9-1 物流中心的分类

角度	名称	特点
运营主体	生产企业物流中心	整合材料及零部件采购、原材料管理、产成品库存等功能部门，最终形成面对客户、联系内外的物流中心
	商业企业物流中心	专门从事配送工作的物流中心，是最典型、最高形态的物流中心
	第三方物流中心	既可以具有某些方面功能（如仓储、运输、配送），又可以具备集商流、物流、信息流及其他延伸的增值服务于一体的物流组织，它提供的物流服务必须高度专业化
主要功能	集散中心	以集货功能为主的物流中心，其主要功能是将零散货集中成批量货物
	分货中心	专门或主要从事分货工作的物流中心，其主要功能是将大批量、大包装运进的货物按销售要求进行分装加工，形成小的销售包装，再运转出去
	配货中心	专门从事配送工作的物流中心，是最典型、最高形态的物流中心
	加工中心	以流通加工为主要任务的物流中心
	转运中心	专门承担货物不同运输方式的转运作业的物流中心，可分为卡车转运中心、火车转运中心以及综合转运中心
	配载中心	为解决长途运输车辆的返程空驶，以及中小批量的货物的中长途运输问题而设立的货品集散地
	储备中心	以储备为主要任务的物流中心，即传统仓库
使用对象	自用物流中心	具有适用性、转移性和配套性的特点
	公共物流中心	面对的客户更加广泛，经营管理更加复杂

　　物流中心按运营主体可以分为生产企业物流中心、商业企业物流中心和第三方物流中心；按主要功能可以分为集散中心、分货中心、配货中心、加工中心、转运中心、配载中心和储备中心；按使用对象可以分为自用物流中心和公共物流中心。

　　不同性质的物流中心在不同范围供应链管理中所起的作用不同。一般来说，物流中心应当成为运输网的依托、区域经济圈的枢纽和供应链管理的中枢。

1. 运输网的依托

　　随着现代化运输手段的发展和运作，货物的空间效用、时间效用得到充分的重视和运用。完整意义上的物流中心已成为选择运输手段所需的重要因素，物流中心作为物流网的依托，能够使线网架构与业务经营合为一体。

2. 区域经济圈的枢纽

　　大范围的物流中心在区域经济圈的确立中处于重要的基础地位。物流中心不仅主要体现在物流枢纽即集散、信息和控制等职能上，而且体现在社会、区域经济圈的形成与运行上。

3. 供应链管理的中枢

　　物流中心始终在供应链管理中处于中心地位，在供应链运作中起着指挥中枢作用，指导并能控制供应链合理运作。随着电子信息技术对此支持水平的提高，物流中心在供应链管理中的中枢地位能够完全确立。

9.1.3　现状和发展

　　物流中心起源于第二次世界大战以后，零售业的多店铺化、连锁化及多业态化（百货、超市、专卖店等）对物流作业的效率提出了更高的要求，原来相互分割、缺乏协作的仓储、运输、批发等传统物流企业无法适应现代物流业的发展，专业性的物流配送经营实体——物流中心便应运而生。目前，美国、日本、欧洲等发达国家和地区经过长期的发展已经形成了由完善的物流基础设施、高效的物流信息平台和比较发达的第三方物流企业组成的社会化物流服务体系，物流中心的规划建设和运营已经发展得比较成熟。相应地，对物流中心的规划和业务流程建模仿真的研究也初步形成了一个比较完整的体系。发达国家现代物流业的发展促进了现代物流中心系统规划与设计理论研究和实践工作的发展，物流中心的机械化、自动化、智能化程度和运作效率较高，在区域物流和经济发展中发挥着极其重要的作用。

　　我国物流中心的规划和建设是从 20 世纪 90 年代开始的。近年来，随着经济的快速增长，特别是连锁商业的迅速发展，各种形式的物流中心发展很快。据不完全统计，目前全国共建有各种类型的物流中心 1000 多个，其中上海和广东数量最多、发展也最为成熟。从总体上看，我国的物流中心规划和建设的起点较高，但仍缺乏完整的理论基础，存在某些缺陷和不足，有必要借鉴发达国家的规划设计经验，结合我国实际情况，进一步丰富和发展物流中心规划设计理论与方法。

　　目前国内关于物流中心研究较多，多从宏观的层面研究物流中心的布局规划，研究多集中于物流中心的选址模型、需求预测方法、布局规划等单个方面，研究成果比较分散。近年来关于物流中心流程建模仿真的研究也越来越多，物流中心建模和仿真对其流程的分析、改进和优化起到很重要的作用，为指导物流中心的业务流程运行和管理提供了理论与实践上的依据。

总之，现代物流中心是放大区位优势的倍增器：现代物流中心在社会流通领域占重要部分，是整个物流网络的支撑，不仅对优化物流网络起着重要作用，而且对整个社会的流通基础设施发挥着衔接、协调、枢纽的作用。现代物流中心是发展现代流通的承载平台：现代物流中心作为连锁企业的后勤经济部门，为现代物流提供了承载平台，在管理运作中起着关键作用，已成为连接生产与消费、化解供需矛盾、使空间和时间产生经济效益的主要机构和场所。现代物流中心是实物物流与信息物流的有机结合体：物流信息平台的搭建提升了物流管理水平，降低了管理成本，扩大了整体物流设施的作业面，延伸了实物物流平台的触角，增强了实物物流的软实力。现代物流中心是社会化大生产的产物，在社会化大流通中发挥了枢纽作用。更加理性和科学地认识它的分类、功能和发展，探索其发展的先进运作和管理的业务流程是一个非常重要的课题。

■ 9.2　物流中心业务流程问题描述

9.2.1　流程总体分析

1. 物流中心基本作业流程

不同类型的物流中心由于主营业务侧重点的不同，其作业流程各不相同。一般来说，物流中心基本作业流程如图 9-1 所示。

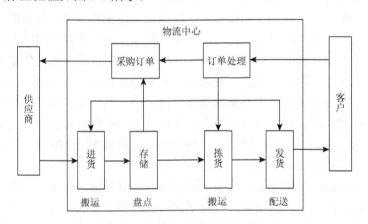

图 9-1　物流中心基本作业流程图

货物通过搬运经进货作业确认后，便依次存储入库。为确保在库货物受到良好的保护管理，需进行定期或不定期的盘点检查，通过盘点数据分析，对于存储量不足的货物，向供应商发出采购订单的信息。当接到客户订单后，先按照订单性质进行订单处理，再按处理后的订单信息将客户订购货物从仓库中拣选取出。从仓库搬运的货物经整理后即可准备出货，等到一切出货作业完成后，便可将货物装上配送车，将之配送到各客户点交货。

2. 各作业模块含义

物流中心业务流程的作业模块可以分为以下八类。

1）进货作业

发出采购订单或订货单后，仓管员即可根据采购订单上预定入库日期进行入库作业安排，在商品入库当日，进行入库商品资料查核、商品质检，当质量或数量与订单不符时应进行准确的记录，及时向采购或存货控制部门反馈信息，并更新入库数据。仓管员按库房规定的方式安排卸货、托盘堆叠、薄膜缠绕和货品入位。对于同一张订单分次到货，或不能同时到达的商品要进行认真的记录，并将部分收货记录资料保存到规定的到货期限。

2）搬运作业

搬运作业是指在同一场所内对物品进行以水平移动为主的物流作业。在配货中心，入库、保管、拣货、流通加工、出库、装载、配送等所有过程都少不了搬运作业。搬运作业在整个配货中心物流作业中所占的比例较大，占全部作业的 60%～70%。搬运作业的策划和设计如果不合理，势必造成物流成本的大幅度增加，货物在物流作业中的破损率上升。因此，必须尽可能地减少货物的搬运次数，以降低配货中心的物流成本。

3）存储作业

存储作业的主要任务在于妥善保存货物，并对在库品进行核检，合理利用空间，对存货进行科学管理。良好的存储策略可以缩短出入库移动距离，缩短作业时间，充分利用存储空间。

4）盘点作业

盘点作业是指为了有效地控制货物数量而对各库存场所的货物进行数量清点的作业。它是衡量配货中心经营管理状况好坏的标准尺度，它不仅可以实现有库存商品的清点，而且可以针对过去的商品管理状态进行分析，进一步为将来商品管理的改进提供参考资料。

5）订单处理作业

物流中心的业务归根到底来源于客户的订单，它始于客户询价、业务部门报价，以及客户订单接收，业务部门需了解当日的库存状况、装卸货能力、流通加工能力、包装能力、配送能力等。当订单无法按客户要求的时间及数量交货时，业务部门需进行协调。一般的订单处理过程主要包括以下五个部分：订单准备、订单传递、订单登录、按订单供货和订单状态追踪等。

订单处理是实现企业服务目标最重要的影响因素。改善订单处理过程，缩短订单处理周期，提高订单满足率和供货准确率，提供订单处理全程跟踪信息，可以大大提高客户服务水平与客户满意度，同时能够降低库存水平，在提高客户服务水平的同时降低物流总成本。

6）拣货作业

根据客户订单的品种及数量进行出货商品的拣选。拣货作业不仅包括在拣选之前核对商品在库量，根据送货规范要求按路线或按订单进行拣选，而且包括拣货区域的规划布置、工具选用及人员调派。拣货作业不仅包括拣取，而且涉及补充拣货架上商品，使拣货不至于缺货，这包括补货量及补货时点制定、补货作业调度、补货作业人员调派。

7）发货作业

将拣取分类好的货物做好出货检查，装入妥当的容器，做好标记，根据车辆调度安排的趟次，将物品搬运到出货待运区。这一连串的物流活动就是发货作业的内容。发货作业主要包括分拣、出货检查和流通加工。

8）配送作业

配送作业就是利用配送车辆把客户订购的物品从配货中心送到客户手中的工作。其基本业务流程如下：①划分基本配送区域；②车辆配载；③暂定配送顺序；④车辆安排；⑤选择配送线路；⑥确定最终的配送顺序；⑦完成车辆积载。

9.2.2　流程层次化分析

物流系统具备复杂系统的特征，物流中心业务流程系统也属于复杂系统。设计复杂系统的最基本方法依然是结构化系统分析设计方法，把一个复杂系统分解成相对独立的简单子系统，每一个子系统又分解成更简单的模块，这样自顶向下、逐层模块化分解，直到底层每一个模块都是可具体说明和可执行的。这一思想至今仍是复杂系统设计的精髓。

借鉴复杂系统设计的思想，以物流中心业务流程系统的标准化为目标，将业务流程层次化和模块化，逐级分解成子流程或者业务子活动，直到每个业务活动都是具备业务含义的最小单元。先宏观地从一级流程扩充到二级流程，再将二级流程的作业环节细化为三级流程，这样层层深入、环环紧扣，最终产生精细、标准、合理的物流中心业务流程，如图 9-2 所示。

一级流程包括的三个主要的物流节点，即供应商、物流中心、客户；将一级流程中物流中心的流程进行典型流程的分解和提取，形成的二级流程为信息共享模式下的订单业务流程、仓库业务流程、运输业务流程和配送业务流程；对二级流程中的四个核心的流程进行扩充形成三级流程，三级流程中描述的是四个核心流程的主要作业过程。

9.2.3　基本要素

9.2.1 节和 9.2.2 节分别对物流中心整体业务流程进行描述和流程层次化分解，本节将对物流中心业务流程中包含的基本要素进行说明。物流中心的仿真基本要素包括实体、资源、属性、事件、活动以及进程。实体是可单独辨识和刻画的一个仿真系统内部的客观对象。实体的定义应以研究目标和系统边界定义为依据。

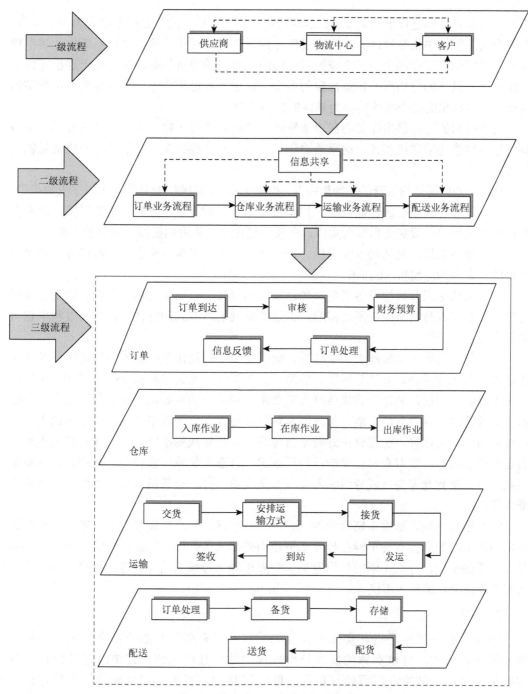

图 9-2　物流中心业务流程层级结构

1. 实体

流经物流中心的实体按照实体表现方式可分为在系统中流转的、抽象的单据（如订单）和具体的货物实体、物流中心资源等。其中，在订单实体的定义中，由于不同的出货指令可能同时显示在同一张订单上，并且配送部门对订单的操作是针对其中的某一条指令而非整张订单进行车辆调度的，本章将客户到达订单中的每条指令定义为一个实体，在每个实体即订单指令到达时，调度员便分别对其进行订单处理。在进出库作业装车操作中，虽然所有操作均是为了完成配送部门或者客户的出货指令，但是由于进出库作业操作时针对具体的货物而非每条抽象的指令，在出入库过程中不可避免地需要进行实体转换，即将抽象的指令实体转换为具体的货物实体。

需要指出的是，进出库货物在申请输送设备时仍需将货物实体进行批量处理，即需要将指令转换为输送机实体，这里的输送机实体是一个虚拟实体，借助它完成批量输送任务。

物流中心资源是指运营的软硬件资源，也属于实体的范畴，具体表现为以下五种类型。

（1）以仓库为核心的存储系统，如容器设施、存储设备、货架、堆垛机等。此类资源在仿真过程中一般定义为永久实体，在使用过程中，先占用资源，再释放资源。

（2）搬运系统，包括起重输送机、自动导引小车、叉车、手推车、电梯等。此类资源可统一定义为运输机（transfer）。

（3）流通加工及周边设备系统，如包裹集包设备、印刷条码标签设备、计重计量设备等。此类资源是物流中心所必需的，但是根据其通过方式的特性，在仿真过程中也可将其定义为运输机。

（4）作业人员，如装卸工、调度员、仓管员等。根据作业任务来确定这一资源的工作班组、人工费用核算方法等问题。装卸工的主要活动是装车和卸车。可以先假定装卸工优先等级，再统计装卸次数来核算人工费用。调度员的主要活动是定制配送单并进行初步配送活动、寻找外部车辆、与外部车辆签订协议、定制派车单等。调度员的人工费用按月固定工资核算，仿真分析时通常将每月工资折算成每小时工资。仓管员的主要活动是出库和入库，即对仓库存储产品的厂家进行管理，收发厂家货物，在提货或送货车辆到达后直接到仓库提货或者组织入库。和调度员一样，仓管员的人工费用按月固定工资核算。

（5）运输车辆。运输车辆可分为三种：自有车辆、挂靠车辆和外雇车辆。自有车辆是指物流中心独立拥有的车辆；挂靠车辆是指外部人员购车，挂靠在物流中心名下归其经营管理的车辆，挂靠车辆的使用避免了外雇车辆所带来的信誉问题；外雇车辆是指租用其他物流公司或私人车辆。

2. 属性

物流中心的属性是指其实体所具有的特性，只有那些与系统仿真相关的特征才称为属性。例如，订单实体的属性是指订单到达、订单完成、订单时延等特性以及这些属性之间的转换，即原始订单经分解、转换为发货单、配送单、派车单，在订单处理成功后，三种凭单又重新合成原始订单。货物实体的属性是指物流中心的货物在搬运、仓储、配送、返回过程中的属性，如到达间隔时间、等待时间、是否具有增值性等。

3. 活动与进程

不同类型和功能的物流中心所对应的具体活动和进程是不尽相同的，但是基本的作业类型可概括为三个部分：进出库作业中的活动、配送调度活动和运输活动。

4. 事件

在物流中心仿真过程中，事件有两类：一类事件是引起系统状态变化的行为，例如，物流中心的进货作业称为一个事件，出货作业也称为一个事件，这一类事件是物流中心系统状态变化的主要驱动力；另一类事件是程序事件，例如，在仿真过程中为确认订单执行是否成功而专门定义确认成功的程序事件，以终止仿真，这类事件并非物流中心所固有的，而是根据需要设定的。

9.3　物流中心业务流程建模与仿真模型设计

9.3.1　需求分析和全局建模思路

在实施物流中心业务流程建模和仿真时，需要遵循以下原则。

（1）能够实现业务流程的抽象表达，也可以实现流程的形式化表达。

（2）对于复杂变化的业务流程，可以进行流程的分解、组合和重构。

（3）通过通用业务流程类的建立，可以满足流程建模的拓展要求。

（4）能够对构建的业务流程进行仿真分析与模拟，具有较好的可视化性能和交互性能，便于监控流程的瓶颈，从而对流程管理与重构进行决策。

（5）针对业务流程动态、多变的特点，具有良好的适应性和定制能力。

根据以上原则，确定物流中心业务流程的建模思路如下。

（1）研究典型业务流程，如订单、仓储、运输、配送等的业务流程，提取基本单元。

（2）采用面向对象的方法，将基本单元映射为通用业务流程类，使其具有继承性和可扩展性。

（3）引入人机交互功能，使基本单元对应的类具有交互性，并能够通过交互实现基本单元的参数化控制。

（4）采用分层和二次封装技术，将基本单元对应的类进行组合，构建业务流程的典型基本模块（带有统计功能），并形成业务流程公共模型库，实现敏捷建模。

（5）在业务流程公共模型库的基础上，结合流程状态图法，通过拾取技术，快速搭建具体业务流程仿真模型。

（6）通过流程的可视化运行和统计数据可视化显示，分析流程中的瓶颈，为流程重构提供决策支持。

物流中心业务流程建模和分析方法的设计思路如图 9-3 所示。以物流中心为研究对象，以物流中心的订单处理、仓储、运输、配送业务流程为主要典型流程，通过流程建模、人机交互和流程仿真，实现业务流程的动态模拟、流程重构以及敏捷建模，形成基于离散事件系统规范（discrete event system specification，DEVS）的公共模型库的物流中心业务流程分析和建模方法。其目的在于实现物流中心业务流程的全面模拟及重组，寻求适合企业核心竞争力的业务流程。

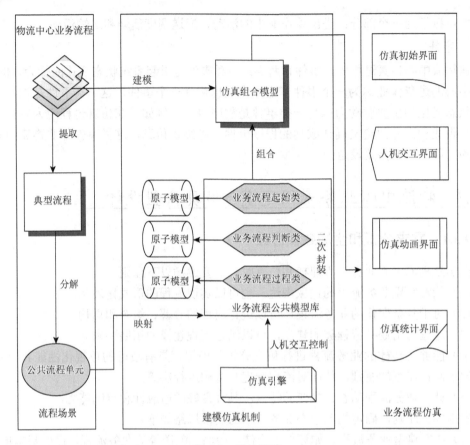

图 9-3 设计思路

9.3.2 仿真模型的架构

由于物流中心业务流程越来越复杂，业务流程呈现多样化、灵活化、动态化的趋势，也对物流中心业务流程建模和仿真应用提出了更高的要求，迫切需要灵活快捷的建模仿真方法，满足不断变化的需求。在此需求背景下提出的基于 DEVS 的公共模型库柔性业务流程可组合化建模方法旨在全面提高仿真模型的可重用性、互操作性，实现模型快速组合。

1. 仿真模型的整体架构

借鉴 DEVS 的组合建模、公共模型库的组合建模、敏捷建模思想，结合面向对象开发方法，本节提出一种基于公共模型库的敏捷建模方法，该方法涵盖代码层、通用类层、业务子模块层、业务流程层、表示层等五个层次。

图 9-4 展现的是业务流程分析和建模方法的架构，即五层递推式物流中心业务流程分析建模框架体系。①代码层设置相关控件的属性和参数、变量、函数的代码，随时调用、查看的代码编辑器使编程更加简单和高效；②通用类层描述一类或相似的业务子模块的过程和功能，若干通用类/库按具体活动过程将仿真软件中企业库的控件进行封装整合，与业务子模块的功能相对应；③业务子模块层将业务流程分解成多个业务子模块，用流

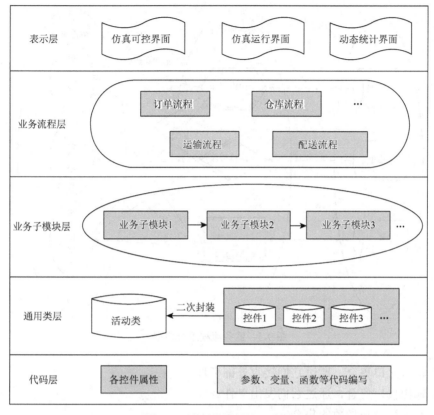

图 9-4　模型整体架构层次图

程图的形式进行过程化的活动再现，利用流程图的建模方法，使整个流程透明化；④业务流程层将整个业务流程进行典型的业务流程的分解；⑤表示层包括仿真可控界面、仿真运行界面和动态统计界面，可以将仿真的开放式体系结构模型与办公或企业软件——电子表格、数据库、企业资源规划和客户关系管理系统等集成起来，或将模型直接嵌入实时运行环境中，实现信息化的动态模拟。

2. 仿真模型的组成

图 9-4 是对业务流程模型进行的整体把握，下面对仿真模型的具体组成部分进行详细的说明。图 9-5 是业务流程组合模型，由原子模型、公共模型库、组合模型组成。每个原子模型和公共模型库中通用类相对应，业务流程通用类构成业务流程公共模型库；公共模型库对业务流程进行公共流程的提炼，便于流程重构的模块化和通用化；将业务流程公共模型库中的通用类以不同的形式选取和装配，进行流程过程的形式化耦合，就形成组合模型。

1）原子模型的设计

业务流程原子模型是指利用 DEVS 的扩展，即在集合论的基础上形成的形式化模型描述规范，形成具有独立内部结构和明确输入/输出（input/output，I/O）接口的模块，其结构如下。

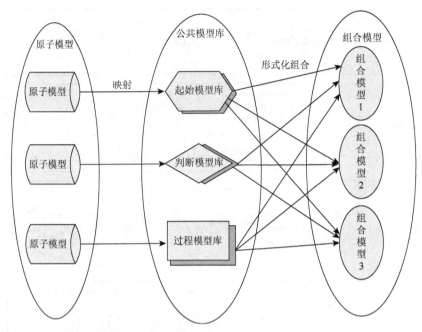

图 9-5　业务流程组合模型

（1）输入接口集合，通过它们接收外部事件。

（2）输出接口集合，通过它们发出事件。

（3）状态变量与参数的集合。

（4）时间递增函数，用于控制内部转移的时间。

（5）内部状态传递函数，定义在时间递增函数给定的时间流过后，系统将转移到的状态。

（6）外部状态传递函数，定义接收输入后，系统如何改变其状态。

（7）输出函数，在内部转移发生前产生一个外部输出。

原子模型具有完备的功能和行为，不可再分，并以接口的形式进行调用。原子模型可以形式化地描述如下：

$$M =< S, N, \mathrm{Class}, A, \sigma_{\mathrm{in}}, \sigma_{\mathrm{out}}, \delta_{\mathrm{int}}, \delta_{\mathrm{ext}}, \lambda, \tau > \qquad (9\text{-}1)$$

式中，S 为一个含有所有变量的集合；$N \in \mathrm{NP}$，为原子模型所含原子的名称，NP 为名称的集合空间，不具有唯一性；Class 为原子模型被封装成的类，$\mathrm{Class} \in \mathrm{CN}$，CN 为类的集合空间，具有全局唯一性；$A$ 为属性集合，即 i 时刻原子模型状态值且具有唯一性；

$$\sigma_{\mathrm{in}} = \{j, j \in N\} \qquad (9\text{-}2)$$

为输入接口集合，原子模型只能通过某个输入接口接收外部事件；

$$\sigma_{\mathrm{out}} = \{k, k \in N\} \qquad (9\text{-}3)$$

为输出接口集合，原子模型只能通过某个输出接口发出事件；

$$\delta_{\mathrm{int}} : s \times Y \times O \rightarrow S \qquad (9\text{-}4)$$

为内部状态传递函数，指由内部交互引发的状态转移。s 为该内部状态传递函数的状态，即当前的状态；Y 为该内部状态传递函数的输入，即输入参数；O 为该内部状态传递函数的输出，即输出结果；S 为该内部状态传递函数的下一个状态，即处理完输入参数和当前状态后得到的新状态；

$$\delta_{ext} : P \times X \times I \to S \tag{9-5}$$

为外部状态传递函数，指由外部交互引发的状态转移。外部状态传递函数定义了外部状态转移的发生规则。P 为该外部状态传递函数所属的原子模型；X 为该外部状态传递函数的输入参数，即来自外部系统或其他原子模型的请求、命令、数据等；I 为该外部状态传递函数的输入状态，即当前的状态；S 为该外部状态传递函数的输出状态，即处理完输入参数和当前状态后得到的新状态；

$$\lambda : S(s, S_0, e) \to Y \times O \tag{9-6}$$

为输出函数，用于定义原子模型发生状态转移后对系统状态的输出。s 为该输出函数所属的原子模型的状态，即当前的状态；S_0 为该输出函数的输入状态，即前一个状态；e 为该输出函数的外部输入参数，即来自外部系统或其他原子模型的请求、命令、数据等；Y 为该输出函数的输出参数，即输出结果的一部分；O 为该输出函数的输出结果，即输出的完整结果；

$$\tau : S(s, S_0, e) \to R_0^+, \infty \tag{9-7}$$

为时间递增函数，时间递增函数定义了模型发生内部状态转移的时间推进机制。s 为该时间递增函数所属的原子模型的状态，即当前的状态；S_0 为该时间递增函数的输入状态，即前一个状态；e 为该时间递增函数的外部输入参数，即来自外部系统或其他原子模型的请求、命令、数据等；R_0^+ 为该时间递增函数的起始时间，即模拟的开始时间；∞ 为该时间递增函数的结束时间，即模拟的结束时间。

若干原子模型可以通过在端口之间建立连接关系形成组合模型。DEVS 模型组合是封闭的，即组合模型可以作为更大的组合模型的元素使用，由此形成了统一的基于 DEVS 形式化组合方法，为业务流程公共模型库的建立奠定了基础。

2）业务流程公共模型库的设计

基于公共模型库的组合物流中心业务流程建模方法依赖于一个物流中心业务流程可重用模型库，模型库建立在通用的流程模块、流程过程活动逻辑关系、代码设置规则及数据传输协议之上。

如图 9-6 所示，业务流程公共模型库包括起始模型库、过程模型库、判断模型库。

（1）起始模型库包括 Arrive 类、Leave 类，分别描述的是流程的开始和结束。

（2）过程模型库是流程中各行为模块库的集合，描述的是流程中活动行为，例如，行为模型库 1 包括 Dispatch 类、Pick 类、Replenishment 类、Return 类和 Purchase 类，分别描述的是发货、接货、补货、退货、采购等环节的行为过程；行为模型库 2 包括 Scheduling 类、Loading 类、Unloading 类、Transfer 类，分别描述的是调度、装车、卸车、中转等环节的行为过程；行为模型库 3 包括 Check 类、Sorting 类、Processing 类和 Packing 类，分别描述的是盘点、分拣、流通加工、包装等环节的行为过程；行为模型库 4 包括 Warehousing 类、Stock 类和 Unhousing 类，分别描述的是入库、在库、出库等环节的行为过程；行为模型库 5 包括 Simple 类和 Feedback 类，分别描述的是处理、反馈环节的行为过程。

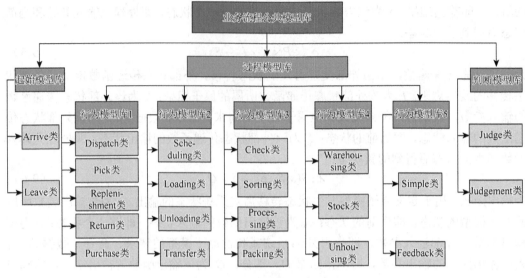

图 9-6 业务流程公共模型库

（3）判断模型库包括 Judge 类、Judgement 类，分别描述的是流程的简单判断和复杂判断。

以上公共模型库包括端口规则、接口标准、数据传输协议规则、流程规范等。例如，端口规则即端口的连接规则，用于实现类的一对一的连接或者多对一的连接。公共模型库能够对核心流程进行建模、部署和管理。公共模型库可以是一种统一、可重复使用、敏捷地描述业务流程模型的表示方法，使业务流程模型从实现逻辑中抽取出来，从而灵活地构建物流中心业务流程的仿真模型。业务流程逻辑、业务流程的完整性和正确性可以由基于 DEVS 构建的原子模型保证。一般而言，公共模型库具有公共流程仓库、流程设计、流程配置、流程引擎、流程分析和流程优化等功能模块。

3）组合模型的设计

物流中心业务流程组合模型是由多个业务活动组成的，用以描述企业某个业务处理过程，是为解决企业某个业务问题，由公共模型库中多个通用业务流程组件动态创建的新服务。根据不同的物流中心业务流程特征，构建不同的组合模型。组合模型实质是业务流程公共模型库中的若干通用业务流程组件以不同的组合形式选取、装配、进行形式化集成并以满足客户多变需求为目的的流程行为模拟过程的形式化描述。

图 9-7 为物流中心业务流程组合模型，其主要架构如下。

（1）组合模型角色模块用于将物流中心业务流程公共模型库中的三类通用业务流程组件起始通用类、判断通用类、过程通用类进行柔性集成，一般包含流程名、流程时间、服务资源、备注、监控和控制信息等一系列基本属性，反映了具体流程运行过程的目的，即这个业务过程要实现的目的及要达到的最终目标。

（2）过程流模块表示具体流程中流程模块之间的逻辑顺序，表明流程的方向。过程流规则是具体流程中流程模块之间的行为约束，主要负责为流程实例的推进提供导航依据，主要参数包括业务流程向前推进的条件、执行条件和自身属性条件。

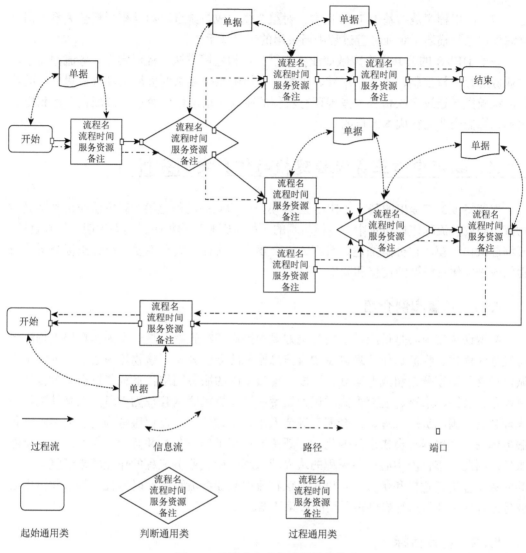

图 9-7 物流中心业务流程组合模型

（3）信息流模块用于完成各流程模块间的信息交付，实现业务流程模块间的信息、资源共享。

（4）路径原理是指实体动画对应的路径，描述实体类运行的路径及形式化的动画描述，使流程更加直观、生动。

（5）端口机制将组合模型中的公共模型库看作一组相互协作的部件集合，各部件独立完成一定的功能，通过标准的互操作端口将信息流、过程流、物流等与实体类各属性进行连接。

（6）配置规则是指业务流程公共模型库构成组件之间应易于配置，通过组件接口参数可控制组件，通过预定义的参数值可调整接口参数，改变组件配置，以适应具体流程的复杂多变性。

（7）应用程序是指基于 Java 语言，对组合模型成员集合、组合模型耦合关系的语言化编程，主要描述了企业经营过程中所采用的工具或手段。

基于 DEVS 的公共模型库敏捷业务流程分析和建模方法，针对实际业务流程需求，对业务进行分析控制、重组、增减、再配置，使用系统提供的模块工具来搭建自己的业务流程模型。通过多次仿真来发现现有流程的瓶颈，动态优化企业资源配置，达到提高效率、降低企业运行成本的目的。

■ 9.4 物流中心业务流程建模与仿真案例分析

本节将 9.3 节提出的基于 DEVS 公共模型库的业务流程建模仿真方法应用到某具体物流中心业务流程建模仿真中，建模仿真的一般步骤和过程如下：问题说明、仿真目标、流程层次化、模块化分解描述、流程的组合建模、流程仿真和主要的统计指标分析、流程的改进优化及模型的校核和验证。

9.4.1 仿真案例介绍

某钢铁物流中心是供应链全面解决方案的提供和实施者，是一家为客户提供物流系统策划和优化、物流运作管理以及物流信息服务的专业公司。该物流中心在国内的中心城市设立了多家分公司或办事处，形成了覆盖全国的服务网络；形成了以仓储为依托，以铁路、公路、水路、航空多式联运为纽带，以计算机联网管理为手段，以仓储配送、代理分销、国际货运代理、综合配套等全天候、全方位、全过程服务为内容的多维立体服务体系，并根据社会需求的变化，不断拓展物流延伸业务，并且为广大客户提供金融服务。因此，该物流中心业务流程的边界越来越模糊、业务流程的作业越来越复杂。对其业务流程进行建模和仿真，可以实现该物流中心业务流程的实时监控，为该物流中心业务流程的管理和运行提供很重要的决策依据。

9.4.2 仿真目标

仿真模型的构建应该密切围绕仿真目标展开，不同的仿真目标对仿真内容的要求不同，只要能达到仿真目标，应尽可能地简化模型。这是因为简化模型一方面可以减少工作量，另一方面可减少因不必要的干扰引起的误差。

对物流中心业务流程系统进行建模仿真，其仿真目标可包含以下三项。

（1）统计分析物流中心统计指标，如流程完成的时间、各子流程完成的时间、资料利用率等。

（2）分析物流中心排队等待服务的队列特性，从而评价物流中心对客户服务的响应时间，物流中心人员和设备设施的使用情况及其资源利用状况，车辆、人员及其维持物流中心运营的成本情况等。

（3）通过对具体物流中心业务流程的建模仿真，模拟流程的全局过程、监控流程的运行状态、分析流程的瓶颈，进而对其流程进行改进、优化和校核验证。

9.4.3　流程描述场景

某物流中心以钢铁为主营业务，是国内专业物流中心建设的一个典范。其业务流程如图 9-8 所示。承运方根据签订的合同，合同包括公司代码、收费标准、提货单相关信息，将实物运到该物流中心，一方面将运到的实物直接入库，接货员组织卸货，理货员查验货物，仓管员入库保存，随后信息中心对库存信息进行修改；另一方面将运到的实体根据需求进行中转发货，根据收费标准进行费用的结算，结算完成后进行发货，决策部门对发货信息进行审核，如果审核合格就放行，否则不放行，根据提货单据的相关信息，对比库存信息，如果所提取的货物小于等于存货就进行下一步的审核，否则拒绝，比对提货单据，核查相关信息，如果不一致就拒绝提货，如果一致就进行下一步的审核，即所提取的货物是否小于等于存货减去银行设定的下限，以及是否冻结，一方面不满足提货要求的需要修改相关信息，另一方面满足提货要求的直接进行收费。

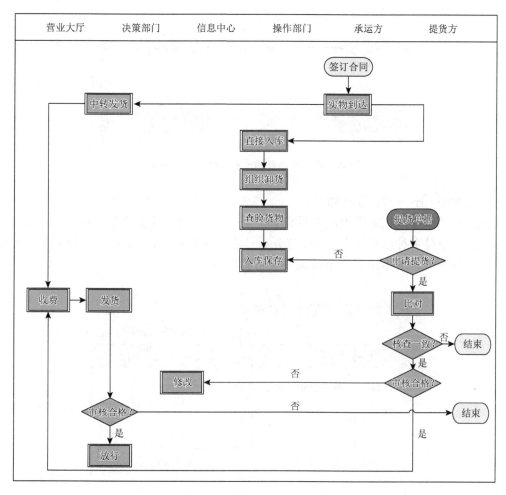

图 9-8　某物流中心业务流程

9.4.4　基于公共模型库的流程组合建模场景

对该物流中心的流程进行层次化、模块化的描述之后，基于公共模型库的业务流程组合建模方法，分析该物流中心；根据模块化的分解，该物流中心系统中独立的活动所对应的公共模型库的基本组件如图 9-9 所示。新版 AnyLogic 已有许多相关模块实现流程中的各种功能，因此在公共模型库中分别建立一个起始模型库、判断模型库、过程模型库，使总模型更加简洁。货物到达活动单元对应公共模型库中的 Arrive 类、审核活动单元对应公共模型库中的 Judge 类、入库活动单元对应公共模型库中的 Warehousing 类。

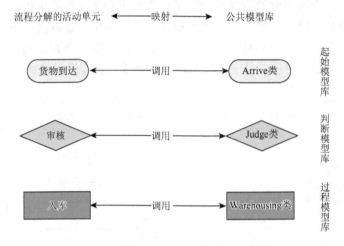

图 9-9　物流中心业务流程的组合建模机制

这里列举 Arrive 类，描述如下。

Arrive 类属于起始通用类，主要实现业务流程中业务信息的产生，在此记为实体，实体的产生支持多种分布规律，如正态分布、泊松分布等。Arrive 类支持可视化的数据显示和统计分析。图 9-10 是 Arrive 通用类仿真界面。

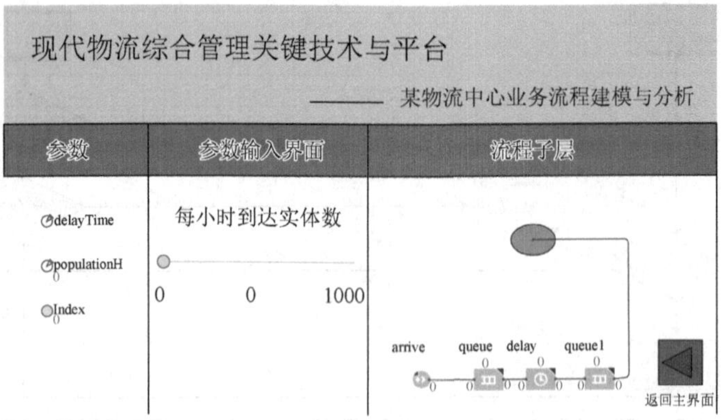

图 9-10　Arrive 通用类仿真界面

以 Arrive 通用类来说明业务流程通用类的搭建方法和基本思路。图 9-10 中的 Arrive 通用类仿真界面的右边流程子层是调用 AnyLogic 企业库中的 source 控件、queue 控件、delay 控件来表达实体到达或者流程开始的逻辑过程，参数 delayTime、populationH 分别描述时延和实物每小时到达的数量，变量 Index 描述实体总数量，通过以上参数、变量的设置，对实物赋予相应的属性，使流程在仿真运行时携带和表现相应的属性，实现流程状态的实时监控，将其封装成独立的、具有一定逻辑的复用 Arrive 类。

各种业务流程通用类仿真界面包括通用类的构成、参数和变量的设定、输入界面和统计界面等。以上这些组成可以根据具体的流程进行调动和相应的改变，主要目的是使各种业务流程通用类能更加准确和清晰地描述不同业务流程的作业过程。

9.4.5　某物流中心业务流程仿真分析

在 AnyLogic 仿真平台上，创建一个新的仿真工程，将其命名为物流中心业务流程，根据以上层次化、模块化、组合化的业务流程建模场景，通过调用公共模型库中的业务流程组件，如入库、卸货、送货、中转退货，得到仿真场景。定义参数、变量、函数，实现相应的功能控制，并添加流程路径和实体动画，最终仿真运行界面如图 9-11 所示。

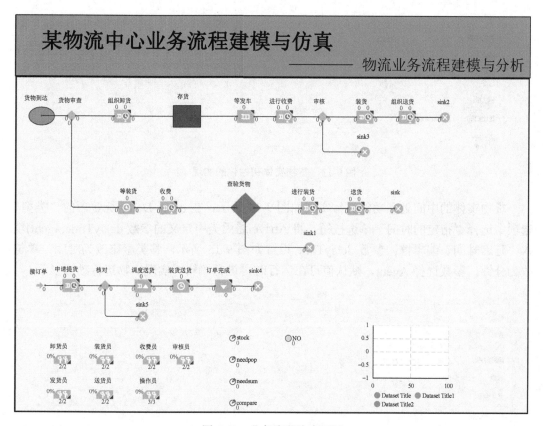

图 9-11　业务流程仿真界面

整个流程仿真所构建的智能体如图 9-12 所示。接下来以整个仿真流程中的货物到达作业为例，分析和展现其主要搭建方法和思路。

货物实体初始化功能具体实现如图 9-13 所示，将 arrive-Source 标签项中的"定义到达通过"选项框改为速率，单位改为小时，并将 Arrive 通用类中定义的参数 populationH 填入"到达速率"编辑框。在"行动"标签项中的"在出口时"编辑框填写 Index+=1，描述实体总数量的变化；在"高级"标签项中的"智能体类型"选项中选择默认的 Agent；每小时产生的实体数量即 populationH 在运行模型时输入，实现实物运行动画显示。

图 9-12　创建物流中心业务流程
仿真树图

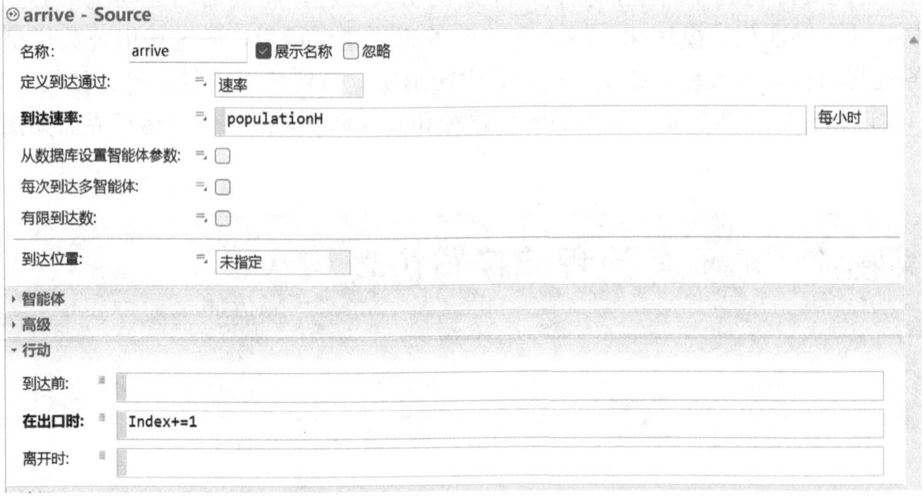

图 9-13　货物实体初始化的实现

货物实体的中间处理功能具体实现如图 9-14 所示，在 delay-Delay 标签项的"类型"选项中选择"指定的时间"单选按钮，将 Arrive 通用类中定义的参数 delayTime(agent)填入"延迟时间"编辑框；参数 delayTime 设置如图 9-15 所示，将类型修改为时间，单位改为分钟，参数选择 Agent，默认值可在运行时再进行编辑，实现实物运行动画显示。

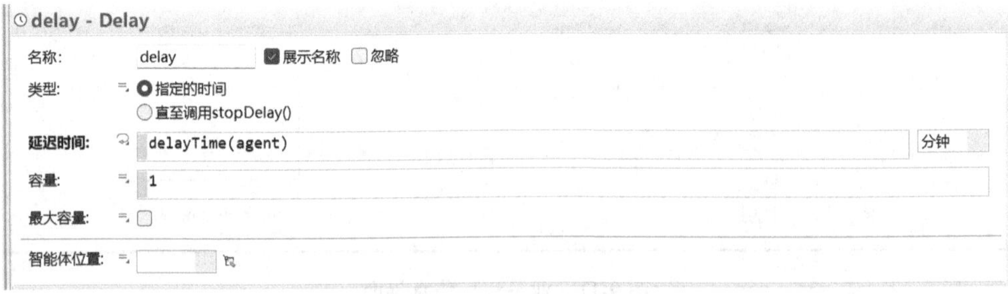

图 9-14　货物实体中间处理的实现

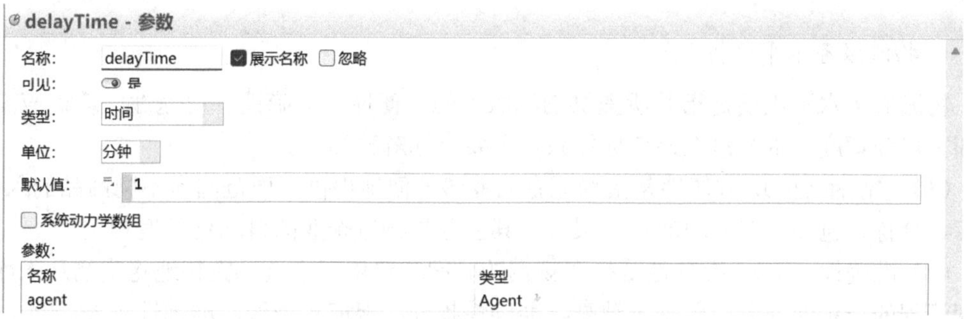

图 9-15　delayTime 参数设置

图 9-16 是对封装的 Arrive 通用类滑块按钮和端口的参数设置，勾选"每小时到达实体数-滑块"标签项中的"链接到"选项，选择参数 populationH，在"最大值"编辑框填入 1000，在"启用"选项中选择"是"单选按钮；与端口连接的图形在"高级"标签项中的"点击时"编辑框输入 return true，确保在运行模型时双击 Arrive 通用类能够进入 Arrive 内，更好地实现流程的运行和仿真，如图 9-17 所示。

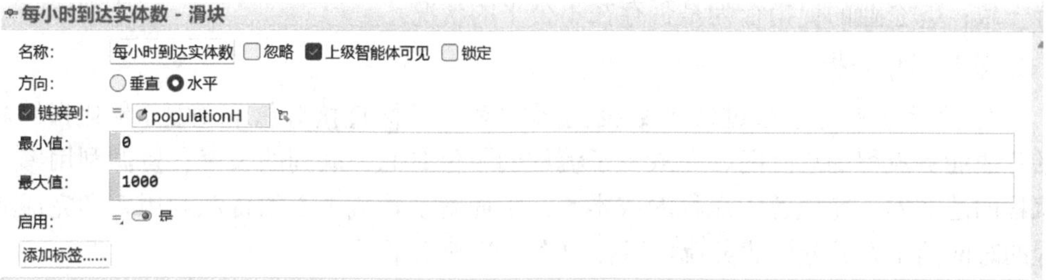

图 9-16　Arrive 通用类的相关参数设置

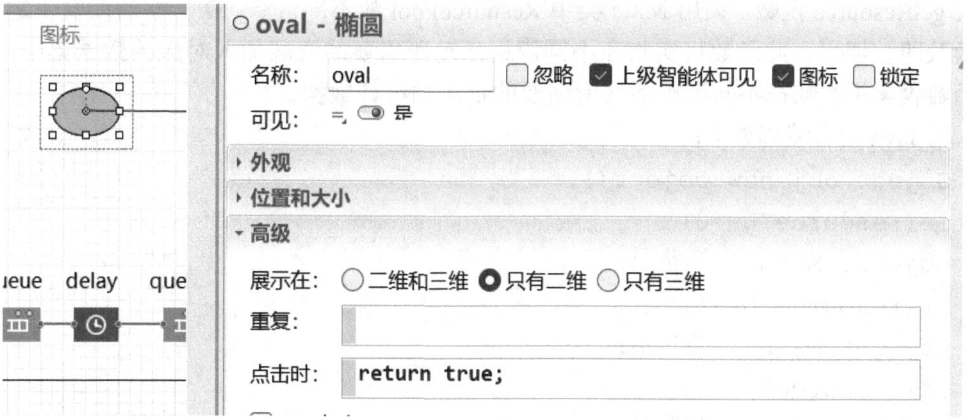

图 9-17　与端口相连图形的参数设置

9.4.6　主要的统计指标分析和流程的优化

本节从定性和定量两个方面进行仿真统计分析，即物流服务水平分析和量化指标分析。

1. 物流服务水平分析

物流服务水平主要是指其所提供物流服务的方便性、准确性、快速性、随机应变能力和客户满意度。本节建立该指标体系，主要指标解释如下。

（1）方便性（B_1）。方便性是指物流企业能够方便地提供区域范围内不同商品的入库、出库、分拣、包装等多方面的物流服务，其主要与物流企业的自动化程度相关。

（2）准确性（B_2）。准确性是指在规定的时间和费用下安全、完整地将货物从入库到出库流程的一种保证率。保证率越高，准确性越好；保证率越低，准确性越差。

（3）快速性（B_3）。快速性是指将货物从货架取出，经装卸搬运、分拣出库所需的时间。所需的时间越短，快速性越好；所需的时间越长，快速性越差。

（4）随机应变能力（B_4）。随机应变能力是指对物流过程中的突发情况与个性化服务要求所做出的迅速、快捷的反应。随机应变能力越强，服务水平越高。

（5）客户满意度（B_5）。客户满意度是指客户对于物流中心发货质量、速度以及服务、水平的评价，主要包含：①客户接触人员的关系是否融洽；②产品的供货质量是否能够保证；③产品价格的制定是否符合市场实际；④向客户销售产品的速度是否与预期基本保持一致；⑤企业的促销行为是否存在不公平的状况。

2. 量化指标分析

量化指标分析是指通过统计数据的形式对各指标直接分析和对比，量化指标通常包括完成业务流程的总时间、完成各子流程的单位时间、队列的长度、资源利用率、业务流程的总成本、完成各子流程的成本等。下面就从物流中心的资源利用率和完成业务流程的时间两个方面分析业务流程运行效率与管理水平。

该物流中心业务流程中共涉及七类资源，即卸货员、装货员、收费员、审核员、发货员、送货员、操作员。在图 9-11 所示的业务流程仿真界面中，每个流程通用类里通过定义 getResource 函数，调用 Main 类中 ResourcePool 的不同资源。在一些活动发生之后，此函数即被调用。此函数将实物在不同流程活动所需要的资源加入对应的数据集中，即此函数收集了实物在不同流程活动所需要的资源的统计数据。

用 Java 语言编程如下：

```
Object obj=new Object();
if(resourceID==0)
obj=get_Main().卸货员;
if(resourceID==1)
obj=get_Main().装货员;
if(resourceID==2)
obj=get_Main().收费员;
if(resourceID==3)
obj=get_Main().审核员;
if(resourceID==4)
obj=get_Main().发货员
```

```
if(resourceID==5)
obj=get_Main().送货员;
if(resourceID==6)
obj=get_Main().操作员;
return obj;
```

运行过程中，各类 ResourcePool 左上角显示的百分数即各类资源的利用率，得到的结果如图 9-18 所示。改变容量的值，可以得到不同的资源利用率。如果资源利用率偏小，可以减少资源数量，提高资源利用率；如果资源利用率总是接近 1，则该资源数量不足，应考虑增加作业人员。通过对资源利用率的统计，可以有效合理地配置资源，帮助系统决策员更好地决策。

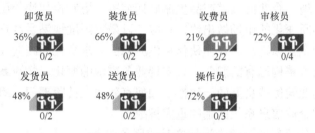

图 9-18　资源利用率统计图

流程时间是反映集成系统性能的一个重要指标。根据以往的作业时间规律，抽象出每个作业环节所消耗的时间，并填入相应的属性设置栏。定义变量 ArriveTime，在流程开始时，设定 time = ArriveTime，标记流程开始时间，entity.ArriveTime = entity.ArriveTime+x:语句统计每个操作消耗的时间，x 由每个流程所消耗的时间确定。在 Leave 类中定义 ave_leaveTime、leaveNum 变量，并在 sink 控件的 On enter 属性设置栏填入 sum_leaveTime = Math.abs (time()-entity.ArriveTime);语句计算整个流程所需时间，同时用 leaveNum++;语句计数，用 ave_leaveTime = sum_leaveTime/leaveNum;语句计算得到平均作业时间，即流程总时间除以流程运行次数。统计结果如图 9-19 所示，设定仿真时间为 800min。

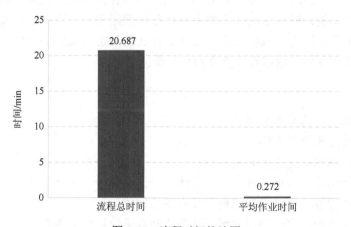

图 9-19　流程时间统计图

在参数输入界面输入不同的流程时间，可以得到不同的统计结果，经过对比分析，有助于决策员做出更准确的判断。流程优化是建模的主要目的之一，仿真分析是优化的前提，同时对于理解业务流程非常重要。仿真分析让企业能从成本、时间、分支等多个角度验证流程，评估流程性能，模拟执行流程，生成统计分析，从而有助于找到流程中的瓶颈并加以优化。

基于对该物流中心业务流程的层次化、模块化、组合化的建模和仿真的全过程分析，本章提出的基于 DEVS 公共模型库的业务流程组合模型不仅以建模思想为规约，而且运用动态的仿真模型对流程进行统计分析和改进优化，因此，该业务流程组合模型符合静态和动态的校核与验证要求。

总之，当今企业处于经常变化的业务环境中，企业必须能够依据业务需求，快速、灵活地实现业务流程重构，才能适应这种变化。随着全球市场竞争的日趋激烈和无法预测的市场环境的出现，企业面临着产品生命周期缩短、更新换代快等压力，所有这些都要求企业能够对不断变化的市场做出快速响应，以最大限度地满足客户需求，提供优质的产品和服务。当企业因客户、合作伙伴和供应商的需求变化而改变业务流程时，信息系统需要快速集成或重构已有的服务，来支持业务需求的变化。物流系统内部各子系统的有效集成能使企业间保持良好的一致性。如何有效地支持跨部门、跨企业的业务过程集成已成为新一代企业信息系统面临的重大挑战。

研究表明，业务流程的竞争力远比产品或服务的竞争力更持久、更具有优势，只有拥有具备竞争力的业务流程，才能带来具有竞争力的产品或服务。因此，如何寻找适合自身发展的物流运作模式，如何优化物流中心业务流程以适应国际物流的需要，已经成为中国物流企业走向世界必须要解决的问题。

■ 本章小结

本章首先给出了物流中心业务流程的概念、分类、特点和功能等，归纳总结了物流中心业务流程相关理论和业务流程分析及建模方法的研究现状和发展趋势；然后针对物流中心一般业务流程的特点，对物流中心一般业务流程进行了层次化、模块化的分解，并通过分析其要素，提出了一种基于 DEVS 公共模型库的物流中心业务流程建模与仿真方法；最后依托案例，研究了具体物流中心业务流程建模和仿真的过程与步骤，对该方法进行分析和实践，这将成为物流中心业务流程建模和仿真研究的重要方向，对进一步深入研究业务流程分析和建模有着重要的指导价值。

➤习题

1. 简述物流中心的发展和现状。
2. 业务流程建模方法有哪些？
3. 物流中心基本的业务流程有哪些？
4. 如何描述物流中心业务流程中的实体、资源、属性、事件、活动之间的关系？
5. 物流中心业务流程建模仿真的步骤有哪些？
6. 针对具体的物流中心进行建模仿真分析和改进的措施有哪些？

第10章

供应链系统建模与仿真

➤ 本章学习目的与要求

供应链是企业面向市场的核心竞争力,是一个庞大而复杂的离散事件动态系统。通过本章学习,要求了解并掌握供应链的结构模型与特点;理解供应链系统的建模原则和考虑因素,掌握建立供应链系统模型的思路;熟练掌握 AnyLogic 图表的使用和仿真输出数据分析的方法;能够针对具体的供应链系统问题,建立仿真模型,并对仿真输出进行统计分析。

【导入案例】英国克兰菲尔德大学物流与运输研究中心主席马丁·克里斯托弗(Martin Christopher)曾于 1992 年深刻指出:21 世纪的竞争不再是企业和企业之间的竞争,而是供应链和供应链之间的竞争。

■ 10.1 供应链系统概述

10.1.1 供应链系统

供应链(supply chain,SC)的概念在 20 世纪 80 年代末提出,近年来随着全球制造(global manufacturing)的出现,供应链在制造业管理中得到普遍应用,成为一种新的管理模式。供应链是指相互间通过提供原材料、零部件、产品、服务的厂家、供应商、零售商等组成的网络。

供应链管理(supply chain management,SCM)是对供应链中的信息流、物流和资金流进行设计、规划和控制,从而增强竞争实力,提高供应链中各成员的效率和效益。它是确保客户满意的一个主要环节,即保证在正确的时间把正确的产品或服务送到正确的地点。供应链管理方法能够增强企业在国际上的竞争力,提高市场占有率。

供应链的最终目的是满足客户需求,同时实现自己的利润。它包括所有与满足客户需求相关的环节,不仅有生产商和供应商,而且有运输、仓储、零售和客户本身。客户需求是供应链的驱动因素,供应链是从客户需求开始,逐步向上延伸的。例如,当客户走进沃尔玛百货有限公司(简称沃尔玛)买洗发水时,供应链就开始于客户对洗发水的需求,它的下一个环节是沃尔玛、分销商、洗发水生产厂商。供应链是动态的,并且包含不同阶段的产品流、信息流和资金流。沃尔玛提供产品、价格信息给客户,客户付款获得产品,沃尔玛再把销售信息和补货信息传给分销商,分销商给沃尔玛发货,同时提供价格信息和补货到达日期。信息、物料、资金就这样在整个供应链运作过程中产生。

依照实体在供应链中的地位,企业的活动可分为上游环节和下游环节两大类。原材料供应、产品开发、生产运行可称为上游环节;成品储运、市场营销和售后服务可称为下游环节。上游环节的中心是产品生产,与产品的技术特性密切相关,下游环节的中心是满足客户,与市场紧密相连。任何企业都只能在价值链的某些环节上拥有优势,而不可能拥有全部的优势,即在某些价值增值环节上本企业拥有优势,而在其余环节上其他企业拥有优势。为达到"双赢"乃至"多赢"的协同效应,企业之间彼此在各自的关键成功因素——价值链的优势环节上展开合作,可以求得整体收益的最大化,这就是企业建立战略联盟的原动力。循着价值链上溯,以原材料及产品供应和业务外包为特征的企业间的纵向联盟即可称为供应链或供应链网络。

1. 供应链管理的三个主要流程

(1)计划。计划包括需求预测和补货,旨在使正确的产品在正确的时间和地点交货,还可以使信息沿着整个供应链流动。这需要深入了解客户的需求,也是成功管理供应链的根本所在。

(2)实施。实施主要关注运作效率,包括客户订单执行、采购、制造、存货控制以及后勤配送等应用系统,其最终目标是综合利用这些系统,以提高货物和服务在供应链中的流动效率。其关键是要将单个商业应用提升为能够运作于整个商业过程的集成系统,也就是要有一套适用于整个供应链的电子商务解决方案(包括实施框架、优化业务流程、技术标准、通信技术及软硬件设备等)。

(3)执行评估。执行评估是指对供应链运作情况的跟踪,以便于制定更开放的决策,更有效地对变化的市场需求做出反应。例如,利用电子商务工具——财会管理系统,可进行有效的信息审核和分析。

2. 供应链管理的四种主要职能

(1)客户资产管理。管理需求信息,便于更好地了解市场和客户需求。企业通过利用客户服务、销售支持以及其他职能系统的信息,筛选从客户运作中采集到的信息,从而进行预先控制。

(2)综合后勤管理。管理从供应商开始的物流。它包括生产计划、采购和库存管理。

(3)生产过程管理。管理生产过程,降低生产成本。

(4)财会管理。利用财务媒体,与供应商及客户一起管理资金流。

3. 供应链管理的优势

(1)节约交易成本。通过互联网整合供应链,将大大降低供应链内各环节的交易成本,缩短交易时间。

(2)降低存货水平。通过扩展组织的边界,供应商能够随时掌握存货信息,组织生产、及时补充,因此企业不需要维持较高的存货水平。

(3)降低采购成本,促进供应商管理。由于供应商能够方便地取得存货和采购信息,采购管理人员等可以从这种低价值的劳动中解脱出来,从事具有更高价值的工作。

（4）缩短循环周期。通过供应链自动化，大幅度地提高预测的精确度，这将使企业不仅能生产出需要的产品，而且能缩短生产的时间，提高客户满意度。

（5）增加收入和利润。通过组织边界的延伸，企业能履行其合同，增加收入并维持和增加市场份额。

4. 供应链优化的目标

（1）针对市场需求的扩大，提供完整的产品组合。

（2）针对市场需求的多样化，缩短从生产到消费的周期。

（3）面对市场需求的不确定性，缩短供给市场到需求市场的距离。

（4）根据物流在整个供应链体系中的重要性，企业要降低整个供应链中的库存，从而降低物流成本和费用，并且通过供应链中各项资源（人力、市场、仓储、生产设备等）运作效率的提升，赋予经营者更大的能力来适应市场的变化并及时做出反应。

10.1.2　供应链结构模型与特点

1. 供应链的链状结构模型

根据供应链的定义，给出一个简单的供应链结构模型（图 10-1），称为模型 I。在模型 I 中，产品的最初来源是自然界，如矿山、油田、橡胶园等，经过供应商、制造商和分销商三级传递，最终去向是客户。被客户消耗掉的最终产品仍回到自然界，完成物质循环。

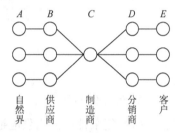

图 10-1　供应链的结构模型 I

模型 I 是一个简单的静态模型，仅反映了供应链的基本组成和轮廓，若将其进一步简化则成为模型 II（图 10-2）。模型 II 把模型 I 中的厂商抽象为一个个节点，并用字母或数字来表示。节点以一定的方式和顺序联结成一串，构成一条供应链。在模型 II 中，若假设 C 是制造商，则 B 为供应商，D 为分销商；同样，若假定 B 为制造商，则 A 为供应商，C 为分销商。在模型 II 中，产品的最初来源（自然界）、最终去向（客户）以及产品的物质循环过程都被隐含抽象掉了，只注重供应链中间过程的研究。供应链结构模型包括供应链的方向和供应链的级两个典型特点。

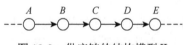

图 10-2　供应链的结构模型 II

（1）供应链的方向。在供应链上除了存在物流和信息流，还存在资金流。在正常情况下，物流的方向一般都是从供应商流向制造商，再流向分销商。在供应链的研究中，通常按照物流的方向来定义供应链的方向，以确定供应商、制造商和分销商之间的顺序关系。模型 II 中的箭头方向即供应链的物流方向。

（2）供应链的级。在模型 II 中，定义 C 为制造商时，可以相应地认为 B 为一级供应商，A 为二级供应商，并依次地定义三级供应商、四级供应商……同样，可以认为 D 为一级分销商，E 为二级分销商，并依次地定义三级分销商、四级分销商……企业应尽可能考虑多个供应商或分销商，有利于从整体上了解供应链的运行状态。

2. 供应链的网状结构模型

现实中的产品供应关系是十分复杂的，一个厂商一般会与多个厂商相互联系，也就是说，在模型Ⅱ中，C 的供应商可能不止一家，而是有 $B_1, B_2, \cdots, B_n$ 等 n 家，分销商也可能有 $D_1, D_2, \cdots, D_k$ 等 k 家，C 也可能有 $C_1, C_2, \cdots, C_m$ 等 m 家，这样模型Ⅱ转变为一个网状结构模型，即模型Ⅲ（图10-3）。在理论上，模型Ⅲ可以涵盖世界上所有厂商，把所有厂商都看作其上面的一个节点，并认为这些节点之间存在着联系。模型Ⅲ对供应关系的表述性很强，适合从宏观上把握供应关系。

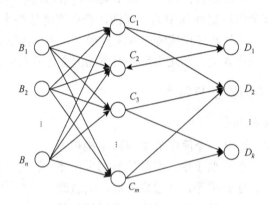

图 10-3   供应链的结构模型Ⅲ

3. 供应链的特点

（1）复杂性。因为供应链节点企业组成的跨度（层次）不同，供应链往往由多个、多类型甚至多国企业构成，所以供应链结构模式比一般单个企业的结构模式更为复杂。

（2）动态性。考虑企业战略和适应市场需求变化，供应链中节点企业需要动态地更新，因此供应链具有明显的动态性。

（3）面向客户需求。供应链的形成、存在、重构都是基于一定的市场需求而发生的，并且在供应链的运作过程中，客户的需求是供应链中信息流、产品/服务流、资金流运作的驱动源。

（4）交叉性。节点企业可以是这个供应链的成员，同时是另一个供应链的成员，众多的供应链形成交叉结构，增加了协调管理的难度。

■ 10.2   供应链系统建模理论

10.2.1   供应链的建模原则

在供应链的建模过程中必须遵循以下基本原则，以保证供应链的设计和重组能满足供应链管理思想得以实施和贯彻的要求。

1. 自顶向下和自底向上相结合的设计原则

系统建模存在两种设计方法，即自顶向下的方法和自底向上的方法。自顶向下的方法是从全局走向局部的方法，自底向上的方法是从局部走向全局的方法，前者是系统分解的过程，后者是集成的过程。在设计一个供应链系统时，往往首先由主管高层做出战略规划与决策，规划与决策的依据来自市场需求和企业发展规划，然后由下层部门实施决策，最后依次向上级部门反映实施效果和调整策略，因此供应链的设计是自顶向下和自底向上的综合。

2. 简洁性原则

简洁性是供应链的一个重要原则。为了使供应链能灵活、快速地响应市场，供应链的每个节点都应是精简的、具有活力的，能实现业务流程的快速组合。例如，供应商的选择就应以少而精为原则，通过和少数的供应商建立战略伙伴关系来减少采购成本，推动实施准时采购和准时生产。

3. 动态性原则

不确定性在供应链中随处可见。在供应链中传播的不确定性源有三种：供应商、制造商和客户。这三种源是决定库存投资大小、服务优劣的基本因素。为了充分理解它们对客户的影响以便改进其性能，必须对这三种源进行度量和说明，并了解各种不确定性源对系统范围所产生的影响。

4. 互补性原则

供应链的各节点的选择应遵循强强联合的原则，达到资源外用的目的。每个企业只集中精力致力于各自核心的业务过程，就像一个独立的制造单元，这些单元化企业具有自我实现组织、自我优化、面向目标、动态运行和充满活力的特点，能够实现供应链业务的快速重组。

5. 战略性原则

供应链的建模应有战略性观点。客户服务由客户开始，也以客户终止。客户感受了供应链中复杂的、互相作用的全部效用。从战略观点考虑，可以减弱不确定性的影响。例如，采用全面质量管理（total quality control，TQC）减少不确定性，通过先进的分析技术改进预报精度，采用更可靠的运输手段，采取一定的措施激励供应商使其行为更可靠，改进产品设计以稳定生产过程。

6. 创新性原则

创新设计是系统设计的重要原则。没有创新性思维，就不可能有创新的供应链模型。因此，在供应链的设计过程中，创新性是很重要的一个原则。要产生一个创新的系统就要勇于打破各种陈旧的思维框图，用新的角度、新的视野审视原有的管理模式和体系，进行大胆的创新设计。

尽管供应链的结构框架简单，但是一个大型生产过程的供应链十分复杂，同时由于不确定性的存在，以及它在供应链中变化莫测的传播，诸多因素给建模和分析带来了一定的困难，所以在建模中必须借助有效的决策支持系统以及建模与仿真技术。

10.2.2　供应链建模考虑因素

对供应链的研究主要集中在供应链的设计、分析、协调、管理、优化和重组等方面，其中，协调和优化是供应链研究中的难点。供应链的协调主要包括供应商和制造商之间的协调、制造商和分销商之间的协调，以及供应商、制造商和分销商内部各种活动之间的协调，如制造企业中生产与库存的协调等。供应链的优化主要包括生产成本、服务水平、适应性的权衡，工厂和仓库的数量、分布、能力等，供应商的选择，运输渠道和方式的选择，原材料采购量、产量及运输安排的确定，生产技术、生产方式等的选择，库存管理等。下面重点介绍供应链模型框架和模型考虑的因素。

1. 模型框架

对于单阶段供应链混合整数规划（mixed integer programming，MIP）模型，构建图 10-4 所示的模型框架，包括材料控制、生产控制、库存控制和销售控制四个子模型。

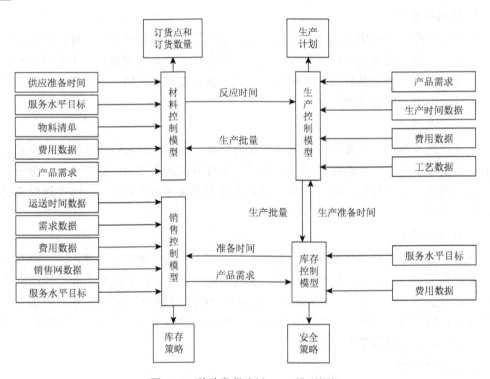

图 10-4　单阶段供应链 MIP 模型框架

材料控制模型考虑材料需求及供应的随机性，考虑库存成本及缺货成本，用于决定采购策略。生产控制模型决定生产批量，它影响材料控制模型，生产准备时间受材料采购影响。库存控制模型连接生产与销售。销售控制模型产生产品需求，影响库存策略。通过以上模型得到订货策略、生产计划和库存策略，并通过进一步的计算得到生产与销售成本或总收益。

2. 模型考虑的因素

企业的供应链是一个非常复杂的系统，需要考虑的因素非常多，各因素之间的关系也非常复杂。供应链模型考虑的目标和约束等主要因素如下。

（1）目标函数。模型的目标可以是成本最小或收益最大，也可以是多个目标。例如，在考虑成本或收益的同时，也考虑响应时间最短等。在可能的情况下，应该以利润导向取代成本导向，以收益最大作为优化目标或目标之一。

（2）随机性因素。考虑包括材料需求、采购准备时间、客户需求、运输时间、供应商可靠性等的随机性。

（3）动态性因素。考虑建立的模型是静态（单阶段）模型或者动态（多阶段）模型。

（4）设备状态。考虑设备的数量是否固定、设备的状态（如运行、检修、闲置）及设备的分布是否可以随时改变。

（5）能力限制。考虑制造商生产能力、供应商供应能力、运输能力、销售网点能力和生产线能力等的限制。

（6）客户来源。考虑客户来源的情况，如来自销售中心或生产厂家等。

（7）非线性费用。考虑销售费用、生产费用、运输费用或采购费用是否为非线性关系。

（8）固定费用。是否考虑生产、设备、采购或运输等的固定费用。

（9）边界约束。考虑物料需求清单的约束、可用设备的数量等。

（10）服务水平。考虑服务水平的衡量标准，如采用客户需求满意度、服务时间或者订单满足率等来衡量服务水平。

（11）库存存放方式。考虑零部件集中存放或者分散存放在设备周围。

（12）销售方式。考虑采用直销或者代理的方式，以及代理的层次数量。

可以考虑的其他因素还有生产技术的选择、产品的差异、经济规模、金融决策、组织结构、现金流、信息流、供应链协调、竞争对手的行为以及是否有联合企业等。

全球供应链模型除上述因素外，还应考虑的因素如下。

（1）其他随机性因素。考虑汇率变动、供应商可靠性、运输渠道可靠性、准备时间、客户需求、市场价格不确定性、政治因素、随机客户服务水平等随机性因素。

（2）关税。考虑关税、退税和减免税等因素。

（3）贸易障碍。考虑满足本地需求、贸易配额和贸易保护等因素。

10.3　供应链系统问题描述

供应链系统是一个复杂的离散事件系统，是由参与客户价值创造和需求满足的供应商、制造商、分销商、零售商以及客户共同形成的网链系统，这个系统中不同节点上的企业拥有各自的资源和组织方式。供应链思想代表了一种企业联盟间跨功能部门运作程序的集成与协调。图 10-5 是供应链网链结构模型。

一个典型的供应链主要包括物流、信息流和资金流三方面。

（1）物流。物流是指供应链上企业之间的物资移动活动，它是一个供应链的基本业务活动。生产型企业的物流活动可以分为生产物流、采购物流和销售物流，并相应地形成生产流程、采购流程和销售流程；贸易型企业只有采购流程和销售流程。在供应链中，上游企业的销售流程就意味着下游企业的采购流程。

（2）信息流。信息流包括信息的收集、传递、处理、存储、检索、分析等过程。在

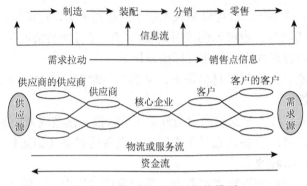

图 10-5　供应链的网链结构模型

物流系统中，信息流用于识别各种需求在物流系统内所处的具体位置。

（3）资金流。资金流是指客户确认购买商品后，将自己的资金转移到商家账户上的过程。供应链从上游的供应商到下游的客户是一个价值不断增加的价值链；相反，从客户到供应商是资金的流动，即对上游企业成本和利润的补偿。

供应链系统是典型的离散事件系统，下面从离散事件系统五个基本要素的角度对供应链系统展开描述。

1. 实体（单元）

在供应链系统中，需求源（客户需求）和供应源（提供的产品或服务）从外部进入供应链，又随着客户需求的满足离开供应链，是临时实体；供应商、分销商、零售商及其设备等自始至终都保留在系统内部，是永久实体。

2. 属性

在供应链系统中，客户的需求量、需求到达时间、各级供应能力、库存量等都是需要重点关注的实体特征，即实体的属性。

3. 事件

供应链系统中的事件主要包括客户需求到达、订单到达、开始生产、生产完成、出库完成等。这些事件的发生对供应链系统的状态产生影响。

4. 活动

事件与事件之间的过程称为活动。例如，产品入库是一个事件，由于这一事件的发生，仓储系统的货位可能会从空闲变为非空闲，相应环节（如分销商）的库存量发生变化，从产品入库到产品出库，其都处于存储的状态，也可以说处于存储活动中。存储活动的开始或结束标志着物品的到达和离去，也标志着货位的空闲与非空闲的转变。

5. 进程

进程是有序的事件与活动组成的过程。以某种电子产品的生产过程为例，一批原材料入库，经过存储，进入生产环节，加工成产品，再到产品出库，是产品生产进程。图 10-6 为该电子产品生产进程示意图。

图 10-6　电子产品生产进程示意图

10.4　供应链系统建模与仿真实例

10.4.1　供应链系统建模

本节选用典型的供应链系统进行建模，供应链包括供应商、制造商、分销商、零售商和客户等五级。以某电子产品制造商为例，其上游是供应商，下游是各分销商和零售商，企业存在的主要问题是客户需求的波动会对其生产决策产生影响。

供应链中，零售商每天营业 24h，客户到达零售商的间隔时间服从均值为 0.1 天的指数分布，且其需求为单一产品。需求量是一个离散随机变量，其取值及其概率如表 10-1 所示。

表 10-1　需求量取值及其概率

X/件	P_K	X/件	P_K
1	0.2	4	0.1
2	0.4	5	0.1
3	0.2		

供应链系统参与者说明如下。

（1）电子产品制造商负责接收订单并生产。

（2）分销商进行批发分销。

（3）零售商根据客户需求进行销售，并向分销商订货。

（4）物流公司负责各级产品的运输及各级之间的协调。

（5）供应商根据制造商的订单发货，客户则是整个供应链的需求产生源。

根据 2.10 节中对 Agent 概念和 Agent 建模过程的描述，建立基于 Agent 的供应链系统模型。图 10-7 描述了该电子产品供应链系统的交互过程，并且设定各参与者之间采取非契约方式合作，即各级之间是一种友好合作的关系，而不是竞争的关系。

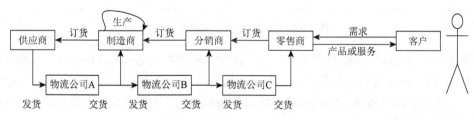

图 10-7　某电子产品供应链示意图

在供应链系统中，将每个成员分别映射成 Agent，并形成相应的 Agent 类。此电子产品供应链可以用六个 Agent 实体描述：供应商、制造商、物流公司、分销商、零售商和客户。

在每一天的开始，制造商首先检查是否有任何需要运往分销商的订单，其中包括刚刚抵达的订单。若有，则以先进先出的方式发货，只要有足够的库存就满单发货（部分订单不发货）。同样，分销商首先检查是否有任何需要运往零售商的订单，其中包括刚抵达的订单。若有，则以先进先出的方式发货，只要有足够的库存就满单发货，零售商直接与客户接触。

10.4.2　供应链系统仿真

本节仿真由零售商、分销商、制造商和供应商组成的简单供应链模型。客户需求到达零售商，并购买现有的货物，超出供给能力的需求则进入排队。每天开始时，零售商和分销商检查其库存量，并决定订购货物的数量。同样，制造商决定生产产品的数量，它们都使用固定的策略。成本是与订货、制造、持有和缺货相关的。该模拟输出所有元素供应链的日平均成本以及客户等待时间的分布。该模型的目标是要找到供应链中合适的库存策略参数，使成本最低和客户等待时间最短。

根据基于 Agent 的供应链模型，假设制造商的原材料总是够用的，简化制造商向供应商订货环节，即忽略供应商。在仿真模型中分别构建制造商（factory）、零售商（retailer）、分销商（wholesaler）三个 Agent，并建立需求（demand）、订单（order）、装运（shipment）三个单 Agent 类型，用于模型中信息的传递。main 主函数实现模型整体控制，并建立优化实验（optimization experiment），实现仿真结果优化。

从零售商端口引入需求，需求是由客户（customer）产生的，仿真模型框架如图 10-8所示。

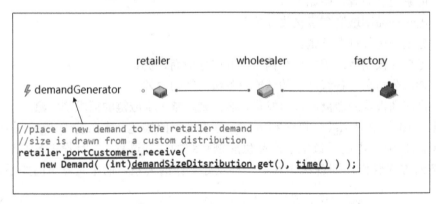

图 10-8　供应链系统仿真模型框架

驱动整个模型的需求信息由客户产生，在仿真模型中用 demandGenerator 事件表示，用图 10-8 中的 Java 语句定义其行为；portCustomers 是指零售商的左边端口，客户需求通过此端口传入供应链系统；demandSizeDitsribution.get( )获取需求量分布变量的值；time( )记录需求产生的时间。

零售商和分销商分别有两个端口：一个用于接收订单和发送产品；另一个用于发送订单和接收货物。制造商只有一个端口，假设制造商的原材料始终是够用的，不进一步考虑供应链的上游环节。此外，还可以使用这三个单 Agent 类型，建立更复杂的供应链网状结构模型，如图 10-9 所示。

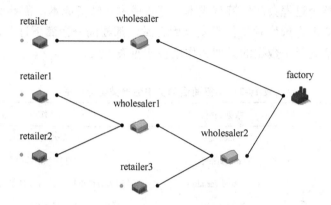

图 10-9　仿真平台中供应链网状结构模型

1. 零售商活动类

零售商销售产品给最终客户，其实现的功能包括满足客户需求、向分销商订购产品和接收分销商货物，此过程由客户需求驱动，checkDemands 函数表示对客户需求的处理过程，其逻辑流程如图 10-10 所示。

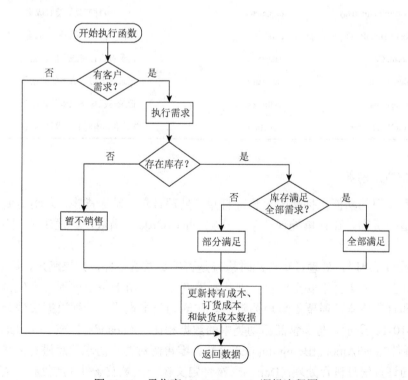

图 10-10　零售商 checkDemands 逻辑流程图

当有客户需求时，执行需求，此时对库存进行判断，如果没有库存，则不能进行销售活动，如果有库存，则还需进一步判断是否能满足全部需求，分部分满足和全部满足两种情况。由于整个过程会产生持有成本、订货成本和缺货成本，需要更新相关数据。

此外，当没有库存或库存量低于安全库存时，都要向分销商下订单，同时会产生订货成本。零售商活动类中数据的类型和作用说明见表 10-2。

表 10-2   零售商活动类中数据类型与作用

数据名称	数据类型	作用
checkDemands	function	处理客户需求
I	plain variable	仓库当前库存量
demands	collective variable	已经到达的订单按先进先出的方式进行排列的队列
expected	plain variable	在途库存
backlog	function	统计正在排队的订单总量
S	parameter	最大库存
s	parameter	安全库存
OrderSetupCost	parameter	订货成本
OrderCostPerItem	parameter	单种产品订货成本
HoldingCostPerItemPerDay	parameter	每天每种产品的持有成本
ShortageCostPerItemPerDay	parameter	每天每种产品的缺货成本
orderingCost	statistics	记录每次订货成本的数据集
holdingCost	statistics	记录每天持有成本的数据集
shortageCost	statistics	记录每次缺货成本的数据集
orderFromWholesaler	function	发送给分销商的需求订单总量

2. 分销商活动类

分销商实现的功能包括接收零售商订单、处理订单、发送货物、向制造商订购产品和接收制造商货物。在订单处理环节，建立 checkOrders 函数，其逻辑流程如图 10-11 所示。

当有采购订单时，处理订单，此时检查是否满足发货条件，如果满足，则开始出货。进行库存计算，如果低于安全库存，则从制造商订货。由于整个过程会产生持有成本、缺货成本和订货成本，需要更新相关数据。在活动类中设置一系列数据实现分销商的功能，如图 10-12 所示。与零售商活动类中的数据相比，demands 换成了 orders，增加了 Delivery 事件和 getAmountBeingShipped 函数。零售商对客户需求信息进行处理，分销商对零售商的订货信息进行处理。Delivery 事件定义在一定触发条件（此处指库存足够）下发货这一动态事件，在参数栏设置 Shipment 类型的 shipment 参数和 Port 类型的 destination 参数。getAmountBeingShipped 函数的作用是统计发货数量。

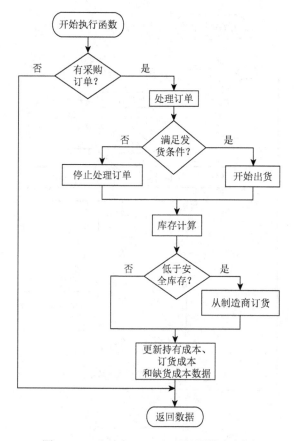

图 10-11　分销商 checkOrders 逻辑流程图

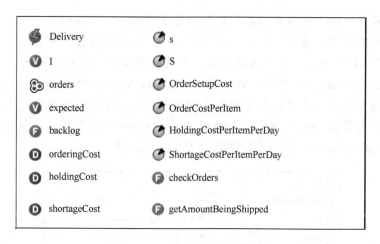

图 10-12　分销商数据设置界面

3. 制造商活动类

　　制造商实现的功能包括接收分销商订单、处理订单、发送货物和生产产品。在订单处理环节，建立 checkOrders 函数，其逻辑流程如图 10-13 所示。

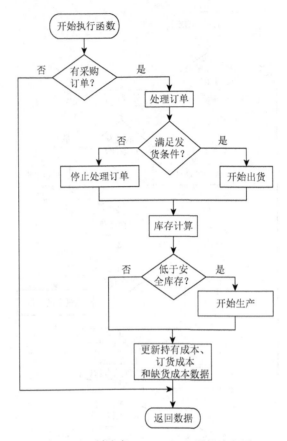

图 10-13　制造商 checkOrders 逻辑流程图

接到采购订单后，制造商的处理过程与分销商类似，不同的是，当库存量低于安全库存时，开始生产，而不是向上一级订货。在活动类中设置一系列数据实现制造商的功能，如图 10-14 所示。与分销商活动类中的数据相比，增加了 Manufacturing 事件和 ManufacturingSetupCost 参数、ManufacturingCostPerItem 参数。Manufacturing 事件定义在一定触发条件（此处指库存量低于安全库存）下生产产品这一动态事件，在参数栏设置 int 类型的 amout 参数。ManufacturingSetupCost 参数表示制造准备成本，ManufacturingCostPerItem 参数表示单位产品的制造成本。

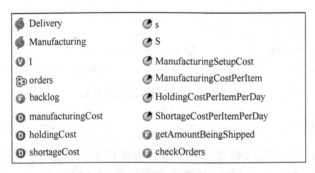

图 10-14　制造商数据设置界面

4. 主函数仿真模型

在 main 主函数中，通过参数、数据集和函数的设置，实现供应链的控制与统计，如图 10-15 所示。

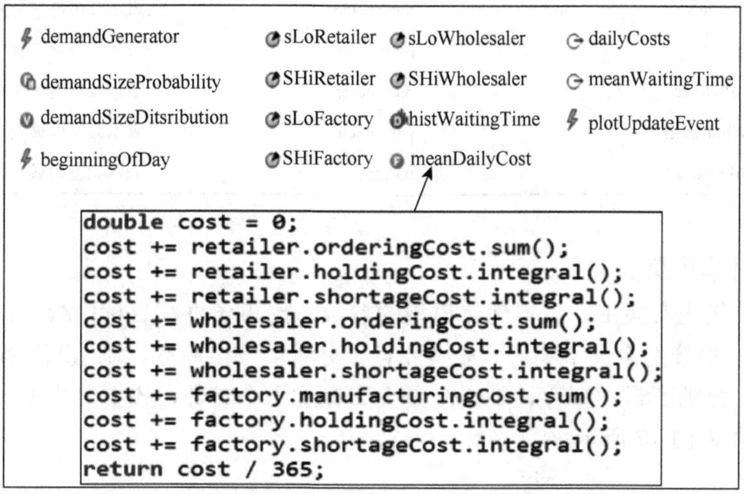

图 10-15　主界面数据类型及属性

demandSizeProbability 表格函数通过表格数据设置产生 10.4.1 节中描述的客户需求量，meanDailyCost 函数计算每天的平均成本。beginningOfDay 事件定义三个单 Agent 每天的初始运行条件，制造商和分销商从处理订单开始，零售商则从向分销商下订单开始，如图 10-16 所示。其他数据的类型和作用说明如表 10-3 所示。

图 10-16　beginningOfDay 事件数据设置界面

表 10-3 主界面数据类型与作用

数据名称	数据类型	作用
histWaitingTime	histogram data	统计客户平均等待时间的数据
sLoRetailer	parameter	表示零售商安全库存的参数
sLoWholesaler	parameter	表示分销商安全库存的参数
sLoFactory	parameter	表示制造商安全库存的参数
SHiRetailer	parameter	表示零售商最大库存的参数
SHiWholesaler	parameter	表示分销商最大库存的参数
SHiFactory	parameter	表示制造商最大库存的参数

5. 仿真优化模型

在新建的优化实验中，设置优化模型的参数、约束条件和目标函数。由于在前面的三个单 Agent 中分别定义了零售商安全库存、分销商安全库存、制造商安全库存、零售商最大库存、分销商最大库存、制造商最大库存这六个参数，设置其类型、取值范围和步长（步）如图 10-17 所示。

参数意义	参数	类型	值			
			最小	最大	步	建议
零售商安全库存	s[Retailer]	整型	0	200	1	
零售商最大库存	S[Retailer]	整型	0	200	1	
分销商安全库存	s[Wholesaler]	整型	0	200	1	
分销商最大库存	S[Wholesaler]	整型	0	200	1	
制造商安全库存	s[Factory]	整型	0	200	1	
制造商最大库存	S[Factory]	整型	0	200	1	

图 10-17 参数类型、取值范围和步设置

目标函数是在保证客户满意度的前提下使日平均成本达到最小。在 Objective 栏中选择 minimize 选项，在目标函数编辑栏中填入 root.meanDailyCost( )语句，获取 main 类中的 meanDailyCost 函数值（代码见图 10-15），实现日平均成本最小化的优化目标。

约束条件为零售商、分销商、制造商的最大库存与最小库存之差大于或等于零，要求客户等待时间的最大值小于或等于 0.001 天。在优化实验的 Constraints 栏中设置约束条件和要求条件，分别如图 10-18 和图 10-19 所示。

仿真参数的约束（仿真运行前检验）：			
启用	表达式	类型	界限
√	SHiRetailer-sLoRetailer	>=	0.0
√	SHiWholesaler-sLoWholesaler	>=	0.0
√	SHiFactory-sLoFactory	>=	0.0

图 10-18 约束条件设置界面

要求（仿真运行后检验以确定解是否可行）：			
启用	表达式	类型	界限
√	root.histWaitingTime.max()	<=	0.001

图 10-19　要求条件设置界面

为了保证客户满意，在优化实验开始或参数变化前，需要设置一个客户等待时间。为了测量客户等待时间，在 demand 单 Agent 类型中加入 double 类型的 timestamp 参数，记录需求发生的时刻，在 demandGenerator 事件（图 10-8）中用 new Demand ((int) demandSizeDitsribution.get( ), time( ))语句实现。在 retailer 单 Agent 类型的 checkDemands 逻辑图的 satisfy fully（全部满足）代码栏中填入 get_Main( ).histWaitingTime.add(time( )-demand.timestamp);语句更新时间。

在优化模型中加入 datasetCurrentObjective、datasetBestFeasibleObjective 两个数据集，分别统计目前的目标、最优可行目标，以折线图的形式展现出来，设置界面如图 10-20 所示，实现模型优化。

图 10-20　统计属性设置界面

10.5　模型运行与结果分析

运行仿真模型，模拟 2018 年 1 月 1 日～2019 年 1 月 1 日的情况。在 AnyLogic 平台上用丰富多样的形式展现统计结果，更形象、直观地观察各统计量的变化情况，便于进行对比分析。

如图 10-21 所示，在屏幕上动态地显示以下内容。

（1）零售商、分销商、制造商的日平均总成本和三者的成本总和（每天更新这些统计数据）。

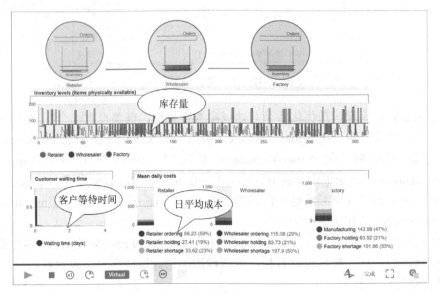

图 10-21　仿真模型运行界面

（2）客户的整个订单得到满足的平均时间，即客户等待时间，如图 10-22 所示。

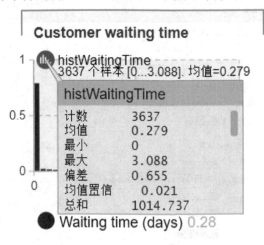

图 10-22　客户等待时间仿真统计图

（3）在同一界面显示零售商、分销商和制造商的库存量。

从图 10-22 中可以看出，此时客户等待时间的指标有计数、均值、最小（值）和最大（值），以及偏差和均值置信（度）。记录每次仿真的客户等待时间相关指标，统计对比，得出结论，从而对供应链进行优化分析。

运行供应链优化模型，通过散点图和折线图，显示库存量的优化过程，并在界面的上半部分显示各环节的安全库存（s）和最大库存（S），如图 10-23 所示。

仿真 10 次，分别记录零售商、分销商、制造商的安全库存和最大库存优化结果，最优迭代次数和最优日平均成本如表 10-4 所示，具体的分析曲线如图 10-24 所示。

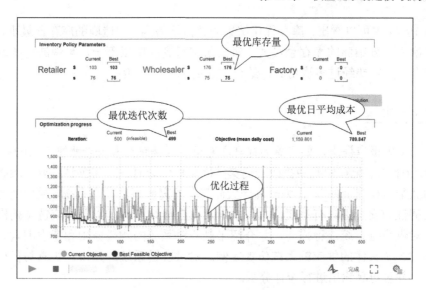

图 10-23 仿真优化界面

表 10-4 供应链仿真优化结果

仿真次数	零售商 S	零售商 s	分销商 S	分销商 s	制造商 S	制造商 s	最优迭代次数	最优日平均成本/元
1	91	75	176	88	5	5	444	2418.334
2	89	87	129	89	9	0	423	2414.095
3	88	86	175	101	1	1	498	2438.270
4	89	86	163	91	7	7	430	2422.071
5	80	80	200	107	0	0	411	2454.617
6	87	87	168	113	0	0	493	2467.164
7	111	91	118	77	1	0	465	2386.815
8	110	108	139	68	0	0	401	2385.462
9	88	88	131	89	0	0	495	2391.196
10	87	78	200	99	8	0	478	2482.785

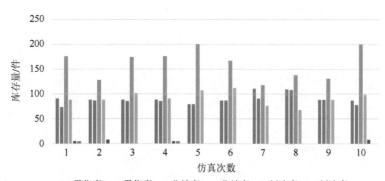

图 10-24 库存优化结果分析曲线图

从图 10-24 中可以看出，库存优化结果的总体趋势为：制造商的库存量最小，零售商的库存量次之，分销商的库存量最大。每次仿真得到的结果不一，呈现波动状态，要得出最优库存量，需要经过多次仿真，结合实际情况进行决策。

■ 本章小结

党的二十大报告提出，要"着力提升产业链供应链韧性和安全水平"。2023 年 1 月 31 日，习近平总书记在中共中央政治局第二次集体学习时进一步强调，要"增强产业链供应链的竞争力和安全性"。作为一种庞大而复杂的离散事件动态系统，供应链的仿真对于提升其韧性和安全性具有重要价值。本章从供应链系统概述以及供应链结构模型与特点入手，对供应链系统进行描述，并介绍了供应链系统的建模原则和考虑因素。在此基础上，通过一个具体的供应链系统仿真案例，对供应链系统的建模、仿真与优化过程进行了探讨，并对仿真输出进行统计分析。

➤习题

1. 如何理解供应链系统？试说明供应链系统的结构模型与特征。

2. 一个典型的供应链系统包括物流、信息流和资金流，试就某具体的供应链模型，从这三方面进行说明。

3. 简述供应链系统的建模原则，并举例说明供应链建模要考虑的因素。

4. 试从离散事件系统五个基本要素的角度对某具体的供应链系统进行描述。

5. 根据本章给出的供应链建模与仿真案例，进行一个供应链仿真实验，统计相关指标，如排队时间、成本，分析供应链系统的性能。

第11章

港口集装箱堆场场桥作业调度的建模与仿真

本章学习目的与要求

集装箱堆场（container yard，CY）是办理集装箱重箱或空箱装卸、转运、保管、交接的场所，在港口物流系统中，相当于仓储地，对港口集装箱作业和转运起着重要作用。通过本章学习，要求了解港口集装箱堆场的功能以及装卸工艺；理解场桥设备在港口堆场作业中的作用及场桥作业调度模型的构建过程；学习 AnyLogic 中离散事件和基于多智能体的建模方法，开展对港口堆场场桥作业调度的建模仿真。

【导入案例】根据交通运输部数据，我国规模以上港口集装箱吞吐量逐年增长，2020 年已达到 2.6 亿标准箱（twenty-feet equivalent unit，TEU），2021 年完成 2.8 亿 TEU，同比增长 8%，比 2020 年增加了 2000 万 TEU。在全球港口集装箱吞吐量排名中，前 10 大港口中有 6 个港口在中国：上海港、宁波舟山港、深圳港、广州南沙港、青岛港和天津港。每个港口都有自己的集装箱堆场，并配备有场桥设备，集装箱堆场是港口最繁忙的作业区域。例如，上海洋山港自动化集装箱码头 2017 年开港时，堆场拥有 20 个箱区、40 台轨道吊；到 2021 年，其堆场已达到 60 个箱区、119 台轨道吊，为这个超大型自动化码头的高效运营奠定了坚实基础。

■ 11.1 港口集装箱物流系统概述

1. 港口集装箱物流系统基本要素

港口集装箱物流系统又称集装箱码头物流系统（container terminal logistics system，CTLS），是由集装箱、集装箱船、锚地、拖轮、泊位、堆场、港口装卸搬运设备、信息基础设施以及人员等若干相互制约的动态要素构成的复杂系统。

港口集装箱物流是社会物流活动的一个组成部分，具备一般物流活动的 3 个最基本的要素，即流体、载体和流向。以下对港口集装箱物流的流体、载体和流向进行描述。

（1）流体是指经过港口的集装箱。港口集装箱物流的目的是实现集装箱从提供者向接收者的流动，在实现这一流动的过程中，一部分集装箱要存储在港口的堆场中，这往往是实现有效流动的前提，所有经过港口的集装箱都要经历装卸、搬运等过程来实现空间的移动，其从码头前沿到堆场的全过程都伴随着集装箱流，如图 11-1 所示，前一方框内表示集装箱码头前沿集装箱流，后一方框内表示堆场内集装箱流。

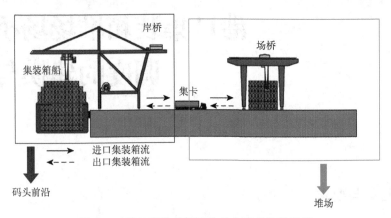

图 11-1　港口集装箱物流作业典型的集装箱流

（2）载体是指流体借以流动的设施和设备。载体分成两类：一类是基础设施，如航道、码头、港内道路、港池等；另一类是直接载运流体的设备，如装卸机械、搬运设备、运输车辆等。港口物流载体的状况，尤其是物流基础设施的状况，直接决定港口物流的质量、效率和效益。

（3）流向是指港内流体从起点到止点的流动方向。物流的流向一般有四种：第一种为自然流向，是由集装箱进出口所决定的、根据合理路线安排的集装箱在港内搬运、装卸的物流方向，这是一种自然选择的流向；第二种是指定流向，例如，港口管理机构为了各港区任务的平衡，人为地指定港内货物的流向；第三种是市场流向，即根据货主或承运人的意图确定货物在港内的流向，例如，由货主指定某泊位上装卸；第四种是实际流向，即在港内物流过程中实际发生的流向。

因此，从物流活动三个基本要素的角度来看，港口集装箱物流的基本功能是通过各种运输工具（载体）实现集装箱（流体）水—陆、陆—水或水—水的流动，港口集装箱物流是指依托港口这个物流节点上的服务平台所完成的物流基本服务和衍生的各项增值服务。

2. 港口集装箱物流系统特点

（1）港口集装箱物流系统是随机服务系统。第一，船舶到港具有随机性。船舶在航行过程中易受到风、浪、流的影响，无法保持恒定的航速，从而导致船舶无法按规定的时间到达港口。第二，港口作业具有随机性。港口生产营运过程易受到气候条件、装卸能力、生产调度水平等许多因素的影响，不能准确地确定船舶的在港时间。

（2）港口集装箱物流系统是离散事件系统。船舶到港、进入锚地排队、离开锚地、靠泊、开始作业、作业结束、离港等事件均发生在时间的离散时刻，具有随机性。因此，港口集装箱物流系统的状态变化是在时间的离散时刻发生的，呈状态突变，是随机的离散事件系统，其动态特性需用一组离散状态方程来描述。

（3）港口集装箱物流系统是排队系统。基于港口作业的随机性和来港船舶的随机性，港口营运具有很大的不平稳性。在港口集装箱物流系统中，一个码头泊位在同一时刻只能为一只船服务，并且要求码头泊位的靠泊能力不小于船舶的吨级，船舶必须按类型排队形成排队系统。当到港船舶的频度大于船舶作业的频度时，将发生船舶在锚地等待作业现象。当这种情况发生时，就有一个船舶作业次序选择的问题。根据港口生产作业的特点以及在实践中一般遵循的规则，到港船舶在满足泊位要求情况下除特殊物资优先考虑外，一般按照先到先服务的原则进行处理。

3. 目前常用的集装箱装卸工艺

装卸工艺过程的实现既包括装卸作业的操作方法、作业顺序，又包括作业技术标准和规范，以及维护工艺纪律的生产组织程序。它是货物从一种运输工具换装到另一种运输工具上所完成的作业过程。港口常见的装卸工艺过程如图 11-2 所示。

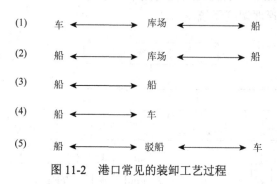

图 11-2　港口常见的装卸工艺过程

港口集装箱的装卸工艺系统有很多种，如底盘车系统（trailer chassis system）、跨运车系统（straddle carrier system）、轮胎式龙门起重机系统（rubber-tired transtainer system）、轨道式龙门起重机系统（rail mounted transtainer system）、叉车系统（fork lift system）和正面吊运机系统（front-handling mobile crane system）等。

龙门起重机简称龙门吊或场桥，是一种在集装箱场地上进行集装箱堆垛和车辆装卸的设备。龙门起重机有轮胎式龙门起重机和轨道式龙门起重机两种。轨道式龙门起重机工艺流程如图 11-3 所示。

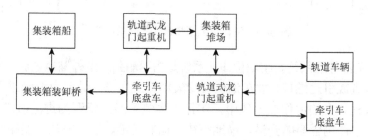

图 11-3　轨道式龙门起重机工艺流程

与轮胎式龙门起重机相比，轨道式龙门起重机工艺方案的主要优点如下：①堆场利用率高，升降速度和走行速度快；②运营成本低，维修简单且故障率低；③由于是固定轨道运行，轨道式龙门起重机可以实现全自动化，提高作业效率；④安装集装箱旋转和防摇装置，可灵活选择集装箱放下角度，同时可减小集装箱摇晃程度。轨道式龙门起重机工艺方案的主要缺点如下：①由于受到轨道限制，在堆场之间转移不便，机动灵活性差；②轨道式龙门起重机运营初期必须进行轨道、电缆铺设，以及变电站建设，且由于跨度的增加，其自重和轮压相应增加，货场路面建设质量要求较高，初期投资较大。

轨道式龙门起重机的堆存能力和堆场利用率都高于轮胎式龙门起重机，本章案例对轨道式龙门起重机作业进行调度，以下称场桥作业调度。

4. 港口集装箱物流系统的构成

港口集装箱物流系统本身是一个内部结构和交互关系复杂的系统，根据作业过程可将它细分为多个子系统。图 11-4 描述了构成港口集装箱物流系统的子系统。在港口集装箱物流系统的层次模型中，系统被细化为四个子系统：码头前沿作业系统、大门服务系统、堆场系统、信息管理调度系统。

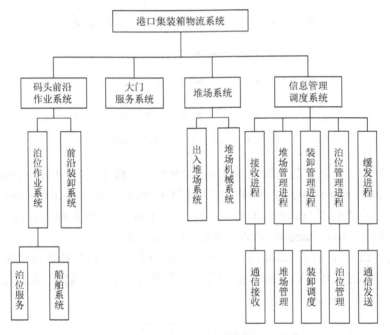

图 11-4　港口集装箱物流系统的层次模型

（1）码头前沿作业系统。①泊位作业系统是指船舶到达港外锚地之后，通过航道由拖船或领航船拖进或引进港口，并在泊位接受装卸作业服务，最后由拖船或领航船拖出或引出港口的过程。在泊位作业系统中，实体为集装箱船，资源为进港航道、泊位岸线、拖船，发生的事件包含船舶到港、锚地等待、拖船进港、泊位靠泊、船舶装卸、船舶离港等。②前沿装卸系统包含两部分，即装船和卸船。在前沿装卸系统中，实体为集装箱，所用的装卸设备和资源为内集卡及岸桥。装船进程包括堆场提箱、内集卡运箱、等待岸桥、岸桥装箱等事件；卸船进程包含岸桥卸箱、等待内集卡、内集卡运输、到达堆场等事件。

（2）堆场系统。①出入堆场系统包含提箱和送箱两部分。提箱是指内集卡或外集卡将集装箱通过大门、泊位或铁路从堆场提走的过程，在这个过程中包含的事件有集卡（内集卡、外集卡）到达、等待提箱、装箱到集卡、集卡离开堆场；送箱是指集装箱从大门、泊位和铁路通过集卡送入堆场的过程，在这个过程中包含的事件有集卡到达、等待装箱、装箱入场、集卡离开堆场。②堆场机械系统包含堆场中的各水平运输设备以及装卸作业设备，如集卡、场桥等。在堆场系统中，实体为集装箱，系统的资源为箱位以及装卸设备。堆场系统是港口集装箱物流系统最为复杂的系统，堆场的堆存能力以及堆场系统的动作效率对整个港口集装箱物流系统的通过能力以及运作效率有着重大的影响。

（3）大门服务系统。大门是外集卡进入集装箱堆场送箱或提箱的通道。大门服务系统的实体为外集卡，资源为大门通道。大门服务系统作业外集卡的整个过程被堆场作业系统分成两部分，分别为完成外集卡的入港作业和出港作业。整个过程中包含的事件包括外集卡到港、大门进行外集卡入港作业、外集卡入港、堆场作业、大门进行外集卡出港作业、外集卡出港等事件。

（4）信息管理调度系统。与码头前沿作业系统、堆场系统一样，信息管理调度系统是一个完成某一功能的实体，主要对码头前沿靠泊、堆场、大门服务进行全局控制管理，实时地更新数据信息情况，指导其他三个子系统完成作业，优化作业过程。

需要说明的是，将港口集装箱物流系统分成上述各子系统是为了分析方便。港口集装箱物流系统是一个完整的系统，各子系统紧密相连。这种联系既有港口集装箱物流系统各子系统的物理联系，也有通过实体与资源发生作业而产生的事件联系，所有子系统通过交通流形成一个有机的整体。

5. 港口集装箱物流系统调度研究现状

（1）当前船舶的发展逐渐走向大型化和高速化趋势。例如，马士基航运公司（Mearsk Line）、法国达飞海运集团（CMA-CGM）等世界著名集装箱运输公司经营的第七代集装箱船舶的装载能力达 7000TEU 以上，有些甚至达 10 000TEU 以上。船速达 25kn（1kn = 1.852km/h），有些船舶甚至达 40kn。船舶的这种发展趋势对集装箱运输系统的优化管理提出了更高的要求。集装箱船舶向大型化、高速化方向的发展给港口的生产带来了巨大的压力。

（2）随着集装箱港口的发展，港口间的竞争也变得越来越激烈。除了港口的地理位置和腹地经济条件，港口的技术条件、作业效率和管理水平也是体现其竞争力的重要因素。要在新一轮港口竞争中取得优势，必须使港口的物流作业系统化、合理化，为船舶的装卸提供一个良好的物流作业平台。实现这一目标的唯一有效途径就是优化港口资源的分配与调度。

（3）港口集装箱调度主要是指安排到港船舶在某个时间进行靠泊装卸，以及在码头内部针对进出口集装箱的装卸、运输过程，对码头的设施、设备在合理的时间进行合理的分配和调用。目前国内外许多学者对港口集装箱优化调度问题从不同的层面和角度展开了研究，主要包括泊位分配、岸边装卸设备（主要是岸桥）与堆场装卸设备（主要是场桥）的配置规划、堆场空间的分配、港内车辆的调度和利用建模仿真手段对码头的部分或整体生产调度进行模拟。根据相关研究，通过计算机规划、控制系统和维护系统可提高港口集装箱吞吐量，其关键因素就是到港船舶的靠泊、岸边装卸的调度、码头的搬运协调，以及堆场上的堆垛和倒箱。

（4）港口集装箱物流系统研究的主要方法有解析法、系统仿真方法、智能优化方法和基于仿真的优化（simulation based optimization，SBO）方法。①解析法在实际中应用广泛，在港口集装箱物流系统的生产运作中的应用也不例外，其中以排队论和系统优化法用得最多。②系统仿真方法常用于辅助港口的分析决策。港口集装箱物流系统是典型的离散事件动态系统。目前对离散事件动态系统的建模多采用形式化建模技术、非形式化建模技术和复合建模技术，其中，形式化建模技术主要采用排队网络法、极大代数法、扰动分析法和 Petri 网，非形式化建模技术主要采用活动循环图、流程图、面向对象技术、基于多智能体的建模方法。由于形式化建模技术和非形式化建模技术都有各自的优势及不可克服的缺点，当前不少学者将形式化建模技术与非形式化建模技术相结合来对港口集装箱物流系统进行复合建模。③因为港口集装箱物流系统中的大多数生产调度问题是 NP-Hard 问题，其数学模型难以求解，所以禁忌搜索（tabu search，TS）、神经网络、模拟退火（simulated annealing，SA）算法、遗传算法（genetic algorithms，GA）、粒子群优化（particle swarm optimization，PSO）算法、蚁群优化（ant colony optimization，ACO）算法等绝大多数智能优化方法在港口集装箱物流系统的各生产调度环节以及整体生产调度中获得了广泛的应用。④将智能优化方法和系统仿真融为一体的基于仿真的优化方法在港口集装箱物流系统也有着极其广泛的应用。

■ 11.2　港口集装箱码头堆场

1. 堆场

堆场（yard）是指集装箱码头堆存集装箱的场地。通常，堆场由多个箱区（block）组成，每个箱区由连续的贝位（bay）组成（一般为 40～60 贝位），每贝位通常包括 6～8 行（row）。堆场的堆高为层数（tier）。堆场垂直堆放的一列集装箱组成 1 栈，并排堆放的若干栈组成 1 贝位。在堆场中，通常 20ft 的集装箱占用 1 贝位，其所在贝号为奇数，40ft 的集装箱占用 2 贝位，其所在贝号为偶数。图 11-5 为有场桥作业的堆区示意图，该堆区共 20 贝位，每贝位包括 6 行，此堆场的堆高为 5 层。

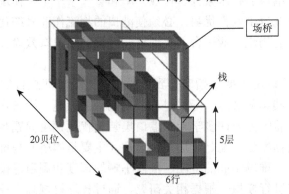

图 11-5　有场桥作业的堆区示意图

堆场根据地理位置可分为前方堆场（marshaling yard）和后方堆场（back-up yard）。

（1）前方堆场又称为集装箱编组场、调度场、调配场，位于码头前沿和后方堆场之间，是指为加快船舶装卸效率，用以堆放集装箱的场地。它的主要作用如下：①船舶到港前，预先堆放要装船出口的集装箱；②卸船时，临时堆存卸船进口的集装箱。其面积占码头总面积的比例较大，其大小根据港口集装箱物流系统所采用的装卸工艺而设定。

（2）后方堆场又称为集装箱堆场，是指存储和保管空箱、重箱的场地，包括中转箱堆场、进口重箱堆场、空箱堆场等。事实上，后方堆场与前方堆场并没有严格的分界线，仅是地理位置上的相对概念。在实际业务中，人们通常将出口箱放在码头的前方堆场，将进口箱、危险品箱、空箱放在码头的后方堆场。

2. 研究现状

（1）堆场机械作业调度。场桥是堆场作业中使用频率最高的机械设备，通常堆场机械作业调度就指桥作业调度，主要研究如何对场桥等装卸设备进行合理调度，提高这些设备作业效率，以缩短船舶在港时间。

（2）堆场空间资源配置。堆场空间资源配置问题主要是指堆场箱区集装箱堆存问题，主要研究根据堆场的分类标准和堆放原则合理地确定进出口集装箱的箱区堆存数量及箱位安排。

（3）倒箱。如果要提取的集装箱不处于所在栈的最上层，就必须首先将堆放在其上的所有集装箱翻倒到其他栈，这一过程称为倒箱。倒箱问题主要研究减少倒箱量、倒箱次数以提高机械提箱效率。

3. 存在的问题

（1）集装箱到达具有随机性、复杂性和动态性，为随机到达的集装箱安排合理的进箱位、为出场的集装箱安排合理的出箱位，以及进行集装箱的合理移位（翻倒、移动）的建模与求解均有难度。

（2）堆场空间优化问题，即在区分不同箱属性是否混放的情况下，箱堆存量最大；在堆场现有的条件下，进出场箱量最大；倒箱量最小。

（3）堆场装卸机械的作业调度问题，即如何在满足客户时间要求的情况下安排运输计划，以协调各机械运输能力，达到运输成本最低。

上述问题均是在复杂离散事件动态系统下的多目标优化求解问题，很难用常规的数学、运筹学方法进行求解，仿真方法能较好地解决这些问题，加之以一定有效的仿真优化算法，能较快地求解出较满意的解决方案，为堆场决策者提供决策依据。11.3 节以堆场场桥作业调度问题为例，来说明仿真方法求解这些问题的优势。

11.3　港口集装箱堆场场桥作业调度建模

1. 场桥作业调度问题描述

对场桥作业调度进行如下假设。

（1）所有场桥在每个 6h 计划时段内具有相同的工作能力。

（2）场桥作业的开始时间和结束时间都在同一时段内。

（3）限于计算的复杂性，集卡堵塞、走行路径等问题不予考虑。

（4）对场桥吊具作业一个集装箱任务的时间取均值。

对场桥作业调度基于以下基本规则。

（1）如果某场桥的待作业任务有多个，则该场桥选择距离其当前位置最近的集装箱任务进行作业，其他集装箱任务进入等待序列。

（2）如果某场桥的待作业任务为 1 个，则该场桥直接作业此任务。

（3）如果某场桥的待作业任务为空，则该场桥进入等待状态。

（4）在每个计划时段内，场桥只能在一个堆区固定范围内移动。

（5）如果某集装箱任务距离某场桥较近，但是为此任务所分配的集卡并未到达目标位置，则该场桥优先作业其他集卡已到达的集装箱任务，待此集装箱任务的集卡到达后，将此任务添加到场桥待作业任务集合中。

一般港口集装箱堆场场桥作业分两班，每班 12h。为了更好地对场桥进行调度，码头管理者一般把每一班分为多个时段。针对当前的实际情况，本章把每一班分为 2 个时段，这样一天就分成 4 个时段，分别是 00∶00～6∶00、6∶00～12∶00、12∶00～18∶00、18∶00～24∶00。每天晚上系统根据船舶计划和堆场计划预知第二天各箱区在各时段的作业量，再根据各箱区在各时段的作业量来安排最优的场桥作业调度计划，使场桥完成作业的时间最短，即每个时段的作业量应尽量在该时段内完成，以缩短船舶在港逗留时间。

2. 场桥作业调度数学模型

本章建立的混合整数规划模型为

$$\min(\max(f_i)), \quad i \in T \tag{11-1}$$

约束条件为

$$g_i = r_i + s_i, \quad i \in T \tag{11-2}$$

$$f_i = o_i + g_i, \quad i \in T \tag{11-3}$$

参数与变量说明如下：T 为集装箱任务的集合；s_i 为集装箱任务 i 作业开始的时间；g_i 为场桥作业集装箱任务 i 开始移动的时间；f_i 为集装箱任务 i 作业完成的时间；α_{ki} 为决策变量，若场桥完成任务 k 后连续作业任务 i，即 $s_i < f_k$，$\alpha_{ki} = 0$，否则，$\alpha_{ki} = 1$，$k, i \in T$；l_i 为集卡从闸口至任务 i 集装箱位置的距离；v_t 为集卡的运行速度；$r_i = \alpha_{ki}(l_i / v_t)$ 为场桥作业集装箱任务 i 的等待时间；y_{ki} 为任务 k 集装箱位置到任务 i 集装箱位置之间的距离；v_y 为场桥大车的走行速度；w 为场桥小车作业一个集装箱任务的时间；$o_i = y_{ki} / v_y + w$ 为场桥作业集装箱任务 i 的时间。

目标函数说明如下：式（11-1）为本模型的目标函数，即最大作业完成时间的最小值。约束条件说明如下：式（11-2）表示场桥作业集装箱任务 i 开始移动的时间等于集装箱任务 i 作业开始的时间加上场桥作业集装箱任务 i 的等待时间；式（11-3）表示集装箱任务 i 作业完成的时间等于场桥作业集装箱任务 i 的时间加上场桥作业集装箱任务 i 开始移动的时间。

3. 场桥作业调度算法

由于此数学模型为 NP-Hard 问题，难以用数学方法或运筹学方法进行求解，本案例采用启发式算法——贪婪算法对该问题进行求解。贪婪算法规则如下：将作业任务的集卡已到达且距离场桥最近的任务优先分配给场桥，进行作业。贪婪算法调度方法如下：①当场桥有待作业集装箱任务时，计算所有任务集装箱位置与场桥的距离，找到距离场桥最近的任务，场桥移向此任务集装箱位置，进行作业；②场桥待作业任务不为空，重复①，直至场桥作业范围内任务全部作业完成。

11.4　港口集装箱堆场场桥作业调度仿真

11.4.1　AnyLogic 仿真方法介绍

1. 场桥作业调度仿真框架

场桥作业调度仿真框架如图 11-6 所示，其中包括集装箱任务实体流、场桥实体流、集卡实体流。此仿真以集装箱任务实体流为主，流向环节依次为集装箱生成、集装箱堆放、集装箱任务产生、集装箱装入集卡、集装箱消失等。场桥实体流主要环节包括场桥产生、场桥提箱、场桥走行、场桥停止提箱等；集卡实体流主要环节包括集卡生成、集卡前往任务目标位置、集卡装箱、集卡消失等。这些不同实体流之间存在着相互联系，主要如下：①当集装箱初始化完成时，集装箱任务产生；②根据集装箱任务，集卡产生，并向目标位置行驶；③将集装箱任务分配给场桥，场桥根据规则进行提箱，集装箱装至对应集卡上，集装箱被提走，行驶至闸口，集卡消失；④在有集装箱任务的堆区中，重复③中的提箱过程，直至此场桥作业范围内的任务全部作业完成。

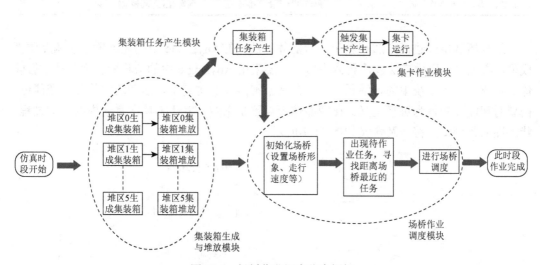

图 11-6　场桥作业调度仿真框架

2. 场桥作业调度仿真建模方法

场桥的装卸作业过程主要包括如下三部分：①堆取箱装卸作业，具有周期性；②为提取目标箱而进行的倒箱作业，具有较大的随机性；③为调整场桥作业位置而进行的大车走行作业，作业任务顺序不同，则走行路线不同，具有很大的随机性。下面对集装箱堆场场桥作业调度离散事件基本要素进行介绍。

（1）场桥作业调度模型的实体中，堆区、堆场机械设备（场桥）为永久实体；集卡、集装箱为临时实体。

（2）场桥作业调度模型的属性包括场桥作业能力、场桥作业完成时间、堆区数量、每一堆区贝位、层数等。

（3）场桥作业调度模型的主要事件包括出现待作业任务、集卡到达、集装箱装卸完成。

（4）场桥作业调度模型的主要活动包括场桥从源位置走行至目标位置、场桥取箱、场桥堆箱等。

（5）场桥作业调度模型的主要进程包括时段开始时将集装箱任务分配给各场桥、一个时段内场桥对集装箱进行装卸作业，以及场桥相关的活动等。表 11-1 和表 11-2 为堆场各主要离散事件元素之间的关系。

表 11-1   集运堆场进程

事件	事件触发	活动	事件	事件触发
集卡将集装箱运送到堆场，场桥堆箱开始（场桥为堆箱活动开始运行）	卸船的堆场作业	场桥堆箱活动（场桥将集装箱堆到堆场上的活动过程）	场桥堆箱结束（场桥吊具松开，集装箱堆到堆场）	集运堆场进程结束

表 11-2   疏运堆场进程

事件	事件触发	活动	事件	事件触发
（船舶靠泊后）集卡行驶至堆场取箱位置，场桥取箱开始	出口箱的堆场作业	场桥取箱活动，场桥将集装箱吊到集卡上（准备装船）	场桥吊具松开，将集装箱吊到集卡上，场桥取箱结束	疏运堆场进程结束

结合离散事件建模方法和基于多智能体方法，在 AnyLogic 中构建场桥作业调度仿真模型。离散事件建模方法以流程为中心，主要采用 AnyLogic 中的流程建模库。基于智能体的建模侧重于系统中的各活跃组件。在基于智能体的仿真中，活动的实体称为智能体，需要对智能体的行为进行定义。在智能体中设置状态图，表达实体在系统内的流动过程，状态图的各种图形符号及含义如图 11-7 所示。

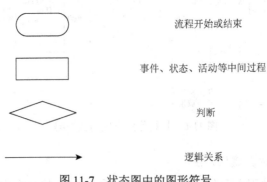

图 11-7   状态图中的图形符号

3. 场桥作业调度仿真具体实施

图 11-8 为场桥作业调度实体流程图。此流程包含四种实体流：集装箱任务实体流、场桥实体流、任务实体流和集卡实体流。流程如下：①集装箱和场桥生成；②集装箱任务生成；③根据任务，产生相对应的集卡，集卡携带任务向目标位置行驶，直至到达；④判断任务是否为距离场桥最近的任务，分为两种情况，如果是，集装箱被集卡提走，此堆区集装箱数量减少，如果不是，集卡继续等待场桥作业；⑤判断场桥待作业任务是否为空，分为两种情况，如果是，场桥原地等待，如果不是，场桥开始调走，场桥流产生，场桥流向④中等待提箱作业的任务，并进行循环调度，直至满足场桥待作业任务为空的条件，场桥任务结束，原地等待。

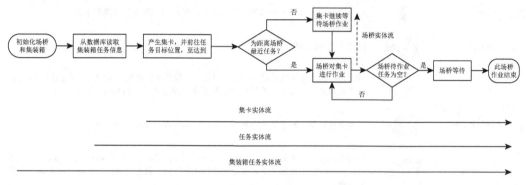

图 11-8　场桥作业调度实体流程图

离散事件建模是基于流程的建模，AnyLogic 提供的流程建模库能够定义流程工作流和资源，流程建模库是带有高度可定制对象的基础工具包。例如，构建排队服务系统的常用对象为 Source、Queue、Delay、Service 等。流程建模库中的对象可以很容易地与来自流体、铁路、道路交通及 AnyLogic 其他库和组件的元素进行交互，可以快速地对已有的对象模块"拖-拉"建模。另外，在模块对象属性框中可根据需要添加各种实体（任务）到达的模式、排队容量，以及在实体经历某一模块的环节（进入、离开、拾起等时刻）需要实现功能的语句。离散事件建模方法用途广泛，大多数业务流程可以描述为一系列独立的离散事件序列。例如，一辆集卡到达堆场，去目标位置卸载，最后离开，通常会选择使用离散事件建模对这一系列过程进行仿真。场桥作业调度模型中集卡作业模块由此方法搭建。

基于智能体方法更关注个体行为及其之间的相互关系。它们可以是与系统相关的人、家庭、车辆或设备，甚至是产品或公司，通过建立它们之间的连接，设置环境变量并运行仿真。系统的动态变化则表现为个体行为交互的结果。基于智能体的模型实际上是一组反映现实世界中各种关系的交互对象。例如，场桥作业调度模型中场桥与集卡之间、集装箱与任务之间、集卡与任务之间等一系列交互都是通过基于多智能体方法进行构建的。

11.4.2 场桥作业调度仿真模型搭建

场桥作业调度仿真模型开发平台为 AnyLogic Professional8.5。本节主要采用离散事件建模方法和基于多智能体方法。首先对仿真模型需要用到的主要活动对象进行介绍，如表 11-3 所示。

表 11-3 主要活动对象

类型	图形	功能
source		实体产生源。产生的实体可能是一般的实体类，也可能是用户定义的任意子类，包含多种实体产生机制
sink		实体活动结束点。一个流程模型的终点，实体到达此处会从模型中消失
delay		延迟。可按照不同时间生成机制对实体进行位置或状态在时间上的延迟
queue		排队。实现实体在接受服务过程进行排队，包括默认的先到先服务、根据实际需要对有属性差异的实体按照特殊顺序进行服务、超过等待时间自动离去等机制
carSource		生成车辆并将它们放置到路网中的目标位置（在路上或在停车场里）
carMoveTo		控制车辆移动。车辆仅在 carMoveTo 模块中可以移动。当车辆进入 carMoveTo 模块时，计算从它的当前位置到指定的目标位置的路。目标位置可以是路、停车场、公交站或停止线
carDispose		从模型中移除车辆。使用 carDispose 模块（而不是 sink 或 exit 模块）移除车辆
pickup		从连接到 inPickup 端口的 queue 模块移除智能体并将它们添加到进入"容器"智能体的内含物
dropoff		移除包含在进入的"容器"智能体中的智能体，并通过 outDropoff 端口输出智能体

场桥作业调度模型主要由五个部分构成，分别为集装箱智能体、箱位智能体、任务智能体、集卡智能体及场桥智能体。这五个部分之间并不是孤立的，图 11-9 表示它们之间存在的联系。这些部分之间通过函数相互调用，以及相应变量之间关系建立，使集装箱、箱位、任务、场桥、集卡五者形成统一整体，既具备场桥生产作业调度的功能，又展现较形象的动画效果。

以下是对这些主要部分搭建方法进行的描述。

1. 集装箱智能体

在 Main 主界面中，新建 containers（集装箱）智能体群，在 Main 主界面和 container 智能体中分别添加相关参数，参数说明如表 11-4 和表 11-5 所示。

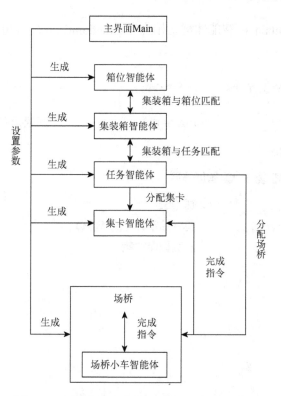

图 11-9　场桥作业调度模型五个部分之间的联系

表 11-4　**Main 主界面的部分参数说明**

参数名	类型	备注
container_length	double	集装箱长度
container_width	double	集装箱宽度
container_height	double	集装箱高度

表 11-5　**container 智能体的参数说明**

智能体名	参数名	类型	备注
container	color	Color	集装箱颜色
container	block	int	集装箱箱区号
container	bay	int	集装箱贝位号
container	row	int	集装箱行号
container	tier	int	集装箱层号
container	id	int	集装箱编号

container 智能体的属性如图 11-10 所示，后续模型构建中产生的 container 智能体将

具有其所有属性。containers 智能体群初始为空。randomColor( )语句表示集装箱的颜色为随机的。

图 11-10　container 智能体属性界面

2. 箱位智能体

在 Main 主界面中，新建 slots（箱位）智能体群，在 Main 主界面和 slot 智能体中分别添加相关参数、函数和集合，参数、集合说明如表 11-6～表 11-8 所示，函数说明如表 11-9 所示，各函数之间的作用关系如图 11-11 所示。

表 11-6　Main 主界面的部分参数说明

参数名	类型	备注
yard_length	double	箱区长度
yard_width	double	箱区宽度
yard_interval_X_long	double	箱区间隔（长）
yard_interval_X_short	double	箱区间隔（短）
yard_tier_num	int	堆场层数
yard_num	int	箱区数量

表 11-7　Main 主界面的部分集合说明（一）

集合名	集合类	元素类	备注
collection_yard_slots	LinkedList	slot	堆场箱位的集合

表 11-8　slot 智能体的参数说明

智能体名	参数名	类型	备注
slot	block	int	箱位的箱区号
slot	bay	int	箱位的贝位号
slot	row	int	箱位的行号
slot	tier	int	箱位的层号
slot	container	container	箱位的集装箱
slot	empty_if	boolean	箱位是否有集装箱
slot	id	int	箱位的编号
slot	location_x	double	箱位的 x 轴坐标
slot	location_y	double	箱位的 y 轴坐标
slot	location_z	double	箱位的 z 轴坐标

表 11-9　Main 主界面的部分函数说明（一）

函数名	是否有返回值	作用
row_num_caculation	有	计算箱区的行数
bay_num_caculation	有	计算箱区的贝位数
Init_slots	无	初始化堆场箱位

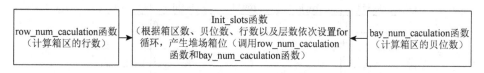

图 11-11　箱位初始化功能各函数作用关系

　　slot 智能体的属性如图 11-12 所示，Init_slots 函数产生的 slot 智能体将具有其所有属性。slots 智能体群初始为空。empty_if 参数为 true 表示堆场箱位初始为空。

　　在 Main 主界面中添加相关函数，用于实现将集装箱堆放于相应箱位的功能，函数说明如表 11-10 所示，部分集装箱信息如图 11-13 所示，函数相互作用关系如图 11-14 所示。

图 11-12　slot 智能体的属性界面

表 11-10　Main 主界面的部分函数说明（二）

函数名	是否有返回值	作用
block_bay_row_tier2slot_id	有	计算集装箱的箱位号
put_yardcontainers_init	无	产生集装箱并计算箱位信息
Init_slots	无	初始化集装箱堆场

blockId	bayId	rowId	tierId	index
0	0	0	0	1
0	0	0	1	2
0	0	0	2	3
0	0	0	3	4
0	0	1	0	5
0	0	1	1	6
0	0	1	2	7
0	0	1	3	8
0	0	3	0	9
0	0	3	1	10
0	0	3	2	11

图 11-13　部分集装箱信息展示

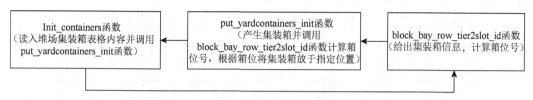

图 11-14　集装箱堆放功能各函数作用关系

3. 任务智能体

在 Main 主界面中，新建 task（任务）智能体群，在 Main 主界面和 task 智能体中分别添加相关集合和参数，参数、集合说明如表 11-11 和表 11-12 所示。将集装箱任务表导入模型数据库中，部分集装箱任务表如图 11-15 所示。

表 11-11　Main 主界面的部分集合说明（二）

集合名	集合类	元素类	备注
taskpool	ArrayList	task	集装箱任务的集合

表 11-12　task 智能体的参数说明

智能体名	参数名	类型	备注
task	schedule_container	container	任务的集装箱
task	destination_block	int	集装箱任务的箱区号
task	destination_bay	int	集装箱任务的贝位号
task	destination_row	int	集装箱任务的行号
task	destination_tier	int	集装箱任务的层号
task	preschedule_truck	truck	作业集装箱任务的集卡
task	preschedule_yardcrane	yardcrane	作业集装箱任务的场桥
task	destination	StopLine	集装箱任务的目标停止线
task	slot	slot	集装箱任务的箱位号
task	id	int	集装箱任务的编号

task 智能体的属性如图 11-16 所示，task_source 模块依据集装箱任务表产生的 task 智能体将具有其所有属性。task 智能体群初始为空。preschedule_truck 参数为 null 和 preschedule_yardcrane 参数为 null 分别表示作业集装箱任务的集卡和场桥初始为空，为后续分配所得。

4. 场桥智能体

在 Main 主界面中，新建 yardcranes（场桥）智能体群，在 Main 主界面和 yardcrane 智能体中分别添加相关集合、参数和函数，参数、集合、函数等说明如表 11-13～表 11-16 所示。场桥作业调度流程如图 11-17 所示。

arrive_time	block	bay	row	tier	id
09-12-2022 15：03：16	5	16	7	3	0
09-12-2022 15：03：16	5	15	2	3	1
09-12-2022 15：03：16	5	14	1	3	2
09-12-2022 15：03：16	5	13	9	3	3
09-12-2022 15：03：16	5	12	5	3	4
09-12-2022 15：03：16	5	11	0	3	5
09-12-2022 15：03：16	5	10	6	3	6
09-12-2022 15：03：16	5	9	8	3	7
09-12-2022 15：03：16	5	8	6	3	8
09-12-2022 15：03：16	5	6	9	3	9
09-12-2022 15：03：16	5	5	7	3	10
09-12-2022 15：03：16	5	4	4	3	11
09-12-2022 15：03：16	5	3	8	3	12

图 11-15 部分集装箱任务表

图 11-16 task 智能体的属性界面

表 11-13 Main 主界面的部分函数说明（三）

函数名	是否有返回值	作用
Init_yard_cranes	无	初始化场桥
yard_task	无	给任务分配场桥和停止线
assign_tasks	无	将任务添加到场桥任务集合中

表 11-14 Main 主界面的部分集合说明（三）

集合名	集合类	元素类	备注
yardcrane_collection	ArrayList	yardcrane	场桥的集合

表 11-15 yardcrane 智能体的参数说明

智能体名	参数名	类型	备注
yardcrane	id	int	场桥的编号
yardcrane	block_id	int	场桥所在箱区
yardcrane	idle	boolean	场桥是否空闲
yardcrane	task_to_complete	boolean	是否有任务分配给场桥
yardcrane	task_to_be_excuted_for_yardcrane	int	场桥正在作业的任务
yardcrane	target_slot	slot	正在作业任务的箱位
yardcrane	location_y0	double	场桥的 y 坐标
yardcrane	min_distance	double	场桥与场桥待作业的集装箱任务集合中第一个任务的距离
yardcrane	timestart	double	场桥作业某任务的开始时间
yardcrane	timecomplete	double	场桥作业某任务的结束时间
yardcrane	time_opreation	double	场桥作业任务的时间
yardcrane	current_time	double	仿真模型当时的时间
yardcrane	UTE	double	场桥的利用率
yardcrane	task_id	int	场桥正在作业任务的编号
yardcrane	task_bayid	int	场桥正在作业任务的贝位号
yardcrane	finish_task	int	场桥已完成任务数

表 11-16 yardcrane 智能体的集合说明

集合名	集合类	元素类	备注
tasks_may_be_excuted	ArrayList	task	场桥待作业的任务集合
slot_related	LinkedList	slot	场桥作业任务的箱位集合

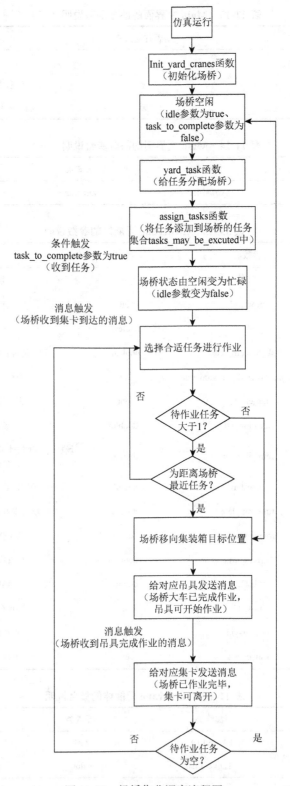

图 11-17 场桥作业调度流程图

　　yardcrane 智能体的属性如图 11-18 所示，Init_yard_cranes 函数产生的 yardcrane 智能体将具有其所有属性。yardcranes 智能体群初始为空。idle 参数☑表示 idle 参数为 true，即场桥空闲；task_to_complete 参数☐表示 task_to_complete 参数为 false，即场桥未收到需作业的任务。

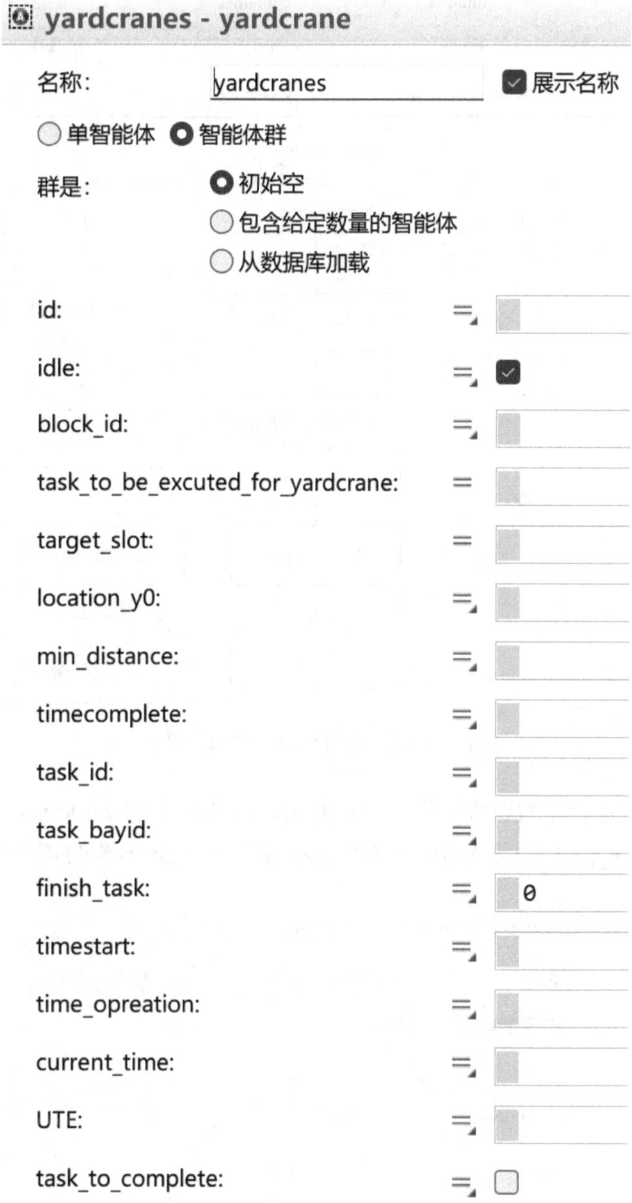

图 11-18　yardcrane 智能体的属性界面

　　在 yardcrane 智能体中，新建 yardcrane_part（吊具）智能体，并在 yardcrane_part 智能体中添加相关参数，参数说明如表 11-17 所示。场桥吊具作业流程如图 11-19 所示。

表 11-17　yardcrane_part 智能体的参数说明

智能体名	参数名	类型	备注
yardcrane_part	zz	double	吊具下半部分及吊钩的实时高度
yardcrane_part	high	double	吊具上半部分的高度
yardcrane_part	container	container	吊具作业任务的集装箱
yardcrane_part	truck	truck	吊具作业任务的对应集卡
yardcrane_part	yardcrane_owner	yardcrane	吊具对应的场桥

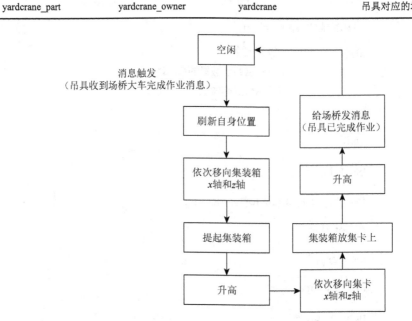

图 11-19　场桥吊具作业流程图

yardcrane_part 智能体的属性如图 11-20 所示，后续产生的 yardcrane_part 智能体具有其所有属性。yardcrane_part 智能体为单智能体。zz 参数和 high 参数的初始值分别为 0 和 160。

图 11-20　yardcrane_part 智能体的属性界面

5. 集卡智能体

在 Main 主界面中，新建 truck（集卡）智能体群，在 Main 主界面和 truck 智能体中分别添加相关集合、参数，参数、集合等说明，如表 11-18 和表 11-19 所示。

表 11-18　Main 主界面的部分集合说明（四）

集合名	集合类	元素类	备注
truck_stopLine_collection	ArrayList	（其他）StopLine	集卡停止线集合

表 11-19　truck 智能体的参数说明

智能体名	参数名	类型	备注
truck	idle	boolean	集卡是否空闲
truck	container	container	集卡所装集装箱
truck	task_to_be_excuted_for_truck	task	集卡所作业的任务
truck	destination	（其他）StopLine	集卡的目标位置
truck	arrive_destination_or_not	boolean	集卡是否到达目标位置

truck 智能体的属性如图 11-21 所示，truck_source 模块产生的 truck 智能体具有其所有属性。truck 智能体为初始为空的智能体群。idle 参数✅表示 idle 参数为 true，集卡初始空闲；task_to_be_excuted_for_truck 参数为 null 和 destination 参数为 null 分别表示集卡初始无集装箱任务、目标停止线为空。

图 11-21　truck 智能体的属性界面

　　图 11-22 所示的流程图既包含集卡的流程，也有任务的产生与排队。具体实现如下：任务在 task_source 模块产生，并在此处给任务分配目标位置和场桥（调用 yard_task 函数），同时添加 truck_source 模块的 ingect 函数，然后进入 queue 排队（先进先出）；truck_source 模块采用 ingect 函数调用方式定义集卡到达，在图 11-23 所示的集卡产生处 truck_source 模块产生，然后进入 queue1 排队（先到先服务）；集卡和任务在 pickup 模块和 dropoff 模块（容器类型为 truck、元素类型为 task）分别完成匹配和分离，任务将信息赋给相对应的集卡；任务在 delay 模块中等待，以便后续使用；集卡进入 carMoveTo 模块，开始向目标位置行驶，并将集卡作业的任务添加进相对应场桥的待作业任务的集合中（调用 assign_tasks 函数）；集卡到达目标位置后，进入 truck_delay1 模块（调用 stopDelay 函数），等待场桥进行作业，并在此模块的行动进入时，将集卡的 arrive_destination_or_not 参数变为 true；场桥作业结束后，集卡进入 leaveline 模块，向图 11-23 所示的闸口行驶，并最终在 carDispose 模块消失，流程结束。

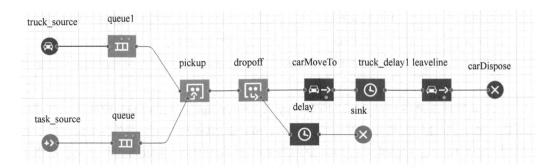

图 11-22　集卡作业流程图

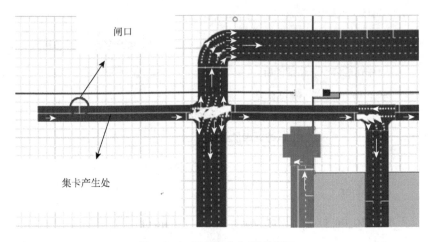

图 11-23　集卡产生与消失位置

　　集卡作业状态如图 11-24 所示。状态图与流程图相互作用，共同控制集卡的行为。

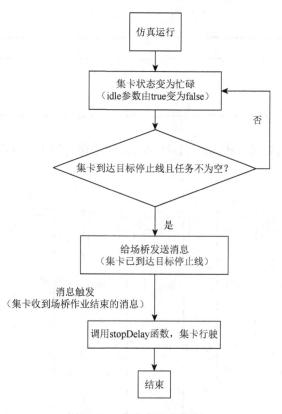

图 11-24　集卡作业状态图

■ 11.5　港口集装箱堆场场桥作业调度案例分析

本节以场桥作业调度为例，案例中堆场有 6 个箱区、12 台场桥，场桥移动的平均速度为 5m/s。以箱区 5 为例，任务信息如表 11-20 所示。

表 11-20　场桥作业调度模型箱区 5 任务信息

任务编号	贝位号	行号	层号
1	16	7	3
2	15	2	3
3	14	1	3
4	1	9	3
5	1	5	3
6	1	0	3
7	1	6	3
8	9	8	3
9	8	6	3
10	6	9	3
11	5	7	3

续表

任务编号	贝位号	行号	层号
12	4	4	3
13	3	8	3
14	0	1	3

场桥作业调度初始布局图如图 11-25 所示，初始化时每个堆区有 2 台场桥，分别位于贝位 0 和贝位 9。

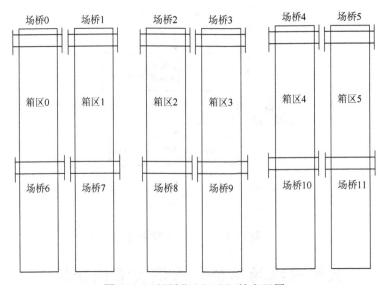

图 11-25 场桥作业调度初始布局图

模型运行过程中，当出现待作业任务时，使用贪婪算法对场桥进行调度，寻找此刻最适合作业的任务，完成装卸任务；在该时刻输出相关结果，包括该任务的编号以及贝位号，记录场桥的调度计划；记录场桥开始移动的时间、作业结束的时间，以及已完成任务数，并计算场桥的利用率。

（1）生成调度计划。表 11-21 列出了箱区 5 的场桥 11 的调度计划。

表 11-21 场桥 11 的调度计划

任务顺序	任务号	贝位号
1	0	16
2	1	15
3	2	14
4	3	13
5	4	12
6	5	11
7	6	10
8	7	9

（2）统计任务完成作业时间。如图 11-26 所示，统计当前算法调度策略下 12 个场桥任务完成作业时间的情况，结合调度计划，分析现有调度策略的薄弱环节，对算法进行有目标的改进。

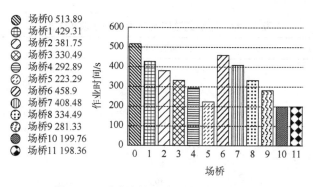

图 11-26　各场桥任务完成作业时间统计

（3）统计已完成任务数。实时记录每个场桥的已完成任务数，图 11-27 为任务全部完成时的结果。

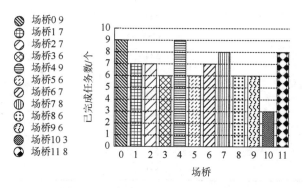

图 11-27　各场桥已完成任务数统计

本章小结

本章介绍了港口集装箱物流系统的基本知识，并对集装箱堆场相关研究以及存在问题进行了描述，最后以堆场场桥作业调度为例，在 AnyLogic 仿真软件上进行了细致的仿真建模，并对仿真结果进行了分析说明，以说明仿真的实用性。

习题

1. 什么是港口集装箱物流系统？
2. 港口物流的构成包括哪些？
3. 集装箱堆场的研究内容有哪些？
4. 描述集装箱码头相关的离散事件要素有哪些？
5. 试用 AnyLogic 企业库或其他仿真软件（仿真建模方法）构建一个 4 泊位，每泊位配置 2 台岸桥的泊位调度模型。仿真要求如下：通过有效地对泊位进行调度使作业完 20 只船舶的时间最短。表 11-22 为这 20 只船舶到达时间及相关的集装箱信息，假定岸桥作业一个集装箱的时间为 2min。

表 11-22 船舶到达时间及相关的集装箱信息

船舶序列号	集装箱装卸数量/个	到达时间/h
1	315	17.5
2	983	31
3	337	39
4	1735	44
5	1778	46.5
6	867	47
7	495	47.5
8	1180	49
9	436	54
10	938	54
11	431	68
12	300	76.75
13	1255	84
14	534	89
15	91	90.5
16	921	104
17	269	110
18	214	113.27
19	571	115
20	571	116.5

第12章

汽车滚装码头堆场作业系统建模与仿真

➤ 本章学习目的与要求

　　滚装运输主要服务于小型汽车、中大型客车、机械设备、农用设备等。在远程运输中，滚装运输是降低生产成本、增大安全系数的最佳途径，也是发展方向。通过本章学习，要求了解汽车滚装码头物流系统作业流程；能够建立汽车滚装码头堆场作业系统的数学模型；熟练运用 AnyLogic 对汽车滚装码头堆场作业系统的调度和运作进行建模与仿真。

　　【导入案例】汽车滚装运输通过水路运输汽车整车，是汽车整车物流的重要运输方式。我国汽车滚装码头已经形成规模，主要有上海海通、大连码头、广州南沙、武汉江盛、重庆果园等，逐步建立了以多式联运为重点的港口集疏运体系。2020 年我国共完成汽车整车滚装运输量 312 万辆，其中沿海滚装 225 万辆，长江滚装 87 万辆。

12.1　汽车滚装码头物流系统概述

　　汽车制造业、消费业的快速发展促进了汽车运输业务的增长，汽车滚装运输以其批量大、速度快、操作简单、费用低廉、无污染等优点逐渐被人们看好。为适应汽车物流发展趋势和海洋强国战略，发挥交通先行作用，建设国际一流标准的专用汽车滚装码头正成为国内各大港口企业和船运公司关注的焦点。

　　汽车滚装码头作为汽车供应链中重要的第三方物流提供者，既是全球汽车供应链的环节，又作为现代运输枢纽，是供应链中物流、信息流和资金流的交汇点。

　　1. 汽车滚装物流概念

　　汽车滚装物流是指以汽车滚装运输为依托和主体，向陆上运输、码头装卸、仓储配送等环节延伸服务的水陆一体的整车物流方式。汽车滚装物流全过程主要包括商品车陆上集并、码头装卸、水路运输、堆存仓储、分拨配送、信息处理等活动。

　　汽车滚装物流全过程各要素和操作环节如图 12-1 所示。首先，由物流公司为汽车生产商安排承运商，授权的承运商使用火车或者汽车等运输工具完成汽车从生产地到滚装

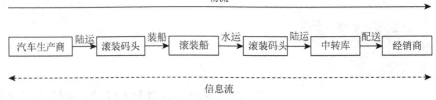

图 12-1　汽车滚装物流全过程示意图

码头的运输；其次，在滚装码头，汽车被装载到滚装船，通过水路运输到下游的滚装码头；再次，下游的滚装码头接收到达的汽车，汽车在码头前沿进行卸载，开往堆区并进行存储；最后，物流公司将汽车运往中转库并配送给经销商。

汽车滚装物流的特点如下。

（1）汽车滚装物流以水路运输方式为基础和依托，区别于以铁路、公路等陆路运输方式为主体的整车物流。与传统的铁路、公路运输方式相比，水路运输方式具有运能大、运费低、装卸效率高、安全性好、节能环保等优点。

（2）汽车滚装物流以专业滚装船为水路运输工具。与集装箱运输相比，滚装运输更专业，优势体现在运输质量高、装卸效率高、单位成本相对较低。

（3）汽车滚装物流以陆上服务为延伸服务，主要包括商品车陆上集并（从汽车生产商到滚装码头）、码头装卸、转运（从滚装码头到中转库或分拨中心）、存储（滚装码头堆存、中转库存储）、配送（从分拨中心到经销商）等，通过水陆结合，实现从汽车生产商到经销商的全过程、一体化物流服务。

2. 汽车滚装码头

汽车滚装码头是指包括港池、锚地、进港航道、泊位等水域以及堆场、码头前沿、办公生活区域等陆域范围的能够容纳商品车装卸操作过程的具有明确界限的场所，是能够满足滚装船进行商品车滚装装卸作业的码头。

汽车滚装码头的最大特点是服务功能的多元化、多样化。一般汽车滚装码头的功能分为码头基本服务、汽车增值服务和一揽子物流服务。①码头基础服务包括船舶靠泊，卸船、装船，堆存管理和汽车冲洗、检查；②汽车增值服务分为汽车出厂前检查（pre delivery inspection，PDI）、汽车商检、汽车校检、汽车保养等技术服务；③一揽子物流服务包括门到门服务、汽车分拨、供应链的优化等。

根据一般汽车滚装码头的功能需求，专业汽车滚装码头的功能分区如下。

（1）生产区。生产区布局在港区陆域前方部位。根据作业需求，生产区提供装卸、运输等场地，并提供汽车停放场地。生产区一般包括码头前沿靠泊装卸区、外贸监管区、内贸堆存区、临时周转区等场地。

（2）生产辅助区。生产辅助区主要布局在汽车堆场后方，包括汽车整车库、汽车加工中心（vehicle processing center，VPC）库、汽车配件库、汽车 PDI 检测用房、汽车展示厅等。

（3）综合管理区。综合管理区主要布局于港区陆域后侧，提供港区生产所必需的水、电、油、燃气、通信、计算机管理、信息传输、机械维修保养等服务。

3. 汽车滚装码头作业流程介绍

商品车装卸作业采取滚上滚下作业方式,通过码头操作人员逐辆驾驶商品车进行上、下船作业。其作业流程如下。

1) 商品车进口作业流程

滚装船靠泊码头后,将尾跳板放置在码头上,由码头操作人员对船上商品车进行解绑作业,然后驾驶商品车通过尾跳板开离船舱,停在指定的堆场。对商品车进行检验,有破损的须安排修复作业,修复完成后运回堆场。

在进行出运时,由码头操作人员把商品车从堆场驾驶到联运作业区,通过斜坡道开进商品车铁路专列或商品车载运车,并进行系固绑扎作业,装车完毕,离港。

2) 商品车出口作业流程

商品车载运车或商品车铁路专列到港后,由码头操作人员对商品车进行解绑作业,然后驾驶商品车通过斜坡道开至指定的堆场。对商品车进行检验,有破损的须安排修复作业,修复完成后运回堆场。

在进行出运时,由码头操作人员驾驶商品车到装卸作业区,通过尾跳板进入船舱,停放到指定的甲板位置,并进行系固绑扎。装船完毕,收起尾跳板,解缆离泊。

3) 商品车中转作业流程

滚装船靠泊码头后,将尾跳板放置在码头上,商品车从滚装船解绑,由码头操作人员驾驶商品车通过尾跳板开离船舱,停在指定的堆场。

在进行出运时,由码头操作人员驾驶商品车到装卸作业区,通过尾跳板进入船舱,停放到指定的甲板位置,并进行系固绑扎。装船完毕,收起尾跳板,解缆离泊。

4. 汽车滚装码头物流系统

汽车滚装码头物流系统是由商品车、滚装船、锚地、拖轮、泊位、堆场、信息基础设施以及人员等若干相互制约的动态要素构成的复杂系统。

参考集装箱物流系统,把汽车滚装码头物流系统细化为四个子系统(图 12-2):泊位作业系统、堆场系统、大门服务系统、信息管理调度系统。下面对四个子系统进行详细的描述。

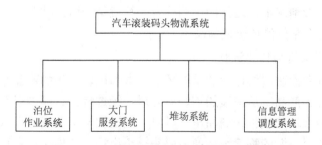

图 12-2　汽车滚装码头物流系统的层次模型

(1) 泊位作业系统。泊位作业系统是指滚装船到达港外锚地之后,通过航道由拖船或领航船拖进或引进港口,并在泊位接受装卸作业服务,最后由拖船或领航船拖出或引出港口的过程。在泊位作业系统中，实体为滚装船；资源为进港航道、泊位岸线、拖船；发生的事件包含滚装船到港、锚地等待、拖船进港、泊位靠泊、滚装船装卸、滚装船离港等。

（2）堆场系统包含入库和出库两部分。入库是指商品车从堆场外部进入堆场进行停放；出库是指商品车从堆场驶出。

（3）大门服务系统。大门是外部的载运车进出码头的通道。

（4）信息管理调度系统。与泊位作业系统、堆场系统一样，信息管理调度系统是完成某一功能的实体，主要对码头前沿靠泊、堆场、大门服务进行全局的控制管理，实时地更新数据信息情况，指导其他三个子系统完成作业，优化作业过程。

12.2 汽车滚装码头堆场作业系统问题描述

1. 汽车滚装码头堆场

堆场又称为汽车存放区或停车场，是滚装码头内进、出口商品车临时停放的区域，是汽车滚装码头最重要的资源之一。汽车滚装码头的堆场依据码头各自的地形、位置等因素布局不一，图 12-3 为武汉沌口汽车滚装码头的部分堆场布局。

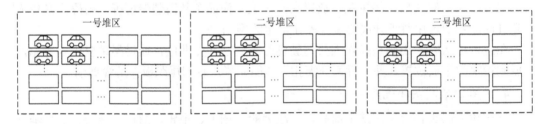

图 12-3 汽车滚装码头的部分堆场布局

堆场作业系统是堆场作业中所涉及的主要设施及要素所组成的、为完成商品车在码头停放作业的系统，主要涉及以下元素：①堆区，堆区是堆场的单元，一般情况下，堆场按照一定的规则划分为多个堆区，并为堆区编号，如 1, 2, 3, …号堆区；②道，道是堆区的基本单位，一般情况下，堆区的一列或者一行就是一道；③车位，车位是停放商品车的基本单位，每个车位停放一辆商品车。

2. 汽车滚装码头堆场作业流程

堆场作业是汽车滚装码头作业的重要环节。本书仅以码头的商品车进口流程为例来说明堆场作业过程。商品车从滚装船被卸载之后，经过港方、船方以及倒车队的检验，便进入滚装码头的堆场停放；在商品车入场时，通过扫描记录商品车入场的相关信息；商品车在堆场停放至下游的物流承运商从码头提车出场。其堆场作业可分为入场、出场两大作业流程。

1）入场作业

商品车从滚装船被卸载之后，被转移到码头的堆场进行存储。商品车入库一般以批次为单位，每个批次为相同型号的商品车，并且由同一个物流公司所运输。因此，在码头进行的一切计划和业务都是以批次为单位的。这个流程（图 12-4）分为以下子流程：①堆场计划制订，堆场计划是在商品车入场之前，港方根据堆场在计划时的状态以及从船方知道的本批次商品车的基本信息对某滚装船相应的商品车做出的，堆场计划是当前滚装码头作业的重要决策内容，影响码头堆场的利用率以及商品车进出场的工作效率，因此堆场计划制订是汽车滚装码头堆场作业的关键；②商品车入场，商品车从滚装船被卸载之后，被倒车队工作人员依次送往码头的堆场，并在堆场上依照堆场计划进行商品车停放，在商品车入场过程中，一般会有扫描操作，以记录商品车入场的相关信息；③商品车存储，商品车在堆场停放好至商品车出场的一段时期内，堆场管理人员对商品车进行管理和相关养护工作。

图 12-4　入场作业流程

2）出场作业

商品车在堆场停放一定时间后，会由承运商将其运到下游经销商或者中转至其他中转库，这个过程就是商品车的出场作业流程。这个流程（图 12-5）分为以下子流程：①提取提车计划，从信息系统中提取提车计划，了解堆场商品车出场时间等信息；②商品车出场，根据提车计划，从堆场中挑选商品车，由倒车队工作人员实现商品车从堆场出场的转移；③商品车装运配送，商品车出场后被开往载运车上，配送至经销商或者 4S 店等目的地。

图 12-5　出场作业流程

3. 汽车滚装码头堆场调度问题

1）汽车滚装码头堆场调度目的

汽车滚装码头堆场调度的目的在于：以装载商品车的滚装船为服务对象，在其到港前，为其在堆场中安排一定的区域进行商品车停放。其中区域的划定及其容量以滚装船承运的出口车数量为依据，确定对应区的集合，最后形成对该滚装船对应的场位计划即堆场计划。堆场计划便于集车和装船、使车位资源被最大化地利用。

在进行堆场计划时要遵循一定的原则：①按照先到先服务原则，为先到港作业的滚装船及相应的商品车进行服务；②尽量避免同一堆区不同滚装船以及进出库作业流的交叉；③尽量避免倒车现象；④尽可能提高同只滚装船的商品车集中程度。

2）汽车滚装码头堆场调度过程——堆场计划的制订

在堆场计划中，车位主要有未占用、实际占用、已安排堆存计划等三种状态。对于后两者标示的车位，堆场计划决策周期内不允许其他航次的滚装船在其集车过程中对该车位资源占用。堆场计划主要研究以下两个决策问题。

（1）决策问题Ⅰ：集车周期以及决策周期的确定。其中包括：①确定一个集车周期 T_{pre}，在滚装船到港的前 T_{pre} 才允许商品车到港；②确定一个决策周期 T_{dec}，在这个时间内为将要到达的滚装船安排堆场计划。

（2）决策问题Ⅱ：船–道计划决策问题。其中包括：①根据实际需要，确定总车位数；②根据当前堆场车位资源占用情况，确定堆区的数量和堆区号；③确定各堆区内的道集合。

12.3 汽车滚装码头堆场作业系统建模

对汽车滚装码头堆场作业系统进行数学建模，也就是对以上两个决策问题进行建模。

12.3.1 堆场计划数学模型

决策问题Ⅰ在一般的港口计划中是已知确定的（在这里将其定为 10 天），即集车周期、决策周期都为 10 天。以下主要对决策问题Ⅱ进行建模。

1. 决策问题Ⅱ中①求解

根据实际需要的总车位数，确定需要的道数，使其满足集车对总车位数的需要。

决策变量为

$$\text{Num}_{bay}(\text{ship}, \text{flight})$$

表示船舶/航次（ship / flight）需要的总道数，取整。

数学模型为

$$\text{Num}_{slot}(\text{ship}, \text{flight}) = \text{Num}(\text{ship}, \text{flight})$$

$$\text{Num}_{bay}(\text{ship}, \text{flight}) = \text{Num}_{slot}(\text{ship}, \text{flight}) / \text{Num}_{slot}^{*} \tag{12-1}$$

其中，$\text{Num}(\text{ship}, \text{flight})$ 为船舶/航次的出口车总数；$\text{Num}_{slot}(\text{ship}, \text{flight})$ 为堆场为船舶/航次所属商品车安排的总车位数；Num_{slot}^{*} 为堆场每道对应的平均车位数。

当堆场每道车位数一致时，$\text{Num}_{bay}(\text{ship}, \text{flight})$ 与堆场作业实际占有的道数相同。当堆场每道车位数不一致时，堆场作业实际占有的道数与占有车道具体车位数直接相关，与 $\text{Num}_{bay}(\text{ship}, \text{flight})$ 不同。

2. 决策问题Ⅱ中②求解

根据当前堆场车位资源占用情况，确定堆区的数量和堆区号，其提供的空闲车位数要与需求的车位数相匹配。

决策变量为

$$\text{ZOccupied}_i(\text{ship}, \text{flight}), \ i \in \text{zone}$$

表示船舶/航次的商品车是否停放在堆区 i 中。zone 为堆区的集合，$\text{zone} = \{i \mid i \in N\}$。

Zone(ship, flight) 为船舶/航次商品车停放堆区的集合，Zone(ship, flight) $\subseteq$ zone。若堆区 $i \in$ Zone(ship, flight)，则 ZOccupied$_i$(ship, flight) $= 1$；否则，ZOccupied$_i$(ship, flight) $= 0$。一旦 Zone(ship, flight) 确定，该决策变量就可确定。

目标函数为

$$F = \min\{\sum_{i=1}^{|zone|} \text{ZOccupied}_i(\text{ship, flight})\} \tag{12-2}$$

表示某船舶/航次分配的堆区的总数最少，如果能安排在一个堆区最好。

3. 决策问题 II 中③求解

确定各堆区内的道集合，以及道集合内由相邻道集合构成的子集的起止位。

决策变量为

$$\text{BaySet}_i(\text{ship, flight}), \quad i \in \text{Zone}(\text{ship, flight})$$

表示某船舶/航次安排堆区 i 所占用道集合。

目标函数为

$$F = \min\{\sum_{i=1}^{|zone|} \text{BaySet}_i(\text{ship, flight})\} \tag{12-3}$$

表示某船舶/航次分配的道数最少。

12.3.2 算法的设计

本节设计一种启发式算法来求解该模型，具体步骤如下。

1. 确定堆场集车周期以及决策周期

汽车滚装码头一般根据历史数据和经验制定自己的集车周期（如 10 天）和决策周期（如 10 天）。在一个决策周期内，数只滚装船需要制订作业计划、数只滚装船可能会离开码头，因此一个车位可能在不同的时期分配给不同的滚装船。车位的时间属性使得堆场车位的分配复杂化。为了去除车位的时间属性，本章把 10 天的决策周期以滚装船离港日期为边界划分为数个小决策周期，在小决策周期内，车位只分配给一只滚装船。数个小决策周期作业计划的累加构成 10 天的作业计划。从本质上，决策周期已经不是固定的 10 天，而与滚装船的离港时间密切相关。在制订船-道计划时，采用可变的决策周期。

2. 制订船-道计划

在一个决策周期内为若干滚装船制订相应的堆存计划。假定已知各滚装船所属商品车在集车周期内每天预期请求停放到堆场的数量。

1）确定滚装船计划车位数

从滚装船离港日期 t 开始，$(t-T_{\text{pre}}, t)$ 为该滚装船的集车周期。在时间轴上，存在某些滚装船的集车周期与决策周期交集，在决策周期内，需要为这些滚装船制订计划车位；

某滚装船计划车位数与交集区间左端点已计划车位数、右端点预期到达商品车数量以及堆场空闲车位数有关。当堆场有足够的空闲车位时，计划车位数即预期到达商品车数量与已计划车位数的差。当堆场的空闲车位资源不能满足要求时，实际某滚装船计划车位数为计划车位中得到堆场车位资源满足的部分。在进行滚装船计划作业时，依照滚装船离港时间依次分配计划车位。具体流程如图 12-6 所示。

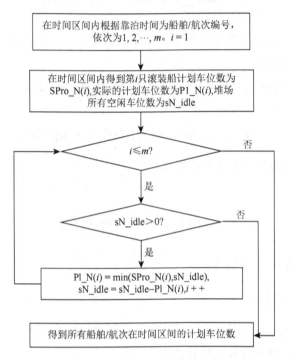

图 12-6　船舶/航次的计划车位数

2）根据堆场内各区状态，安排计划车位

分配一定数量的计划车位时，根据堆区的状态以一定的规则安排计划车位。为了平衡各堆区的作业量，在堆场内依据最大优先摆放规则为某滚装船分配一定数量的计划车位。为了降低计划车位的难度，为车位按照道定义连续地编号。在最大优先摆放规则下，优先将某船舶/航次的商品车停放到空闲面积最大的堆区，按照堆区编号依次分配计划车位。具体流程如图 12-7 所示。

3）道的集合

前面得到的是船-位计划，经过简单运算就可以得到船-道计划。若 $Slot \in Bay$，则 $BaySet_i(ship, flight) = BaySet_i(ship, flight) \bigcup Bay$，$Slot \in SlotSet_i(ship, flight)$，其中，Bay 为堆区 i 中道的编号。

所有堆区道计划组成船-道计划。$BaySet(ship, flight)$ 为整个堆场的船-道计划。$BaySet(ship, flight) = BaySet_1(ship, flight) \bigcup BaySet_2(ship, flight) \cdots \bigcup BaySet_Z(ship, flight)$，其中，$Z = | Zone(ship, flight) |$。

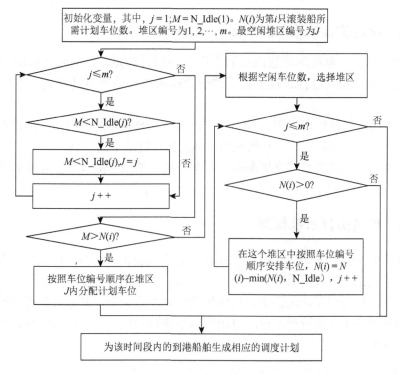

图 12-7　最大优先摆放规则思路

■ 12.4　汽车滚装码头堆场作业系统仿真

因为汽车滚装码头集车事件具有不确定性，所以利用仿真系统来验证本模型。汽车滚装码头堆场作业系统仿真属于离散事件仿真，仿真步骤如下：①确定模型的要素、事件及活动；②确定仿真的输入和输出；③构建仿真系统模型。

12.4.1　确定模型的要素、事件及活动

1. 要素

模型应包含的要素有商品车（以批为单位）、滚装船、堆场。各要素具体要求如下。

商品车属性包括长、宽、高、重量、提单号、数量、客户、货名、型号、目的港口、体积、质损情况、货代、货主、入（出）场时间等基本信息。

滚装船属性包括船名、航次、内外贸、到港日期、装卸数量等基本信息。

堆场属性包括堆场总面积、堆区数量、各堆区的详细布局和面积。

2. 事件

在此仿真中所涉及的事件有滚装船到达、集车到达、滚装船离港。

3. 活动

在此仿真中所涉及的活动有堆存计划制订、堆存计划执行、商品车入库、商品车出库。

12.4.2 确定仿真的输入和输出

仿真的目的在于对汽车滚装码头的堆场计划进行模拟，以判断当前的堆场计划是否合理，同时统计相关数据。根据码头的运营现状以及仿真目的确定以下的仿真输入和输出。

（1）仿真输入包括仿真周期/时间、汽车滚装码头堆场堆区车位初始的堆存状况、仿真周期内到港滚装船的信息、仿真周期内到港进出库商品车的信息。

（2）仿真输出包括当前仿真周期内对应车位调度策略下的堆场作业计划以及相应的统计指标。

12.4.3 构建仿真系统模型

仿真系统模型的总体架构如图 12-8 所示。仿真系统模型由数据库模块、算法设计模块以及仿真实现模块构成，后两者合称仿真模型。仿真模型与数据库模块相连，以实现仿真模型中的信息与汽车滚装码头的运作信息实时交换更新，其中数据库中所存储的信息主要包括船舶基本信息管理、车辆进出库信息管理、堆场状态基本信息管理、堆场车位基本信息管理。

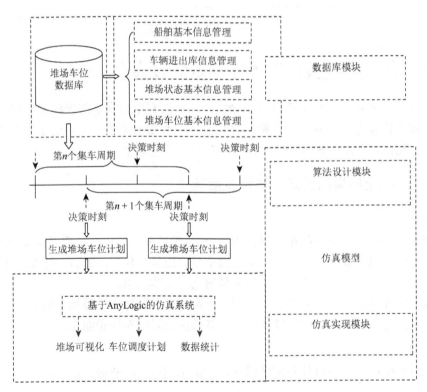

图 12-8　仿真系统模型总体架构

算法设计模块通过对堆场车位数据库中所存储数据的分析，确定港口生产计划的决策周期以及调度计划。算法设计模块中，输入为一个决策周期内集疏港车辆和班轮信息，输出为一个决策周期内堆场车位计划。用所生成的堆场车位计划中的时间和事件来驱动基于 AnyLogic 的汽车滚装码头仿真平台的运行。

仿真实现模块通过对算法设计模块生成的堆场车位计划的模拟，实现了堆场可视化和数据统计，从而为车位调度计划提供有效的决策依据。

本书采用 AnyLogic 仿真软件来建立仿真系统模型，运用 SQL Server 来设计数据库，利用 AnyLogic 仿真软件中的 database 控件来连接数据库，通过结构化查询语言（structured query language，SQL）来查询以及修改数据库。

1. 数据库的设计

在准确了解与分析汽车滚装码头需求的基础上，把数据库中主要数据分为船舶基本信息、车辆进出库信息、堆场状态基本信息以及堆场车位基本信息。

（1）船舶基本信息主要包括船名、船代、航次、到港时间等信息。

（2）车辆进出库信息主要包括船只的靠泊时间、离泊时间、目的港、客户、货物类型等信息。

（3）堆场状态基本信息主要包括堆区信息，道、车位的使用情况等。

（4）堆场车位基本信息主要包括堆场车位的信息状况，是占用、禁用、已用，还是计划等信息。

在设计数据库时，设计唯一主键，同时主键的值连续，方便仿真中对数据库的查询、修改等。

2. 车位、堆区、堆场的设计

在建立仿真模型之前，确立要仿真的汽车滚装码头对象，在此以国内某汽车滚装码头为例建立仿真模型。该汽车滚装码头堆场共有 8 个堆区，其中堆区 A3、A4、A5 为汽车滚装码头自主营运的堆区，其他堆区外包。以自主营运的堆区为例，每个堆区均有 40 道，每道均含有 15 个标准车位（5.5m×2.5m）。

对该汽车滚装码头的堆场、各堆区以及车位进行建模。

1）车位的设计

新建一个 Agent 并命名为 Slot，以一个长方形图标来表示一个独立的车位，图 12-9 为车位界面。

2）堆区的设计

新建一个 Agent 并命名为 Area，在 Area 上建立 600 个 Slot 实例，这些实例分为 40 列，每列 15 个，如图 12-10 所示。定义一个二维数组 $slots_{ij}$ 来管理这些实例，其中，i、j 分别表示行、列。

3）堆场的设计

在 Main 主界面绘制堆场简易分布图（图 12-11）。在 Main 主界面建立 3 个 Area 实例。定义一个三维数组，第一维表示车位堆区编号，第二维表示车位道编号，第三维表示道中车位编号，用这个三维数组来管理三个堆区所有的车位，其属性设置与 slots 类似。

图标

<text>
<text1>

F toString

V RecordNum
V shipName
V Voyage
V RecordSequenceNumber
V VesselRegisterSequenceNumber
V CabinListID

图 12-9　车位界面图

connections

〈text2〉

text text1	text text1	text text1	text text1	text text1	text text1	text text1	text text1	text text1	text text1	text text1
text text1	text text1	text text1	text text1	text text1	text text1	text text1	text text1	text text1	text text1	text text1
text text1	text text1	text text1	text text1	text text1	text text1	text text1	text text1	text text1	text text1	text text1
text text1	text text1	text text1	text text1	text text1	text text1	text text1	text text1	text text1	text text1	text text1
text text1	text text1	text text1	text text1	text text1	text text1	text text1	text text1	text text1	text text1	text text1

x → y　空闲车辆的数量 〈text29〉　空闲的比率 〈text30〉　空闲车位　计划车位　占用车位

图 12-10　堆区界面图

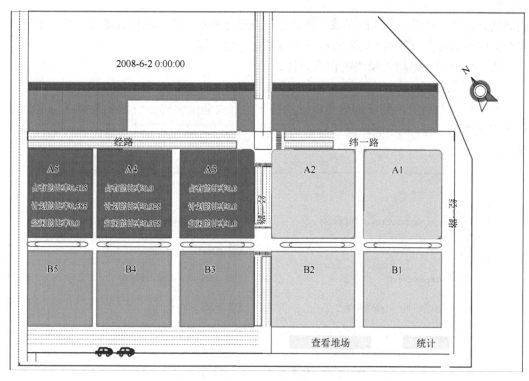

图 12-11　堆场界面图

3. 堆场系统的设计

从汽车流的角度来看，汽车滚装码头作业流程可以分为进口流程和出口流程。进口流程即汽车通过滚装船卸载到汽车滚装码头、停放到汽车滚装码头的堆场、在堆场上经过短暂存储后通过载运车离开堆场送达经销商。图 12-12 为堆场作业系统功能结构图。滚装船

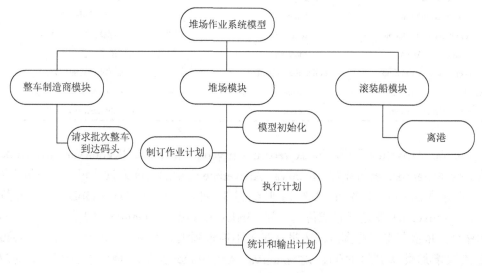

图 12-12　堆场作业系统功能结构图

的离港只代表一次出口作业的完成，因此本章只设计整车制造商模块和堆场模块。本模型以数据库中的数据为基础，因此存在很多变量来存储数据。

接下来分别介绍相关模块的仿真设计。

1）整车制造商模块

在堆场作业系统，整车制造商以批次整车的形式向滚装码头发送到港请求，这个过程又称为集车过程。整车制造商模块的仿真设计如图 12-13 所示，其构成及说明如表 12-1 所示。

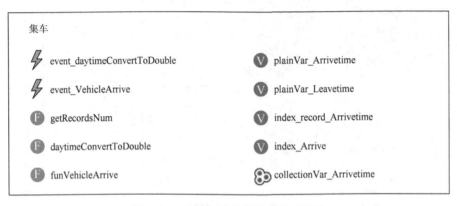

图 12-13　整车制造商模块的仿真设计

表 12-1　整车制造商模块的构成及说明

名称	类型	作用
plainVar_Arrivetime	plain variable	批次请求到港的时间
plainVar_Leavetime	plain variable	批次在堆场经过短暂停放后离开堆场的时间
index_record_Arrivetime	plain variable	批次记录的序号
index_Arrive	plain variable	批次的编号
getRecordsNum	function	得到请求批次到港记录的数量
daytimeConvertToDouble	function	将批次到港的日期转化为系统内时间
funVehicleArrive	function	扫描批次发送请求、执行作业计划
collectionVar_Arrivetime	collective variable	批次请求到港时间的序列
event_daytimeConvertToDouble	event	触发 daytimeConvertToDouble 函数
event_VehicleArrive	event	触发 funVehicleArrive 函数

plainVar_Arrivetime 变量、index_record_Arrivetime 变量和 collectionVar_Arrivetime 变量从数据库中获得要求的数据。plainVar_Arrivetime 变量的长度为批次记录的数量，依次获得在仿真区间内批次记录中请求到港时间，daytimeConvertToDouble 函数令 plainVar_Arrivetime 变量存储成仿真时间；index_record_Arrivetime 变量的长度为批次记录的序号，依次获得在仿真区间内批次记录中请求到港的索引；collectionVar_Arrivetime 变量依次增加批次到港时间。对 plainVar_Arrivetime 变量的值进行排序，plainVar_Arrivetime 变量的值对应记录的索引可通过 index_record_Arrivetime 变量和 collectionVar_

Arrivetime 变量获得：先获得到港时间在 collectionVar_Arrivetime 变量的索引；index_record_Arrivetime 变量中下标等于 collectionVar_Arrivetime 变量的索引的值即记录的索引。本章采用数组和链表这种方式来对数据库中获得的数据进行排序、存储。

event_daytimeConvertToDouble 事件触发 daytimeConvertToDouble 函数，给 plainVar_Arrivetime 变量、index_record_Arrivetime 变量和 collectionVar_Arrivetime 变量赋值。event_VehicleArrive 事件以 1 个仿真时间单位为间隔触发 funVehicleArrive 函数。funVehicleArrive 函数把批次到港时间与仿真实时时间进行比较，当时间一致时，发送该批次整车的到港请求。这一过程如图 12-14 所示。

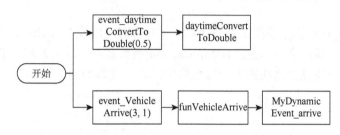

图 12-14　整车制造商模块工作机制

2）堆场模块

堆场模块划分为模型初始化、制订作业计划、执行计划、统计和输出计划四个部分。

（1）模型初始化。模型初始化模块的仿真设计如图 12-15 所示，其构成和说明如表 12-2 所示。

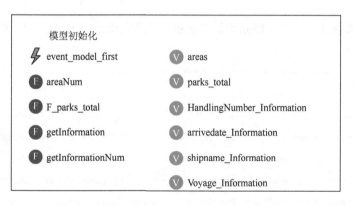

图 12-15　模型初始化模块的仿真设计

表 12-2　模型初始化模块的构成和说明

名称	类型	作用
event_model_first	event	触发 areaNum 函数、F_parks_total 函数和 getInformation 函数
F_parks_total	function	管理模型中的车位实体
areaNum	function	管理模型中的堆区实体
getInformation	function	得到所有滚装船的信息

续表

名称	类型	作用
areas	plain variable	堆区数组
parks_total	plain variable	车位数组
getInformationNum	function	得到所有滚装船的数量
HandlingNumber_Information	plain variable	滚装船的装载量
arrivedate_Information	plain variable	滚装船的到港日期
shipname_Information	plain variable	滚装船的船名
Voyage_Information	plain variable	滚装船的航次

event_model_first 静态事件在模型开始运行 0.5s 时，触发 F_parks_total 函数，用一个三维数组来管理堆场的所有车位；getInformation 函数获得到港滚装船的装载量、到港日期、船名、航次，信息存储在四个一维数组中。这一过程如图 12-16 所示。

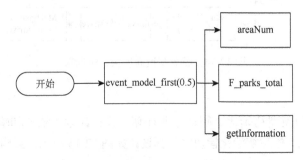

图 12-16　模型初始化模块的工作机制

（2）制订作业计划。制订作业计划模块的仿真设计如图 12-17 所示，其构成和说明如表 12-3 所示。

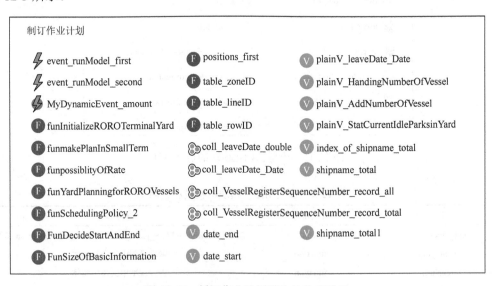

图 12-17　制订作业计划模块的仿真设计

表 12-3　制订作业计划模块的构成和说明

名称	类型	作用
event_runModel_first	event	触发 funInitializeROROTerminalYard 函数和 Fun DecideStartAndEnd 函数
funInitializeROROTerminalYard	function	初始化数据库中堆场的状态
FunDecideStartAndEnd	function	分割作业计划
event_runModel_second	event	触发 funmakePlanInSmallTerm 函数
funmakePlanInSmallTerm	function	在小时间区间内建立 MyDynamicEvent_amount 动态事件
MyDynamicEvent_amount	dynamic event	在小时间区间内制订作业计划
funYardPlanningforROROVessels	function	准备制订作业计划
funpossiblityOfRate	function	滚装船所属整车预期到港数量
funSchedulingPolicy_2	function	最大优先摆放规则
positions_first	function	改变堆场的状态同时存储作业计划

　　event_runModel_first 静态事件在模型开始运行 0.5s 时，触发 funInitializeROROTerminalYard 函数，初始化数据库中堆场的状态；FunDecideStartAndEnd 函数把仿真时间内计划车位的决策分成若干连续区间决策，把区间分割的日期存放到 coll_leaveDate_Date 链表中。

　　event_runModel_second 静态事件在模型开始运行 1.1s 时，触发 funmakePlanInSmallTerm 函数，运用 MyDynamicEvent_amount 动态事件来在每个时间区间内制订作业计划，并把作业计划存储在数据库中。计划的目标为在时间区间内离港滚装船，把滚装船的编号存储在 coll_VesselRegisterSequenceNumber_record_all 链表中，用于统计该滚装船的作业计划和在下一时间区间决策开始时清空属于该滚装船的所有车位；所有计划目标的滚装船的编号存储在 coll_VesselRegisterSequenceNumber_record_total 链表中，用于制订作业计划和统计该滚装船已有的计划车位。计划完成后，positions_first 函数根据数据库中堆场状态更新仿真系统中堆场车位的状态，同时把计划车位存储在 shipname_total 变量和 shipname_total1 变量中。shipname_total 变量用于指导实际作业，shipname_total1 变量用于统计离港滚装船的作业计划。这一过程如图 12-18 所示。

　　（3）执行计划。执行计划模块的仿真设计如图 12-19 所示，其构成和说明如表 12-4 所示。

　　整车制造商模块中的 funVehicleArrive 函数对堆场已有的计划车位数与该批次整车的数量进行比较，如果计划车位足够，调用 MyDynamicEvent_arrive 动态事件，根据 shipname_total 变量和计划车位的索引 index_handing_park_arrive 变量来指导停车作业，并利用 MyDynamicEvent_leave 动态事件释放空闲车位；如果计划车位资源不够，则下一个工作日重新发送到港请求。

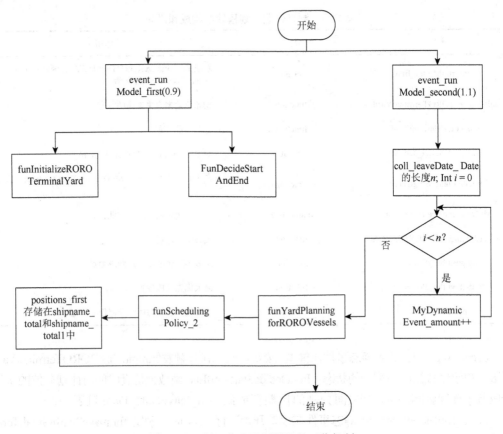

图 12-18　制订作业计划模块的工作机制

图 12-19　执行计划模块的仿真设计

表 12-4　执行计划模块的构成和说明

名称	类型	作用
MyDynamicEvent_arrive	dynamic event	执行计划
MyDynamicEvent_leave	dynamic event	释放空闲车位
index_handing_park_arrive	plain variable	堆场已停放该滚装船整车的数量

（4）统计和输出计划。统计和输出计划模块的仿真设计如图 12-20 所示。在小的时间区间内根据 coll_VesselRegisterSequenceNumber_record_all 链表中车位的编号，利用 shipname_total1 变量存储离港滚装船的作业计划，funPlans_statics 函数在时间区间的左端点对上个时间区间 shipname_total1 变量中的计划车位进行统计得到作业计划。因而本章用 event_finalStaticsPlan 静态事件对最后时间区间的离港滚装船统计作业计划。dataset 控件对堆区状态的变化进行直观的统计，zonestate_idle 函数、zonestate_planned 函数和 zonestate_occupied 函数获得当时堆场状态比率。

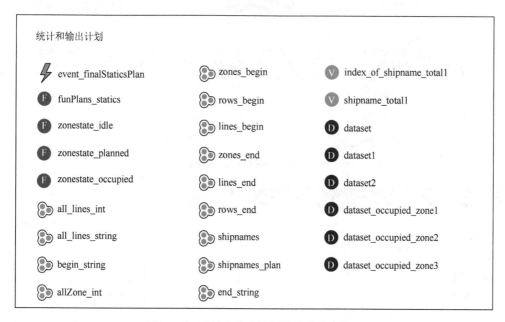

图 12-20　统计和输出计划模块的仿真设计

12.4.4　仿真实例

对 2008 年 6 月 2 日～7 月 2 日该汽车滚装码头的堆场作业进行仿真。在仿真中根据汽车滚装码头的统计需求，对各堆场的当前状态都进行统计，使用 AnyLogic 软件中的饼图实时展示堆场状态的变化，图 12-21 为仿真结束时堆场的状态；空闲的比率为空闲车位占总车位比率；计划的比率为计划但未被占用的比率；占用的比率为已停放车辆的车位占总车位的比率。同时在此基础上对各堆区的占用率等关键数据进行对比，对比的结果采用折线图（图 12-22）显示。在折线图中，横轴代表仿真的时间（单位为 h），纵轴代表堆区占用的比率，用 3 条颜色不同的折线来代表 3 个堆区占用的比率的变化。本次仿真生成的堆场计划如表 12-5 所示。表 12-5 中，3.1～3.5 表示滚装船编号为 1 的计划车位为堆区 3 的第 1 道到堆区 3 的第 5 道。

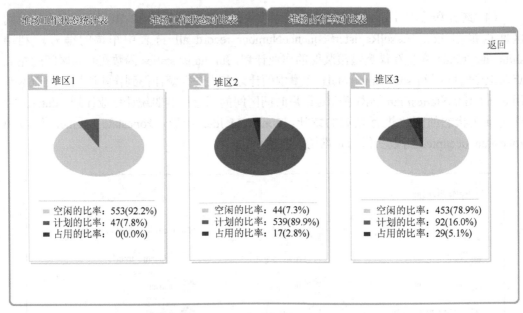

图 12-21　实时统计饼图显示

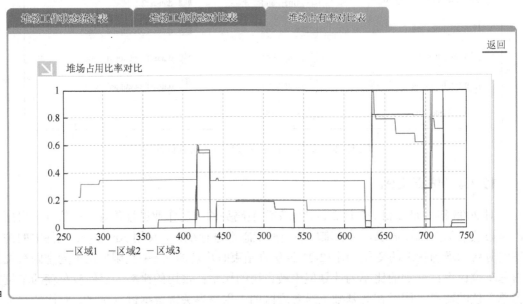

图 12-22　统计结果折线图显示

表 12-5　生成的堆场计划

滚装船的编号	占用的道
1	3.1～3.5
2	1.1～1.17；2.1～2.40
3	2.1～2.24；3.5～3.19
4	1.1～1.8；1.17～1.19

滚装船的编号	占用的道
5	1.1～1.38；2.1～2.40
6	3.1～3.29
7	1.1～1.4；1.38～1.40；2.1～2.40；3.29～3.40
8	1.4～1.38；2.1～2.40；3.1～3.22；3.24～3.36

■ 本章小结

本章主要介绍了汽车滚装物流及汽车滚装码头的相关概念，对汽车滚装码头的堆场作业进行了描述，并对汽车滚装码头的堆场作业计划进行了建模，应用 AnyLogic 仿真软件实现了对堆场作业的模拟。

➢习题

1. 简要描述汽车滚装码头的特点。
2. 简要描述汽车滚装码头的堆场作业过程。
3. 设计一种简单的汽车滚装码头的堆场调度策略，并在仿真中实现。
4. 以全球最大的客货滚装码头徐闻港为例，了解其码头布局、硬件设施和运营情况，分析其在推进中国式现代化建设中的功能和地位，探究其对交通基础设施互联互通、海南自由贸易港建设的影响。

第13章

多式联运业务流程建模与仿真

> ➢ **本章学习目的与要求**

党的二十大报告提出，加快发展方式绿色转型。交通运输部多措并举加快推动交通运输结构调整优化，表明多式联运将成为"十四五"交通运输领域的发展重点。发展多式联运，促进运输组织模式创新，可充分发挥各种运输方式的比较优势和组合效率。通过本章学习，要求了解多式联运的基本业务流程；掌握铁海联运系统业务流程的 Petri 网建模方法；熟练运用 AnyLogic 软件建立铁海联运系统的仿真模型、进行仿真实验、得到仿真结论并给出优化建议。

【导入案例】2013 年，习近平主席先后访问哈萨克斯坦、印度尼西亚，创造性地提出共同建设"丝绸之路经济带"与"21 世纪海上丝绸之路"的重大倡议，即共建"一带一路"倡议，开启了国际合作的崭新篇章，开辟了推动构建人类命运共同体更加广阔的道路。共建"一带一路"倡议是新时代我国扩大开放的重大举措，是中国共产党关于对外开放理论和实践的重大创新，也是中国共产党和中国人民为人类作出新的更大贡献的生动体现。作为世界工厂和发展最快的国家，中国一直在努力加强其多式联运发展，以支持基于"一带一路"倡议的高效出口和进口。特别地，重庆作为一个新兴的制造业集群，正在努力加强其运输系统，以处理大量出口货物吞吐量。据统计，重庆笔记本电脑年产量已达到 6100 万台。随着近期重庆铁路系统、航空公司的发展以及"一带一路"倡议的实践，越来越多的国际信息技术企业（如 NVidia Corporation、HP、Quanta、Acer 和 Foxconn）在重庆投入运营。作为亚洲最大的笔记本电脑制造基地，重庆每年有大约 2000 万台笔记本电脑通过中欧班多式联运系统运往国外。

■ 13.1 多式联运概述

1. 多式联运的定义

多式联运（intermodal transport）作为一种新型运输方式，是以开展集装箱运输的方式发展起来的。它通常以集装箱为媒介，把各种运输方式结合起来，构成连贯的一体化货物运输，其中的运输方式包括但不局限于公路、铁路、内河、远洋、航空等。多式联运通过一次托运、一份单证、一次计费、一次保险，由各分承运人共同完成货物的全程运输。

2. 多式联运的条件

结合集装箱运输的实际业务操作，多式联运必须具备以下条件。

（1）有一份多式联运合同。该合同由多式联运经营人和托运人签订，规定双方享有的权利、应尽的义务与责任、豁免关系等，约束整个多式联运过程。

（2）使用一份全程多式联运单证。该单证是多式联运经营人接管、交付货物的凭证，满足各种运输方式的需要。

（3）是两种或两种以上不同运输方式的连贯运输。在改变运输方式时，不处理货物。

（4）由一个多式联运经营人对货物运输的全程负责。合同的签订、单证的签发全部由多式联运经营人完成。多式联运经营人可委托分承运人完成全部或部分运输任务，但分承运人与托运人之间没有合同关系，多式联运合同所规定的运输责任需多式联运经营人承担。

（5）实现全程单一运费率。多式联运经营人以包干形式承运货物，货主一次性支付费用，其中的运费率是由多式联运经营人制定的，在货物从起点至终点的运输过程中始终保持不变。

3. 多式联运的优越性

与传统单一运输方式相比，多式联运集中了各种运输方式的优点，开展多式联运的优越性主要有以下五个方面。

（1）简化运输手续，方便货主。在多式联运方式下，无论货物运输距离有多远，多式联运经营人只需通过一次托运，签订一份合同，支付一次费用，办理一次保险，使用一份多式联运提单，就可以将货物从出发地运到目的地，有任何问题，只需找到多式联运经营人即可，非常方便。

（2）缩短货物运输时间，提高运输质量。多式联运通过集装箱装载货物，可实现门到门运输，途中换装时无须换箱、装箱，减少了中间环节，货物在途停留时间大大缩短。同时，装卸、搬运使用专业机械，途中转换多次，都不需要卸载箱内货物，大大减小货损货差，从而使货运质量得到提升。

（3）降低运输成本，节省运杂费用。多式联运采用包干形式，货主一次性付款给多式联运经营人，在将货物交给第一承运人后，货主就可拿到货运单证，据以向银行结汇，结汇时间比分段运输有所提前，大大缩短了资金的周转时间，也减少了利息的支出。使用集装箱运输可以简化或省略运输包装，节省包装材料和费用，同时货损货差大为减小，货物保险费也随之下降。

（4）扩大业务范围，提高运输组织水平，实现合理化运输。开展多式联运后，各种运输方式共同参与，可以使现有设施设备的作用得到最大程度的发挥，经营的业务范围大大扩展。多式联运经营人可以根据实际情况选择最佳运输路线，实现合理化运输。

（5）其他作用。多式联运有助于加大政府部门监督与管理整个货物运输链的力度；有助于政府通过宏观调控来指导多式联运，使用破坏环境最小的运输方式，保护生态环境；有助于学习和引进先进的运输技术。

■ 13.2 多式联运系统分析

多式联运系统是一个复杂的系统，其中包括多式联运经营人、多式联运承运人，以及多式联运节点（港口、码头堆场、货运站、中转站）等参与者。多式联运的全过程可以分为实际运输过程和全程运输组织业务过程两部分。全程运输组织业务过程是由多式联运经营人完成的，主要包括全程运输所涉及的所有商务性事务和衔接服务性工作的组织实施。实际运输过程是由参加多式联运的各种运输方式的实际承运人完成的，其运输组织属于各运输方式内部的技术、业务组织和流程。

多式联运进出口运输路段划分如图 13-1 所示，门到门运输方式主要运输路段包括出口城市段、出口内陆段、海运段、进口内陆段、进口城市段，其中出口运输段主要是指出口内陆段和海运段，进口运输段主要是指海运段和进口内陆段。通过各节点之间的串联，将货物从出发点运到目的地，完成进出口运输，主要节点包括提空箱点、接货地、返回重箱点（装港）、中转、卸港、其他堆场、提重箱点、目的地、返回空箱点。节点是整个多式联运系统中物流信息传递、收集、处理和发送的集中地，也是管理、指挥、调度、信息衔接以及货物处理的地点。通过节点转换运输方式，衔接不同运输手段。多式联运参与者在节点处进行信息、单证的流转以及货物的衔接，节点间路线代表某种运输方式的运输线路。

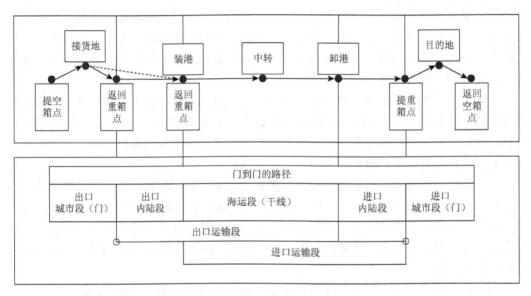

图 13-1 多式联运进出口运输路段划分

多式联运运输网络的典型结构如图 13-2 所示。多式联运运用多种运输方式，公路、铁路和水运等各种运输方式都有一个庞大的网络，多式联运从一个运输网络转换到另一个运输网络。运输网络的合理选择、转换节点（即车站或港口）的获取与链接、运输路线的调度优化等是进行多式联运运输网络系统优化的重点，也是流程优化的基础。

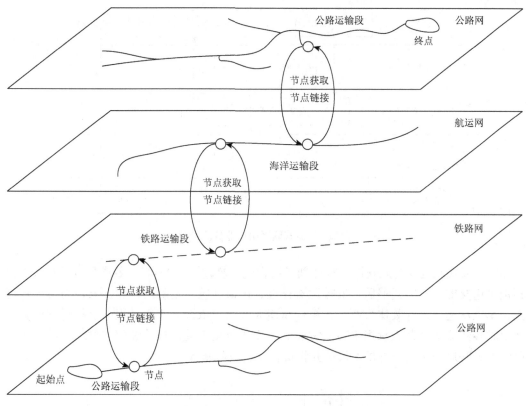

图 13-2　多式联运运输网络典型结构

13.3　多式联运业务流程分析

　　根据流程的定义，多式联运业务流程是指多式联运参与者之间发生的一系列信息传递和交互过程集合。多式联运业务流程设计是根据多式联运实务，通过图形、文字等手段勾勒出多式联运过程中各参与者的关系、运输交接过程及其信息流动的流程。多式联运业务流程设计以服务过程和信息流程为主，反映各参与者之间的关系。集装箱特性限制其不适合航空运输，因此集装箱多式联运的主要运输形式包括公路-海运联运、铁路-海运联运、河运-海运联运、公路-铁路联运等。虽然快速发展的公路建设使这种运输方式在集装箱运输中占有较高的份额，但是在中长距离的集装箱运输上，铁路运输有着水路运输和公路运输都无法比拟的优势，如安全性好、运费较低等。

　　本章以铁海多式联运出口业务流程为例来对集装箱多式联运系统的业务流程进行分析，其具体业务流程如图 13-3 所示，货主向多式联运经营人递交出口委托书，多式联运经营人安排运输计划后，由货主通知收货人，邮寄（电放）提单；或由第一承运人完成第一承运人承运子过程、第二承运人完成第二承运人承运子过程后，由收货人换单，提取货物。

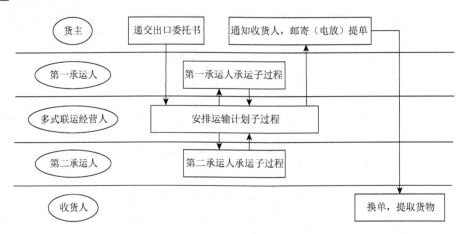

图 13-3 多式联运出口业务流程图

（1）多式联运经营人安排运输计划子过程业务流程（图 13-4）。多式联运经营人在接到货主递交的出口委托书后，安排运输计划、申请订舱、定制出口委托书，与第一承运人、第二承运人进行具体协商，在第一承运人及第二承运人工作过程中承担付款业务，结束时多式联运经营人承担中转交货业务，安排重箱进港，报关过程中付款，单据齐全后由多式联运经营人与收货人换单并将货物交付给收货人。

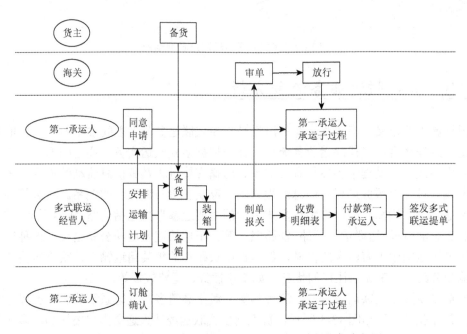

图 13-4 多式联运经营人安排运输计划子过程业务流程图

（2）第一承运人（铁路货运公司）承运子过程业务流程（图 13-5）。第一承运人的工作在多式联运经营人安排运输计划后开始，其在接到海关将监管转交第一承运人信息时接管货物，同时将信息传送给财务处，财务处立即制定多式联运的收费明细表，多式联

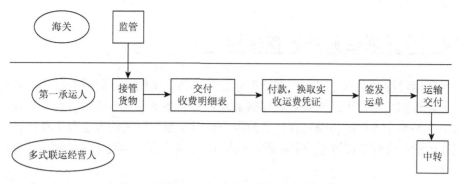

图 13-5 第一承运人承运子过程业务流程图

运经营人核对收费明细表并付款，换取实收运费凭证。第一承运人核对凭证后签发运单，多式联运经营人在第一承运人运输终点处中转交货，第一承运人工作结束。

（3）第二承运人（船公司）承运子过程业务流程（图 13-6）。第二承运人的工作在多式联运经营人安排运输计划后开始，接到任务后将任务下达给货运部，由货运部具体部署，制作相关单证、通知货物入港、将载货清单传递给码头和外理。第二承运人和外理进行具体工作安排，准备迎接多式联运经营人的重箱进港。货物进港后，外理对货物进行专业理货，理货完毕后向港口发出报关申请，港口将相关数据发送给第二承运人，付款后，第二承运人核对实收费用凭证，签发提单并邮寄海运提单。多式联运经营人在手续齐全后，在中转港口向第二承运人交付货物，第二承运人在终点与收货人换单，收货人提取货物。

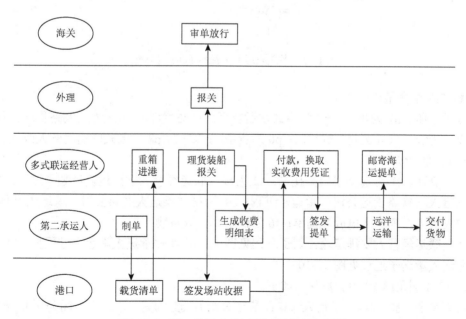

图 13-6 第二承运人承运子过程业务流程图

■ 13.4　多式联运业务流程建模

多式联运过程涉及多个实体，是动态的、开放的、柔性的、集成的过程。多式联运业务流程建模的主要作用是通过对流程的管理，协调多式联运中涉及的众多企业，便于业务人员了解整个流程的协调过程。目前国内外对于流程建模的方法和工具很多，集装箱多式联运业务流程是离散型业务流程，应用 Petri 网来分析集装箱多式联运业务流程具有合理性。

本章选用着色时间分层 Petri 网对铁海多式联运业务流程建模，其模型见图 13-7。图 13-7 中，圆圈代表库所，表示某项运输任务开始或结束的节点，或信息、单证流转的节点、部门；方框代表变迁，表示执行某项运输任务、信息传递或单证的处理；双方框代表多式联运业务中某项集合任务的子网；有向线段上的数字表示时间，单位为 h，变迁的时间是基于每个工作日的业务交接制度设定的，例如，p1 与 p2 之间有向线段上的数字 24 表示由 p1 到 p2 发生变迁 t1 需要经过 24h。

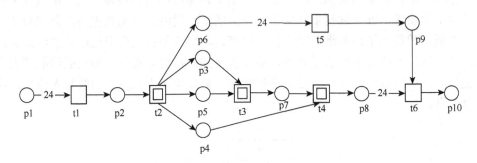

图 13-7　多式联运业务流程 Petri 网模型

图 13-7 中变量说明如下。

（1）库所。p1 为货主；p2 为多式联运货运部；p3 为第一承运人（铁路货运公司）；p4 为第二承运人（船公司）货运部；p6 为货主；p5、p7、p8 为多式联运经营人或其代理；p9、p10 为收货人。

（2）变迁。t1 为递交出口委托书；t2 为多式联运经营人安排运输计划子过程；t3 为第一承运人（铁路货运公司）承运子过程；t4 为第二承运人（船公司）承运子过程；t5 为通知收货人，邮寄（电放）提单；t6 为换单，提取货物。

多式联运经营人安排运输计划子过程见图 13-8，第一承运人承运子过程见图 13-9，第二承运人承运子过程见图 13-10。

图 13-8～图 13-10 中变量说明如下。

（1）库所。s2 为第一承运人（铁路货运公司）；s3 为第二承运人（船公司）；s4、s5 为多式联运货运部；s6、s7 为多式联运箱管部；s8、s9 为货主；s10 为多式联运报关人员；s11、s12 为海关；s13、s15、s16 为多式联运财务部；s14 为多式联运经营人；m1、m4、m6、m7 为第一承运人；m2、m3 为第一承运人财务部；m5 为多式联运经营人或其代理；

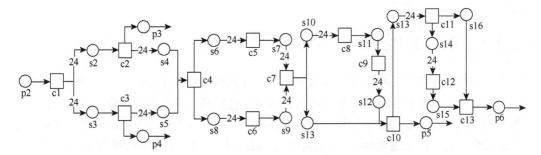

图 13-8　t2 对应的多式联运经营人安排运输计划子过程

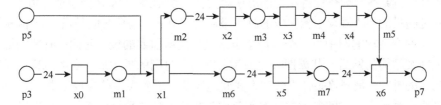

图 13-9　t3 对应的第一承运人承运子过程

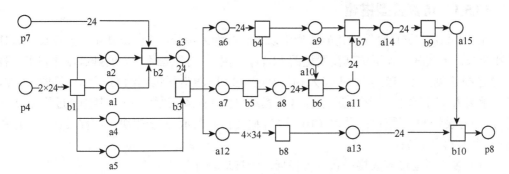

图 13-10　t4 对应的第二承运人承运子过程

a1、a3 为外理；a4、a7 为港口；a5 为海关；a6、a9 为第二承运人（船公司或船代）；a2、a8、a10、a11、a14、a15 为多式联运经营人或其代理；a12、a13 为第二承运人（船公司）。

（2）变迁。c1 为安排运输计划，申请订舱，定制出口委托书；c2 为同意申请；c3 为订舱确认；c4 为通知箱管部备箱、货主备货；c5 为提取空箱，运至指定的堆场，提交集装箱设备交接单；c6 为货物准备完备，运至指定的堆场；c7 为外理理货、多式联运经营人与第一承运人核对货物，装箱；c8 为制作报关单证、报关；c9 为海关审单、放行；c10 为海关监管，转交第一承运人；c11 为收费明细表；c12 为付款第一承运人；c13 为签发多式联运提单；x0 为海关监管，转交第一承运人；x1 为接管货物；x2 为多式联运经营人接收收费明细表；x3 为付款，换取实收运费凭证；x4 为签发运单；x5 为运输交付；x6 为在第一承运人运输终点处中转交货；b1 为制作相关单证，通知货物入港，将载货清单传给码头和外理；b2 为重箱进港；b3 为理货装船报关；b4 为生成收费明细表；b5 为给多式联运经营人或其代理签发场站收据；b6 为付款，换取实收费用凭证；b7 为核对后签发提单；b8 为远洋运输；b9 为邮寄海运提单；b10 为交付货物。

13.5　多式联运业务流程仿真

对多式联运业务流程模型进行仿真和模拟，其主要目的在于分析、评价并找出优化的业务流程方案，对具体指标进行量化成为业务流程分析和评价的重要手段。一般而言，业务流程仿真过程中涉及的参数如周期时间、成本、效率、有效性以及适应性等，都是业务流程的量化指标。在上述指标中，有些指标之间具有相关性（如周期时间和效率），有些指标很难量化度量（如有效性、适应性等），因此，一般选取业务流程的周期时间或者成本作为参数进行仿真。本章选择业务流程的周期时间作为参数进行 Petri 网模型的仿真，流程完成的时间是随机的，故假设运输完成的时间服从均匀分布。周期时间是指 Petri 网从初始标识开始，无冲突结构的网中每一个变迁至少发生一次所需要的最小时间；有冲突结构的网转化为无冲突结构的网后，其周期时间为各子网周期时间的最大值。业务流程的周期时间即运输完成的时间，是同等条件下体现多式联运经营人服务质量的重要标准。在 Petri 网模型的仿真执行过程中，时间参数的计算主要依靠实体令牌的数据传递作用来实现。

13.5.1　仿真模型搭建

在 AnyLogic 仿真软件构建的模型中以 1000h 为大步长，共计仿真 4 个大步长，以 1h 为小步长。多式联运顶层仿真模型见图 13-11，其中多式联运经营人安排运输计划子过程的 t2 子模块见图 13-12，第一承运人（铁路货运公司）承运子过程的 t3 子模块见图 13-13，第二承运人（船公司）承运子过程的 t4 子模块见图 13-14，过程如下。其中，过程（1）～过程（9）表示 t2 子模块；过程（10）～过程（13）表示 t3 子模块；过程（14）～过程（18）表示 t4 子模块。

（1）多式联运经营人接受货物委托后，制订运输计划。

（2）向第一承运人、第二承运人进行订舱申请。

（3）第一承运人、第二承运人接受申请后，制订各自的运输计划。

（4）多式联运经营人得到订舱确认后，通知备箱、备货。

（5）箱管部备箱，进行装箱。

（6）多式联运经营人报关，海关放行。

（7）多式联运经营人将货物转交给第一承运人。

（8）多式联运经营人给货主开出收费明细表，货主付费。

（9）多式联运经营人签发多式联运提单给货主。

（10）第一承运人接受订舱申请后，制订运输计划（如车次安排、作业计划安排等）。

（11）第一承运人接管货物，核对无误后，进行运输。

（12）第一承运人给多式联运经营人开出收费明细表，多式联运经营人付费后，第一承运人签发运单。

（13）到达第一承运人运输终点时，第一承运人将货物转交给多式联运经营人。

（14）第二承运人接受申请后，制作单证，安排运输。通知多式联运经营人进港；通知外理及海关在港口进行理货等。

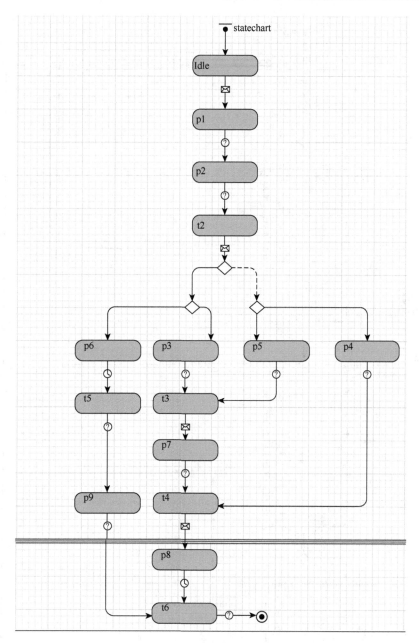

图 13-11　多式联运顶层仿真模型

（15）理货完毕，装船运输。港口码头给多式联运经营人签发场站收据。

（16）第二承运人将收费明细单开给多式联运经营人。

（17）多式联运经营人付费后，拿场站收据换取海运提单，并邮寄给收货人。

（18）到达第二承运人终点时，将货物转交给多式联运经营人或其代理。

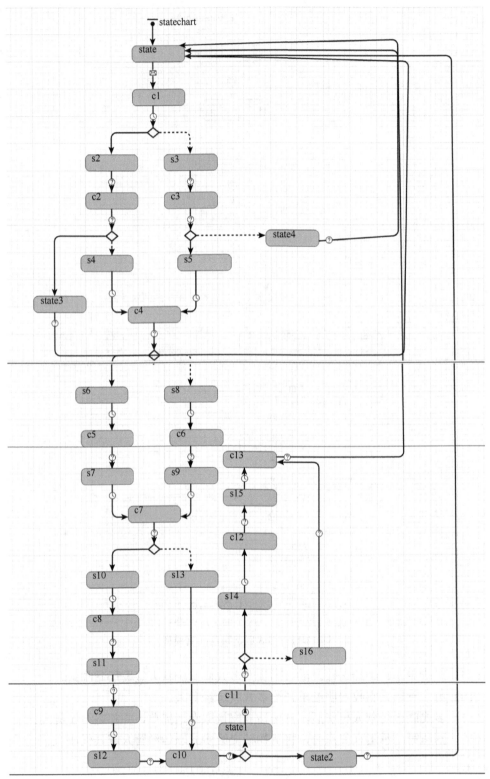

图 13-12　t2 子模块

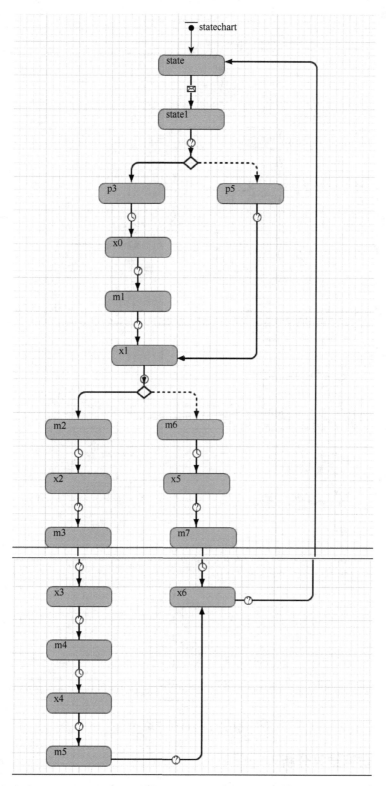

图 13-13　t3 子模块

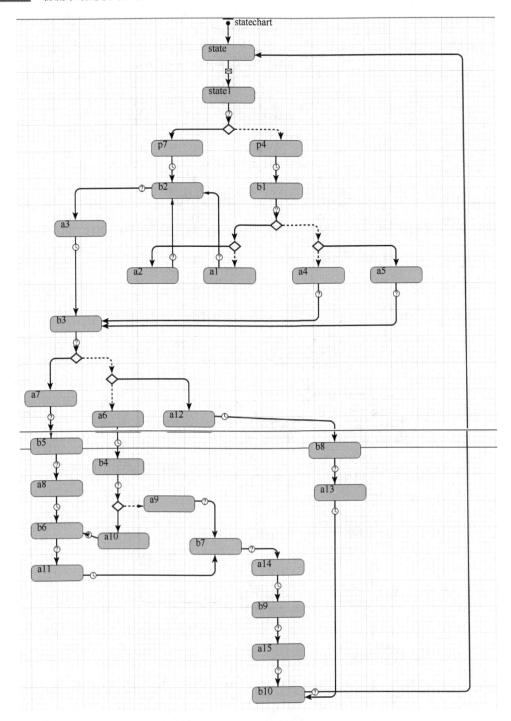

图 13-14　t4 子模块

13.5.2　仿真结果分析

运用 AnyLogic 仿真软件对模型进行仿真，以 1000h 为仿真时间，共计仿真 4 小组。

主要改变仿真模型中时间令牌的属性，即改变令牌在系统流动时间的变化。仿真结果如表 13-1 所示。

表 13-1　多式联运业务流程模型仿真结果

小组	完成流程的令牌数量	平均周期时间/h	样本方差
1	99	251	4606
2	96	264	6567
3	78	261	5335
4	90	249	5496

在上述流程模拟中可以发现，信息流阻滞物流的运行，导致多式联运的效率低下。究其原因是多式联运运输过程中使用纸面单证，纸面单证在传递过程中需要很多手续，降低了单证处理速度，进而影响了整个运输过程的速度，最终影响了收货人及时收货，且单证方面的延误及错误会影响通关进程，增加港口的拥挤度。

海关、货运代理的工作在多式联运中作用巨大，但是其较低的工作效率成为运输通畅的瓶颈。较传统运输相比，多式联运增加了多式联运经营人这个角色，但是运输效率和服务质量有了较大提高，可见多式联运经营人对全程运输起到重要作用。多式联运经营人代理的规模、网点布局、代理之间信息衔接等问题也会造成货物的延误。

13.5.3　流程优化分析

多式联运业务流程模型优化的目标是缩短业务流程完成时间，实现快捷运输，提高多式联运经营人的服务质量，增强市场竞争能力。多式联运业务流程时间主要包括以下四个部分：货物在途的运输时间；单证、信息传递时间；在节点处（堆场、货运站、码头等）不同运输方式之间的衔接时间；与政府监督管理有关的活动时间。通过对仿真结果的分析，针对多式联运运输过程中存在的问题，得出一些流程优化的措施和办法。

1. 改善和提高多式联运系统的效率，缩短系统所有业务流程的完成时间

多式联运的效率在很大程度上取决于速度。集装箱船的航速及其他运输工具的运行速度的提高有一定的限度，而集装箱的验收、提取、装卸、堆存、装箱、拆箱、收费、一关三检等存在错综复杂的作业环节，伴随着众多信息、单证处理要求，因此多式联运信息、单证的电子处理对提高多式联运的效率有着十分重要的意义。

（1）提高货物在途运输的效率和不同运输方式之间的衔接效率。选择运输线路、运输工具、运输设备；在运输方式确定的条件下，优化运输路径，采用高效的运输设备；使用机械设备代替人工操作和装卸。

（2）提高单证、信息传递效率。加快信息化进度，建立信息平台，使用电子数据交换、全球广域网等进行信息的传递，这是加快信息传递速度和提高信息共享程度的基础。

（3）提高政府监督管理有关活动的效率。港口多式联运企业外部关联单位有船代/船公司、货代/货主、海关，对客户影响最大的是口岸查验部门与港口的服务水平。

2. 优化多式联运业务流程结构

开展多式联运系统流程、子系统内部的流程优化与重组。模型优化的目标是缩短业务流程时间，实现快捷运输，提高多式联运经营人的服务质量，增强市场竞争能力。

（1）串行改为并行。多式联运企业运输计划制订完毕，货运部、箱管部、财务部以及地方代理同时发布货运信息及计划进度，各部门及时做准备。各部门统一管理，成立专案组，缩短部门之间的单证流转以及信息传递时间。

各监管单位的工作权限不变，并最大限度地将原有的业务审批串联状态改为并联状态，最大限度地缩短业务流程。高效的数据流是业务流程优化的核心。

（2）除去无增值的流程。简化报关手续，缩短报关时间。

（3）缩短关键流程的时间。

3. 应用现代信息技术

将信息流、单证流与货流同步，信息流甚至提前于单证流与物流。现代信息技术解决企业内"信息孤岛"的问题，实现企业间信息共享。注重非关键流程，非关键流程完成时间虽然不影响整个流程的周期时间，但是影响流程服务质量。当原关键流程时间缩短后，原非关键流程可能上升为关键流程，整个流程的周期时间将受原非关键流程时间影响。

【综合案例】为深入贯彻落实党中央、国务院决策部署，加快构建现代化综合运输体系，2023 年 1 月，交通运输部、自然资源部、海关总署、国家铁路局、中国国家铁路集团有限公司联合印发了《推进铁水联运高质量发展行动方案（2023—2025 年）》，明确提出到 2025 年，长江干线主要港口铁路进港全覆盖，沿海主要港口铁路进港率达到 90%左右，全国主要港口集装箱铁水联运量达到 1400 万标箱，年均增长率超过 15%；京津冀及周边地区、长三角地区、粤港澳大湾区等沿海主要港口利用疏港水路、铁路、封闭式皮带廊道、新能源汽车运输大宗货物的比例达到 80%。随着国家政策的出台，各地加快了铁水联运的发展。以重庆笔记本电脑为例，首先，通过铁路运输，从重庆（团结村）开始，经过福临、恩施、宜昌、武汉、麻城、合肥、南京、无锡，到达上海（杨浦），总距离为 1919km；然后，通过海路运输，从上海港到鹿特丹港，总距离为 19 378km。通过货代提供的运输服务，可以在重庆处理清关和海关转运等流程，从而实现更快、更高效、更准确的运输。具体地，申请海关需要 1 个工作日，海关检查需要 0.5 个工作日，海关提单需要 2 个工作日。在装载过程中，火车的平均处理时间为 6h，船舶的平均处理时间为 24h。从重庆到上海的铁路运输时间约为 4.5 天，从上海到鹿特丹的海路运输时间约为 24 天。请以笔记本电脑重庆—上海线路为例，构建基于 Petri 网的铁海联运业务流程仿真，并通过仿真结果对该流程进行优化。

■ 本章小结

本章介绍了多式联运系统，以铁海多式联运为例，分析了多式联运业务流程及其 Petri 网建模，在 AnyLogic 仿真软件上进行了基于时间着色 Petri 网的铁海多式联运典型流程仿真，分析了典型多式联运业务流程仿真结果，得出了典型多式联运业务流程优化应采取的措施。

➤习题

1. 什么是多式联运？
2. 实现多式联运的条件包括哪些？
3. 多式联运的优越性主要体现在哪些方面？
4. 铁海多式联运系统的典型业务流程有哪些？
5. 根据本章给出的铁海多式联运 Petri 网建模与仿真结果分析，对仿真模型进行优化，并对优化前后的过程时间进行对比分析。

参考文献

陈欢. 2011. 集装箱场桥调度及其仿真研究. 武汉: 武汉理工大学.

陈森发. 2005. 复杂系统建模理论与方法. 南京: 东南大学出版社.

何炎祥, 陈莘萌. 2001. Agent 和多 Agent 系统的设计与应用. 武汉: 武汉大学出版社.

洪水坤, 姜超峰, 许克年, 等. 2002. 物流中心模式研究. 佛山: 首届中国物流学会年会论文集: 119-130.

隽志才, 孙宝凤. 2007. 物流系统仿真. 北京: 电子工业出版社.

李斌. 基于计算思维的集装箱码头物流系统建模仿真与控制决策. 北京: 科学出版社.

李东, 汪定伟. 2008. 基于仿真的优化方法综述. 控制工程, 15(6): 672-677, 702.

李巍. 2006. 集装箱码头物流系统仿真与优化研究. 大连: 大连理工大学.

李文锋. 2022. 智慧物流. 武汉: 华中科技大学出版社.

李晓磊, 张承进. 2008. 邮政运输网络中的邮路规划和邮车调度问题评注. 数学的实践与认识, 38(14): 222-225.

李永先, 胡祥培, 熊英. 2007. 物流系统仿真研究综述. 系统仿真学报, 19(7): 1414-1416.

廖守亿. 2005. 复杂系统基于 Agent 的建模与仿真方法研究及应用. 长沙: 国防科学技术大学.

林丽华, 刘占峰. 2009. 物流工程. 北京: 北京大学出版社.

刘昌祺. 2004. 物流配送中心设施及设备设计. 北京: 机械工业出版社.

刘昌祺, 董良. 2004. 自动化立体仓库设计. 北京: 机械工业出版社.

刘培德. 2021. FlexSim 供应链与物流系统建模仿真及应用. 北京: 电子工业出版社.

刘瑞叶, 任洪林, 李志民. 2011. 计算机仿真技术基础. 2 版. 北京: 电子工业出版社.

刘晓岚. 2004. 现代物流中心内部规划与设计研究. 成都: 西南交通大学.

刘勇, 王德才, 冯正超. 2005. 离散事件系统仿真建模与仿真策略. 西南师范大学学报(自然科学版), 30(6): 1018-1025.

彭扬, 吴承健. 2009. 物流系统建模与仿真. 杭州: 浙江大学出版社.

彭扬, 伍蓓. 2007. 物流系统优化与仿真. 北京: 中国物资出版社.

秦森. 2007. 仓储规划中的仿真技术研究与应用. 武汉: 武汉理工大学.

宋建新. 2007. 物流中心规划与仿真应用研究. 成都: 西南交通大学.

苏晓威. 2007. 基于企业集群的物流中心构建研究. 阜新: 辽宁工程技术大学.

谭道雄. 2007. 港口集装箱物流系统虚拟平台研究. 武汉: 武汉理工大学.

王长琼. 2007. 物流系统工程. 北京: 高等教育出版社.

王凌, 张亮, 郑大钟. 2003. 仿真优化研究进展. 控制与决策, 18(3): 257-263.

王维平, 朱一凡, 华雪倩, 等. 1997. 离散事件系统建模与仿真. 长沙: 国防科技大学出版社.

吴薇. 2011. 基于库存调拨的数量柔性契约仿真研究. 武汉: 武汉理工大学.

谢勇, 王红卫, 王小平, 等. 2020. 物流系统仿真. 北京: 清华大学出版社.

杨开宇. 2011. 基于 Multi-Agent 物流业务流程组合化建模仿真研究. 武汉: 武汉理工大学.

张蕾. 2010. 面向供应链服务的汽车滚装码头业务流程研究. 武汉: 武汉理工大学.

张新艳, 张煜, 王少梅, 等. 2001. 基于虚拟现实的港口集装箱码头装卸系统仿真建模技术. 武汉理工大学学报(交通科学与工程版), 25(4): 470-473.

赵林度. 2007. 供应链与物流管理. 2 版. 北京: 机械工业出版社.

赵晓彬. 2007. 物流中心系统规划方法与实例分析研究. 北京: 北京交通大学.

赵雪岩, 李卫华, 孙鹏. 2015. 系统建模与仿真. 北京: 国防工业出版社.

真虹. 2006. 集装箱码头装卸工艺设计仿真通用平台的构建. 系统仿真学报, 18(7): 1829-1834.

郑来文, 赵志卿. 2002. 用 CSIMAN 系统仿真确定银行营业厅业务窗口的最佳个数. 计算机仿真, 19(6): 65-68.

周琦萍, 徐迪. 2005. 物流系统的建模与仿真. 管理学报, 2(S1): 65-68.

周永林, 潘云鹤. 1999. 面向 Agent 的分析与建模. 计算机研究与发展, 36(4): 410-416.

Cai L, Li W F, Luo Y, et al. 2023. Real-time scheduling simulation optimisation of job shop in a production-logistics collaborative environment. International Journal of Production Research, 61(5): 1373-1393.

Ko H J, Ko C S, Kim T. 2006. A hybrid optimization/simulation approach for a distribution network design of 3PLS. Computers & Industrial Engineering, 50(4): 440-449.

Larsen N E. 2003. Simulation—A key tool to accelerate and add confidence to postal network configuration. New Orleans: Proceedings of the 2003 Winter Simulation Conference: 1585-1592.

Li W F, Du S S, Zhong L C, et al. 2022. Multiobjective scheduling for cooperative operation of multiple gantry cranes in railway area of container terminal. IEEE Access, 10: 46772-46781.

Syberfeldt A, Grimm H, Ng A, et al. 2008. Simulation-based optimization of a complex mail transportation network. Miami: Proceedings of the 2008 Winter Simulation Conference: 2625-2631.

Wieberneit N. 2008. Service network design for freight transportation: A review. OR Spectrum, 30(1): 77-112.

Zhang C Q, Liu J Y, Wan Y W, et al. 2003. Storage space allocation in container terminals. Transportation Research Part B: Methodological, 37(10): 883-903.